ZWEITER ABSCHNITT

Nichtigkeit des festgestellten Jahresabschlusses

§ 256
Nichtigkeit

(1) Ein festgestellter Jahresabschluss ist außer in den Fällen des § 173 Abs. 3, § 234 Abs. 3 und § 235 Abs. 2 nichtig, wenn
1. er durch seinen Inhalt Vorschriften verletzt, die ausschließlich oder überwiegend zum Schutze der Gläubiger der Gesellschaft gegeben sind,
2. er im Falle einer gesetzlichen Prüfungspflicht nicht nach § 316 Abs. 1 und 3 des Handelsgesetzbuchs geprüft worden ist,
3. er im Falle einer gesetzlichen Prüfungspflicht von Personen geprüft worden ist, die nach § 319 Abs. 1 des Handelsgesetzbuchs oder nach Artikel 25 des Einführungsgesetzes zum Handelsgesetzbuch nicht Abschlussprüfer sind oder aus anderen Gründen als einem Verstoß gegen § 319 Abs. 2, 3 oder Abs. 4, § 319a Abs. 1 oder § 319b Abs. 1 des Handelsgesetzbuchs nicht zum Abschlussprüfer bestellt sind,
4. bei seiner Feststellung die Bestimmungen des Gesetzes oder der Satzung über die Einstellung von Beträgen in Kapital- oder Gewinnrücklagen oder über die Entnahme von Beträgen aus Kapital- oder Gewinnrücklagen verletzt worden sind.

(2) Ein von Vorstand und Aufsichtsrat festgestellter Jahresabschluss ist außer nach Absatz 1 nur nichtig, wenn der Vorstand oder der Aufsichtsrat bei seiner Feststellung nicht ordnungsgemäß mitgewirkt hat.

(3) Ein von der Hauptversammlung festgestellter Jahresabschluss ist außer nach Absatz 1 nur nichtig, wenn die Feststellung
1. in einer Hauptversammlung beschlossen worden ist, die unter Verstoß gegen § 121 Abs. 2 und 3 Satz 1 oder Abs. 4 einberufen war,
2. nicht nach § 130 Abs. 1 und 2 Satz 1 und Abs. 4 beurkundet ist,
3. auf Anfechtungsklage durch Urteil rechtskräftig für nichtig erklärt worden ist.

(4) Wegen Verstoßes gegen die Vorschriften über die Gliederung des Jahresabschlusses sowie wegen der Nichtbeachtung von Formblättern, nach denen der Jahresabschluss zu gliedern ist, ist der Jahresabschluss nur nichtig, wenn seine Klarheit und Übersichtlichkeit dadurch wesentlich beeinträchtigt sind.

(5) [1]Wegen Verstoßes gegen die Bewertungsvorschriften ist der Jahresabschluss nur nichtig, wenn
1. Posten überbewertet oder
2. Posten unterbewertet sind und dadurch die Vermögens- und Ertragslage der Gesellschaft vorsätzlich unrichtig wiedergegeben oder verschleiert wird.

[2]Überbewertet sind Aktivposten, wenn sie mit einem höheren Wert, Passivposten, wenn sie mit einem niedrigeren Betrag angesetzt sind, als nach §§ 253 bis 256 des Handelsgesetzbuchs zulässig ist. [3]Unterbewertet sind Aktivposten, wenn sie mit einem niedrigeren Wert, Passivposten, wenn sie mit einem höheren Betrag angesetzt sind, als nach §§ 253 bis 256 des Handelsgesetzbuchs zulässig ist. [4]Bei Kreditinstituten oder Finanzdienstleistungsinstituten sowie bei Kapitalanlagegesellschaften im Sinne des § 2 Abs. 6 des Investmentgesetzes liegt ein Verstoß gegen die Bewertungsvorschriften nicht vor, soweit die Abweichung nach den für sie geltenden Vorschriften, insbesondere den

§§ 340e bis 340g des Handelsgesetzbuchs, zulässig ist; dies gilt entsprechend für Versicherungsunternehmen nach Maßgabe der für sie geltenden Vorschriften, insbesondere der §§ 341b bis 341h des Handelsgesetzbuchs.

(6) [1]Die Nichtigkeit nach Absatz 1 Nr. 1, 3 und 4, Absatz 2, Absatz 3 Nr. 1 und 2, Absatz 4 und 5 kann nicht mehr geltend gemacht werden, wenn seit der Bekanntmachung nach § 325 Abs. 2 des Handelsgesetzbuchs in den Fällen des Absatzes 1 Nr. 3 und 4, des Absatzes 2 und des Absatzes 3 Nr. 1 und 2 sechs Monate, in den anderen Fällen drei Jahre verstrichen sind. [2]Ist bei Ablauf der Frist eine Klage auf Feststellung der Nichtigkeit des Jahresabschlusses rechtshängig, so verlängert sich die Frist, bis über die Klage rechtskräftig entschieden ist oder sie sich auf andere Weise endgültig erledigt hat.

(7) [1]Für die Klage auf Feststellung der Nichtigkeit gegen die Gesellschaft gilt § 249 sinngemäß. [2]Hat die Gesellschaft Wertpapiere im Sinne des § 2 Abs. 1 Satz 1 des Wertpapierhandelsgesetzes ausgegeben, die an einer inländischen Börse zum Handel im regulierten Markt zugelassen sind, so hat das Gericht der Bundesanstalt für Finanzdienstleistungsaufsicht den Eingang einer Klage auf Feststellung der Nichtigkeit sowie jede rechtskräftige Entscheidung über diese Klage mitzuteilen.

Übersicht

Schrifttum

Balthasar Die Bestandskraft handelsrechtlicher Jahresabschlüsse, 1999; *Bange* Die Rückforderung von Gewinnausschüttungen durch den Insolvenzverwalter bei nichtigen Jahresabschlüsssen, ZInsO 2006, 519; *Barz* Die Feststellung der Bilanz, in Hengeler (Hrsg), Beiträge zur Aktienrechtsreform, 1959, 61; *ders* Abänderung festgestellter Jahresabschlüsse einer Aktiengesellschaft, FS Schilling, 1973, S 127; *Brete/Thomsen* Nichtigkeit und Heilung von Jahresabschlüssen der GmbH, GmbHR 2008, 176; *Casper* Die Heilung nichtiger Beschlüsse im Kapitalgesellschaftsrecht, 1998; *Claussen* Soll das Feststellungsrecht des Jahresabschlusses bei der GmbH reduziert werden? FS Semler, 1993, S 97; *Düring/Schmaltz* Funktionen der Organe der Aktiengesellschaft bei der Aufstellung und Feststellung des Jahresabschlusses, WPg 1949, 7; *Geist* Die Pflicht zur Berichtigung nichtiger Jahresabschlüsse bei Kapitalgesellschaften, DStR 1996, 306; *Ebke* Die Besorgnis der Befangenheit des Abschlussprüfers und ihre Auswirkungen auf die Abschlussprüfung und den testierten Jahresabschluss, FS Röhricht, 2005, S 833; *Forster* Zur Bestellung und Abberufung des Abschlussprüfers, FS Semler, 1993, S 819; *Geßler* Der Bedeutungswandel der Rechnungslegung im Aktienrecht, FS 75 Jahre Deutsche Treuhand-Gesellschaft, 1965, S 129; *ders* Nichtigkeit und Anfechtung des GmbH-Jahresabschlusses nach dem Bilanzrichtlinien-Gesetz, FS Goerdeler, 1987, S 127; *Greiffenhagen* Gefahrenlagen für Wirtschaftsprüfer und Aufsichtsräte, insbesondere aus dem Risikofeld Abhängigkeitsbericht: Nichtigkeit eines Jahresabschlusses in Verbindung mit Aufsichtsratspflichten anhand des BGH-Urteils vom 15.11.1993 – II ZR 235/92, FS Ludewig, 1996, S 303; *Haase* Zur Klage auf Feststellung der Nichtigkeit des Jahresabschlusses im Konkurs der Aktiengesellschaft, DB 1977, 241; *Habersack* Die Auswirkungen der Nichtigkeit des Beschlusses über die Bestellung des Abschlussprüfers auf den festgestellten Jahresabschluss, NZG 2003, 659; *Hennrichs* Fehlerhafte Bilanzen, Enforcement und Aktienrecht, ZHR 168 (2004), 383; *Hense* Rechtsfolgen nichtiger Jahresabschlüsse und Konsequenzen für Folgeabschlüsse, WPg 1993, 716; *Hommelhoff/Mattheus* BB-Gesetzgebungsreport: Verlässliche Rechnungslegung – Enforcement nach dem geplanten Bilanzkontrollgesetz, BB 2004, 93; *U Huber* Entstehung und aktuelle Auslegungsprobleme des § 241 Nr. 3 AktG, FS Coing, 1982, Bd II, S 167; Institut der Wirtschaftsprüfer in Deutschland e.V. (IDW), Stellungnahme zur Rechnungslegung: Änderung von Jahres- und Konzernabschlüssen (IDW RS HFA 6), Stand 4.12. 2007, WPg Supplement 2/2007, 77; *Th Kaiser* Berichtigung und Änderung des handelsrechtlichen Jahresabschlusses, 2000; *Kowalski* Der nichtige Jahresabschluß – was nun? AG 1993, 502; *Kronstein/Claussen/Biedenkopf* Zur Frage der Rechtsbehelfe bei Verletzung der Bewertungsvorschriften des Aktiengesetzes, AG 1964, 268; *Kropff* Die Beschlüsse des Aufsichtsrats zum Jahresabschluß und zum Abhängigkeitsbericht, ZGR 1994, 628; *ders* Auswirkungen der Nichtigkeit eines Jahresabschlusses auf die Folgeabschlüsse, FS Budde, 1995, S 341; *ders* Rechtsfragen in der Abschlußprüfung, FS Havermann, 1995, S 321; *ders* Sind neue Erkenntnisse (Wertaufhellungen) auch noch bei der Feststellung des Jahresabschlusses zu berücksichtigen? FS Ludewig, 1996, S 521; *Küting/Th Kaiser* Aufstellung oder Feststellung: Wann endet der Wertaufhellungszeitraum? Implikationen für die Anwendung des Wertaufhellungsprinzips bei Berichtigung, Änderung und Nichtigkeit des handelsrechtlichen Jahresabschlusses, WPg 2000, 577; *Küting/Ranker* Die buchhalterische Änderung handelsrechtlicher Jahresabschlüsse, WPg 2005, 1; *Lutter* Der doppelte Abschlussprüfer, FS Semler, 1993, S 835; *ders* Der Streit um die Gültigkeit des Jahresabschlusses einer Aktiengesellschaft, FS Helmrich, 1994, S 685; *Mattheus/Schwab* Fehlerkorrektur nach dem Rechnungslegungs-Enforcement, private Initiative vor staatlicher Intervention, BB 2004, 1099; *Mock* Bindung einer Aktiengesellschaft an einen im Enforcement-Verfahren festgestellten Fehler in nachfolgenden aktienrechtlichen Verfahren? DB 2005, 987; *H-P Müller* Bilanzrecht und Organverantwortung, FS Quack, 1991, S 345; *ders* Bilanzrecht und materieller Konzernschutz, AG 1994, 410; *ders* Rechtsfolgen unzulässiger Änderungen von festgestellten Jahresabschlüssen, FS Budde, 1995, S 431; *W Müller* Die Änderung von Jahresabschlüssen, Möglichkeiten und Grenzen, FS Quack, 1991, S 359; *ders* Prüfverfahren und Jahresabschlussnichtigkeit nach dem Bilanzkontrollgesetz, ZHR 168 (2004), 414; *ders* Bilanzentscheidungen und Business Judgment Rule, Liber amicorum Wilhelm Happ, 2006, 179; *Paal* Rechtsfolgen und Rechtsbehelfe bei Inhabilität des Abschlussprüfers, DStR 2007, 1210; *Priester* Aufstellung und Feststellung des Jahresabschlusses bei unterbesetztem Vorstand, FS Kropff, 1997, S 591; *ders* Feststellung des Jahresabschlusses bei der Personenhandelsgesellschaft – Gesellschaftervereinbarung oder Organbeschluss, FS Hadding, 2004, S 607; *Schedlbauer* Die Gefährdung der Bestandskraft von Jahresabschlüssen durch Bewertungsfehler, DB 1992, 2097; *Schön* Anmerkung zu BGH, Urteil vom 15.11.1993 – II ZR 235/92, JZ 1994, 684; *ders* Bestandskraft fehlerhafter Bilanzen – Information, Gewinnverteilung, Kapitalerhaltung, FS 50 Jahre BGH, Bd II, 2000, S 153; *Schulze-Osterloh* Nichtigkeit des Jahresabschlusses einer AG wegen Überbewertung – Zugleich Besprechung OLG Frankfurt/M. v 18.3.2008 – Deutsche Bank, ZIP 2008, 2241; *Seiffert* Die Wirksamkeit des aktienrechtlichen Jahresabschlusses bei eingeschränktem oder versagtem Bestätigungsvermerk, Diss. Hamburg 1974; *Sünner* Folgen der Verletzung von Rechnungslegungs- und Berichtspflichten durch eine Aktiengesellschaft – Auswirkungen des Bilanzrichtlinie-Gesetzentwurfs, AG 1984, 16; *S Tielmann* Durchsetzung ordnungsmäßiger Rechnungslegung – Ein Beitrag zur aktuellen Enforcement-Diskussion, 2001; *Timm* Anmerkung zum Urteil des OLG Düsseldorf vom 22.3.1977 – U (Kart) 5/76, AG 1977, 1997; *V Weilep/J-H Weilep* Nichtigkeit von Jahresabschlüssen. Tatbestandsvoraussetzungen sowie Konsequenzen für die Unternehmensleitung, BB 2006, 147; *Weilinger* Die Aufstellung und Feststellung des Jahresabschlusses im Handels- und Gesellschaftsrecht, 1997 (vor allem zum österreichischen Recht); *H P Westermann* Ein Aktienrechtsprozess mit Haken und Ösen, AG 1981, 85; *Wichmann* Die Gefährdung der Bestandskraft von Jahresabschlüssen nur durch wesentliche Überbewertung? DB 1993, 340; *ders* Die Frage nach der Nichtigkeit von Jahresabschlüssen von Nicht-Kapitalgesellschaften, Steuer-Journal 2005, 29; *T Widmann* Das Fehlen des Finanzexperten nach dem BilMoG – Worst-Case-Szenario für den Aufsichtsrat? BB 2009, 2602; *Wolf* Bilanzmanipulationen: Wann ist die Übersicht erschwert? StuB 2009, 909; *Zöllner* Folgen der Nichtigkeit eines Jahresabschlusses für den nächsten Jahresabschluss und für Gewinnverwendungsbeschlüsse, FS Scherrer, 2004, S 355.

I. Grundlagen*

1. Der Normgehalt im Überblick

1 **a) Die Feststellung des Jahresabschlusses als Rechtsgeschäft.** § 256 handelt nach den Worten des Gesetzes von der „Nichtigkeit des festgestellten Jahresabschlusses" in der Aktiengesellschaft. Genau genommen geht es um die **„Nichtigkeit der Feststellung des Jahresabschlusses"**, wie es an anderer Stelle im Gesetz heißt (§ 253 Abs 1). Nichtig können nur Rechtsgeschäfte und andere Rechtsakte sein, nicht der Jahresabschluss als Zahlen- und Wortbericht. Die Bestimmung des § 256 beruht darauf, dass es im deutschen Gesellschaftsrecht eine rechtsgeschäftliche Feststellung des Jahresabschlusses gibt, die durch **Beschlüsse der** Gesellschafter oder **Gesellschaftsorgane** erfolgt. Unmittelbare Bezugspunkte der Nichtigkeit sind diese innergesellschaftlichen Rechtsgeschäfte, die den Jahresabschluss feststellen sollen.[1] Durch die Feststellung wird der Jahresabschluss für verbindlich erklärt; das heißt er ist nunmehr für die Gesellschaft sowie ihre Organe und Aktionäre der maßgebende Abschluss für das betreffende Geschäftsjahr und entfaltet eine rechtliche Bindungswirkung insbesondere für die weitere Gewinnverwen-

* Für redaktionelle Hilfe danke ich meinen Mitarbeitern Herrn Christoph Rollberg und Herrn Dr. Robert Oppenheim.

1 OLG Stuttgart ZIP 2003, 1981, 1983 li Sp; *Th Kaiser* Berichtigung und Änderung des handelsrechtlichen Jahresabschlusses, 2000, S 202 ff; *Hüffer* in MünchKomm AktG² 9; *Priester* FS Kropff, 1997, S 591, 602; *Hennrichs* ZHR 168 (2004), 383, 387; *V Weilep/J-H Weilep* BB 2006, 147 li Sp.

dung[2] (näher Rdn 209, auch Rdn 4, 17). Die Feststellung des Jahresabschlusses erfolgt in der Aktiengesellschaft für gewöhnlich durch Vorstand und Aufsichtsrat: Der Vorstand stellt den Jahresabschluss auf und legt ihn dem Aufsichtsrat vor (§ 170 Abs 1 Satz 1), und wenn dieser den Jahresabschluss billigt (§ 171 Abs 2–3), ist der Abschluss festgestellt (§ 172 Satz 1). Dieses zusammengesetzte korporationsrechtliche Rechtsgeschäft über die Feststellung des Jahresabschlusses ist nichtig, wenn einer der in § 256 aufgeführten Mängel vorliegt. Und wenn ausnahmsweise die Hauptversammlung über die Feststellung des Jahresabschlusses beschließt (§ 173), ist in den Fällen des § 256 der Feststellungsbeschluss der Hauptversammlung nichtig. (Näher zu den rechtsgeschäftlichen Bezugspunkten der Nichtigkeit unten Rdn 207 f.) Da sich die Bindungswirkung der Feststellung nach dem Inhalt des Abschlusses bemisst, kann man allerdings vereinfachend auch von der Nichtigkeit des Jahresabschlusses sprechen.

b) **Nichtigkeitsgründe.** § 256 zählt in Abs 1–5 die Gründe auf, aus denen die Feststellung des Jahresabschlusses nichtig sein kann. Diese **Nichtigkeitsgründe** sind auf bestimmte, besonders schwer wiegende Mängel beschränkt. Und sie sind **abschließend** im Gesetz **aufgezählt**; aus anderen Gründen kann die Nichtigkeit des Jahresabschlusses nicht hergeleitet werden.[3] Die Nichtigkeitsgründe lassen sich wie folgt einteilen: **2**

(1) Inhaltsmängel:
- Verletzung Gläubiger schützender Vorschriften (§ 256 Abs 1 Nr 1),
- fehlerhafte Bildung oder Auflösung von Rücklagen (§ 256 Abs 1 Nr 4),
- wesentliche Gliederungsmängel (§ 256 Abs 4),
- Verstöße gegen Bewertungsvorschriften (§ 256 Abs 5),
- Fristablauf bei der rückwirkenden Bilanzierung von Kapitalmaßnahmen (§ 256 Abs 1 und §§ 234, 235);

(2) Prüfungsmängel:
- fehlende Prüfung überhaupt (§ 256 Abs 1 Nr 2),
- Prüfung durch unberufene Personen (§ 256 Abs 1 Nr 3),
- Fehlen eines gebotenen Nachtragstestats (§ 256 Abs 1 und § 173 Abs 3);

(3) Verfahrensmängel
- bei Feststellung des Jahresabschlusses durch die Verwaltung (§ 256 Abs 2),
- bei Feststellung des Jahresabschlusses durch die Hauptversammlung (§ 256 Abs 3).

---

[2] Für AG siehe statt vieler BGHZ 124, 111, 116 ff; OLG Frankfurt ZIP 2007, 72, 73 ff; *Weilinger* Die Aufstellung und Feststellung des Jahresabschlusses im Handels- und Gesellschaftsrecht, 1997, Rdn 613 ff, S 273 ff. Ebenso für KG BGHZ 170, 283, 289 ff (Rn 13 ff); auch BGHZ 132, 263, 266; *Ulmer* FS Hefermehl, 1976, S 207, 208, 210 f; für GmbH BGH WM 2009, 986, 988; für oHG *G Bezzenberger* in MünchHandB GesR[3], Bd 1, § 62, 79 f; allgemein für Personenhandelsgesellschaften *Priester* FS Hadding, 2004, 607 ff.

[3] Allgemeine Meinung: BGHZ 124, 111, 116 f; OLG Stuttgart ZIP 2003, 1981, 1983 li Sp; auch OLG Hamburg AG 2002, 460, 461 re Sp; aus der Literatur statt vieler *Zöllner* in Kölner Komm AktG[1] 5; *Adler/Düring/Schmaltz*[6] 1; *Hüffer* in MünchKomm AktG[2] 6; *Schwab* in K Schmidt/Lutter[2] 1; *Schulz* in Bürgers/Körber 1; *Hüffer*[9] 1; *Th Kaiser* Berichtigung und Änderung des handelsrechtlichen Jahresabschlusses, 2000, S 206; *Lutter* FS Helmrich, 1994, S 685; *Hennrichs* ZHR 168 (2004), 383, 386 f, auch 392 f, 394 f, 411; *V Weilep/J-H Weilep* BB 2006, 147 li Sp; *Schilling* in Voraufl Anm 1 aE.

3 Bei den Inhalts- und Prüfungsmängeln kommt es im Rahmen des § 256 nicht darauf an, welche Gesellschaftsorgane den Jahresabschluss feststellen wollten. Die Gründe für die Nichtigkeit von Jahresabschlüssen sind insoweit organübergreifend vereinheitlicht. Bei den Verfahrensmängeln unterscheidet dagegen das Gesetz danach, ob der Jahresabschluss von Vorstand und Aufsichtsrat festgestellt werden sollte (Abs 2) oder von der Hauptversammlung (Abs 3).

4 c) **Die Nichtigkeit als Fehlerfolge.** Die Rechtsgeschäfte über die Feststellung des Jahresabschlusses sind grundsätzlich **entweder gültig, oder** sie sind nach § 256 **nichtig**, wenn im Zeitpunkt der Vornahme dieser Rechtsgeschäfte[4] einer der dort aufgeführten Mängel vorliegt. Den Zwischenraum der Anfechtbarkeit gibt es nur, wenn ausnahmsweise die Hauptversammlung über die Feststellung des Jahresabschlusses beschließt. Selbst dann kann die Anfechtung im Wesentlichen nur auf Verfahrensfehler gestützt werden, und zwar solche Verfahrensfehler, die nicht schon nach § 256 Abs 3 zur Nichtigkeit des Abschlusses führen (§ 257 Rdn 2–4, auch unten Rdn 197). **Nichtigkeit bedeutet,** dass die erstrebte Feststellungswirkung wegen eines Normverstoßes von Anfang an nicht eintritt. Der Jahresabschluss wird also für die Gesellschaft sowie ihre Aktionäre und Organe nicht verbindlich. Das bedeutet zum einen, dass die Gesellschaft und deren Organe ihre Pflichten, einen verbindlichen (festgestellten) Jahresabschluss ins Werk zu setzen, nicht erfüllt haben und deshalb diese Pflichten nach wie vor erfüllen müssen (näher Rdn 247). Und die Nichtigkeit des Jahresabschlusses bedeutet zum anderen und praktisch vor allem, dass auch ein auf dem Jahresabschluss aufbauender Gewinnverwendungsbeschluss der Hauptversammlung nichtig ist; das spricht das Gesetz an anderer Stelle ganz deutlich aus: „Der Beschluss [der Hauptversammlung] über die Verwendung des Bilanzgewinns ist … nichtig, wenn die Feststellung des Jahresabschlusses, auf dem er beruht, nichtig ist" (§ 253 Abs 1 Satz 1). Die Feststellungswirkung bezieht sich beim Jahresabschluss ja gerade auch auf die Festlegung des Bilanzgewinns, über dessen Verwendung die Hauptversammlung beschließen soll (Rdn 209, auch Rdn 2, 17), und wenn die Feststellung des Jahresabschlusses nichtig ist, gibt es im Rechtssinne keinen Bilanzgewinn, und die Hauptversammlung hat nichts zur Verwendung.

5 d) Die Bestimmung des § 256 enthält des Weiteren Regeln über die **Geltendmachung und Überwindung der Nichtigkeit.** § 256 Abs 7 gewährt eine besondere aktienrechtliche „Klage auf Feststellung der Nichtigkeit [des Jahresabschlusses] gegen die Gesellschaft" und verweist hierfür auf die Regeln über die Klage auf Feststellung der Nichtigkeit von Hauptversammlungsbeschlüssen (§ 249), die wiederum auf die Beschluss-Anfechtungsklage Bezug nehmen (§§ 246 ff). Klagebefugt ist jeder einzelne Aktionär und jedes Organmitglied (§ 249 Abs 1), und das Urteil wirkt für und gegen alle (§ 248). Diese Jahresabschluss-Nichtigkeitsklage kommt auch dann zum Zuge, wenn Vorstand und Aufsichtsrat über die Feststellung des Jahresabschlusses beschlossen haben. Man kann daher von einer „organübergreifenden Beschlussmängelklage" sprechen.[5] Nach § 256 Abs 6 wird allerdings die Nichtigkeit des Jahresabschlusses in den meisten Fällen durch Zeitablauf geheilt, das heißt sie entfällt und kann nicht mehr geltend gemacht werden, wenn bestimmte Zeiten verstrichen sind, oft schon sechs Monate, ansonsten drei Jahre.

---

[4] *Schulz* in Bürgers/Körber 2 aE.

[5] *Schwab* in K Schmidt/Lutter[2] 1.

2. Geschichte

a) **Vor- und Frühgeschichte.** Die Bestimmung des § 256 über die Nichtigkeit der Feststellung des Jahresabschlusses ist **aus den Regeln über die Nichtigkeit und Anfechtbarkeit von Hauptversammlungsbeschlüssen hervorgegangen.** Jahresabschlüsse von Aktiengesellschaften wurden nämlich nach dem alten **Aktienrecht des HGB** von der Aktionärsversammlung („Generalversammlung") festgestellt.[6] Und Generalversammlungsbeschlüsse, die gegen Gesetz oder Satzung verstießen, konnten schon damals im Klagewege angefochten werden.[7] Wenn sie an besonders schweren Mängeln litten, waren sie sogar nichtig,[8] wobei allerdings die Nichtigkeit anders als die Anfechtung damals noch nicht gesetzlich geregelt war. Als Gründe für die Nichtigkeit von Generalversammlungsbeschlüssen wurden vor allem Verstöße gegen Vorschriften angesehen, die im öffentlichen Interesse gegeben waren, wozu man insbesondere den Gläubigerschutz zählte.[9] Auch die Unvereinbarkeit mit dem Wesen der Aktiengesellschaft oder inhaltliche Sittenverstöße führten zur Beschlussnichtigkeit. All das galt grundsätzlich auch für Generalversammlungsbeschlüsse über die „Bilanzgenehmigung", also über die Feststellung des Jahresabschlusses. Das Reichsgericht hat solche Beschlüsse mehrfach für nichtig erklärt, wenn die Jahresabschlüsse unrichtig waren, insbesondere wenn das Gesellschaftsvermögen überbewertet war, weil hierdurch gegen den Gläubigerschutz und das öffentliche Interesse verstoßen wurde.[10] Dagegen war im Falle der Unterbewertung der Beschluss lediglich anfechtbar,[11] und das Anfechtungsrecht war in diesem Fall nicht einmal als Individualrecht ausgestaltet, sondern setzte einen Aktienbesitz von mindestens 5 % voraus.[12] 6

b) **Das Aktiengesetz von 1937** hat die Befugnis zur **Feststellung** des Jahresabschlusses grundsätzlich dem **Vorstand und** – an Stelle der Hauptversammlung – dem **Aufsichtsrat** übertragen.[13] Und das Klagerecht der Aktionäre, das zuvor gegen den Feststellungsbeschluss der Generalversammlung gerichtet werden konnte, wurde nunmehr auch gegen die Feststellung des Jahresabschlusses durch Vorstand und Aufsichtsrat eröffnet. Das war ein bedeutsamer Schritt, denn dass Aktionäre gegen die Gesellschaft auf Feststellung der Nichtigkeit von Rechtshandlungen der Verwaltungsorgane klagen können, ist keineswegs selbstverständlich (Rdn 18) und war es damals noch weniger als heute. So entstand folgende Gesetzesbestimmung: 7

*„§ 202 [AktG 1937] **Nichtigkeit des vom Vorstand festgestellten Jahresabschlusses.** (1) Ein vom Vorstand mit Billigung des Aufsichtsrats festgestellter Jahresabschluß ist außer im Fall des § 135 Abs. 1 [d. h. bei Verstößen gegen die Prüfungspflicht] nur dann nichtig, wenn*

1. *der Vorstand oder der Aufsichtsrat bei seiner Feststellung nicht ordnungsmäßig mitgewirkt haben,*
2. *er mit dem Wesen der Aktiengesellschaft unvereinbar ist oder durch seinen Inhalt Vorschriften verletzt, die ausschließlich oder überwiegend zum Schutze der Gläubiger der Gesellschaft oder sonst im öffentlichen Interesse gegeben sind,*

---

[6] § 260 HGB aF Hierzu und zur Vorgeschichte *Claussen* FS Semler, 1993, 97, 98.

[7] §§ 271 ff HGB aF.

[8] *A Hueck* Anfechtbarkeit und Nichtigkeit von Generalversammlungsbeschlüssen bei Aktiengesellschaften, 1924, S 24 ff, 233.

[9] *Huber* FS Coing, Bd II, 1982, S 167 ff, 172 ff.

[10] RGZ 131, 141, 143 (für GmbH); RGZ 120, 363, 366 ff; RGZ 64, 258; vgl auch RGZ 120, 28, 32 ff; RG JW 1927, 1677; *A Hueck* Anfechtbarkeit und Nichtigkeit von Generalversammlungsbeschlüssen bei Aktiengesellschaften, 1924, S 109 f; *Huber* FS Coing, Bd II, 1982, S 167, 172.

[11] RGZ 131, 141, 143, 145 f (für GmbH); RGZ 120, 363, 367; RGZ 120, 28, 32; *A Hueck* Anfechtbarkeit und Nichtigkeit von Generalversammlungsbeschlüssen bei Aktiengesellschaften, 1924, S 110 f.

[12] § 271 Abs 3 Satz 2 HGB aF.

[13] § 125 AktG 1937.

3. *er durch seinen Inhalt gegen die guten Sitten verstößt.*

(2) Ist ein Jahresabschluß nach Abs. 1 Nr. 1 nichtig, so kann die Nichtigkeit nicht mehr geltend gemacht werden, wenn die Bekanntmachung des Jahresabschlusses zum Handelsregister des Sitzes der Gesellschaft eingereicht ist und seitdem sechs Monate verstrichen sind.

(3) Für die Klage auf Feststellung der Nichtigkeit eines Jahresabschlusses gegen die Gesellschaft gilt § 201 [betr. die Nichtigkeitsklage gegen Hauptversammlungsbeschlüsse] sinngemäß."

8 Hier wird **schon die Grundstruktur des heutigen § 256** sichtbar. Man erkennt die Einteilung der Nichtigkeitsgründe in Prüfungsmängel (Abs 1 Eingangsworte), Verfahrensmängel (Abs 1 Nr 1) und inhaltliche Mängel des Jahresabschlusses (Abs 1 Nr 2–3). Die inhaltlichen Nichtigkeitsgründe entsprachen damals wörtlich den Gründen für die Nichtigkeit von Hauptversammlungsbeschlüssen, die das AktG von 1937 ebenfalls kodifiziert hat.[14] Man erkennt des Weiteren die Heilung der Nichtigkeit durch Zeitablauf. Sie war unter dem früheren Aktienrecht des HGB noch verneint worden[15] und ist auch jetzt nur bei Verfahrensmängeln möglich (Abs 2). Und man erkennt vor allem den Willen des Gesetzgebers, die Gründe für die Nichtigkeit des festgestellten Jahresabschlusses eingrenzend und abschließend festzuschreiben. Die Gesetzesbegründung hebt das ganz stark hervor und führt aus, „daß im Falle der Feststellung des Jahresabschlusses durch den Vorstand mit Billigung des Aufsichtsrats diese Entscheidung der Verwaltungsträger grundsätzlich endgültig ist und nicht mehr umgestoßen werden kann. Nur bei ganz schwerwiegenden Verstößen, die … § 202 erschöpfend aufzählt, tritt eine Nichtigkeit des Jahresabschlusses ein."[16]

9 Die Bestimmung des § 202 AktG 1937 betraf nur den von Vorstand und Aufsichtsrat festgestellten Jahresabschluss. Wenn ausnahmsweise die **Hauptversammlung** über die Feststellung des Jahresabschlusses entschied, kamen damals die allgemeinen Regeln über die Anfechtung und Nichtigkeit von Hauptversammlungsbeschlüssen zum Tragen. Solche Beschlüsse waren bei besonders schweren Inhalts- oder Verfahrensmängeln nichtig, wobei sich die inhaltlichen Nichtigkeitsgründe mit denen deckten, die auch für die Feststellung des Jahresabschlusses durch die Verwaltung galten.[17] Ansonsten waren fehlerhafte Hauptversammlungsbeschlüsse anfechtbar, und das galt auch für Beschlüsse über die Feststellung des Jahresabschlusses, allerdings mit der Einschränkung, dass unwesentliche Gliederungsgmängel nicht zur Anfechtung genügten.[18]

10 c) **Das Aktiengesetz von 1965** hat die Regeln über die Nichtigkeit des festgestellten Jahresabschlusses wesentlich ausdifferenziert und ihnen in **§ 256** bis heute ihr Gepräge gegeben. Die Bestimmung lautete **ursprünglich:**

„(1) Ein festgestellter Jahresabschluß ist außer in den Fällen des § 173 Abs. 3, § 234 Abs. 3 und § 235 Abs. 2 nichtig, wenn

1. *er durch seinen Inhalt Vorschriften verletzt, die ausschließlich oder überwiegend zum Schutze der Gläubiger der Gesellschaft oder sonst im öffentlichen Interesse gegeben sind,*
2. *er nicht nach § 162 Abs. 1 und 3 [den Vorgängernormen zu § 316 Abs 1 und 3 HGB] geprüft worden ist,*

---

[14] § 195 Nr 3–4 AktG 1937.

[15] RGZ 120, 363, 369 ff.

[16] Amtl Begründung zu § 202 AktG 1937, bei Klausing (Hrsg), AktG, 1937, S 180. Dass die Norm die Nichtigkeitsgründe abschließend aufzählte, war auch die Ansicht der Literatur; *Schilling* in Großkomm AktG[2] § 202 AktG 1937, Anm 2.

[17] § 195 Nr 3–4 AktG 1937 = § 202 Abs 2–3 AktG 1937.

[18] § 197 AktG 1937.

3. er von Personen geprüft worden ist, die nicht zum Abschlußprüfer bestellt sind oder nach § 164 [in groben Umrissen die Vorgängernorm zu § 319 HGB] nicht Abschlußprüfer sein können,

4. bei seiner Feststellung die Bestimmungen des Gesetzes oder der Satzung über die Einstellung von Beträgen in offene Rücklagen oder über die Entnahme von Beträgen aus offenen Rücklagen verletzt worden sind.

(2) Ein von Vorstand und Aufsichtsrat festgestellter Jahresabschluß ist außer nach Absatz 1 nur nichtig, wenn der Vorstand oder der Aufsichtsrat bei seiner Feststellung nicht ordnungsgemäß mitgewirkt hat.

(3) Ein von der Hauptversammlung festgestellter Jahresabschluß ist außer nach Absatz 1 nur nichtig, wenn die Feststellung

1. in einer Hauptversammlung beschlossen worden ist, die nicht nach § 121 Abs. 2 und 3 einberufen war, es sei denn, daß alle Aktionäre erschienen oder vertreten waren,

2. nicht nach § 130 Abs. 1, 2 und 4 beurkundet ist,

3. auf Anfechtungsklage durch Urteil rechtskräftig für nichtig erklärt worden ist.

(4) Wegen Verstoßes gegen die Vorschriften über die Gliederung des Jahresabschlusses [deren wichtigste im Folgenden aufgezählt wurden] sowie wegen der Nichtbeachtung von Formblättern, nach denen der Jahresabschluß zu gliedern ist, ist der Jahresabschluß nur nichtig, wenn seine Klarheit und Übersichtlichkeit dadurch wesentlich beeinträchtigt sind. Eine wesentliche Beeinträchtigung liegt namentlich vor, wenn [gegen bestimmte, besonders genannte Regeln verstoßen wird].

(5) Wegen Verstoßes gegen die Bewertungsvorschriften ist der Jahresabschluß nur nichtig, wenn

1. Posten überbewertet oder

2. Posten unterbewertet sind und dadurch die Vermögens- und Ertragslage der Gesellschaft vorsätzlich unrichtig wiedergegeben oder verschleiert wird.

Überbewertet sind Aktivposten, wenn sie mit einem höheren Wert, Passivposten, wenn sie mit einem niedrigeren Betrag angesetzt sind, als nach [den Ansatz- und Bewertungsregeln der damaligen] §§ 153 bis 156 zulässig ist. Unterbewertet sind Aktivposten, wenn sie mit einem niedrigeren Wert, Passivposten, wenn sie mit einem höheren Betrag angesetzt sind, als nach §§ 153 bis 156 zulässig ist.

(6) Die Nichtigkeit nach Absatz 1 Nr. 1, 3 und 4, Absatz 2, Absatz 3 Nr. 1 und 2, Absatz 4 und 5 kann nicht mehr geltend gemacht werden, wenn seit der Bekanntmachung des Jahresabschlusses im Bundesanzeiger in den Fällen des Absatzes 1 Nr. 3 und 4, des Absatzes 2 und des Absatzes 3 Nr. 1 und 2 sechs Monate, in den anderen Fällen drei Jahre verstrichen sind. Ist bei Ablauf der Frist eine Klage auf Feststellung der Nichtigkeit des Jahresabschlusses rechtshängig, so verlängert sich die Frist, bis über die Klage rechtskräftig entschieden ist oder sie sich auf andere Weise endgültig erledigt hat.

(7) Für die Klage auf Feststellung der Nichtigkeit gegen die Gesellschaft gilt § 249 sinngemäß.“

Der **veränderte Aufbau der Vorschrift** rührt zum einen daher, dass § 256 anders als die Vorgängernorm im AktG 1937 nicht mehr nur für den von Vorstand und Aufsichtsrat festgestellten Jahresabschluss gilt, sondern auch für Beschlüsse der Hauptversammlung über die Feststellung des Jahresabschlusses. Die Inhalts- und Prüfungsmängel, die zur Nichtigkeit führen, sind nunmehr für beide Formen der Feststellung einheitlich geregelt (§ 256 Abs 1, 4 und 5). Nur bei Verfahrensfehlern wird noch unterschieden, welche Gesellschaftsorgane den Jahresabschluss festzustellen versuchen (§ 256 Abs 2 und 3). Der Regierungsentwurf für das AktG von 1965 hatte außer der Nichtigkeit auch eine Anfechtung des festgestellten Jahresabschlusses „wegen Verletzung des Gesetzes oder der Satzung“ vorgesehen, und zwar auch dann, wenn die Verwaltung über die Feststellung des Jahresabschlusses entschieden hatte.[19] Doch dies haben die Bundestagsausschüsse für Recht und Wirtschaft verhindert.[20] Ein von den Verwaltungsorganen festgestellter Jah- **11**

---

[19] RegE AktG, BT-Drucks IV/171 v 3.2.1962, Anlage 1, § 248, S 58 f.

[20] Bericht des BT-Rechtsausschusses zum RegE AktG, BT-Drucks IV/3296 v 12.4.1965, S 139 und hierzu Bericht des Abgeordneten Dr Wilhelmi, zu BT-Drucks IV/3296

resabschluss ist entweder nach § 256 nichtig, oder er ist gültig; eine dazwischen liegende Anfechtbarkeit gibt es nicht[21] (vgl schon Rdn 4). Nur wenn ausnahmsweise die Hauptversammlung den Jahresabschluss feststellt, kann der Feststellungsbeschluss nach wie vor angefochten werden, allerdings nicht mehr wegen Inhaltsmängeln (§ 257 Abs 1 Satz 2), denn hierfür gilt ausschließlich § 256, sondern im Wesentlichen nur wegen Verfahrensfehlern (§ 257 und dort Rdn 2–4).

12 Außerdem hat das AktG 1965 die **inhaltlichen Nichtigkeitsgründe neu ausgeprägt.** Die allgemein gehaltenen Tatbestände des § 202 AktG 1937 sind ausgedünnt und zum Teil durch bilanzrechtlich ausgerichtete Sonderbestimmungen ersetzt. Die einleitende Generalklausel des § 256 Abs 1 Nr 1 erfasst jetzt nur noch die Verletzung von Vorschriften, die ganz oder überwiegend dem Gläubigerschutz oder sonst dem öffentlichen Interesse dienen. Nicht mehr genannt sind dagegen Verstöße gegen das Wesen der Aktiengesellschaft oder die guten Sitten. Diese Nichtigkeitsgründe hatten nach Auffassung des Gesetzgebers neben dem Gläubigerschutz und dem öffentlichen Interesse „keine praktische Bedeutung“,[22] und Verstöße gegen das Wesen der Aktiengesellschaft würden zudem durch die anderen inhaltlichen Nichtigkeitsgründe „bereits hinreichend erfaßt“.[23]

13 Für die wichtigsten inhaltlichen Nichtigkeitsgründe sind überdies neue und **speziell**e **Regeln** hinzugekommen, nämlich **für** die Verletzung von Bestimmungen über die Bildung und Auflösung von **Rücklagen** (§ 256 Abs 1 Nr 4) sowie für Verstöße gegen bilanzrechtliche **Gliederungsvorschriften** (§ 256 Abs 4) und **Bewertungsregeln** (§ 256 Abs 5). Die beiden letzteren Bestimmungen waren beim Erlass des AktG 1965 nicht als eigenständige Nichtigkeitsgründe gedacht, sondern als einschränkende Zusätze zur Generalklausel des § 256 Abs 1 Nr 1 mit ihrer Bezugnahme auf den Gläubigerschutz und das öffentliche Interesse. Die ganze Rechnungslegung, so dachte man zu Recht, steht nicht zuletzt auch im öffentlichen Interesse (vgl Rdn 25). Der Gesetzgeber des AktG von 1965 befürchtete daher, dass grundsätzlich jeder Gliederungs- oder Bewertungsverstoß wegen Verletzung des öffentlichen Interesses zur Nichtigkeit des Jahresabschlusses führen könnte.[24] Um das zu verhindern und die Nichtigkeitsgründe einzuschränken,[25] wurden die Fälle, in denen der Jahresabschluss wegen Gliederungs- oder Bewertungsverstößen nichtig ist, in § 256 Abs 4 und 5 „eingehender geregelt“, wie es in der Gesetzesbegründung heißt.[26] Nur die Überbewertung führt als solche zur Nichtigkeit des Jahresabschlusses (Abs 5 Nr 1), wohingegen Unterbewertungen oder Gliederungsverstöße nur in besonders schweren Fällen den Abschluss nichtig machen (Abs 5 Nr 1 und Abs 4).[27] Außerdem können

v 28.4.1965, zu §§ 247 bis 250b RegE, S 42 f = Kropff (Hrsg), AktG, 1965, Vorbem zu §§ 256 bis 261, S 343 f; kritisch im Vorfeld auch *Kronstein/Claussen/Biedenkopf* AG 1964, 268 ff.

[21] Bericht des Abgeordneten Dr. Wilhelmi zum RegE AktG, zu BT-Drucks IV/3296 v 28.4.1965, zu §§ 247 bis 250b RegE, S 43 li Sp = Kropff (Hrsg), AktG, 1965, S 343; *Heidel* in Heidel, Aktienrecht und Kapitalmarktrecht[3] § 256, 3.

[22] Bericht des Abgeordneten Dr Wilhelmi zum RegE AktG, zu BT-Drucks IV/3296 v 28.4.1965, zu § 247 RegE, S 43 re Sp = Kropff (Hrsg), AktG, 1965, § 256, S 346.

[23] Stellungnahme des Bundesrats zum RegE AktG, BT-Drucks IV/171 v 3.2.1962, Anlage 2, Nr 22, zu § 247 RegE, S 328 li Sp = Kropff (Hrsg), AktG, 1965, § 256, S 345 f.

[24] Bericht des Abgeordneten Dr. Wilhelmi zum RegE AktG, zu BT-Drucks IV/3296 v 28.4.1965, zu § 247 RegE, S 44 li Sp = Kropff (Hrsg), AktG, 1965, § 256, S 346 f.

[25] AaO.

[26] Bericht des Abgeordneten Dr. Wilhelmi zum RegE AktG, zu BT-Drucks IV/3296 v 28.4.1965, zu § 247 RegE, S 43 li Sp = Kropff (Hrsg), AktG, 1965, Vorbem zu §§ 256 bis 261, S 347.

[27] Bericht des Abgeordneten Dr. Wilhelmi zum RegE AktG, zu BT-Drucks IV/3296 v 28.4.1965, zu §§ 247 bis 250b RegE,

seit dem AktG von 1965 erstmals auch inhaltliche Mängel durch Zeitablauf geheilt werden, wenn auch meistens erst nach drei Jahren (Abs 6).

d) **Änderungen seit 1965.** Von den Änderungen, die § 256 seit 1965 erfahren hat, kam die wichtigste durch das **Bankbilanzrichtlinie-Gesetz (BankBiRiLiG)** von 1990[28]. Dieses Gesetz hat zunächst dem § 256 Abs 5, wo es um Bewertungsverstöße geht, einen klarstellenden Satz 4 für Kreditinstitute hinzugefügt, der die Sonderregeln des Bankbilanzrechts in Bezug nimmt (unten Rdn 109). Darüber hinaus und vor allem hat das BankBiRiLiG die Generalklausel des § 256 Abs 1 Nr 1 noch weiter ausgedünnt. War bislang ein festgestellter Jahresabschluss nichtig, „wenn er durch seinen Inhalt Vorschriften verletzt[e], die ausschließlich oder überwiegend zum Schutze der Gläubiger der Gesellschaft oder sonst im öffentlichen Interesse gegeben" waren (Rdn 10), so wurden nunmehr die Worte „oder sonst im öffentlichen Interesse" gestrichen, so dass **in § 256 Abs 1 Nr 1 nur noch der Verstoß gegen Gläubigerschutzregeln als Nichtigkeitsgrund** übrig bleibt. Die Gesetzesbegründung zum BankBiRiLiG verweist hierfür auf den umfangreichen Ordnungswidrigkeitenkatalog des § 334 HGB, der Verstöße gegen eine Vielzahl von Bilanzregeln mit Bußgeld bedroht, und äußert die Befürchtung, dass sämtliche dort in Bezug genommenen Regeln als Ausdruck des öffentlichen Interesses in dem Sinne verstanden werden könnten, dass ein Verstoß zur Nichtigkeit des Jahresabschlusses führe, was die Bestandsfestigkeit von Jahresabschlüssen gefährlich untergraben würde.[29] Deshalb wurde in § 256 Abs 1 Nr 1 die Bezugnahme auf das öffentliche Interesse getilgt. Das hat die **Struktur und Systematik des § 256 wesentlich verschoben,** ohne dass sich der Gesetzgeber dessen bewusst gewesen zu sein scheint, denn der Begriff des öffentlichen Interesses war ein wichtiges Bindeglied zwischen der Generalklausel des § 256 Abs 1 Nr 1 und den speziellen Nichtigkeitsregeln in Abs 4 und 5, wo es um Gliederungs- und Bewertungsmängel geht (vgl. oben Rdn 13 sowie näher unten Rdn 54 f, 72 f). **14**

Die **sonstigen Gesetzesänderungen seit 1965** dienten vor allem dazu, die Bestimmung des § 256 an die immer wieder geänderten Regeln des Bilanz- und Bilanzprüfungsrechts anzugleichen. Zu nennen sind hier insbesondere das **Bilanzrichtlinien-Gesetz (BiRiLiG)** von 1985[30] und das **Bilanzrechtsmodernisierungsgesetz (BilMoG)** von 2009,[31] welche die Verweisungen in § 256 Abs 5 (Bewertungsmängel) an die neu geordneten Bewertungsregeln des Bilanzrechts angepasst haben. Das BiRiLiG von 1985 und später noch einmal das **Bilanzrechtsreformgesetz (BilReG)** von 2004[32] betrafen darüber hinaus die sehr ver- **15**

S 44 li Sp, auch zu § 247 RegE, S 43 li Sp = Kropff (Hrsg), AktG, 1965, Vorbem zu §§ 256 bis 261, S 344, auch § 256, S 346 f.

[28] Gesetz zur Durchführung der Richtlinie des Rates der Europäischen Gemeinschaften über den Jahresabschluß und den konsolidierten Abschluß von Banken und anderen Finanzinstituten (Bankbilanzrichtlinie-Gesetz), vom 30.11.1990, BGBl I, S 2570, hier Art 2 Nr 55, betr Änderung des § 256.

[29] RegE BankBiRiLiG, BT-Drucks 11/6275 v 19.1.1990, Anlage 1, Begründung zu Art 2 Nr 3 (betr § 256 AktG), S 27 li Sp.

[30] Gesetz zur Durchführung der Vierten, Siebenten und Achten Richtlinie des Rates der Europäischen Gemeinschaften zur Koordinierung des Gesellschaftsrechts (Bilanzrichtlinien-Gesetz), vom 19.12.1985, BGBl I, S 2355.

[31] Gesetz zur Modernisierung des Bilanzrechts (Bilanzrechtsmodernisierungsgesetz – BilMoG), vom 25.5.2009, BGBl I, S 1102, hier Art 5 Nr 513, betr Änderung des § 256.

[32] Gesetz zur Einführung internationaler Rechnungslegungsstandards und zur Sicherung der Qualität der Abschlussprüfung (Bilanzrechtsreformgesetz – BilReG), vom 4.12.2004, BGBl I, S 3166, hier Art 4 Nr 9, betr § 256, dessen Abs 1 Nr 3 damals seine im Wesentlichen bis heute gültige Fassung erhielt.

wickelte Bestimmung des § 256 Abs 1 Nr 3, wonach bei prüfungspflichtigen Gesellschaften die Feststellung des Jahresabschlusses nichtig ist, wenn der Abschluss von unberufenen Personen geprüft wurde. Beide Gesetze wollen darauf hinaus, dass Verstöße gegen das Gebot der Unabhängigkeit und Unbefangenheit des Abschlussprüfers nicht zur Nichtigkeit des Jahresabschlusses führen (näher unten Rdn 153 ff). Weitere und kleinere Änderungen brachten das **Bilanzkontrollgesetz (BilKoG)** von 2004, wonach Jahresabschluss-Nichtigkeitsprozesse vom Gericht an die Bundesanstalt für Finanzdienstleistungsaufsicht gemeldet werden müssen (§ 256 Abs 7 Satz 2),[33] das Gesetz über elektronische Handelsregister und Genossenschaftsregister sowie das Unternehmensregister (**EHUG**) von 2006, das in § 256 Abs 6 Satz 1 den Beginn des Laufs der Heilungsfrist an die geänderten Regeln über die Bekanntmachung des Jahresabschlusses angepasst hat,[34] sowie das Gesetz zur Umsetzung der Aktionärsrechterichtlinie (**ARUG**) von 2009, das die Anforderungen an die Einberufung (§ 121) und Protokollierung (§ 130) von Hauptversammlungen erweitert hat, aber im Falle der Abschlussfeststellung durch die Hauptversammlung die Nichtigkeit des Jahresabschlusses nach § 256 Abs 3 Nr 1 und 2 noch mehr als zuvor auf Verstöße gegen die Kerngehalte dieser Anforderungen beschränkt,[35] um die Nichtigkeitsgründe einzudämmen.[36]

3. Schutzzwecke der Norm

16 **a) Ambivalenter Charakter der Norm.** Als Anliegen des § 256 wird oft hervorgehoben, dass die Nichtigkeit des festgestellten Jahresabschlusses auf ausgewählte und besonders schwer wiegende Fälle begrenzt wird, um der Feststellung des Jahresabschlusses Bestandsfestigkeit zu verleihen und damit Rechtssicherheit zu stiften.[37] Das ist richtig, und auch die Gesetzesbegründungen heben diesen Gesichtspunkt hervor (Rdn 8, 13, 15). Aber es ist bei weitem nicht alles. Denn das Gesetz führt die Nichtigkeit des Jahresabschlusses, die es dann mühsam wieder eindämmt, überhaupt erst einmal als Rechtsfigur und Sanktion ins Feld und gibt den Aktionären überdies das scharfe Schwert der Nichtigkeitsklage an die Hand, und zwar auch gegen die Feststellung des Jahresabschlusses durch Vorstand und Aufsichtsrat.[38]

17 Dass es eine förmliche, **rechtsgeschäftliche Feststellung** des Jahresabschlusses gibt, die nichtig sein kann, ist nicht selbstverständlich,[39] auch nicht im internationalen Vergleich, und folgt vor allem daraus, dass es in der deutschen Aktiengesellschaft drei Organe gibt, die aufeinander bezogen an den sich überschneidenden Gehalten der Rechnungslegung und Gewinnverwendung mitwirken. Der Jahresabschluss, den der Vorstand aufstellt,

---

33 Eingefügt durch das Gesetz zur Kontrolle von Unternehmensabschlüssen (Bilanzkontrollgesetz – BilKoG), vom 15.12.2004, BGBl I, S 3408, hier Art 5 Nr 3.

34 Vom 10.11.2006, BGBl I, S 2553, hier Art 9 Nr 12.

35 Vom 30.7.2009, BGBl I, S 2479, hier Art 1 Nr 9 (betr § 121), Nr 19 (betr § 130) und Nr 41 (betr § 256).

36 RegE ARUG, BT-Drucks 16/11642 v 21.1.2009, Anlage 1, Begründung zu Art 1 Nr 35 (betr § 241), S 39 f, und hierauf verweisend Begründung zu Art 1 Nr 41 (betr § 256), S 42 re Sp.

37 OLG Köln ZIP 1998, 994, 995 re Sp; OLG Frankfurt ZIP 2007, 72, 73 li Sp; *Hüffer* in MünchKomm AktG² 5; *Schwab* in K Schmidt/Lutter² 1; *Rölike* in Spindler/Stilz² 1; *Hüffer*⁹ 1; *Hennrichs* ZHR 168 (2004), 383, 386 f, auch 392 f, 411; *Balthasar* Die Bestandskraft handelsrechtlicher Jahresabschlüsse, 1999, S 186 f; *W Müller* ZHR 168 (2004), 414, 422; *Zöllner* FS Scherrer, 2004, S 355, 359, 362 f; *Schedlbauer* DB 1992, 2097, 2098 li Sp; *V Weilep/J-H Weilep* BB 2006, 147 li Sp.

38 Diesen Gesichtspunkt betont auch *Schwab* in K Schmidt/Lutter² 1.

39 So auch *Claussen* FS Semler, 1993, 97, 98, 101.

dient nicht nur der Gewinnermittlung, sondern zielt auch schon auf Gewinnverwendung, namentlich inwieweit der Jahresüberschuss als Bilanzgewinn ausgeschüttet werden kann oder in die Gewinnrücklagen eingestellt werden soll (§§ 58, 158). Hierüber muss der Aufsichtsrat mitentscheiden (§§ 170–172), weil es sich nicht mehr um eine reine Angelegenheit der Geschäftsführung handelt. Und sowohl der Vorstand als auch vor allem der Aufsichtsrat entscheiden durch Beschluss (§ 108 Abs 1), das heißt durch Rechtsgeschäft. Der Jahresabschluss, der auf diese Weise ins Werk gesetzt wird, weist den Bilanzgewinn aus, auf den sich nunmehr das mitgliedschaftliche Gewinnteilhaberecht der Aktionäre konzentriert (§ 58 Abs 4), und über dessen Verwendung anschließend die Hauptversammlung entscheidet (§ 174). Gerade auch hierauf bezieht sich bei der Feststellung des Jahresabschlusses die rechtliche Bindungswirkung.[40] Gäbe es dagegen nur ein Gesellschaftsorgan, das über die Rechnungslegung und Gewinnverwendung entscheidet, wie der board of directors im US-amerikanischen Recht, so müsste man die Vorgänge nicht oder viel weniger rechtsgeschäftlich ausprägen und verknüpfen (vgl auch Rdn 293).

Auch das **Klagerecht der Aktionäre** gegen die Feststellung des Jahresabschlusses **18** durch Vorstand und Aufsichtsrat versteht sich nicht von selbst. Von Hause aus können Aktionäre nicht gegen Entscheidungen der Verwaltungsorgane klagen. Solche Klagerechte sind vielmehr die Ausnahme.[41] Eine wichtige Ausnahmeregel dieser Art ist § 256. Sie erklärt sich daraus, dass die Feststellung des Jahresabschlusses Bedeutung für die Gewinnverwendung und somit für das Mitgliedschaftsrecht der Aktionäre auf Gewinnteilhabe hat. Die Feststellung des Jahresabschlusses ist deshalb im Gesellschaftsrecht grundsätzlich eine Angelegenheit der Gesellschafter (Rdn 180). Und sie oblag früher auch in der Aktiengesellschaft der Generalversammlung der Aktionäre. Die Feststellungsbefugnis wurde 1937 auf den Aufsichtsrat delegiert (Rdn 7), aber das Kontroll-Klagerecht ist den Aktionären geblieben.

Die Nichtigkeit des Jahresabschlusses kann indessen **für die Gesellschaft desaströse** **19** **Folgen** haben,[42] und zwar vor allem deshalb, weil zusammen mit dem Jahresabschluss auch ein hierauf beruhender Gewinnverwendungsbeschluss der Hauptversammlung nichtig ist (§ 253 Abs 1 Satz 1 und oben Rdn 4). Wenn dann schon Dividenden ausgeschüttet worden sind, müssen bösgläubige Aktionäre diese an die Gesellschaft zurückzahlen (§ 62 Abs 1). Das ist vor allem für Großaktionäre und auch für institutionelle Kapitalanleger

---

40 Ebenso OLG Frankfurt ZIP 2007, 72, 73 ff; *Claussen* FS Semler, 1993, 97, 104. Vgl auch Rdn 209.

41 BGHZ 164, 249, 252 f („Commerzbank/Mangusta II"); OLG Frankfurt ZIP 2007, 72, 74 re Sp; *Habersack* in MünchKomm AktG[3] § 108, 85 mwN; *M Schwab* Das Prozessrecht gesellschaftsinterner Streitigkeiten, 2005, insbesondere S 572 f; *Paefgen* Unternehmerische Entscheidungen und Rechtsbindung der Organe in der AG, 2002, S 280 ff; *Bartels* ZGR 2008, 723, 735 ff, 751 ff. Siehe auch BGHZ 82, 122, 133 ff („Holzmüller") sowie präzisierend und einschränkend BGHZ 159, 30, 36 ff („Gelatine"), beide zum Abwehrklagerecht der Aktionäre gegen Übergriffe der Verwaltungsorgane in den Zuständigkeitsbereich der Hauptversammlung.

42 Auch das wird oft betont, siehe etwa den Bericht des Abgeordneten Dr. Wilhelmi zum RegE AktG, zu BT-Drucks IV/3296 v 28.4.1965, zu §§ 247 bis 250b RegE, S 42 f = Kropff (Hrsg), AktG, 1965, Vorbem zu §§ 256 bis 261, S 343; auch schon RegE AktG, BT-Drucks IV/171 v 3.2.1962, Anlage 1, Begründung zu § 247 RegE [= § 256 AktG], S 205 = Kropff (Hrsg), AktG, 1965, § 265, S 347; aus der Literatur *Lutter* FS Helmrich, 1994, S 685, 687 ff; *ders* FS Semler, 1993, S 835, 842 f; *Zöllner* FS Scherrer, 2004, S 355, 357; *Hennrichs* ZHR 168 (2004), 383, 386; *Rölike* in Spindler/Stilz[2] 89; *Hommelhoff/Mattheus* BB 2004, 93, 100 li Sp; *Kowalski* AG 1994, 502, 505.

und Kapitalmarktintermediäre gefährlich, denn sie sollen ja gerade nicht gutgläubig sein, sondern sich informieren und nachdenken. Und auch für andere Aktionäre können Ungewissheit und Risiken entstehen. Das alles wieder ins Lot zu bringen, kann für die Gesellschaft sehr schwierig und teuer werden (näher Rdn 248, 254 ff, 260 ff). Der Jahresabschluss für ein Geschäftsjahr hat darüber hinaus wegen des Gebots der Bilanzverknüpfung (§ 251 Abs 1 Nr 1 HGB) Auswirkungen auf die Abschlüsse für die Folgejahre (Rdn 275 ff). Wenn sich also ein Prozess über die Gültigkeit oder Nichtigkeit des Jahresabschlusses hinzieht, können die Rechnungslegung und die Ausschüttungspolitik der Gesellschaft über lange Zeit ins Wanken kommen.

20 Zur Rechtfertigung der Nichtigkeit des Jahresabschlusses als Sanktion wird geltend gemacht, dass hiervon ein starker Anreiz für die Gesellschaftsorgane ausgeht, die Regeln über die Rechnungslegung einzuhalten.[43] Das ist sicher richtig, so wie eine Gefängnisandrohung für Straftäter einen Anreiz setzt, Straftaten zu vermeiden. Aber dies entbindet nicht von der Frage, ob und wann dies eine angemessene Sanktion ist, und ob nicht andere und bessere Möglichkeiten zur Hand sind. Die entscheidende Frage im Zusammenhang mit § 256 lautet daher, welche Umstände aus welchen Gründen schwerwiegend genug sind, um eine so scharfe Sanktion wie die Nichtigkeit des Jahresabschlusses zu rechtfertigen.

21 b) **Der Gläubigerschutz und die Ausschüttungsbemessungsfunktion des Jahresabschlusses.** Wenn es im Aktienrecht einen Schutzzweck gibt, der die Nichtigkeit des Jahresabschlusses als Sanktion rechtfertigt, dann ist es der Gläubigerschutz. Der Jahresabschluss hat zwei Hauptfunktionen, nämlich eine Informationsfunktion und eine Ausschüttungsbemessungsfunktion. Letztere bezieht sich auf die aktienrechtlichen **Ausschüttungsschranken der Kapitalerhaltung** und dient ebenso wie diese dem Gläubigerschutz. An die Aktionäre ausgeschüttet werden darf – vereinfacht gesagt – nur der „Gewinn", wohingegen die „Einlagen" in der Gesellschaft gebunden sind, um das erhöhte Risiko abzumildern, das die Haftungsbeschränkung der Aktionäre den Gesellschaftsgläubigern zumutet (näher Rdn 47). Und was ausschüttungsfähiger Gewinn ist, bemisst sich nach dem Jahresabschluss (§§ 150 ff). Es muss daher verhindert werden, dass der Abschluss den Ausschüttungsspielraum der Gesellschaft übertreibt, und dass Gesellschaftsvermögen an die Aktionäre ausgeschüttet wird, das bei richtiger Rechnungslegung zum Schutze der Gläubiger gegen Ausschüttungen gesperrt wäre.

22 Der **Gläubigerschutz** ist **geschichtlich** die **Keimzelle** des § 256 (Rdn 6) und in dessen Abs 1 Nr 1 immer noch an vorderster Stelle genannt. Er spielt aber auch in die anderen Teile des § 256 hinein. Eine spezielle und besonders wichtige Ausprägung des Gläubigerschutzes ist die Nichtigkeit des Jahresabschlusses wegen Überbewertung von Bilanzposten (§ 256 Abs 5 Nr 1), denn gerade durch eine solche Überbewertung übertreibt die Gesellschaft regelwidrig ihren Ausschüttungsspielraum (Rdn 71 f, 82, 88). Dem Gläubigerschutz dienen zum Teil auch die Regeln über die Bildung und Auflösung von Rücklagen, wegen deren Verletzung der Jahresabschluss ebenfalls nichtig sein kann (§ 256 Abs 1 Nr 4), denn manche dieser Rücklagen sind gebunden und sperren in entsprechender Höhe das Gesellschaftsvermögen gegen Ausschüttungen an die Aktionäre (näher Rdn 112 ff). Verstöße gegen die Rücklagenregeln sind daher oftmals zugleich Verstöße gegen den Gläubigerschutz. Dieser ist alles in allem der **leitende Schutzzweck** des § 256.[44]

---

[43] *Rölike* in Spindler/Stilz[2] 2.

[44] Ebenso *Icking* Die Rechtsnatur des Handelsbilanzrechts – Zugleich ein Beitrag zur Abgrenzung von öffentlichem und privatem Recht, 2000, S 233 f.

c) **Gewinnteilhabe der Aktionäre.** Ein weiteres Schutzgut im Bereich des § 256 ist das Recht der Aktionäre auf Gewinnteilhabe und, damit zusammenhängend, die Befugnis der Hauptversammlung, an der Gewinnverwendung mitzuwirken und über den Bilanzgewinn zu disponieren[45]. Das zeigt sich besonders an der Bestimmung des § 256 Abs 5 Nr 2, wonach der Jahresabschluss unter bestimmten Vorraussetzungen nichtig ist, wenn Bilanzposten **unterbewertet** sind. Es geht hier wie beim Gläubigerschutz um die Ausschüttungsbemessungsfunktion des Jahresabschlusses, doch in umgekehrter Richtung. Die Unterbewertung unterwirft vorhandenes oder mögliches künftiges Gesellschaftsvermögen, das bei richtiger Rechnungslegung ausschüttungsfähig sein würde, den Ausschüttungsschranken der Kapitalerhaltung und enthält es damit den Aktionären vor. Gerade auch das soll § 256 nach der Vorstellung des Gesetzgebers verhindern.[46] 23

Die **Nichtigkeit des Jahresabschlusses** und des darauf aufbauenden Gewinnverwendungsbeschlusses ist jedoch zum Schutz von Ausschüttungsinteressen der Aktionäre **keine sinnvolle Sanktion.**[47] Wenn die Aktionäre wegen einer Unterbewertung des Gesellschaftsvermögens weniger Ausschüttungen erhalten, als sie bei richtiger Bewertung bekommen könnten, ist das kein vernünftiger Grund, selbst noch der unzulässig verkürzten Ausschüttung die Geltungsgrundlage zu entziehen. Der bessere Rechtsschutzbehelf für die Aktionäre ist hier vielmehr die Sonderprüfung wegen unzulässiger Unterbewertung (§§ 258–261a). Hier können versteckte Reserven ans Licht gehoben und für Ausschüttungen freigegeben werden (§§ 258 ff), allerdings nur periodenversetzt in dem späteren Jahresabschluss nach Ende der Sonderprüfung (§ 261). 24

d) **Die Informationsfunktion des Jahresabschlusses.** Sie ist neben der Ausschüttungsbemessungsfunktion die zweite Hauptfunktion des Jahresabschlusses. Die Kaufmannspflicht zur Rechnungslegung (§§ 238 ff, 242 ff; 264 ff HGB) entspringt nach überlieferter Auffassung dem **öffentlichen Recht.**[48] Dafür spricht in der Tat, dass auch der Einzelkaufmann Rechnung legen muss. Die Rechnungslegung als Informationsquelle soll das Funktionieren der Märkte als gesamtgesellschaftliche Einrichtungen gewährleisten[49] und reicht damit über die Dimensionen von individueller Austauschgerechtigkeit und Schadensverhütung hinaus.[50] Daneben hat die Rechnungslegung aber auch hinsichtlich ihres Informationsgehalts eine wesentliche **privatrechtliche, gesellschaftsrechtliche Funk-** 25

---

45 Zu letzterem *Tielmann* Durchsetzung ordnungsmäßiger Rechnungslegung, 2001, S 143, 147.

46 Vgl *Kronstein/Claussen/Biedenkopf* AG 1964, 268.

47 *Kronstein/Claussen/Biedenkopf* AG 1964, 268 ff.

48 Ausführlich hierzu und zum Folgenden *Icking* Die Rechtsnatur des Handelsbilanzrechts – Zugleich ein Beitrag zur Abgrenzung von öffentlichem und privatem Recht, 2000, S 166 ff, 443 f; *Balthasar* Die Bestandskraft handelsrechtlicher Jahresabschlüsse, 1999, S 23 ff; *W Müller* FS Moxter, 1994, S 75, 78 ff; des Weiteren *Adler/Düring/Schmaltz*[6] § 242 HGB, 1, 29; *Hüffer* in Großkomm HGB[4] § 242 HGB, 2; *Kropff* FS Peltzer, 2001, S 219, 227; *G Bezzenberger* in MünchHandB GesR, Bd I, BGB-Gesellschaft/OHG[3], § 62, 2; *Weilinger* Die Aufstellung und Feststellung des Jahresabschlusses im Handels- und Gesellschaftsrecht, 1997, Rdn 59–62, S 39 f. **Anders**, nämlich für eine rein privatrechtliche Natur der Rechnungslegungsregeln, *Claussen* FS Ulmer, 2003, 801, 809 ff; *Claussen/Korth* in Kölner Komm AktG[2] § 242 HGB, 5 f; *Fleischer* WM 2006, 2021; *Luttermann* in MünchKomm AktG[2] § 242 HGB, 9 sowie Einf BilanzR, 1; *Fleischer* WM 2006, 2021 f zur Buchführungspflicht.

49 *Hopt* ZHR 141 (1977), 389, 400 ff, insbes 403 f, 414 f; *Balthasar* Die Bestandskraft handelsrechtlicher Jahresabschlüsse, 1999, S 23 ff; *Kleindiek* ZGR 1998, 466, 471; zur Geschichte *Geßler* FS 75 Jahre Deutsche Treuhand-Gesellschaft, 1965, S 129, 131 ff.

50 *Hopt* ZHR 141 (1977), 389, 415.

tion.[51] Die Rechnungslegung ist ähnlich wie das Auskunftsrecht[52] eine Ausprägung des Rechts der Aktionäre, Rechenschaft über die Verwendung ihres im Unternehmen investierten Kapitals zu verlangen; das gehört zum Kern jeder Geschäftsbesorgung für andere (§ 666 BGB), gerade auch im Gesellschaftsrecht.[53] Wenn man darüber hinaus der Rechnungslegung auch einen öffentlich-rechtlichen Charakter zuspricht, besteht ein wichtiges Wesensmerkmal der privatrechtlichen Rechnungslegungspflicht bei Kapitalgesellschaften darin, dass sich das private Gesellschaftsrecht die Inhalte der öffentlich-rechtlichen Rechnungslegungsregeln zu Eigen macht, so dass die öffentlich-rechtliche Rechnungslegungspflicht zu einer privatrechtlichen Pflicht transformiert wird.[54] Eine ähnliche öffentlich-rechtliche und privatrechtliche Doppelfunktion haben so betrachtet auch die Regeln über die Prüfung des Jahresabschlusses durch unabhängige Abschlussprüfer (§§ 316–324a HGB).[55] Sie dienen ebenfalls dem Funktionenschutz des Kapitalmarkts und verstärken zugleich die private Rechenschaftspflicht der Unternehmensleiter.

26 Auch eine **Störung der Informationsfunktion** des Jahresabschlusses kann zu dessen Nichtigkeit führen. Das zeigt sich vor allem an der Bestimmung des § 256 Abs 4, wonach der Jahresabschluss wegen Verstoßes gegen bilanzielle Gliederungsvorschriften nichtig ist, „wenn seine Klarheit und Übersichtlichkeit dadurch wesentlich beeinträchtigt sind." Die Regeln über die Gliederung des Jahresabschlusses sind keine spezifischen Instrumente des Gläubigerschutzes. Sie dienen nicht in erster Linie der Ausschüttungsbemessung, sondern vor allem dem Informationsgehalt des Abschlusses, wie die Gesetzesworte über dessen Klarheit und Übersichtlichkeit zeigen (Rdn 55). Ähnlich verhält es sich mit den Regeln über die Nichtigkeit des Jahresabschlusses wegen Unterbewertung. Sie haben mit dem Gläubigerschutz durch Kapitalerhaltung nichts zu tun (Rdn 23, 72) und sind auch kein sinnvoller Schutzbehelf für die Ausschüttungsinteressen der Aktionäre[56] (Rdn 24), sondern dienen ebenfalls vor allem der Informationsfunktion des Jahresabschlusses. Das zeigt sich daran, dass der Jahresabschluss wegen Unterbewertung nur nichtig ist, „wenn dadurch die Vermögens- und Ertragslage der Gesellschaft vorsätzlich unrichtig wiedergegeben oder verschleiert wird" (§ 256 Abs 5 Satz 1 Nr 2). Bei inhaltlichen Mängeln des Jahresabschlusses, die nicht den Gläubigerschutz sondern den Informationsgehalt des Abschlusses beeinträchtigen, ist indessen die **Nichtigkeit eine fragwürdige Sanktion**. Die Nichtigkeit greift ab dem Zeitpunkt der Feststellung des Jahresabschlusses und wirkt fortan auf diesen Zeitpunkt zurück (Rdn 207 f). Fehlinformationen lassen sich jedoch nicht mehr rückgängig machen, sondern nur nachträglich für die Zukunft richtig stellen. Dass hier ein grundlegendes Problem besteht, erkennt auch das Gesetz und nimmt die Nichtigkeitssanktion in diesen Fällen ein gutes Stück weit zurück. Hinter den beiden angesprochenen Gesetzesregeln steht nämlich der übergeordnete Rechtsgedanke, dass ein Jahresabschlusses wegen informationeller Mängel **nur** dann nichtig ist, **wenn diese besonders schwer**

---

[51] Das bestreiten auch jene nicht, die sie primär dem öffentlichen Recht zuordnen. Ausführlich *Balthasar* Die Bestandskraft handelsrechtlicher Jahresabschlüsse, 1999, S 29 ff; des Weiteren *W Müller* FS Moxter, 1994, S 75, 87 ff, 92 ff.

[52] Vgl insoweit BGHZ 86, 1, 19.

[53] *Kleindiek* ZGR 1998, 466 ff; *Weilinger* Die Aufstellung und Feststellung des Jahresabschlusses im Handels- und Gesellschaftsrecht, 1997, Rdn 55 f, S 37; *Claussen* FS Ulmer, 2003, 801, 814 f; *Kronstein/Claussen/Biedenkopf* AG 1964, 268.

[54] Ausführlich *Balthasar* Die Bestandskraft handelsrechtlicher Jahresabschlüsse, 1999, S 29 ff; mit gleichem Ansatz *W Müller* FS Moxter, 1994, S 75, 89, 94 f, 99. Zur Personengesellschaft *Schön* FS 50 Jahre BGH, Bd II, 2000, 153, 170 ff, 175 f.

[55] Vgl RG WPg 1970, 421 = Bankwirtschaft 1945, 26; *Adler/Düring/Schmaltz*[6] § 316 HGB, 3; *W Müller* FS Moxter, 1994, S 75, 82 f, 93 f; *Hopt* ZHR 141 (1977), 389, 401 f; *Mattheus* ZGR 1999, 682, 683 f; *G Bezzenberger* FS Brönner, 2000, S 35, 43.

[56] So aber *Rölike* in Spindler/Stilz[2] 62.

wiegen[57] (vgl unten Rdn 68 zu den Gliederungsverstößen und Rdn 95 zur Unterbewertung). Hierfür kommt es auch darauf an, wie man den Mangel wieder beheben kann.

e) **Die Korrektur in laufender Rechnung als Alternative zur Neuvornahme des Jahresabschlusses.** Die Richtigstellung falscher Abschlussinformationen ist auf **zwei Weisen** möglich. Man kann entweder für das betroffene Geschäftsjahr einen neuen, fehlerfreien Abschluss aufstellen und feststellen und auf diese Weise inhaltliche Abschlussmängel rückwärts gerichtet an der Fehlerquelle beseitigen. Oder man lässt den alten, fehlerhaften Abschluss auf sich beruhen und korrigiert inhaltliche Mängel des Abschlusses, soweit sie noch fortwirken, nachträglich in laufender Rechnung, also im letzten noch nicht festgestellten Jahresabschluss. Das Wesen der Nichtigkeit des Jahresabschlusses liegt darin, dass sie grundsätzlich eine **Rückwärtsberichtigung an der Fehlerquelle** gebietet, das heißt eine Neuaufstellung und erneute Feststellung des Jahresabschlusses (Rdn 247 f, 250, 253 ff). Das ist in der Tat die ehrlichere und gründlichere Methode. Sie ordnet die neue, richtige Information passgenau und periodengerecht zu. Aber eine förmliche Neuaufstellung und erneute Feststellung des Jahresabschlusses ist sehr aufwendig, und zwar umso mehr, je weiter die Zeit voranschreitet. Oft müssen dann nämlich auch die nachfolgenden Abschlüsse neu vorgenommen und gegebenen Falls neu geprüft werden, und zwischenzeitliche Gewinnausschüttungen können ihre rechtliche Grundlage verlieren (Rdn 275 ff, 260 ff). Auf der anderen Seite wird der informationelle Vorteil einer rückwärts gerichteten Berichtigung an der Fehlerquelle mit der Zeit immer geringer. Eine **Korrektur in laufender Rechnung** ist daher oft die bessere Lösung.[58] Sie verursacht weniger Aufwand und Reibungsverluste. Und sie wird dem Wesen der Sache ebenfalls gerecht, wenn sie zeitnah erfolgt,[59] und darauf hingewiesen wird, dass und wo die Fehlerquelle in der Vergangenheit lag.[60] Die **Nichtigkeit** des Jahresabschlusses ist daher bei Informationsmängeln als Sanktion **nur** gerechtfertigt, **wenn** das Bild von der Lage der Gesellschaft durch eine **Korrektur in laufender Rechnung nicht hinreichend** wieder gerade gerückt werden kann. **27**

Die nachträgliche Korrektur inhaltlicher Abschlussfehler in laufender Rechnung kann **sogar** auch dann eine Alternative zur Abschlussnichtigkeit sein, wenn die **Ausschüttungsbemessungsfunktion** des Jahresabschlusses und der Gläubigerschutz betroffen sind. Wenn sich zum Beispiel eine Gesellschaft durch die Überbewertung von Bilanzposten einen ungerechtfertigt großen Ausschüttungsspielraum beigemessen hat, aber noch keine entsprechenden Ausschüttungen vorgenommen worden sind, kann die Gesellschaft diesen Spielraum im Folgeabschluss wieder auf das richtige Maß reduzieren. Die Gefahr für die Gläubiger hat sich dann nicht verwirklicht und ist für die Zukunft gebannt. Auch das kann für die Nichtigkeit des Jahresabschlusses und ihre Geltendmachung bedeutsam sein (näher unten Rdn 89 zur Überbewertung, auch Rdn 237 zum Klagerecht der Aktionäre). **28**

---

57 Mit ähnlichem Ansatz, doch weitergehend, *Rölike* in Spindler/Stilz[2] 1 aE, 24, 59, auch 64, wonach die in § 256 „Abs 4 explizit genannte Begrenzung der Nichtigkeit auf Fälle einer wesentlichen Beeinträchtigung in eingeschränktem Maße auf alle inhaltlichen Mängel zur Anwendung zu bringen" sei (Rdn 1 aE).

58 Ebenso IDW RS HFA 6, Änderung von Jahres- und Konzernabschlüssen, WPg Supplement 2/2007, 77, Abschnitt 2.3., Rdn 15 ff.

59 IDW RS HFA 6, Änderung von Jahres- und Konzernabschlüssen, WPg Supplement 2/2007, 77, Rdn 17 ff.

60 *Gelhausen/Heinz* in WP-Handbuch[13], Bd 1, 2006, Rdn U 247; in gleichem Sinne IDW RS HFA 6, Änderung von Jahres- und Konzernabschlüssen, WPg Supplement 2/2007, 77, Rdn 15, 25. So auch geschehen im Fall OLG Köln ZIP 1998, 994, 996 re Sp. Diesen Aspekt betont des Weiteren das OLG Frankfurt ZIP 2007, 1804, 1807 li Sp, betr die Veröffentlichung eines im Rechnungslegungs-Enforcementverfahrens festgestellten Fehlers.

29 f) **Fazit.** Die Nichtigkeit, die § 256 als Sanktion für inhaltliche Fehler des Jahresabschlusses verhängt, ist in erster Linie ein Instrument des **Gläubigerschutzes**, das sich auf die Ausschüttungsschranken der Kapitalerhaltung und die Ausschüttungsbemessungsfunktion des Jahresabschlusses bezieht (Rdn 21 ff). Darüber hinaus geht es in § 256 auch um die die **Ausschüttungsinteressen der Aktionäre**, aber unter diesem Gesichtspunkt stiftet die Nichtigkeit des Jahresabschlusses mehr Schaden als Nutzen (Rdn 23 f). Der Grund für die Abschlussnichtigkeit kann schließlich auch darin liegen, dass die **Informationsfunktion** des Abschlusses gestört ist, doch hier ist die Nichtigkeit nur bei besonders schweren Mängeln gerechtfertigt (Rdn 26). Sehr oft lassen sich informationelle Mängel des Jahresabschlusses durch eine Korrektur in laufender Rechnung besser überwinden (Rdn 27), und gleiches gilt bei einer Verletzung von Ausschüttungsinteressen der Aktionäre und manchmal sogar bei Verstößen gegen den Gläubigerschutz (Rdn 28).

4. Anwendungsbereich der Norm

30 a) **Der Jahresabschluss als Gegenstand der Nichtigkeit.** Mit dem Jahresabschluss, auf dessen Feststellung sich die Nichtigkeit bezieht, meint § 256 den Jahresabschluss der einzelnen Gesellschaft, den **Einzelabschluss** nach den Regeln des **HGB**-Bilanzrechts. Der Jahresabschluss besteht aus der Bilanz, der Gewinn- und Verlustrechnung und dem Anhang (§§ 242, 264 Abs 1 Satz 1 HGB). Bei kapitalmarktorientierten Gesellschaften besteht der Jahresabschluss darüber hinaus aus einer Kapitalflussrechnung und einem Eigenkapitalspiegel, dies allerdings praktisch nur in Ausnahmefällen, nämlich wenn die Gesellschaft nicht zur Aufstellung eines Konzernabschlusses verpflichtet ist (§ 264 Abs 1 Satz 2 HS 1 HGB), der diese Teile ohnehin enthält (§ 297 Abs 1 HGB). Außerdem kann der Jahresabschluss einer solchen Gesellschaft um eine Segmentberichterstattung erweitert werden (§ 264 Abs 1 Satz 2 HS 2 HGB). Nur Mängel, die sich auf diese Elemente des Jahresabschlusses beziehen, können zu dessen Nichtigkeit führen. Besonderes Gewicht haben hierbei Mängel der **Bilanz** und der **Gewinn- und Verlustrechnung,** denn sie berühren unmittelbar die Ausschüttungsbemessungsfunktion des Jahresabschlusses und den Gläubigerschutz, der bei § 256 im Vordergrund steht (vgl Rdn 21 f). Dagegen betreffen der Anhang sowie gegebenen Falls die Kapitalflussrechnung und der Eigenkapitalspiegel sowie eine freiwillige Segmentberichterstattung als weitere Teile des Jahresabschlusses nur dessen Informationsfunktion, und das führt weniger leicht zur Nichtigkeit des Abschlusses (vgl Rdn 26).

31 Der **Lagebericht** ist kein Bestandteil des Jahresabschlusses, sondern tritt als selbständiges Element der Rechenschaftslegung neben diesen (§§ 264 Abs 1, 289 HGB). Er ist **nicht** Gegenstand der Feststellung. Wenn also der Lagebericht fehlt oder fehlerhaft ist, führt dies nicht zur Nichtigkeit des festgestellten Jahresabschlusses[61] (vgl hierzu und zum Folgenden aber auch Rdn 190 sowie § 257 Rdn 9). **Ebenso wenig** macht in abhängigen Gesellschaften ein fehlender oder fehlerhafter oder fehlerhaft zu Stande gekommener **Abhängigkeitsbericht** (§ 312) für sich genommen den Jahresabschluss nichtig[62]. Die Schluss-

---

61 OLG Köln ZIP 1993, 110, 112 f; OLG Braunschweig ZIP 1996, 875, 876 re Sp; *Adler/Düring/Schmaltz*[6] 13; *Hüffer* in MünchKomm AktG[2] 8, 17; *Hüffer*[9] 8; *Schulze-Osterloh* in Baumbach/Hueck GmbHG[18] § 42a, 24; *Schwab* in K Schmidt/Lutter[2] 8; *Rölike* in Spindler/Stilz[2] 13; *Heidel* in Heidel, Aktienrecht und Kapitalmarktrecht[3] § 256, 6; *Schulz* in Bürgers/Körber 2, 4; *S Tielmann* Durchsetzung ordnungsmäßiger Rechnungslegung, 2001, S 141. **Anders** *Zöllner* in Kölner Komm AktG[1] 19; *Timm* ZIP 1993, 114, 116 li Sp. Kritisch de lege ferenda *Hennrichs* ZHR 168 (2004), 383, 388 f.

62 OLG Köln ZIP 1993, 110, 112 f; OLG Braunschweig ZIP 1996, 875, 876 re Sp;

erklärung des Vorstands der abhängigen Gesellschaft im Abhängigkeitsbericht, ob die Konzernbeziehung rechtlich in Ordnung war, muss zwar in den Lagebericht aufgenommen werden (§ 312 Abs 3 Satz 3), und der Aufsichtsrat muss den Abhängigkeitsbericht prüfen und in seinem Bericht an die Hauptversammlung über das Ergebnis der Prüfung berichten (§ 314 Abs 2). Aber der Lagebericht ist, wie gesagt, nicht Teil des Jahresabschlusses, und der Bericht des Aufsichtsrats an die Hauptversammlung ist es erst Recht nicht.

b) **Weitere erfasste Abschlüsse und Bilanzen.** Die Bestimmung des § 256 gilt auch im Stadium der **Abwicklung.** Hier müssen die Abwickler für den Beginn der Abwicklung eine Eröffnungsbilanz aufstellen (§ 270 Abs 1), die von der Hauptversammlung festgestellt wird (§ 270 Abs 2 Satz 1). Auf diese Eröffnungsbilanz sind die Vorschriften über den Jahresabschluss entsprechend anzuwenden (§ 270 Abs 2 Satz 1), also auch die Regeln über die Nichtigkeit des Abschlusses (§ 256).[63] Und die anschließenden jährlichen Abschlüsse während des Abwicklungsstadiums (§ 270 Abs 1 und Abs 2 Satz 1) sind Jahresabschlüsse, für die § 256 ganz normal gilt.[64] 32

Einer Umwandlung von Rücklagen in Grundkapital im Wege der **Kapitalerhöhung aus Gesellschaftsmitteln** (§§ 207–220) kann unter bestimmten Voraussetzungen die letzte Jahresbilanz zu Grunde gelegt werden, und zwar, wie das Gesetz betont, „die festgestellte Jahresbilanz" (§ 209 Abs 1). Für diese gilt § 256. Ist der Jahresabschluss und damit auch die Bilanz nicht wirksam festgestellt, kann die Kapitalerhöhung aus Gesellschaftsmitteln hierauf nicht gestützt werden, und der Kapitalerhöhungsbeschluss der Hauptversammlung ist nach § 241 Nr 3 nichtig.[65] Die Gesellschaft kann der Kapitalerhöhung aus Gesellschaftsmitteln aber auch eine besondere Erhöhungsbilanz zu Grunde legen (§ 209 Abs 2–6). Diese Bilanz wird zwar nicht gesondert festgestellt,[66] sondern implizit durch den Kapitalerhöhungsbeschluss der Hauptversammlung für verbindlich erklärt,[67] hat aber ansonsten bei der Kapitalerhöhung dieselbe Funktion wie eine reguläre Jahresbilanz. Man muss daher die Bestimmung des § 256 auf die Erhöhungsbilanz entsprechend anwenden. Eine solche Bilanz kann beim Vorliegen von Nichtigkeitsgründen nicht Grundlage der Kapitalerhöhung aus Gesellschaftsmitteln sein, so dass auch in diesem Fall der Kapitalerhöhungsbeschluss der Hauptversammlung nichtig ist (§ 241 Nr 3). Der Beschluss kann allerdings nach § 242 heilen, wenn er gleichwohl im Handelsregister eingetragen wird und dann drei Jahre verstreichen. 33

Bei der **Verschmelzung** muss man unterscheiden: Die regulären Jahresabschlüsse, deren letzte drei den Aktionären aller beteiligten Gesellschaften vor den Verschmelzungsbeschlüssen zugänglich gemacht werden müssen (§ 63 Abs 1 Nr 2 UmwG), fallen ganz klar unter § 256. Die Nichtigkeit eines dieser Abschlüsse führt indessen nicht zur Nichtigkeit des Verschmelzungsbeschlusses, sondern kann gegen diesen nur im Wege der Anfechtung ins Feld geführt werden (§§ 243 Abs 1 und 4).[68] Denn die Abschlüsse sind für die Verschmelzung nicht konstitutiv, sondern nur eine Informationsquelle für die Aktionäre. Wenn bei einer Verschmelzung der letzte reguläre Abschlussstichtag mehr als 34

Hüffer in MünchKomm AktG[2] 8; *Schwab* in K Schmidt/Lutter[2] 8; *Rölike* in Spindler/Stilz[2] 13; *Heidel* in Heidel, Aktienrecht und Kapitalmarktrecht[3] § 256, 6; *Schulz* in Bürgers/Körber 2; *Hüffer*[9] § 312, 37; *Adler/Düring/Schmaltz*[6] 13. **Anders** *Timm* ZIP 1993, 114, 116 li Sp.

[63] *Hüffer* in MünchKomm AktG[2] 11.

[64] *Hüffer* in MünchKomm AktG[2] 11.

[65] *Hirte* oben § 209, 50–52; *Veil* in K Schmidt/Lutter[2] § 209, 15; *Hüffer*[9] § 209, 14.

[66] *Hirte* oben § 209, 37; *Veil* in K Schmidt/Lutter[2] § 209, 12; *Hüffer*[9] § 209, 11.

[67] Vgl *Hirte* oben § 209, 37; *Hüffer*[9] § 209, 11.

[68] Vgl *Grunewald* in Lutter, UmwG[4], § 17, 9.

sechs Monate zurückliegt, muss außerdem grundsätzlich eine aktuelle Zwischenbilanz vorgelegt werden (§ 63 Abs 1 Nr 3 UmwG). Solche Zwischenbilanzen dienen ebenfalls nur der Information, und sie werden vor allem nicht festgestellt, so dass sie auch nicht nichtig sein können.[69] Anders verhält es sich mit der Schlussbilanz der übertragenden Gesellschaft (§ 17 Abs 2 UmwG); hierfür gelten die Vorschriften über die Jahresbilanz entsprechend (§ 17 Abs 2 Satz 2 UmwG), so dass auch die Nichtigkeitsregeln des § 256 anwendbar sind.[70] Ist die Schlussbilanz nichtig, so darf das Registergericht die Verschmelzung nicht eintragen. Wird gleichwohl eingetragen, ist allerdings die Verschmelzung bestandsfest (§ 20 UmwG).

35 c) **Nicht erfasste Abschlüsse und Bilanzen.** Nicht unter § 256 fällt der **Konzernabschluss** oder konsolidierte Abschluss nach §§ 290 ff HGB.[71] Der Konzernabschluss wird zwar ebenso wie der Jahresabschluss der Muttergesellschaft vom Vorstand dieser Gesellschaft aufgestellt (§ 290 Abs 1 HGB), deren Aufsichtsrat vorgelegt (§ 170) und von diesem geprüft (§ 171 Abs 1 Satz 1), und dann muss der Aufsichtsrat ebenso wie beim Jahresabschluss beschließen, ob er den Konzernabschluss billigt (§ 171 Abs 2 Satz 3–5, auch Abs 3). Aber von der Feststellung, die mit der Billigung eintritt, spricht das Gesetz nur im Hinblick auf den Jahresabschluss (§ 172 Satz 1). Der Konzernabschluss **wird nicht „festgestellt“**,[72] nicht in gleichem Sinne wie der Jahresabschluss in Geltung gesetzt. Eine unmittelbare Anwendung des § 256 scheidet damit aus. Und für eine analoge Anwendung der Norm fehlt ganz weit gehend die Vergleichbarkeit der Vorgänge. Die Bestimmung des § 256 betrifft vor allem die Ausschüttungsbemessungsfunktion des Jahresabschlusses. Der Konzernabschluss dagegen bildet nicht die Grundlage für die Gewinnausschüttung und Kapitalerhaltung, sondern dient allein der Information. Die Nichtigkeitsgründe des § 256 passen daher im Kern nicht.

36 Auch eine **Nichtigkeitsklage** nach §§ 256 Abs 7 Satz 1 und 249, wie sie gegen den Jahresabschluss gegeben ist, wäre beim Konzernabschluss **nicht** angemessen und ist daher gegen dessen Feststellung nicht statthaft, denn dieses ungewöhnliche und sehr weit gehende Klagerecht der Aktionäre rechtfertigt sich aus der gesellschaftsrechtlichen Bindungswirkung des Jahresabschlusses für die Gewinnverwendung und die Teilhaberechte der Aktionäre (Rdn 18). Eine vergleichbare Bindungswirkung entfaltet der Konzernabschluss nicht.[73] Mängel des Konzernabschlusses können von Aktionären auch nicht im

---

[69] *Hüffer* in MünchKomm AktG[2] 11.

[70] *Hüffer* in MünchKomm AktG[2] 11.

[71] BGH AG 2008, 325; OLG Frankfurt/M, ZIP 2007, 72, 73; OLG Köln ZIP 1998, 994, 995 re Sp; LG München I Der Konzern 2007, 537, 539; *Gelhausen/Heinz* in WP-Handbuch[13], Bd 1, 2006, Rdn U 175 ff; IDW RS HFA 6, Änderung von Jahres- und Konzernabschlüssen, WPg Supplement 2/2007, 77, Rdn 37; *Adler/Düring/Schmaltz*[6] 1; *Hüffer* in MünchKomm AktG[2] 10; *Zöllner* in Kölner Komm AktG[1] 7; *Th Kaiser* Berichtigung und Änderung des handelsrechtlichen Jahresabschlusses, 2000, S 206; *Rölike* in Spindler/Stilz[2] 4; *Hüffer*[9] 3. **Anders** *M Schwab* in K Schmidt/Lutter[2] 3; *Heidel* in Heidel, Aktienrecht und Kapitalmarktrecht[3] § 256, 7; dem zuneigend auch *Kropff* in MünchKomm AktG[2] § 172 HGB, 86 f. De lege ferenda für eine Ausdehnung des § 256 auch auf Konzernabschlüsse *Hennrichs* ZHR 168 (2004), 383, 396 ff; *Busse v Colbe* BB 2002, 1583, 1586 f.

[72] OLG Frankfurt ZIP 2007, 72, 73; RegE BilReG, BT-Drucks 15/3419 v 24.6.2004, Anlage 1, Begründung zu Art 4 Nr 3 (§ 171 AktG), S 54 li Sp; *Hüffer*[9] 3. In die gleiche Richtung weisen § 316 Abs 1 HGB (ohne Prüfung „kann der Jahresabschluss nicht festgestellt werden“) und § 316 Abs 2 HGB (ohne Prüfung „kann der Konzernabschluss nicht gebilligt werden“).

[73] OLG Frankfurt/M, ZIP 2007, 72, 73; RegE Transparenz- und Publizitätsgesetz, BT-Drucks 14/8769 v 11.4.2002, Anlage 1, Begründung zu Art 1 Nr 19 (betr § 173 Abs 1 Satz 2 AktG), S 222 re Sp.

Wege der allgemeinen Feststellungsklage nach § 256 ZPO geltend gemacht werden; es fehlt ein feststellungsfähiges Rechtsverhältnis und auch ein hinreichendes rechtliches Interesse der Aktionäre an einer gerichtlichen Feststellung. Eine solche Klage wäre deshalb ebenfalls unzulässig.[74]

Das heißt natürlich nicht, dass die Gesellschaft mit dem Konzernabschluss anstellen kann, was sie will. Hat der Konzernabschluss schwere inhaltliche Mängel, so ist der hierauf bezogene Billigungsbeschluss des Aufsichtsrats der Muttergesellschaft rechtswidrig und nach allgemeinen Regeln nichtig, und ebenso verhält es sich bei gravierenden Prüfungsmängeln oder Mängeln des Beschlussverfahrens, insoweit ähnlich wie beim Jahresabschluss. Auf der anderen Seite brauchen gebilligte Konzernabschlüsse, vor allem wenn sie öffentlich bekannt gemacht sind, einen gewissen Bestandsschutz gegen nachträgliche Änderungen,[75] auch insoweit ähnlich wie beim Jahresabschluss. Die **Wertungs- und Abwägungsmaßstäbe** können sich aber **beim Konzernabschluss** nur zum Teil an § 256 orientieren, nämlich am ehesten bei Prüfungs- und Verfahrensfehlern, weil die Prüfungsanforderungen und das Billigungsverfahren beim Konzernabschluss ähnlich sind wie beim Jahresabschluss, sowie bei inhaltlichen Mängeln, die speziell die Informationsfunktion des Abschlusses betreffen, das „den tatsächlichen Verhältnissen entsprechende Bild der Vermögens-, Finanz- und Ertragslage des Konzerns" (§ 297 Abs 2 Satz 2 HGB).[76] Wegen solcher informationeller Mängel ist allerdings die Feststellung des Konzernabschlusses nur in besonders schweren Fällen nichtig, und eine Korrektur in laufender Rechnung wird sehr oft genügen (vgl Rdn 26 f). 37

Die Nichtigkeit des Konzernabschlusses kann nur im Wege der allgemeinen Feststellungsklage nach § 256 ZPO geltend gemacht werden, und klagebefugt sind überdies nicht die Aktionäre (Rdn 36), sondern nur die Mitglieder des Aufsichtsrats[77] sowie der Vorstand und dessen Mitglieder, denn allein deren Werk steht in Rede. 38

Der Jahresabschluss einer Muttergesellschaft ist auch nicht deshalb nichtig, weil eine gebotene Konzernrechnungslegung nicht stattgefunden hat[78] oder fehlerhaft ist[79] (vgl aber auch unten Rdn 190 sowie § 257 Rdn 9, betr Informationsmängel). Ebensowenig kann die Nichtigkeit des Jahresabschlusses einer Tochtergesellschaft daraus hergeleitet werden, dass entgegen § 285 Nr 14 HGB im Anhang nicht das Mutterunternehmen angegeben wurde, in dessen Konzernabschluss die Gesellschaft einbezogen ist,[80] denn ein solcher Abschlussmangel erfüllt keinen der in § 256 abschließend aufgezählten Nichtigkeitsgründe. 39

§ 256 gilt ebenfalls nicht für freiwillige Einzelabschlüsse nach den International Financial Reporting Standards / International Accounting Standards (IFRS/IAS).[81] Solche 40

---

[74] OLG Frankfurt/M, ZIP 2007, 72, 73 ff, und zwar betreffend die dort begehrten Feststellungen, (a) dass der Konzernabschluss nichtig sei, (b) dass er kein richtiges Bild von der Lage des Konzerns vermittele, und (c) dass der Billigungsbeschluss des Aufsichtsrats nichtig sei; Revision nicht zugelassen durch BGH AG 2008, 325; *Gelhausen/Heinz* in WP-Handbuch[13], Bd 1, 2006, Rdn U 176. **Anders** *Heidel* in Heidel, Aktienrecht und Kapitalmarktrecht[3] § 256, 7a.

[75] *Kropff* in MünchKomm AktG[2] § 172 HGB, 86 f; *Hennrichs* ZHR 168 (2004), 383, 395–398.

[76] Ähnlich *Kropff* in MünchKomm AktG[2] § 172 HGB, 87.

[77] OLG Frankfurt/M, ZIP 2007, 72, 74 re Sp.

[78] OLG Karlsruhe WM 1987, 533, 434 re Sp; *Adler/Düring/Schmaltz*[6] 1; *Hüffer* in MünchKomm AktG[2] 10; *Schwab* in K Schmidt/Lutter[2] 8.

[79] *Adler/Düring/Schmaltz*[6] 1.

[80] OLG Köln ZIP 1993, 110, 113 li Sp.

[81] *Schulz* in Bürgers/Körber 2, 20.

IFRS-Einzelabschlüsse können nach § 325 Abs 2a und 2b anstelle des regulären HGB-Jahresabschlusses offen gelegt werden. Sie müssen dann ebenso wie der reguläre Jahresabschluss und ein Konzernabschluss vom Vorstand aufgestellt, dem Aufsichtsrat vorgelegt und von diesem gebilligt werden (§§ 170 Abs 1 Satz 2, 171 Abs 4). Aber sie werden nicht förmlich festgestellt[82] und bilden vor allem nicht die Ausschüttungsbemessungsgrundlage für die Gesellschaft, sondern dienen nur der Information, so dass eigenständige Beurteilungsmaßstäbe zum Tragen kommen, ähnlich wie beim Konzernabschluss (Rdn 35 ff). Auch Zwischenabschlüsse, wie sie in bestimmten Kapitalmarktsegmenten geboten sind, fallen nicht unter § 256.[83]

5. Gang der Kommentierung

41 Im Folgenden werden zunächst die Gründe für die Nichtigkeit des Jahresabschlusses erläutert (Teil II, Rdn 42 ff) und dann die Nichtigkeitsfolgen (Teil III, Rdn 207 ff). Die Darstellung der Nichtigkeitsgründe folgt nicht dem Aufbau des Gesetzes, wo über die Jahrzehnte alles durcheinander gewürfelt worden ist,[84] sondern unterscheidet entsprechend der **sachlichen Systematik** zwischen Inhaltsmängeln (Rdn 42 ff), Prüfungsmängeln (Rdn 132 ff) und Verfahrensfehlern (Rdn 171 ff). Bei den Inhaltsmängeln geht es zunächst um den Verstoß gegen Gläubiger schützende Vorschriften, den auch das Gesetz an den Anfang stellt (Rdn 47 ff), und sodann um Verstöße gegen die Regeln über die Gliederung des Jahresabschlusses (Rdn 54 ff), die Verletzung von Bewertungsregeln (Rdn 71 ff) und die fehlerhafte Bildung oder Auflösung von Rücklagen (Rdn 110 ff). Auch diese Reihenfolge ergibt sich aus der Sachlogik. Erst wenn die vielen einzelnen Gehalte des Jahresabschlusses in Abschlussposten zusammengefasst und gegliedert sind, kann man über die Wertansätze für diese Posten sprechen und die Werte sodann auf der Passivseite der Bilanz den Rücklagen zuordnen.

II. Nichtigkeitsgründe

1. Inhaltsmängel

a) Der subjektive Fehlerbegriff

42 aa) **Der subjektive Fehlerbegriff im Bilanzrecht.** Bilanzrechtlich ist ein Jahresabschluss nicht schon dann fehlerhaft, wenn sein Inhalt objektiv unrichtig ist. Hinzukommen muss vielmehr, dass der **Bilanzierungspflichtige die Unrichtigkeit bei Anwendung der Sorgfalt eines ordentlichen Kaufmanns erkennen konnte,** und zwar im Zeitpunkt der Aufstellung des Jahresabschlusses[85] und, wie es bei Handelsgesellschaften überwiegend

[82] RegE BilReG, BT-Drucks 15/3419, Anlage 1, Begründung zu Art 4 Nr 3 (§ 171 AktG), S 54 li Sp.

[83] *Zöllner* in Kölner Komm AktG[1] 8; IDW RS HFA 6, Änderung von Jahres- und Konzernabschlüssen, WPg Supplement 2/2007, 77, Rdn 44.

[84] Vgl *Zöllner* in Kölner Komm AktG[1] 10: „außerordentlich unsystematisch".

[85] Umfassend *Th Kaiser* Berichtigung und Änderung des handelsrechtlichen Jahresabschlusses, 2000, insbesondere S 66 ff; 71 ff, 237 f mwN; *Küting/Kaiser* WPg 2000, 577, 590 ff; *Balthasar* Die Bestandskraft handelsrechtlicher Jahresabschlüsse, 1999, S 129 ff; des Weiteren *Ellrott/Schubert* in Beck'scher Bilanz-Komm[7] § 253 HGB, 805; *Adler/Düring/Schmaltz*[6] 49 und § 252 HGB, 78. Ebenso die unten in Fn 90 genannte Steuer-Rechtsprechung. Grundsätzlich **kritisch** gegenüber dem subjektiven Fehlerbegriff *Flume* DB 1981, 2505 ff; *Weber-Grellet*

angenommen wird, auch noch im Zeitpunkt seiner Feststellung.[86] Die Frage nach dem maßgebenden Zeitpunkt ist umstritten und überschneidet sich mit der allgemeineren Frage, bis wann wertaufhellende Erkenntnisse in die Gestaltung des Jahresabschlusses einfließen müssen oder dürfen, also Erkenntnisse, die nach dem Abschlussstichtag eintreten und ein neues Licht auf die am Stichtag gegebenen Verhältnisse werfen. Manche wollen diesen **Wertaufhellungszeitraum** bei Einzelkaufleuten und auch bei Gesellschaften mit der Aufstellung des Jahresabschlusses enden lassen.[87] Die meisten stellen dagegen bei Gesellschaften auf den anschließenden Zeitpunkt der Feststellung ab.[88] Wieder andere schlagen einen Mittelweg ein und halten in der Zeit zwischen der Aufstellung und der Feststellung des Jahresabschlusses die Geschäftsleiter zwar gesellschaftsrechtlich für verpflichtet, den Jahresabschluss im Lichte neuer Erkenntnisse zu ändern, doch wenn dies unterbleibe, soll das den Abschluss bilanzrechtlich nicht fehlerhaft machen.[89] Es ist hier nicht der Ort, dem im Einzelnen nachzugehen. Wichtig ist nur der Grundgedanke, nämlich der subjektive oder normativ-subjektive Fehlerbegriff. Er stammt ursprünglich aus dem Steuerbilanzrecht,[90] hat sich aber seit langem auch im Handelsbilanzrecht durchgesetzt.

Den subjektiven Fehlerbegriff kann man nur gutheißen. Der Jahresabschluss ist nicht **43** nur vergangenheitsbezogen, sondern beruht in vielen seiner Gehalte auf einer Zukunftsprognose, denn die zum Stichtag abzubildenden Gegebenheiten und Geschäftsvorgänge lassen sich oft nur im Hinblick auf die voraussichtliche weitere Entwicklung beurteilen. Würde man die Richtigkeit oder Unrichtigkeit des Abschlusses daran messen, ob sich die Prognosen später bewahrheiten, wäre eine zeitnahe Rechnungslegung gar nicht möglich. Der Jahresabschluss ist wie eine Momentaufnahme, und deren Richtigkeit lässt sich nur danach beurteilen, ob sie so beschaffen ist, wie sie im Moment der Aufnahme beschaffen sein soll.[91] Der subjektive Fehlerbegriff kann sich überdies auf die gesetzliche Bestimmung des **§ 252 Abs 1 Nr 4 HGB** stützen. Hiernach sind „alle vorhersehbaren Risiken und Verluste, die bis zum Abschlussstichtag entstanden sind, zu berücksichtigen, selbst

in Kirchhof/Söhn/Mellinghoff, EStG, Loseblatt, § 4, C 105–113.

[86] IDW RS HFA 6, Änderung von Jahres- und Konzernabschlüssen, WPg Supplement 2/2007, 77, Rdn 14; *Kropff* in MünchKomm AktG[2] § 172, 66; *Schulze-Osterloh* in Baumbach/Hueck, GmbHG[18] § 42, 568; *W Müller* FS Quack, 1991, S 359, 366 f, auch S 361, 362; *Schön* FG 50 Jahre BGH, Bd II, 2000, S 153, 155 ff, 162; auch BGH DB 1989, 1863, 1864 re Sp (allerdings nur sehr beiläufig).

[87] So die oben in Fn 85 und unten in Fn 90 Genannten sowie OLG Hamm AG 1992, 233, 234 li Sp; *Küting/Kaiser* WPg 2000, 577, 579 ff; *H-P Müller* FS Quack, 1991, S 344, 354; *Rölike* in Spindler/Stilz[2] 20. Ebenso die Formulierung in LG München I Der Konzern 2008, 59, 61 re Sp (wertaufhellende Tatsachen müssen „bis zum Tag der Aufstellung des Jahresabschlusses berücksichtigt werden"); so auch OLG Frankfurt AG 2009, 542, 547 li Sp („Kirch/Deutsche Bank"). In gleichem Sinne BGH NJW-RR 1997, 27, 28 (Wertaufhellungszeitraum endet mit „Erstellung der Bilanz").

[88] So die oben in Fn 86 Genannten sowie OLG Dresden WM 2006, 2177, 2179 re Sp; *Kropff* FS Ludewig, 1996, S 521 ff, 529 ff; *ders* WPg 2000, 1137 ff; beiläufig auch BGH DB 1989, 1863, 1864 re Sp.

[89] *Adler/Düring/Schmaltz*[6] § 252 HGB, 78; *H-P Müller* FS Quack, 1991, S 344, 355 f.

[90] Aus neuerer Zeit BFHE 213, 326, 330 f = BStBl II 2006, 688; ebenso früher schon BFHE 72, 8, 10 f = BStBl III 1961, 3; BFHE 117, 44, 53 = BStBl II 1976, 88, 92 f; BFHE 134, 311, 312 ff = BStBl II 1982, 121; BFHE 169, 423, 425 f = BStBl II 1993, 153, 154; ausführlich *Th Kaiser* Berichtigung und Änderung des handelsrechtlichen Jahresabschlusses, 2000, S 77 ff mwN.

[91] *Th Kaiser* Berichtigung und Änderung des handelsrechtlichen Jahresabschlusses, 2000, S 66 ff; 71 ff; *Küting/Ranker* WPg 2005, 1 ff.

wenn diese erst zwischen dem Abschlussstichtag und dem Tag der Aufstellung des Jahresabschlusses bekanntgeworden sind". Und positive Umstände, die zu einem besseren Bild führen, dürfen ebenfalls nur berücksichtigt werden, wenn sie erkennbar sind.[92] Es kommt also auf den gebotenen Kenntnisstand in dem Zeitpunkt an, in dem der Jahresabschluss ins Werk gesetzt wird. Ein Jahresabschluss, der diesen Kenntnisstand widerspiegelt, entspricht den Anforderungen des Rechts und ist daher nicht fehlerhaft, selbst wenn sich später herausstellt, dass die Verhältnisse am Bilanzstichtag in Wahrheit anders waren.

44 bb) **Subjektiver Fehlerbegriff und Abschlussnichtigkeit.** Dieser subjektive Fehlerbegriff gilt auch für die gesellschaftsrechtliche Dimension der Rechnungslegung,[93] und er gilt insbesondere bei der Beurteilung, ob ein Jahresabschluss nach § 256 wegen inhaltlicher Mängel nichtig ist.[94] Auch insoweit kommt es auf die Erkenntnismöglichkeiten in demjenigen Zeitpunkt an, in dem der Jahresabschluss ins Werk gesetzt wird. Wenn der Abschluss den damals **pflichtgemäß gebotenen Kenntnisstand** widerspiegelt, ist er bilanzrechtlich nicht fehlerhaft. Dann liegt auch im Sinne des § 256 kein inhaltlicher Abschlussmangel vor, und der Abschluss kann nicht nichtig sein. Man kann von den bilanzierungspflichtigen Gesellschaftsorganen nicht mehr verlangen, als dass sie die im maßgebenden Zeitpunkt verfügbaren Informationen so gut wie möglich sammeln und auswerten, und man darf die Gesellschaft und ihre Aktionäre nicht mit Nichtigkeitssanktionen für Abweichungen überziehen, die bei pflichtgemäßer Sorgfalt nicht erkennbar und nicht vermeidbar waren. Ein Jahresabschluss ist somit nur dann wegen inhaltlicher Mängel nichtig, wenn ein ordentlicher und gewissenhafter Geschäftsleiter den Mangel erkennen konnte.

45 Ob es dabei im Einzelnen auf den **Zeitpunkt** der Aufstellung des Jahresabschlusses oder auf die anschließende Feststellung ankommt, oder ob vielleicht beide Zeitpunkte bedeutsam sind, ist zwar umstritten (Rdn 42), braucht aber hier nicht geklärt zu werden. Denn diesseits und jenseits des Streitfeldes gibt es festen Boden. Wertaufhellungen zwischen dem Abschlussstichtag und der Aufstellung des Jahresabschlusses müssen berücksichtigt werden, sonst ist der Abschluss fehlerhaft, und wenn solche Fehler einen Nichtigkeitstatbestand des § 256 erfüllen, kann der Abschluss nicht wirksam festgestellt werden und ist nichtig, falls die Feststellung gleichwohl beschlossen wird. Auf der anderen Seite führen Wertaufhellungen nach der Feststellung des Jahresabschlusses in keinem Fall zur Nichtigkeit des Abschlusses.

---

92 *Adler/Düring/Schmaltz*[6] § 252 HGB, 42; *Kropff* FS Ludewig, 1996, S 521, 532 f; *Gelhausen/Heinz* in WP-Handbuch[13], Bd I, 2006, Rdn E 230.

93 Grundlegend *Schön* FS 50 Jahre BGH, Bd II, 2000, S 153, 159 ff.

94 Ebenso *Schön* FS 50 Jahre BGH, Bd II, 2000, S 153, 162, 165, 175 f; *W Müller* FS Quack, 1991, S 359, 367 Fn 14; *Küting/Kaiser* WPg 2000, 577, 595 re Sp. Im gleichen Sinne *Adler/Düring/Schmaltz*[6] 49 aE, auch 40 und § 252, 78 (in andere Richtung weisend allerdings § 256, 3); *Schwab* in K Schmidt/Lutter[2] 10 und 20 (betr Bewertungsfehler); *Rölike* in Spindler/Stilz[2] 65 (betr Bewertungsfehler); *V Weilep/J-H Weilep* BB 2006, 147, 148 li Sp; *H-P Müller* FS Budde, 1995, S 431, 432, 434; *ders* FS Quack, 1991, S 344, 354 ff. Mit gleichem Ansatz *Schedlbauer* DB 1992, 2097, 2098 f; *ders* DB 1993, 342 re Sp; *Kropff* FS Ludewig, 1996, 521, 527, 531; *Werner* AG 1967, 122, 124 li Sp. **Anders** *Flume* DB 1981, 2505 re Sp, auch 2507 li Sp; *Zöllner* in Kölner Komm AktG[1] 46, auch 16; *Winkeljohann/Schellhorn* in Beck'scher Bilanz-Komm[7] § 264 HGB, 56; *Schilling* in Voraufl Anm 16 (keine subjektiven Voraussetzungen).

46 Im Rechnungswesen gibt es darüber hinaus Wahlrechte sowie Beurteilungsspielräume und Möglichkeiten der bilanzpolitischen Sachverhaltsgestaltung, die den Unternehmensleitern einen Handlungsfreiraum nach Maßgabe der **Business Judgment Rule** eröffnen. Soweit die Grenzen dieses Freiraums eingehalten sind, handeln die Unternehmensleiter nicht pflichtwidrig (§ 93 Abs 1 Satz 2).[95] Dann ist auch das Ergebnis ihres Tuns, nämlich der Jahresabschluss, normgemäß und kann daher nicht wegen Normverstößen nichtig sein (vgl auch unten Rdn 80 zu den Bewertungsregeln).

b) **Verletzung Gläubiger schützender Vorschriften (Abs 1 Nr 1)**

47 aa) **Gläubigerschutz durch Kapitalerhaltung.** Ein festgestellter Jahresabschluss ist nach § 256 Abs 1 Nr 1 insbesondere dann nichtig, „wenn er durch seinen Inhalt Vorschriften verletzt, die ausschließlich oder überwiegend zum Schutze der Gläubiger der Gesellschaft gegeben sind." Das ist das Kernstück des § 256 und weist den Gläubigerschutz als wesentlichen Zweck der Norm aus (Rdn 22). Der Gläubigerschutz im Kapitalgesellschaftsrecht ist ein Gegengewicht zur Haftungsbeschränkung der Gesellschafter[96] und wird vor allem durch die Ausschüttungsschranken der **Kapitalerhaltung** gewährleistet. Auf der Passivseite der Bilanz sind bestimmte Eigenkapitalposten anzusetzen, in deren Höhe das auf der Aktivseite verzeichnete Gesellschaftsvermögen gesellschaftsrechtlich gegen eine Ausschüttung an die Aktionäre gesperrt ist. Zu diesen Posten gebundenen Eigenkapitals gehören zum einen das Grundkapital und zum anderen die gebundenen Rücklagen, zu denen namentlich die Kapitalrücklage zählt (§ 150 AktG, § 272 Abs 2 HGB; näher unten Rdn 112, 118, 121, 124). Nur wenn und soweit das bilanzielle Reinvermögen der Gesellschaft größer ist als diese Posten gebundenen Eigenkapitals, darf Gesellschaftsvermögen als Bilanzgewinn ausgewiesen und in Form von Dividenden an die Aktionäre verteilt werden (§§ 57 f AktG).[97]

48 bb) **Begriff der Gläubiger schützenden Vorschriften.** „Vorschriften", deren Verletzung den Jahresabschluss nach § 256 Abs 1 Nr 1 nichtig machen kann, können Gesetze, Rechtsverordnungen[98] und autonome Satzungen öffentlicher Körperschaften und Anstalten sein,[99] nicht hingegen Satzungsregeln der einzelnen Gesellschaft.[100] Das zeigt ein vergleichender Blick auf § 256 Abs 1 Nr 4 (betr Gliederungsverstöße), wo Satzungsbestimmungen ausdrücklich mit angesprochen sind. Es muss sich bei den Vorschriften nicht um geschriebenes Recht handeln; auch ein Verstoß gegen übergeordnete Rechtsgrundsätze oder Gewohnheitsrecht kann die Nichtigkeit begründen.[101] Normative Bedeutung und im Rahmen des § 256 Gesetzesrang haben auch die Grundsätze ordnungsmäßiger Buchführung (GoB).[102] Die meisten von ihnen sind heute ohnehin gesetzlich kodifiziert, und im Übrigen werden die GoB von den bilanzgesetzlichen Generalklauseln der §§ 238

---

95 Hierzu speziell unter dem Gesichtspunkt der Rechnungslegung *W Müller* Liber amicorum Happ, 2006, 179 ff.

96 *T Bezzenberger* Das Kapital der Aktiengesellschaft, 2005, S 72 ff.

97 *T Bezzenberger* Das Kapital der Aktiengesellschaft, 2005, S 16 ff.

98 *Hüffer* in MünchKomm AktG² 15.

99 *Zöllner* in Kölner Komm AktG¹ § 241, 102.

100 *Rölike* in Spindler/Stilz² 21; *Hüffer* in MünchKomm AktG² 15; *Adler/Düring/Schmaltz*⁶ 6; *Schwab* in K Schmidt/Lutter² 9; *Schulze-Osterloh* in Baumbach/Hueck GmbHG¹⁸ § 42a, 24. **Anders** *Zöllner* in Kölner Komm AktG¹ 24.

101 *Zöllner* in Kölner Komm AktG¹ § 241, 102.

102 BGHZ 124, 111, 117; *Hüffer* in MünchKomm AktG² 15; *Adler/Düring/Schmaltz*⁶ 12; *Schulze-Osterloh* in Baumbach/Hueck GmbHG¹⁸ § 42a, 24; *Schwab* in K Schmidt/Lutter² 7; *H-P Müller* FS Budde, 1995, S 431, 443, auch 439.

Abs 1 Satz 1, 243 Abs 1 und 264 Abs 2 Satz 1 HGB ausdrücklich in Bezug genommen und so gleichsam mittelbar mit Gesetzeskraft aufgeladen. Manche Gesetzesbestimmungen aus neuerer Zeit sprechen daher von „den gesetzlichen Vorschriften einschließlich der Grundsätze ordnungsmäßiger Buchführung" (§ 342b Abs 2 Satz 1 HGB und § 37n WpHG).

49 cc) **Überwiegen des Gläubigerschutz-Zwecks.** Die betroffenen Vorschriften müssen nach § 256 Abs 1 Nr 1 „ausschließlich oder überwiegend" zum Schutze der Gläubiger der Gesellschaft gegeben sein. Hierfür soll es nach überlieferter Auffassung genügen, dass die Vorschrift wesentliche Bedeutung für den Gläubigerschutz hat.[103] Es komme angeblich nicht auf das Verhältnis der Gläubigerinteressen zu den anderen geschützten Interessen an, sondern auf die absolute Bedeutung des mit der jeweiligen Gesetzesregel bezweckten Gläubigerschutzes.[104] Das ist jedoch mit dem Gesetzeswortlaut nicht zu vereinbaren und würde den Nichtigkeitsgrund des § 256 Abs 1 Nr 1 uferlos ausweiten. In dieser Bestimmung geht es um den Gläubigerschutz im spezifisch aktienrechtlichen Sinn, also um den Gläubigerschutz durch Kapitalerhaltung, und um die Ausschüttungsbemessungsfunktion des Jahresabschlusses (vgl oben Rdn 47, 21 f). Eine Gesetzesbestimmung dient „überwiegend" dem Gläubigerschutz, **wenn** sie sich auf die Ausschüttungsschranken der Kapitalerhaltung bezieht, und wenn die hierdurch geschützten **Gläubigerinteressen schwerer wiegen,** also größeres Gewicht haben, **als gegenläufige Interessen,** so dass nach dem Zweck des Gesetzes die Gläubigerinteressen Vorrang haben und die anderen Interessen dahinter zurückstehen müssen.

50 Keine Gläubiger schützenden Vorschriften im Sinne des § 256 sind daher all jene bilanzrechtlichen Bestimmungen, die in erster Linie die **Informationsfunktion** des Jahresabschlusses betreffen. Denn diese Funktion dient **nicht** spezifisch und überwiegend den Gesellschaftsgläubigern, sondern allen Abschlussadressaten und sogar in erster Linie dem Interesse der gegenwärtigen und künftigen Aktionäre. Diese haben als Eigenkapitalgeber im Unterschied zu den Gesellschaftsgläubigern keine betragsmäßig festgesetzten Ansprüche gegen die Gesellschaft, sondern bekommen dasjenige, was übrig bleibt, so dass sie ein besonderes Risiko auf sich nehmen und daher auf Information besonders angewiesen sind. Eine Nichtigkeit des Jahresabschlusses wegen Verstoßes gegen den Gläubigerschutz lässt sich insbesondere **nicht** damit begründen, dass der Abschluss entgegen **§ 264 Abs 2 HGB** kein den tatsächlichen Verhältnissen entsprechendes Bild der Lage der Gesellschaft vermittelt.[105]

51 dd) **Inhaltlicher Verstoß.** Der Jahresabschluss muss die Gläubiger schützenden Vorschriften „durch seinen Inhalt" verletzen. Es kommt also auf den Abschluss für sich alleine genommen an, so wie er als Zahlen- und Wortbericht vorliegt, nicht auf die Art

---

[103] *Zöllner* Die Schranken mitgliedschaftlicher Stimmrechtsmacht, 1963, S 378; *ders* in Kölner Komm AktG[1] § 241, 104, auch § 256, 18; *Hüffer* in MünchKomm AktG[2] § 241, 55, auch § 256, 14; *Rölike* in Spindler/Stilz[2] 22; *Hüffer*[9] § 241, 17, auch § 256, 7. Im gleichen Sinne *Kropff* FS Budde, 1995, S 341, 343; *Adler/Düring/Schmaltz*[6] 5.

[104] *Zöllner* in Kölner Komm AktG[1] § 241, 104, auch § 256, 18; *ders* Die Schranken mitgliedschaftlicher Stimmrechtsmacht, 1963, S 378. Zustimmend hierauf verweisend *Hüffer* in MünchKomm AktG[2] § 241, 55.

[105] **So aber** *Hüttemann* in Großkomm HGB[4] § 264, 55; *Winkeljohann/Schellhorn* in Beck'scher Bilanz-Komm[7] § 264 HGB, 58 (allerdings nicht ganz im Einklang mit § 264, 6a Anf); grundsätzlich auch *Reiner* in MünchKomm HGB[2], § 264, 79. Eher wie hier dagegen *Adler/Düring/Schmaltz*[6] § 264 HGB, 137 f.

und Weise seines Zustandekommens oder auf die Motive und Zwecke, von denen sich die Gesellschaftsorgane bei der Feststellung haben leiten lassen[106] (näher unten Rdn 80 im Zusammenhang mit den Bewertungsverstößen).

ee) **Hinreichendes Gewicht des Abschlussmangels.** Unbedeutende Abschlussmängel bleiben im Rahmen des § 256 Abs 1 Nr 1 außer Betracht und führen nicht zur Nichtigkeit des Jahresabschlusses.[107] **Einzelheiten** werden **unten** im Zusammenhang mit der Überbewertung von Bilanzposten (§ 256 Abs 5 Nr 1) dargestellt (Rdn 85 ff; vgl auch Rdn 113 zu den Rücklagemängeln). 52

ff) **Systematischer Standort der Vorschrift.** Wenn Jahresabschlüsse inhaltlich gegen Gläubigerschutzregeln verstoßen, so fällt das **zumeist** unter die **besonderen Nichtigkeitstatbestände** des § 256 Abs 5 Nr 1 (Überbewertung)[108] oder des § 256 Abs 1 Nr 4 (fehlerhafte Bildung und Auflösung von Rücklagen). Dies sind für die dort geregelten Materien Spezialvorschriften im Verhältnis zum Gläubigerschutz nach § 256 Abs 1 Nr 1 (siehe unten Rdn 72 zur Überbewertung und Rdn 113 zu den Rücklageregeln). Der Nichtigkeitstatbestand des § 256 Abs 1 Nr 1 ist nur eine Auffangregel.[109] Darüber hinaus ist dieser Nichtigkeitstatbestand aber auch eine Art Präambel und ein **Auslegungsgrundsatz zu** den nachfolgenden Einzelbestimmungen des **§ 256 insgesamt.**[110] Der Gläubigerschutz ist der Hauptzweck des § 256[111] und die speziellen Nichtigkeitsgründe des § 256 sind daher namentlich auch im Lichte des Gläubigerschutzes auszulegen. Je mehr eine verletzte Einzelbestimmung dem Gläubigerschutz dient, umso eher führt der Verstoß zur Nichtigkeit des Jahresabschlusses (vgl Rdn 112 ff zu den Rücklagen). 53

c) **Wesentliche Gliederungsmängel** (Abs 4)

aa) **Gesetzessystematik und Schutzzweck.** Ein Jahresabschluss ist nach § 256 Abs 4 nichtig, wenn er gegen die Vorschriften über die Gliederung des Abschlusses verstößt, und wenn dadurch seine Klarheit und Übersichtlichkeit wesentlich beeinträchtigt sind. Das systematische Verhältnis zwischen dieser Bestimmung und der Gläubigerschutz-Regel des § 256 Abs 1 Nr 1 wird oft nicht richtig gesehen. Nach der zuletzt genannten Regel ist ein Jahresabschluss nichtig, „wenn er durch seinen Inhalt Vorschriften verletzt, die ausschließlich oder überwiegend zum Schutze der Gläubiger der Gesellschaft" oder, wie das Gesetz bis 1990 hinzugefügt hatte, „sonst im öffentlichen Interesse gegeben sind." Da mehr oder weniger die ganze Rechnungslegung einen Bezug zum öffentlichen Interesse hat (Rdn 25), drohte dieser Nichtigkeitstatbestand in seiner damaligen weiten Fassung auszuufern. Dem wollte der Gesetzgeber des AktG 1965 entgegenwirken und regelte deshalb die besonders wichtigen Bereiche der Gliederungs- und Bewertungsver- 54

---

[106] *Zöllner* in Kölner Komm AktG[1] 15 f, § 241, 100.

[107] *Zöllner* in Kölner Komm AktG[1] 25; *ders* FS Scherrer, 2004, S 355, 364 f; *Rölike* in Spindler/Stilz[2] 24. Weiter gehend *Hüffer*[9] 7 (nur Verstöße, welche die Darstellung der Lage der Gesellschaft wesentlich beeinträchtigen). **Anders** *Heidel* in Heidel, Aktienrecht und Kapitalmarktrecht[3] § 256, 12 (bei Verstoß gegen Gläubigerschutz immer Nichtigkeit).

[108] *V Weilep/J-H Weilep* BB 2006, 147 Fn 4.

[109] **Anders** *Schwab* in K Schmidt/Lutter[2] 5, wonach ein zur Nichtigkeit des Jahresabschlusses führender Verstoß gegen den Gläubigerschutz überhaupt nur in den Fällen des § 256 Abs 4 (Gliederungsverstoß) und Abs 5 (Bewertungsverstoß) vorliegen könne.

[110] Ebenso *Zöllner* in Kölner Komm AktG[1] 27.

[111] Siehe Rdn 21 f.

stöße in § 256 Abs 4 und 5 gesondert und abschließend. Damals waren diese neuen Bestimmungen nicht als eigenständige Gründe für die Nichtigkeit des Jahresabschlusses gedacht, sondern als Einschränkungen der Regel des § 256 Abs 1 Nr 1 über den Schutz der Gläubiger und der öffentlichen Interessen (Rdn 13). Rechtsprechung und Literatur sind dem bis heute gefolgt. **Die Absätze 4 und 5, so heißt es, seien Interpretationsnormen mit Begrenzungsfunktion im Hinblick auf Abs 1 Nr 1.**[112] In diese Richtung weist auch der Wortlaut der § 256 Abs 2 und 3, wonach „ein ... festgestellter Jahresabschluss ... außer nach Absatz 1 nur nichtig" ist, wenn die Feststellung verfahrensfehlerhaft war. Die Worte des Gesetzes sind hier von der Vorstellung getragen, dass sämtliche Inhaltsmängel als Nichtigkeitsgründe in § 256 Abs 1 verankert sind.[113]

55 Dieses überlieferte Verständnis ist jedoch nicht mehr haltbar, seit das Bankbilanzrichtlinie-Gesetz von 1990 die Worte von den im öffentlichen Interesse gegebenen Vorschriften aus der Bestimmung des § 265 Abs 1 Nr 1 gestrichen hat (vgl Rdn 14), so dass dort nur noch von einer Verletzung von Vorschriften die Rede ist, die ausschließlich oder überwiegend zum Schutze der Gläubiger der Gesellschaft gegeben sind. Damit hat sich das Verhältnis zwischen der Nichtigkeitsanktion bei Gliederungsmängeln nach § 256 Abs 4 und der Gläubigerschutzbestimmung in § 256 Abs 1 Nr 1 verschoben. Die bilanzrechtlichen Regeln über die Gliederung des Jahresabschlusses, auf die sich § 256 Abs 4 bezieht, waren und sind zwar im öffentlichen Interesse gegeben, aber sie dienen nicht spezifisch und überwiegend (vgl Rdn 49) dem Gläubigerschutz.[114] In § 256 Abs 4 geht es vielmehr in erster Line um die Informationsfunktion des Jahresabschlusses[115], was sich daran zeigt, dass „seine Klarheit und Übersichtlichkeit ... beeinträchtigt" sein müssen (näher Rdn 68 f). Die Informationsfunktion des Jahresabschlusses dient allen Abschlussadressaten und vor allem den Aktionären (Rdn 50). Man muss daher die Gesetzesregel über die Nichtigkeit des Jahresabschlusses bei **Gliederungsverstößen (§ 256 Abs 4)** heute als einen **eigenständigen,** von Abs 1 Nr 1 abgekoppelten **Nichtigkeitsgrund** verstehen, der aus sich heraus gilt. Auch hierfür bietet der Gesetzeswortlaut eine Grundlage, nämlich in § 256 Abs 6 Satz 1, wo es heißt, „die Nichtigkeit nach Absatz 1 Nr 1, 3 und 4 ..., Absatz 4 und 5" kann nach Ablauf bestimmter Heilungsfristen nicht mehr geltend gemacht werden. Das Gesetz spricht hier also die Abs 4 und 5 als eigenständige Nichtigkeitsgründe an.

---

[112] Aus früherer Zeit BGHZ 124, 111, 117 f (betr einen Abschluss für das Jahr 1989); *Zöllner* in Kölner Komm AktG[1] 13 f, auch 39; *Hüffer* in Geßler/Hefermehl AktG[1] 4, 78; *Geßler* FS Goerdeler, 1987, 127, 135 f, 137, 140, 147; *Sünner* AG 1984, 16, 18 re Sp; vgl auch BGHZ 65, 230 (wo § 256 Abs 1 Nr 1 in einem Fall möglicher Überbewertung als Prüfungsmaßstab herangezogen wird); BGHZ 137, 378, 380, 384 (betr GmbH) sowie BGH ZIP 1994, 1259 und BGH AG 1992, 58, 59 re Sp (wo eine mögliche Unterbewertung an § 256 Abs 1 Nr 1 gemessen wird); LG Mainz DB 1990, 2361 (wo als Prüfungsmaßstab für einen möglichen Gliederungsverstoß „§ 256 Abs 1 Nr 1 und Abs 4" herangezogen werden). Aus neuerer Zeit *Rölike* in Spindler/Stilz[2] 23, 62, auch 7, 56; *Hüffer* in MünchKomm AktG[2] 7, 51, 56; *Schwab* in K Schmidt/Lutter[2] 5; *Habersack* NZG 2003, 659, 661 li Sp; *Kropff* FS Budde, 1995, S 341, 344; *Schulze-Osterloh* in Baumbach/Hueck GmbHG[18] § 42a, 24; *ders* ZIP 2008, 2241, 2242 li Sp; *Hüffer*[9] 6; *V Weilep/J-H Weilep* BB 2006, 147 li Sp; *Th Kaiser* Berichtigung und Änderung des handelsrechtlichen Jahresabschlusses, 2000, S 218 (betr § 256 Abs 5). Der Sache nach ebenso *Geist* DStR 1996, 306 li Sp. Ähnlich *Adler/Düring/Schmaltz*[6] 36 (Abs 4 als Spezialnorm zu Abs 1 Nr 1).

[113] Ebenso *Zöllner* in Kölner Komm AktG[1] 13.

[114] So aber *Zöllner* in Kölner Komm AktG[1] 33; *Rölike* in Spindler/Stilz[2] 56.

[115] Ebenso *S Tielmann* Durchsetzung ordnungsmäßiger Rechnungslegung, 2001, S 143.

bb) Einschlägige Gliederungsvorschriften. Zu den Gliederungsvorschriften, deren Verletzung den Jahresabschluss nach § 256 Abs 4 nichtig machen kann, gehören die Regeln über die **Grobgliederung** des Jahresabschlusses, also die Einteilung in die Bilanz, die Gewinn- und Verlustrechnung (§ 242 HGB), den Anhang (§ 264 Abs 1 Satz 1 HGB) und gegebenen Falls noch eine Kapitalflussrechnung, einen Eigenkapitalspiegel und eine freiwillige Segmentberichterstattung (vgl Rdn 30, 62). Gliederungsverstöße nach § 256 Abs 4 können sich aber vor allem auch auf die Regeln über die **Feingliederung** des Jahresabschlusses beziehen, die Gliederung seiner einzelnen Bestandteile. Diese Regeln sind sehr zahlreich und ergeben ein Raster für den Nichtigkeitstatbestand des § 256 Abs 4. 56

Der **Allgemeine Teil des Bilanzrechts** enthält eine Reihe von Grundsätzen und Ansatzvorschriften, die zugleich Gliederungsfunktion haben, und deren Verletzung deshalb den Jahresabschluss nach § 256 Abs 4 nichtig machen kann. Dazu gehören vor allem:[116] 57

- Das allgemeine und grundsätzliche Gebot der Klarheit und Übersichtlichkeit des Jahresabschlusses (§ 243 Abs 2 HGB),
- das Verrechnungsverbot (§ 246 Abs 2 Satz 1 HGB) und die Ausnahmen hiervon,
- die Vorgaben zu den Hauptposten der Bilanz (§ 247 HGB),
- die Bestimmungen über Rechnungsabgrenzungsposten in der Bilanz (§ 250 HGB).

Speziell für Kapitalgesellschaften enthält das Bilanzrecht in den §§ 264 ff **HGB** weitere und eingehendere Gliederungsvorschriften, deren Verletzung ebenfalls nach § 256 Abs 4 zur Nichtigkeit des Jahresabschlusses führen kann. Hierzu gehören vor allem:[117] 58

- Die allgemeinen Grundsätze für die Gliederung der Bilanz und der Gewinn- und Verlustrechnung (§ 265 HGB),
- das gesetzliche Gliederungsraster für die Bilanz (§ 266 HGB),
- die Vorschriften zu einzelnen Posten der Bilanz und über Bilanzvermerke (§ 268 Abs 1–7 HGB),
- die Regeln über den Ausweis der verschiedenen Posten des Eigenkapitals (§ 272 HGB),
- die Regeln über den Ausweis passiver und aktiver latenter Steuern (§ 274 HGB),
- das gesetzliche Gliederungsraster für die Gewinn- und Verlustrechnung (§ 275 HGB) sowie
- die Vorschriften zu einzelnen Posten der Gewinn- und Verlustrechnung (§ 277 HGB).

Der allgemeine Grundsatz, dass der Jahresabschluss ein **den tatsächlichen Verhältnissen entsprechendes Bild** der Vermögens-, Finanz- und Ertragslage der Gesellschaft vermitteln muss (§ 264 Abs 2 Satz 1 HGB), ist zwar keine Gliederungsregel, bildet aber einen wichtigen Orientierungspunkt für die Auslegung des § 256 Abs 4, weil er der Informationsfunktion des Jahresabschlusses, um die es in dieser Bestimmung geht (Rdn 26, 55, 68), ihre Richtung gibt. 59

Auch im AktG finden sich Bestimmungen über die Gliederung des Jahresabschlusses, die im Hinblick auf § 256 bedeutsam sind. Diese betreffen vor allem:[118] 60

---

[116] Aufzählung in Anlehnung an *Adler/Düring/Schmaltz*[6] 35; ähnlich wie diese *Hüffer* in MünchKomm AktG[2] 52.

[117] Wiederum in Anlehnung an *Adler/Düring/Schmaltz*[6] 35; *Hüffer* in MünchKomm AktG[2] 52.

[118] Auch dies in Anlehnung an *Adler/Düring/Schmaltz*[6] 35; *Hüffer* in MünchKomm AktG[2] 52; beide allerdings ohne Hinweis auf § 150 Abs 1.

- Den gesonderten Ausweis einer gesetzlichen Gewinnrücklage (§ 150 Abs 1),
- den Ausweis des Grundkapitals in der Bilanz (§ 152 Abs 1),
- die Verpflichtung zu Angaben in der Bilanz oder im Anhang über Einstellungen in Kapital- und Gewinnrücklagen sowie über Entnahmen aus solchen Rücklagen (§ 152 Abs 2–3),
- die aktienrechtliche Zusatzrechnung zur Gewinn- und Verlustrechnung (§ 158),
- den Ausweis von Beträgen, die aus einer Kapitalherabsetzung gewonnen werden (§ 240),
- den Ausweis des Ertrags auf Grund höherer Bewertung nach einer Sonderprüfung wegen unzulässiger Unterbewertung (§ 261 Abs 1) sowie
- die Kapitalanteile der persönlich haftenden Gesellschaftern in der KGaA (§ 286 Abs 2–3).

61 Für kleine und zum Teil auch für mittelgroße Aktiengesellschaften gelten eine Reihe von **Erleichterungen**, vor allem was die Gliederungstiefe der Bilanz und der Gewinn- und Verlustrechnung sowie die Erläuterungen im Anhang betrifft (§§ 266 Abs 1 Satz 3, 274a, 276, 288 HGB). Und nicht börsennotierte[119] Tochter-Aktiengesellschaften, die in den Konzernabschluss ihres Mutterunternehmens einbezogen werden, sind unter bestimmten Voraussetzungen von den bilanzrechtlichen Sonderregeln für Kapitalgesellschaften ganz freigestellt (§ 264 Abs 3 HGB), so dass es für solche Gesellschaften mit dem Allgemeinen Teil des Bilanzrechts bewendet (§§ 238–263 HGB). Doch entfalten auch hier die gesetzlichen Gliederungsraster für die Bilanz (§ 266 HGB) und für die Gewinn- und Verlustrechnung (§ 275 HGB) eine gewisse Ausstrahlungswirkung, weil sie zum Teil allgemeine Grundsätze der Rechnungslegung widerspiegeln. Das kann auch im Rahmen des § 256 Abs 4 ins Gewicht fallen.[120]

62 cc) **Verstöße gegen die Grobgliederung des Jahresabschlusses.** Um einen Gliederungsverstoß nach § 256 Abs 4 handelt es sich allemal, wenn der Jahresabschluss gegen die gesetzlich gebotene Grobgliederung verstößt, die immer eingehalten werden muss, also die Unterteilung in die **Bilanz**, die **Gewinn- und Verlustrechnung**, den Anhang und in bestimmten Sonderfällen noch weitere Elemente (vgl Rdn 30). Besonders solche Verstöße können die Klarheit und Übersichtlichkeit des Abschlusses wesentlich beeinträchtigen. Der Abschluss ist daher in aller Regel nichtig, wenn die Bilanz oder die Gewinn- und Verlustrechnung gänzlich fehlen.[121] Auch das **Fehlen des Anhangs** führt grundsätzlich zur Nichtigkeit des Jahresabschlusses. Das ist im Ergebnis unbestritten, wird aber üblicher Weise aus § 256 Abs 1 Nr 1 (Gläubigerschutz) hergeleitet.[122] Der Anhang dient jedoch nicht überwiegend den Gläubigern, sondern allen Abschlussadressaten und als reiner Informationsträger sogar in erster Linie den Aktionären (vgl Rdn 50). Die Nichtigkeit des Jahresabschlusses folgt daher in diesen Fällen nicht aus § 256 Abs 1 Nr 1, sondern ergibt sich aus § 256 Abs 4. Ein Gliederungsverstoß kann ferner darin liegen, dass in der Bilanz oder im Anhang der Anlagespiegel fehlt, also die Darstellung der Entwicklung der einzelnen Posten des Anlagevermögens (§ 268 Abs 2 HGB).[123] Ein Fehlen des Lagebe-

---

119 Siehe im Einzelnen *Reiner* in MünchKomm HGB² § 264, 112.

120 Ähnlich *Hüffer* in MünchKomm AktG² 52.

121 *Schulze-Osterloh* in Baumbach/Hueck GmbHG¹⁸ § 42a, 24.

122 BGHZ 142, 382, 384; OLG Stuttgart GmbHR 2004, 662, 663; *Adler/Düring/Schmaltz*⁶ 13; *Hüffer* in MünchKomm AktG² 17; *Rölike* in Spindler/Stilz² 25; *Schulz* in Bürgers/Körber 3; *Hüffer*⁹ 8; *Schulze-Osterloh* in Baumbach/ Hueck GmbHG¹⁸ § 42a, 24; *Schwab* in K Schmidt/Lutter² 8.

123 *Schulze-Osterloh* in Baumbach/Hueck GmbHG¹⁸ § 42a, 30.

richts macht dagegen den Jahresabschluss nicht nichtig, denn der Lagebericht ist nicht Teil des Jahresabschlusses (Rdn 31).

dd) **Verstöße gegen die Feingliederung des Jahresabschlusses.** Ein Gliederungsverstoß im Sinne des § 256 Abs 4 liegt des Weiteren vor, wenn ganze Jahresabschlussposten an falscher Stelle erscheinen.[124] Ebenso verhält es sich, wenn Vermögensgegenstände, Schulden oder Kapitalbestandteile, die in der Bilanz erfasst sind, dort unter den falschen Posten berücksichtigt werden, oder wenn in der Gewinn- und Verlustrechnung erfasste Erträge und Aufwendungen unter unrichtigen Posten berücksichtigt sind.[125] Auch wenn wichtige Angaben, die eigentlich in die Bilanz oder die Gewinn- und Verlustrechnung gehören, lediglich im Anhang zu finden sind, kann dies als Gliederungsverstoß den Jahresabschluss nichtig sein lassen. Ein unklarer oder rechtlich angreifbarer Ausweis in der Bilanz oder Gewinn- und Verlustrechnung kann allerdings durch Angaben im Anhang transparent und verständlich gemacht werden; dann liegt kein Gliederungsverstoß vor[126] oder jedenfalls keine wesentliche Beeinträchtigung[127] (vgl Rdn 69). Ein Verstoß gegen die Vorschriften über die Gliederung des Jahresabschlusses liegt auch dann vor, wenn die **Bilanz oder die Gewinn- und Verlustrechnung nicht hinreichend tief aufgegliedert** sind,[128] oder wenn im Anhang wichtige Pflichtangaben fehlen[129] oder Angaben unter falschen Überschriften oder in falschen Zusammenhängen versteckt sind. Ein Gliederungsverstoß kann sich des Weiteren aus der **Missachtung des Verrechnungsverbots** ergeben (§ 246 Abs 2 Satz 1 HGB).[130] Für Kreditinstitute und Finanzdienstleistungsinstitute ist allerdings das Verrechnungsverbot erheblich eingeschränkt.[131] 63

Dagegen handelt es sich nicht um einen Gliederungsverstoß, sondern um einen **Ansatz- und Bewertungsfehler** nach § 256 Abs 5 (vgl Rdn 77), wenn Vermögensgegenstände, Erträge, Aufwendungen und dergleichen nicht im Jahresabschluss berücksichtigt werden, obwohl dies geboten ist, oder wenn sie im Abschluss berücksichtigt sind, obwohl das verboten ist.[132] Ein Gliederungsmangel kann allerdings einen Bewertungs- 64

---

124 *Rölike* in Spindler/Stilz[2] 57; *Gelhausen/Heinz* in WP-Handbuch[13], Bd I, 2006, Rdn U 216.

125 LG Mainz DB 1990, 2361 re Sp; LG München I Der Konzern 2008, 59, 60 re Sp; *Hüffer*[9] 23; *Schwab* in K Schmidt/Lutter[2] 11; *Zöllner* in Kölner Komm AktG[1] 36; *Hüffer* in MünchKomm AktG[2] 53; *Adler/Düring/Schmaltz*[6] 35 aE, 37; *Schulze-Osterloh* in Baumbach/Hueck GmbHG[18] § 42a, 30; *Heidel* in Heidel, Aktienrecht und Kapitalmarktrecht[3] § 256, 26.

126 OLG Düsseldorf AG 1977, 195, 196 f (betr Aufklärung im Lagebericht).

127 *Adler/Düring/Schmaltz*[6] 37; *Rölike* in Spindler/Stilz[2] 59.

128 *Schwab* in K Schmidt/Lutter[2] 11; *Adler/Düring/Schmaltz*[6] 35 aE; *Hüffer* in MünchKomm AktG[2] 53; *Schulze-Osterloh* in Baumbach/Hueck GmbHG[18] § 42a, 30; *Heidel* in Heidel, Aktienrecht und Kapitalmarktrecht[3] § 256, 26.

129 Ebenso i Erg *Rölike* in Spindler/Stilz[2] 25, der allerdings auf § 256 Abs 1 Nr 1 (Gläubigerschutz) abstellt. Zurückhaltend OLG Köln ZIP 1993, 110, 113 li Sp.

130 OLG Karlsruhe ZIP 1985, 409, 411 li Sp, 415 li Sp; LG Stuttgart AG 1994, 473, 474 li Sp; *Kleindiek* in Großkomm HGB[4] § 246, 85; *Hüffer* in MünchKomm AktG[2] 53; *Schwab* in K Schmidt/Lutter[2] 12; *Schulze-Osterloh* in Baumbach/Hueck GmbHG[18] § 42a, 30; *Hüffer*[9] 23.

131 Siehe §§ 340a Abs 2 Satz 3, 340 f HGB sowie die unten in Rdn 70 genannten Regelungen; vgl auch BGHZ 86, 1, 7 ff (zur Rechtsgültigkeit ähnlicher Bestimmungen in der früheren VO über Formblätter für die Gliederung des Jahresabschlusses von Kreditinstituten von 1967).

132 *Schwab* in K Schmidt/Lutter[2] 11; *Rölike* in Spindler/Stilz[2] 25; *Schulz* in Bürgers/Körber 14 aE; *Zöllner* in Kölner Komm AktG[1] 36; *Hüffer* in MünchKomm AktG[2] 53; ebenso der Sache nach LG Stuttgart AG 1994, 473 f. Nicht eindeutig LG Mainz DB 1990, 2361, 2363 f. **Anders** OLG Düsseldorf AG 1977, 195, 196.

mangel nach sich ziehen, zum Beispiel wenn Bilanzposten des Umlaufvermögens fälschlich im Anlagevermögen berücksichtigt sind und daher bei der Bewertung nicht dem strengen Niederstwertprinzip unterworfen werden, das für das Umlaufvermögen gilt (§ 253 Abs 4 HGB). Dann liegt sowohl ein Gliederungsmangel als auch ein Bewertungsmangel vor.

65 Werden auf der Passivseite der Bilanz **Rücklagen** falsch gebildet oder aufgelöst, so kann das zwar ebenfalls die Gliederung des Jahresabschlusses betreffen. Ein solcher Abschlussmangel wird jedoch von **§ 256 Abs 1 Nr 4** (Verstöße gegen die Rücklagenregeln) **speziell** erfasst und fällt daher nicht unter § 256 Abs 4 (Gliederungsmängel).[133] Für die Heilung gilt deshalb nicht die lange dreijährige Frist wie bei Gliederungsverstößen, sondern die kurze Sechs-Monats-Frist wegen des Rücklagenverstoßes (§ 256 Abs 6 Satz 1), sonst würde die kurze Heilungsfrist allzu leicht leer laufen. Liegt allerdings in dem Rücklagenverstoß zugleich eine Verletzung des Gläubigerschutzes nach § 256 Abs 1 Nr 1, beträgt die Heilungsfrist drei Jahre (näher Rdn 117).

66 ee) **Beispiele für Gliederungsverstöße.** Auf der **Aktivseite** der Bilanz liegt hiernach ein Gliederungsverstoß zum Beispiel vor, wenn Vermögensgegenstände des Umlaufvermögens in Posten des Anlagevermögens einbezogen sind,[134] oder wenn eine Aktiengesellschaft Anteile an ihrem Mutterunternehmen hält, diese aber unter den Finanzanlagen nicht als Anteile an verbundenen Unternehmen ausweist, wie es sich gehört (§ 266 Abs 2 A III 1 HGB), sondern ganz farblos als Beteiligungen (§ 266 Abs 2 A III 3 HGB).[135] Und auf der **Passivseite** der Bilanz kann ein Gliederungsverstoß darin liegen, dass Posten falsch bezeichnet sind, insbesondere wenn die Zuordnung der Posten zum Eigenkapital oder zum Fremdkapital unrichtig oder unklar ist.[136] Ein Gliederungsverstoß liegt ferner vor, wenn bei Vermögensgegenständen oder Schulden, die unter mehrere Bilanzposten fallen, die **Mitzugehörigkeit** zu anderen Posten entgegen **§ 265 Abs 3 HGB** nicht bei dem Posten, unter dem der Ausweis erfolgt, angegeben wird, obwohl dies für die Klarheit und Übersichtlichkeit des Abschlusses erforderlich ist.[137] Um einen wesentlichen Verstoß (vgl Rdn 68), der nach § 256 Abs 1 Nr 4 zur Nichtigkeit des Jahresabschlusses führt, handelt es sich in solchen Fällen allerdings nach den zutreffenden Worten des LG München I nur, wenn der Abschluss ohne den Fehler „ein deutlich klareres Bild von der aktuellen wirtschaftlichen Situation der Gesellschaft zum Bilanzstichtag … vermittel[n]" würde.[138] Das wird nicht oft der Fall sein,[139] vor allem dann nicht, wenn der Mitzugehörigkeitsvermerk nur bei einzelnen Bilanzposten fehlt.[140]

67 **Gliederungsverstöße in der Gewinn- und Verlustrechnung** können vor allem darin bestehen, dass nicht zutreffend zwischen Erträgen aus der gewöhnlichen Geschäftstätigkeit und außerordentlichen Erträgen unterschieden wird. Die Unterscheidung ist für die Klarheit und Übersichtlichkeit des Jahresabschlusses wichtig, denn nur das Ergebnis der gewöhnlichen Geschäftstätigkeit sagt etwas über die strukturelle Ertragslage und Profitabilität der Gesellschaft aus. Ein anschaulicher Fall eines solchen Gliederungsmangels

---

133 **Anders** LG Mainz DB 1990, 2361, 2362 ff, wo eine gebotene Rücklage für Anteile eines herrschenden oder mit Mehrheit beteiligten Unternehmens (§ 272 Abs 4 HGB) nicht gebildet worden war.

134 *Zöllner* in Kölner Komm AktG[1] 38.

135 LG Mainz DB 1990, 2361 f; zustimmend *Rölike* in Spindler/Stilz[2] 61.

136 Vgl BGH WM 2003, 1472, 1474.

137 Hiervon ausgehend auch LG München I Der Konzern 2008, 59, 61 li Sp; *Schwab* in K Schmidt/Lutter[2] 13.

138 LG München I Der Konzern 2008, 59, 61 li Sp.

139 So auch nicht in LG München I Der Konzern 2008, 59.

140 *Schwab* in K Schmidt/Lutter[2] 13.

liegt einem Urteil des LG Stuttgart von 1994 zu Grunde. Dort hatte eine GmbH außerordentliche Erträge aus einem Grundstücksverkauf erzielt und an eine nicht sehr erfolgreiche Aktiengesellschaft weitergeleitet, die an der GmbH zu einem Drittel beteiligt war. Hierzu erteilte die GmbH der Aktiengesellschaft eine „Warengutschrift" über mehr als 34 Millionen DM, das heißt die Aktiengesellschaft konnte bis zur Höhe dieses Betrags von der GmbH Waren beziehen, und zum großen Teil hat die GmbH den gutgeschriebenen Betrag sogar in Geld ausgezahlt. Die Aktiengesellschaft hatte in ihrer Gewinn- und Verlustrechnung den gutgeschriebenen Betrag vom Aufwand für bezogene Waren abgezogen und so in das Ergebnis der gewöhnlichen Geschäftstätigkeit einfließen lassen. Das hätte sie nicht tun dürfen; der Ertrag aus der Warengutschrift hätte vielmehr, wenn überhaupt (vgl Rdn 81, 84, 91, 101), als außerordentlicher Ertrag ausgewiesen (§ 275 Abs 2 Nr 15 bzw Abs 3 Nr 14 HGB) und im Anhang erläutert werden müssen (§ 277 Abs 4 Satz 2 HGB), weil er mit der gewöhnlichen Geschäftstätigkeit nichts zu tun hatte. Das Gericht hat deshalb den Jahresabschluss zu Recht für nichtig erklärt.[141]

ff) **Wesentlichkeit des Gliederungsmangels.** Gliederungsverstöße führen nach § 256 **68**
Abs 4 nur dann zur Nichtigkeit des festgestellten Jahresabschlusses, wenn seine Klarheit und Übersichtlichkeit dadurch wesentlich beeinträchtigt sind. Das bezieht sich nicht mehr nur auf den einzelnen Gliederungsverstoß, sondern auf den Jahresabschluss als Ganzes. Die Begriffe der **Klarheit und Übersichtlichkeit** verweisen auf den Aufstellungsgrundsatz des § 243 Abs 2 HGB, wonach der Jahresabschluss klar und übersichtlich sein muss.[142] Und sie verweisen bei Kapitalgesellschaften auch auf das Gebot, dass der Jahresabschluss unter Beachtung der Grundsätze ordnungsmäßiger Buchführung ein den tatsächlichen Verhältnissen entsprechendes Bild der Vermögens-, Finanz- und Ertragslage der Gesellschaft vermitteln muss (§ 264 Abs 2 HGB).[143] Die so verstandene Klarheit und Übersichtlichkeit des Jahresabschlusses als Ganzen muss **wesentlich** beeinträchtigt sein. Es sind nicht nur geringfügige Verstöße unschädlich[144] wie nach § 256 Abs 1 Nr 1 beim Gläubigerschutz (Rdn 52) und nach § 256 Abs 5 Nr 1 bei der Überbewertung (Rdn 85 ff), sondern es muss sich im Rahmen des § 256 Abs 4 positiv um Verstöße von besonderer Tragweite handeln. Ein Jahresabschluss ist nach dieser Bestimmung nur dann nichtig, wenn der Leser des Abschlusses aufgrund des Gliederungsverstoßes zu einem wesentlich anderen Bild der Vermögens-, Finanz- und Ertragslage der Gesellschaft kommt, als es bei richtiger Abschlussgliederung der Fall sein würde.[145] Dabei kommt es sowohl auf die Bedeutung der verletzten Gliederungsvorschrift als auch auf die zahlen-

---

141 LG Stuttgart AG 1994, 473 f; zustimmend *Hüffer* in MünchKomm AktG[2] 53; *Adler/Düring/Schmaltz*[6] 35; *Hüffer*[9] 23; *Schwab* in K Schmidt/Lutter[2] 13; *Rölike* in Spindler/Stilz[2] 60 f. Vgl aber auch LG München I Der Konzern 2008, 59, 60, wo es unter dem Gesichtspunkt des § 256 nicht beanstandet wird, dass Erträge aus der Veräußerung von Beteiligungen als ordentliche Erträge ausgewiesen wurden, weil die Gesellschaft „jedenfalls auch Holdingcharakter" hatte und es um „die Umstrukturierung von Tochtergesellschaften innerhalb des Konzerns" ging.

142 KG AG 2005, 583, 584 re Sp; *Hüffer* in MünchKomm AktG[2] 55; *Hüffer*[9] 24.

143 Ebenso LG München I Der Konzern 2008, 59, 61 li Sp.

144 In diesem Sinne aber *Zöllner* in Kölner Komm AktG[1] 38; *Hüffer* in MünchKomm AktG[2] 55; *Hüffer*[9] 24; *Adler/Düring/Schmaltz*[6] 37.

145 *Schilling* in Voraufl Anm 13 aE; zustimmend *Hüffer* in MünchKomm AktG[2] 55; *Gelhausen/Heinz* in WP-Handbuch[13], Bd I, 2006, Rdn U 218; *Rölike* in Spindler/Stilz[2] 59; im selben Sinne LG München I Der Konzern 2008, 59, 61 li Sp (vgl Rdn 66 aE); mit gleichem Ansatz, doch strenger, *Zöllner* in Kölner Komm AktG[1] 37.

mäßige Größe der betroffenen Abschlussposten im Gesamtgefüge des Jahresabschlusses an.[146]

69 Wann hiernach ein wesentlicher Gliederungsmangel vorliegt, ist weitgehend eine Frage des **Einzelfalls.**[147] Als Anschauungs-Beispiel mag noch einmal der schon erwähnte Fall des LG Stuttgart mit der Aktiengesellschaft dienen, die von einem Beteiligungsunternehmen hohe Zuwendung erhalten und diese in ihrer Gewinn- und Verlustrechnung nicht wie geboten als außerordentlichen Ertrag ausgewiesen, sondern vom betrieblichen Aufwand abgezogen hatte (vgl Rdn 67). Das Gericht hat hier eine wesentliche Beeinträchtigung zu Recht bejaht. Zwar war das Jahresergebnis nach beiden Verfahren gleich. Aber so wie die Gesellschaft verfahren war, konnte sie ein positives **Betriebsergebnis** ausweisen, wohingegen beim gebotenen Ausweis der Zuwendung als außerordentlicher Ertrag ersichtlich geworden wäre, dass das Betriebsergebnis in Wirklichkeit negativ und die Gesellschaft hinsichtlich ihrer gewöhnlichen Geschäftstätigkeit nicht profitabel war.[148] Ein Gliederungsverstoß in der Bilanz oder der Gewinn- und Verlustrechnung oder in anderen schematischen Teilen des Jahresabschlusses kann allerdings dadurch unter die Wesentlichkeitsschwelle sinken, dass im Anhang oder im Lagebericht Angaben gemacht werden, die das Bild von der Lage der Gesellschaft wieder geraderücken.[149] Und selbst ein wesentlicher Gliederungsverstoß kann nachträglich an Gewicht verlieren, wenn der Abschlussmangel im Wege der Korrektur in laufender Rechnung in einem späteren Jahresabschluss für die Zukunft überwunden wird (vgl Rdn 27, 237), denn dann ist die Information erteilt, um die es in § 256 Abs 4 geht.

70 **gg) Sonderregeln und Formblätter für bestimmte Geschäftszweige.** Die allgemeinen Regeln des HGB über die Gliederung des Jahresabschlusses von Kaufleuten, Personenhandelsgesellschaften und Kapitalgesellschaften sind für Unternehmen bestimmter Geschäftszweige abgewandelt. So enthält das HGB Sonderregeln über die Rechnungslegung von Kreditinstituten und Finanzdienstleistungsinstituten (§§ 340–340o HGB) sowie für Versicherungsunternehmen und Pensionsfonds (§§ 341–341o HGB). Darüber hinaus ermächtigt § 330 HGB die Exekutive, für die Jahresabschlüsse von Unternehmen besonderer Geschäftszweige im Wege der Rechtsverordnung Formblätter vorzuschreiben oder andere Vorschriften für die Gliederung von Abschlüssen oder den Inhalt des Anhangs zu erlassen. Solche Rechtsverordnungen[150] bestehen namentlich wiederum für Kreditinstitute und Finanzdienstleistungsinstitute[151] sowie für Versicherungsunternehmen,[152] aber

---

146 *Adler/Düring/Schmaltz*[6] 37; *Schulz* in Bürgers/Körber 15; *Rölike* in Spindler/Stilz[2] 60; *Hüffer*[9] 24; *Zöllner* in Kölner Komm AktG[1] 38; mit Differenzierungen auch *Heidel* in Heidel, Aktienrecht und Kapitalmarktrecht[3] § 256, 27.

147 *Hüffer*[9] 24; *Zöllner* in Kölner Komm AktG[1] 38.

148 LG Stuttgart AG 1994, 473 f.

149 Vgl LG München I (Fn 141), wo „die Veräußerung der Tochtergesellschaften ... im Jahresabschluss und im Lagebericht erläutert" worden war; *Schulz* in Bürgers/Körber 15, betr Anhang.

150 Übersicht hierzu auch im Beck'schen Bilanzkomm zu § 330 HGB, derzeit 7. Aufl 2010, Rdn 20 (*Förschle/Lawall*).

151 VO über die Rechnungslegung der Kreditinstitute (RechKredV) vom 10.2.1992, BGBl I 1992, S 203; Neufassung vom 11.12.1998, BGBl I 1998, S 3658; zuletzt geändert durch Art 13 Abs 6 des BilMoG vom 25.5.2009, BGBl I 2009, S 1102, 1130 ff; aktuelle Fassung im Internet unter http://www.bundesrecht.juris.de/rechkredv; hierzu Formblätter 1 bis 3, BGBl I 1998, S 3672 ff, aktuelle Fassung wiederum auf der genannten Website. Sonderregeln enthält des Weiteren die Verordnung über die Anlage zum Jahresabschluss von Kreditinstituten, die eingetragene Genossenschaften oder Sparkassen sind (JAGSV), vom 13.10.1993, BGBl I 1993, S 1705 mit Muster-Anlage 1 (eG) und 2 (Sparkassen).

152 VO über die Rechnungslegung von Versicherungsunternehmen (RechVersV) vom

auch für Verkehrsunternehmen,[153] Wohnungsunternehmen[154] sowie Krankenhäuser,[155] Pflegeheime und Pflegedienste.[156] Wird gegen die dort enthaltenen Gliederungsregeln einschließlich der Formblatt-Vorgaben verstoßen, so führt auch das zur **Nichtigkeit** des Jahresabschlusses, wenn seine Klarheit und Übersichtlichkeit wesentlich beeinträchtigt sind, denn **§ 256 Abs 4** stellt die **Nichtbeachtung von Formblättern,** nach denen der Jahresabschluss zu gliedern ist, einem Verstoß gegen die Vorschriften über die Gliederung des Jahresabschlusses gleich.

d) Verstöße gegen Bewertungsvorschriften (Abs 5)

aa) Grundlagen und Eckpunkte

(1) **Gesetzessystematik und Schutzzwecke.** Ein festgestellter Jahresabschluss kann vor **71** allem dann nichtig sein, wenn er „gegen die Bewertungsvorschriften" verstößt und deshalb Bilanzposten mit einem zu hohen oder zu niedrigen Betrag angesetzt sind (§ 256 Abs 5). Die Folgen einer **Überbewertung** sind viel härter als die einer **Unterbewertung.** Die Überbewertung führt grundsätzlich schon als solche zur Nichtigkeit des festgestellten Jahresabschlusses (§ 256 Abs 5 Nr 1), die Unterbewertung hingegen nur, wenn dadurch die Vermögens- und Ertragslage der Gesellschaft vorsätzlich unrichtig wiedergegeben oder verschleiert wird (§ 256 Abs 5 Nr 2). Hieran zeigt sich wieder der Primat des Gläubigerschutzes im Rahmen des § 256, denn vor allem durch eine Überbewertung von Bilanzposten werden die Ausschüttungsschranken der Kapitalerhaltung ausgehebelt und die Gesellschaftsgläubiger gefährdet (vgl schon Rdn 21 f).

Nach überlieferter Ansicht ist § 256 Abs 5 eine bloße Interpretationsnorm mit **72** Begrenzungsfunktion zur Gläubigerschutzbestimmung des § 256 Abs 1 Nr 1. Die Nichtigkeit des Jahresabschlusses soll sich also bei Bewertungsfehlern dem Grunde nach aus einem Verstoß gegen den Gläubigerschutz ergeben (§ 256 Abs 1 Nr 1), und Abs 5 begrenze diese Nichtigkeit dann durch zusätzliche Tatbestandsmerkmale (siehe oben Rdn 54, 13). Das ist jedoch nur teilweise richtig (vgl schon oben Rdn 55). Dass die Überbewertung von Bilanzposten zur Nichtigkeit des Jahresabschlusses führt (§ 256 Abs 5 Nr 1), ist in der Tat eine Ausprägung des Gläubigerschutzes nach § 256 Abs 1 Nr 1. Hier wie dort geht es um die Ausschüttungsbemessungsfunktion des Jahresabschlusses und

---

8.11.1994, BGBl I 1994, S 3378); zuletzt geändert durch Art 13 Abs 7 des BilMoG vom 25.5.2009, BGBl I 2009, S 1102, 1132 ff; aktuelle Fassung im Internet unter http://www.bundesrecht.juris.de/rechversv, mit mehreren Formblättern.

[153] VO über die Gliederung des Jahresabschlusses von Verkehrsunternehmen vom 27.2.1968, BGBl I 1968, S 193; geändert durch VO vom 13.7.1988, BGBl I 1988, S 1057; aktuelle Fassung im Internet unter http://www.bundesrecht.juris.de/jabschlvuv.

[154] VO über Formblätter für die Gliederung des Jahresabschlusses von Wohnungsunternehmen vom 22.9.1970, BGBl I 1970, S 1334; geändert durch VO vom 6.3.1987, BGBl I 1987, S 770 sowie durch Art 13 Abs 5 des BilMoG vom 25.5.2009, BGBl I 2009, S 1102, 1130; aktuelle Fassung im Internet unter http://www.bundesrecht.juris.de/jabschlwuv.

[155] VO über die Rechnungs- und Buchführungspflichten von Krankenhäusern (Krankenhaus-BuchführungsVO), in der Fassung vom 24.3.1987, BGBl I 1987, S 1046; zuletzt geändert durch Art 13 Abs 1 des BilMoG vom 25.5.2009, BGBl I 2009, S 1102, 1028 f; aktuelle Fassung im Internet unter http://www.bundesrecht.juris.de/khbv.

[156] VO über die Rechnungs- und Buchführungspflichten der Pflegeeinrichtungen (Pflege-buchführungsVO – PBV), vom 22.11.1995, BGBl I 1995, S 1528; zuletzt geändert durch Art. 13 Abs 17 des BilMoG vom 25.5.2009, BGBl I 2009, S 1102, 1135 f; aktuelle Fassung im Internet unter http://www.bundesrecht.juris.de/pbv.

um den aktienrechtlichen Gläubigerschutz durch Kapitalerhaltung (vgl Rdn 21 f, 47). Wenn das Gesellschaftsvermögen bilanziell überbewertet ist, erscheint der Ausschüttungsspielraum zu groß; das soll zum Schutz der Gläubiger verhindert werden. Die Bestimmung des **§ 256 Abs 5 Nr 1** (Nichtigkeit des Jahresabschlusses bei Überbewertung) ist hiernach eine **Spezialregel zu § 256 Abs 1 Nr 1** (Abschlussnichtigkeit wegen Verletzung Gläubiger schützender Vorschriften). Dagegen schützt die Bestimmung des **§ 256 Abs 5 Nr 2** (Nichtigkeit des Jahresabschlusses bei vorsätzlich irreführender Unterbewertung) nicht in erster Linie die Gesellschaftsgläubiger. Im Gegenteil, die Unterbewertung ist für sich genommen den Gläubigern eher günstig, denn sie hebt die Ausschüttungsschranken der Kapitalerhaltung an. Die Abschlussnichtigkeit wegen Unterbewertung schützt auch nicht in erster Linie oder zumindest nicht sinnvoll die Ausschüttungsinteressen der Aktionäre; insoweit greift die Sonderprüfung wegen unzulässiger Unterbewertung nach §§ 258–261 besser (Rdn 23 f). Es geht vielmehr bei diesem Nichtigkeitsgrund vor allem um die Informationsfunktion des Jahresabschlusses (vgl Rdn 26). Man muss daher die Bestimmung des § 256 Abs 5 Nr 2 über die Nichtigkeit des Jahresabschlusses wegen qualifizierter Unterbewertung als einen **eigenständigen Nichtigkeitstatbestand** mit eigenem Regelungsgehalt begreifen, der die Nichtigkeitsfolge selbst und aus sich heraus begründet.

73 (2) **Der Bilanzposten als Bezugsbasis.** Voraussetzung für die Nichtigkeit des Jahresabschlusses nach § 256 Abs 5 ist (a) zunächst ein „Verstoß gegen die Bewertungsvorschriften“. Diese Vorschriften beziehen sich nach dem Grundsatz der Einzelbewertung (§ 252 Abs 1 Nr 3 HGB) auf die einzelnen Vermögensgegenstände, Schulden, Rückstellungen und so weiter, die in die Bilanz eingehen. Ein Verstoß gegen diese Bewertungsregeln führt indessen nur dann zur Nichtigkeit des Jahresabschlusses, wenn (b) in seiner Folge „Posten“, nämlich „Aktivposten“ oder „Passivposten“, mit einem falschen Wert oder Betrag angesetzt sind. Damit sind die Posten der Bilanz im Sinne des gesetzlichen Gliederungsschemas nach § 266 HGB gemeint.[157] Diese Posten fassen die Wertansätze der einzelnen Vermögensgegenstände, Schulden und sonstigen Positionen unter einem bestimmten Oberbegriff zusammen. Es kommt also **nicht** unmittelbar darauf an, ob ein **einzelner Vermögensgegenstand** richtig bewertet ist (zum Beispiel eine bestimmte Forderung gegen einen Kunden), **sondern** es kommt auf den betroffenen **Bilanzposten als Ganzes** an (hier den Umlaufvermögens-Posten „Forderungen aus Lieferungen und Leistungen“).[158] Denn nur diese Bilanzposten und nicht die einzelnen Vermögensgegenstände bilden den Inhalt des Jahresabschlusses, um den es in § 256 Abs 5 geht. Der unter dem Bilanzposten ausgewiesene Gesamtbetrag darf, gemessen an den einschlägigen Bewertungsregeln, nicht zu hoch oder zu niedrig sein.[159] Bei kleinen Aktiengesellschaften, die nach § 266 Abs 1 Satz 1 HGB nur eine verkürzte Bilanz mit verringerter Gliederungstiefe

---

[157] *Adler/Düring/Schmaltz*[6] 41 und fast allg M. **Anders** *Wichmann* Steuer-Journal 2005, 29, 32 f (auch GuV-Posten).

[158] OLG Celle AG 1984, 266, 269 re Sp; LG Stuttgart DB 2001, 1025 re Sp; ausführlich *Adler/Düring/Schmaltz*[6] 41 ff; *Th Kaiser* Berichtigung und Änderung des handelsrechtlichen Jahresabschlusses, 2000, S 69 f, 207–212; des Weiteren *Hüffer* in MünchKomm AktG[2] 58; *Hüffer*[9] 25; *Rölike* in Spindler/Stilz[2] 66, 68; *Zöllner* in Kölner Komm AktG[1] 42; *Schilling* in Voraufl Anm 15; *Kowalski* AG 1993, 502, 503 li Sp; *V Weilep/J-H Weilep* BB 2006, 147, 148 li Sp; *Schulze-Osterloh* in Baumbach/Hueck GmbHG[18] § 42a, 31. **Anders**, nämlich auf die Wertansätze der einzelnen Vermögensgegenstände abstellend, *Heidel* in Heidel, Aktienrecht und Kapitalmarktrecht[3] § 256, 31–33.

[159] *Adler/Düring/Schmaltz*[6] 41; *Th Kaiser* Berichtigung und Änderung des handelsrechtlichen Jahresabschlusses, 2000, S 209.

aufzustellen brauchen, kommt es auf die Richtigkeit dieser höher aggregierten Bilanzposten an.[160]

Innerhalb eines Bilanzpostens kann die Unterbewertung eines Vermögensgegenstands die Überbewertung eines anderen **ausgleichen.**[161] Dabei dürfen allerdings nach vorwaltender Ansicht nur die fehlerhaft bewerteten Vermögensgegenstände oder Schulden berücksichtigt und die Bewertungsfehler saldiert werden. Die Gesellschaft, so heißt es, kann also nicht die Überbewertung eines Vermögensgegenstands damit rechtfertigen, dass sie einen anderen, zulässig bewerteten Gegenstand auf Grund von Wahlrechten oder informellen Beurteilungsspielräumen auch mit einem höheren Wert hätte ansetzen dürfen.[162] Dem sollte man jedoch nicht folgen, sondern in solchen Fällen eine Saldierung von Überbewertungen auch mit zulässig gebildeten stillen Reserven erlauben[163] und Entsprechendes auch für Unterbewertungen zulassen. Hierfür spricht schon der Wortlaut des Gesetzes, der nicht auf die einzelnen Vermögensgegenstände innerhalb eines Bilanzpostens abstellt, sondern auf den Wertansatz des Bilanzpostens als Ganzen, das heißt darauf, ob dieser Ansatz nach den einschlägigen Bewertungsregeln zulässig ist, also rechtmäßig gebildet werden kann. In dieselbe Richtung weist der Schutzzweck der Nichtigkeitssanktion im Falle der Überbewertung, nämlich der Gläubigerschutz durch Kapitalerhaltung (vgl Rdn 22, 71 f, 82, auch 47). Wenn die Gesellschaft einen Vermögensgegenstand unzulässig überbewertet, aber im Hinblick auf einem anderen Vermögensgegenstand stille Reserven gelegt hat, die sie auch hätte ans Licht bringen können, so schreibt sich die Gesellschaft keinen regelwidrig überhöhten Ausschüttungsspielraum zu. 74

Einen **Bewertungsausgleich ganzer Bilanzposten untereinander** gibt es dagegen grundsätzlich **nicht.**[164] Vielmehr kann hinsichtlich des einen Postens eine Überbewertung vorliegen und hinsichtlich des anderen eine Unterbewertung.[165] Ob allerdings ein Bewertungsfehler letzten Endes zur Nichtigkeit des Jahresabschlusses führt, hängt von seinem Gewicht ab. Unwesentliche Überbewertungen beeinträchtigen die Feststellung des Jahresabschlusses nicht (Rdn 85 ff), und Unterbewertungen müssen sogar besonders schwerwiegend sein, um den Abschluss nichtig zu machen (Rdn 94 ff). Die Wesentlichkeit oder Unwesentlichkeit eines Bewertungsverstoßes bezieht sich nicht nur auf den einzelnen Bilanzposten, sondern auch und vor allem auf den Jahresabschluss als Ganzes (Rdn 88 und 94 f). Und in diesem Zusammenhang kann das Gewicht eines Bewertungsfehlers durch einen anderen, gegenläufigen Fehler abgemildert werden, auch bei verschiedenen Bilanzposten[166]. 75

---

160 **Anders** *Th Kaiser* Berichtigung und Änderung des handelsrechtlichen Jahresabschlusses, 2000, S 210.

161 OLG Celle AG 1984, 266, 269 re Sp; *Adler/Düring/Schmaltz*[6] 42 ff; *Zöllner* in Kölner Komm AktG[1] 42; *Gelhausen/Heinz* in WP-Handbuch[13], Bd 1, 2006, Rdn U 226; *Hüffer* in MünchKomm AktG[2] 58; *Hüffer*[9] 25; *Schwab* in K Schmidt/Lutter[2] 18; *Rölike* in Spindler/Stilz[2] 66; *Schulz* in Bürgers/Körber 16; *Th Kaiser* Berichtigung und Änderung des handelsrechtlichen Jahresabschlusses, 2000, S 211; *V Weilep/J-H Weilep* BB 2006, 147, 148 li Sp; *Schulze-Osterloh* in Baumbach/Hueck GmbHG[18] § 42a, 31; *Schilling* in Voraufl Anm 15.

162 *Adler/Düring/Schmaltz*[6] 43 ff; *Gelhausen/Heinz* in WP-Handbuch[13], Bd 1, 2006, Rdn U 226.

163 Ebenso *Rölike* in Spindler/Stilz[2] 66; *Wichmann* Steuer-Journal 2005, 29, 32 li Sp.

164 LG Stuttgart DB 2001, 1025 f; *Adler/Düring/Schmaltz*[6] 45; *Hüffer* in MünchKomm AktG[2] 58; *Hüffer*[9] 25; *Schulz* in Bürgers/Körber 16; *Zöllner* in Kölner Komm AktG[1] 43; *Schwab* in K Schmidt/Lutter[2] 18; *Th Kaiser* Berichtigung und Änderung des handelsrechtlichen Jahresabschlusses, 2000, S 211; *V Weilep/J-H Weilep* BB 2006, 147, 148 li Sp; *Kowalski* AG 1993, 502, 503 li Sp.

165 *Hüffer* in MünchKomm AktG[2] 58.

166 **Anders** *V Weilep/J-H Weilep* BB 2006, 147, 148 li Sp.

76 (3) **Bewertungsregeln und Ansatzregeln.** Mit den „Bewertungsvorschriften", deren Verletzung nach § 256 Abs 5 Satz 1 zur Nichtigkeit des festgestellten Jahresabschlusses führt, sind diejenigen Regeln gemeint, die bestimmen, mit welchem Geldbetrag ein Vermögensgegenstand oder eine Verbindlichkeit oder Rückstellung oder andere Positionen in der Bilanz berücksichtigt werden dürfen. § 256 Abs 5 Satz 2 und 3 verweisen hier auf „§§ 253 bis 256 des Handelsgesetzbuchs", wo die wichtigsten Teile der Materie unter der Titel-Überschrift „Bewertungsvorschriften" geregelt sind. Hinzuzählen muss man den § 256a HGB (Währungsumrechnung), der im Zuge des Bilanzrechtsmodernisierungsgesetzes von 2009 (Rdn 15) in den HGB-Titel mit den Bewertungsvorschriften eingefügt wurde, aber bei der Verweisung in § 256 Abs 5 AktG nicht erscheint; das kann nur ein Redaktionsversehen sein. Ein Verstoß gegen Bewertungsvorschriften im Sinne von § 256 Abs 5 Satz 1 kann darüber hinaus vorliegen, wenn gegen die allgemeinen Bewertungsgrundsätze des § 252 HGB verstoßen wird[167] oder gegen andere Bewertungsregeln des Bilanzrechts oder gegen Grundsätze ordnungsmäßiger Buchführung, soweit diese sich auf die Bewertung von Bilanzpositionen beziehen und normative Wirkung haben.[168]

77 Einem Verstoß gegen Bewertungsvorschriften steht es im Rahmen des § 256 Abs 5 gleich, wenn gegen bilanzrechtliche Ansatzregeln verstoßen wird[169] (näher unten Rdn 84 zur Überbewertung und Rdn 92 zur Unterbewertung). Die Ansatzregeln bestimmen, was überhaupt mit einem Geldbetrag in der Bilanz berücksichtigt werden muss oder darf, und was nicht berücksichtigt werden darf. Sie enthalten also namentlich Bilanzierungsgebote oder -verbote und mitunter auch Wahlrechte. Verstöße gegen Ansatzregeln und Bewertungsregeln haben gleichartige Folgen; es erscheinen Beträge in der Bilanz, die dort nicht erscheinen dürfen, oder es werden Beträge ausgeblendet, die erscheinen müssten. Deshalb werden **Verstöße gegen Ansatzregeln** im Rahmen des § 256 grundsätzlich **ebenso beurteilt** wie Verstöße gegen Bewertungsvorschriften.

78 Zu den **Ansatzregeln,** deren Verletzung nach § 256 Abs 5 zur Nichtigkeit des Jahresabschlusses führen kann, gehören insbesondere folgende Bestimmungen:[170]

- Das Vollständigkeitsgebot (§ 246 Abs 1 Satz 1 HGB): Der Jahresabschluss hat in der Bilanz sämtliche Vermögensgegenstände, Schulden und Rechnungsabgrenzungsposten zu enthalten,
- wobei auch ein entgeltlich erworbener Geschäfts- oder Firmenwert als Vermögensgegenstand gilt (§ 246 Abs 1 Satz 4 HGB);
- die Pflicht zur Aktivierung eines positiven Unterschiedsbetrags aus der Verrechnung von Betriebsrenten-Verpflichtungen und hierfür zweckgebundenen Vermögensgegenständen (§ 246 Abs 2 Satz 3 HGB);
- die Aktivierungsverbote des § 248 Abs 1 HGB, betreffend Aufwendungen für die Gründung eines Unternehmens, die Beschaffung des Eigenkapitals und den Abschluss von Versicherungsverträgen;

---

167 *Adler/Düring/Schmaltz*[6] 39; *Zöllner* in Kölner Komm AktG[1] 40; *Schulz* in Bürgers/Körber 16.

168 *Hüffer* in MünchKomm AktG[2] 57; *Adler/Düring/Schmaltz*[6] 39.

169 BGHZ 124, 111, 117; *Adler/Düring/Schmaltz*[6] 9, 39; *Schwab* in K Schmidt/Lutter[2] 6; *Schulz* in Bürgers/Körber 16; *Zöllner* in Kölner Komm AktG[1] 44; *V Weilep/J-H Weilep* BB 2006, 147, 148 li Sp; *H-P Müller* FS Quack, 1991, 345, 349 f; i Erg ebenso *Schulze-Osterloh* in Baumbach/Hueck GmbHG[18] § 42a, 31; *ders* ZIP 2008, 2241, 2242 li Sp.

170 Aufzählung in Anlehnung an *Adler/Düring/Schmaltz*[6] 39.

- die Regeln über selbst geschaffene immaterielle Vermögensgegenstände des Anlagevermögens (§ 248 Abs 2 HGB);
- die Bestimmung des § 249 HGB über die Bildung und Auflösung von Rückstellungen;
- das Gebot, periodenfremde Aufwendungen und Erträge durch die Bildung von Rechnungsabgrenzungsposten zu neutralisieren (§ 250 HGB);
- das Verbot, zurückerworbene eigene Aktien der Gesellschaft zu aktivieren (arg § 272 Abs 1a und 1b).

Zu den Ansatzregeln gehört nicht zuletzt auch die **Begriffs**bestimmung dessen, was überhaupt als **„Vermögensgegenstand“** in die Bilanz eingehen darf. Hierfür kommt es nach überliefertem Verständnis darauf an, ob das „Gut nach der Verkehrsauffassung einzeln verwertbar ist“, wie die Gesetzesbegründung zum Bilanzrechtsmodernisierungsgesetz anmerkt,[171] und das hängt vor allem von der selbständigen Verkehrsfähigkeit ab.[172] **79**

(4) **Inhaltlicher Verstoß.** Ähnlich wie nach Maßgabe der Gläubigerschutznorm des § 256 Abs 1 Nr 1 (vgl Rdn 51) muss der Jahresabschluss die Bewertungs- oder Ansatzregeln durch seinen Inhalt verletzen. Es kommt also auch im Rahmen des § 256 Abs 5 auf den Abschluss für sich alleine genommen an, so wie er als Zahlen- und Wortbericht vorliegt, nicht auf die Art und Weise seines Zustandekommens oder auf die Motive und Zwecke, von denen sich die Gesellschaftsorgane bei der Feststellung haben leiten lassen.[173] Auch Mängel der Buchführung machen für sich alleine den Jahresabschluss nicht nichtig, sondern führen nur dann zur Nichtigkeit, wenn sie sich auf den Inhalt des Abschlusses auswirken[174] (vgl aber auch unten Rdn 233 zur Beweislast). Zudem muss man bedenken, dass es im Rahmen der Ansatz- und Bewertungsregeln manchmal Wahlrechte und sehr oft Beurteilungsspielräume gibt. Erst wenn die Grenzen dieser **Spielräume** überschritten sind, liegt ein Verstoß gegen die Rechnungslegungsvorschriften vor, und kann deshalb der Jahresabschluss wegen inhaltlicher Mängel nichtig sein[175] (vgl schon oben Rdn 46). Ein Bewertungsmangel liegt überdies nur dann vor, wenn er für einen ordentlichen und gewissenhaften Geschäftsleiter erkennbar war, als der Abschluss ins Werk gesetzt wurde (**subjektiver Fehlerbegriff**, Rdn 44 f). **80**

Ein Jahresabschluss ist nicht allein deshalb nichtig, weil er **verbotene** oder selbst unwirksame **Geschäfte der Gesellschaft** widerspiegelt, etwa verbotene Vermögenszuwendungen an Aktionäre (§ 57) durch unausgewogene Austauschgeschäfte. Der BGH hat hierzu im Zusammenhang mit der Gläubigerschutznorm des § 256 Abs 1 Nr 1 zutreffend ausgeführt: „Ein … Inhaltsverstoß liegt nicht vor, wenn ein gesetzwidriges Rechtsgeschäft in die Bücher der Gesellschaft eingeht und damit seinen Niederschlag im Jahresabschluss findet …, sondern ist nur dann gegeben, wenn die Bilanz, die Gewinn- und Verlustrechnung (§ 242 Abs 3 HGB) oder der Anhang (§§ 284 ff HGB) selbst Gläubiger- **81**

---

[171] RegE BilMoG, BT-Drucks 16/10067 v 30.7.2008, Anlage 1, Begründung zu Art 1 Nr 6 (§ 248 HGB), S 50 li Sp.

[172] Vgl *Adler/Düring/Schmaltz*[6] § 246, 9 ff sowie aus neurerer Zeit *Ellrottt/Krämer* in Beck'scher Bilanz-Komm[7] § 247 HGB, 10 ff, beide mwN.

[173] *Zöllner* in Kölner Komm AktG[1] 15 f.

[174] *Zöllner* in Kölner Komm AktG[1] 15.

[175] LG München I Der Konzern 2008, 59, 61 f (betr den Abzinsungssatz bei der Bewertung von Pensionsrückstellungen); *Adler/Düring/Schmaltz*[6] 3, 40; *Zöllner* in Kölner Komm AktG[1] 41; *Hüffer* in MünchKomm AktG[2] 57; *Rölike* in Spindler/Stilz[2] 65; *Haase* DB 1977, 241 re Sp; *V Weilep/J-H Weilep* BB 2006, 147, 148 li Sp; *Kowalski* AG 1994, 502, 503 re Sp; *Schilling* in Voraufl Anm 15.

schutzbestimmungen verletzen."[176] Das Geschäft als solches ist für den Bestand des Jahresabschlusses unschädlich. Das lässt sich auch auf Bewertungsverstöße im Sinne des § 256 Abs 5 übertragen. Gesetzwidrige Geschäfte führen allerdings oft zu Schadensersatz- oder Rückgewähransprüchen (zB §§ 62, 117, 317). Wenn die Gesellschaft Schuldnerin derartiger Ansprüche ist, etwa weil sie als Muttergesellschaft ihren Töchtern unrechtmäßig Vermögen entzogen hat, und der Jahresabschluss die hieraus entspringenden Verpflichtungen gegenüber den Töchtern außer Betracht lässt, kann der Abschluss nach § 256 Abs 5 Nr 1 wegen Überbewertung nichtig sein (siehe Rdn 84, 91, 101). Und umgekehrt kann es unter besonderen Umständen nach § 256 Abs 5 Nr 2 zur Nichtigkeit des Jahresabschlusses wegen Unterbewertung führen, wenn die Gesellschaft Gläubigerin solcher Ansprüche ist, und der Abschluss diese verschweigt (Rdn 100).

bb) Überbewertung (Abs 5 Nr 1).

82 (1) **Begriff und Schutzzweck.** Nach der Legaldefinition des § 256 Abs 5 Satz 2 liegt eine Überbewertung vor, wenn Aktivposten der Bilanz mit einem höheren Wert angesetzt sind, als nach den einschlägigen Regeln des Bilanzrechts zulässig ist, oder wenn Passivposten mit einem unzulässig niedrigen Betrag angesetzt sind. Die Grenze, die nicht überschritten werden darf, wird bei Aktivposten durch den höchsten Wert und bei Passivposten durch den niedrigsten Betrag markiert, der gesetzlich und unter Beachtung der von der Gesellschaft angewendeten Bewertungsmethoden zulässig ist.[177] Ob Aktivposten zu hoch oder Passivposten zu niedrig angesetzt werden, macht unter dem maßgebenden Gesichtspunkt des Gläubigerschutzes und der **Kapitalerhaltung** (vgl Rdn 21 f, 47) keinen Unterschied. Im ersteren Fall erscheint das Vermögen der Gesellschaft zu groß, so dass die Gesellschaft ein zu hohes Eigenkapital und damit ein zu großes Ausschüttungspotenzial ausweist. Und wenn auf der Passivseite der Bilanz Fremdkapitalposten zu niedrig angesetzt sind, werden ebenfalls das Eigenkapital und der Ausschüttungsspielraum der Gesellschaft überhöht ausgewiesen. Das ist das Wesen der Überbewertung und der Geltungsgrund für die hieran anknüpfende Nichtigkeitssanktion.

83 Mit den **„Passivposten"**, deren unzulässig niedriger Ansatz nach § 256 Abs 5 zur Nichtigkeit des Jahresabschlusses wegen Überbewertung führt, sind alle Passivposten **außer** dem **Eigenkapital** und seinen einzelnen Gliederungsposten gemeint, also vor allem die Verbindlichkeiten und Rückstellungen sowie die passiven latenten Steuern, die einer Rückstellung ähnlich sind, und auch passive Rechnungsabgrenzungsposten und ähnliches. Ein zu niedriger bilanzieller Eigenkapitalausweis ist dagegen keine Überbewertung, sondern das Ergebnis einer Unterbewertung (siehe unten Rdn 92). Und wenn die Untergliederung des Eigenkapitals in das gezeichnete Kapital und die verschiedenen Arten von Rücklagen falsch ist, liegt ebenfalls kein Bewertungsverstoß im Sinne des § 256 Abs 5 vor, sondern ein Gliederungsverstoß, der unter § 256 Abs 4 fällt, und außerdem ein Verstoß gegen die Regeln über die Bildung und Auflösung von Rücklagen, der nach § 256 Abs 1 Nr 4 zur Nichtigkeit des Jahresabschlusses führen kann.

84 Der Überbewertung eines Aktivpostens steht die **unzulässige Aktivierung** gleich[178] (vgl schon oben Rdn 77 ff). In beiden Fällen hätte der fragliche Wert nicht in das bilan-

---

[176] BGHZ 124, 111, 117 (Zitat), auch 118 f; zustimmend *Schön* JZ 1994, 684; der Sache nach ebenso *Adler/Düring/Schmaltz*[6] 8 f; *Zöllner* in Kölner Komm AktG[1] 15; *Schilling* in Voraufl Anm 4.

[177] *Adler/Düring/Schmaltz*[6] 38.

[178] LG Stuttgart DB 2001, 1025 f; *Hüffer*[9] 25; *Balthasar* Die Bestandskraft handelsrechtlicher Jahresabschlüsse, 1999, S 189 ff. Hiervon ausgehend auch BGHZ 65, 230, 233 ff;

zielle Vermögen der Gesellschaft einbezogen werden dürfen. **Ebenso** steht es der Überbewertung gleich, **wenn** eine gebotene **Passivierung von Fremdkapital unterblieben** ist,[179] weil Verbindlichkeiten unberücksichtigt geblieben sind[180] oder eine gebotene Rückstellung nicht gebildet wurde.[181] Eine Überbewertung liegt ja nach der Definition des § 256 Abs 5 Satz 2 auch vor, wenn ein Passivposten mit einem unzulässig niedrigen Betrag angesetzt ist, und wenn dann der Jahresabschluss nichtig ist, muss Gleiches auch und erst recht gelten, wenn der Passivposten überhaupt nicht angesetzt ist. Es lässt sich manchmal nur schwer sagen, ob eine Überbewertung mehr auf die Aktivseite oder auf die Passivseite der Bilanz bezogen ist. Hat zum Beispiel eine Aktiengesellschaft einem Tochter- oder Beteiligungsunternehmen Vermögenswerte entzogen, die gesellschaftsrechtlich zurückzugewähren sind (§§ 62, 117, 317 AktG, §§ 30 ff GmbHG und Treuepflichten), so darf die Gesellschaft diese Güter entweder gar nicht in der Bilanz aktivieren, oder sie muss die Rückgewährpflicht oder zumindest eine entsprechende Rückstellung passivieren. Weist dagegen die Gesellschaft den Vermögensgegenstand einfach als Aktivum aus, als wäre nichts gewesen, so ist dies eine Überbewertung, die nach § 256 Abs 5 Nr 1 zur Nichtigkeit des Jahresabschlusses führen kann.[182]

(2) **Unschädlichkeit geringfügiger Mängel.** Während Gliederungsmängel und Unterbewertungen nach dem Gesetz nur in besonders schweren Fällen zur Nichtigkeit des Jahresabschlusses führen, lässt der Wortlaut des § 256 Abs 5 Nr 1 im Falle der Überbewertung den Jahresabschluss ohne Weiteres nichtig sein. (Gleiches gilt für die allgemeine Regel des § 256 Abs 1 Nr 1 über die Nichtigkeit des Jahresabschlusses wegen Verletzung Gläubiger schützender Vorschriften.) Wie man das verstehen soll, ist nicht ganz geklärt. Manche nehmen das Gesetz wörtlich und wollen jede Überbewertung zur Nichtigkeit des Jahresabschlusses führen lassen.[183] Davon spricht auch die Gesetzesbegründung; hiernach „machen zu hohe Wertansätze (Überbewertungen) den Jahresabschluss stets nichtig; bei zu niedrigen Wertansätzen (Unterbewertungen) sowie bei Gliederungsverstößen kommt es auf die Schwere des Verstoßes an".[184] Das war eine Abkehr von der früher vorwaltenden Auffassung, dass nur erhebliche oder willkürliche Überbewertungen den Jahresabschluss nichtig machen.[185] Gleichwohl besteht heute weitgehend Übereinstimmung, dass 85

OLG Dresden WM 2006, 2177, 2178 f; LG Düsseldorf AG 1989, 140, 141 f.

179 OLG Frankfurt AG 2007, 401, 402 li Sp; OLG Hamm AG 1992, 233, 234 li Sp; OLG Dresden WM 2006, 2177, 2178 re Sp; LG Stuttgart AG 1994, 473, 474 re Sp; *Hüffer*[9] 25.

180 RGZ 120, 363, 366 ff; OLG Dresden WM 2006, 2177, 2178.

181 BGHZ 83, 341, 347 ff; OLG Frankfurt WM 2008, 986, 987 f; OLG Frankfurt AG 2007, 401, 402 li Sp; OLG Hamm AG 1992, 233, 234 li Sp; LG Stuttgart AG 1994, 473, 474 re Sp; auch OLG Frankfurt AG 2009, 542, 546 ff („Kirch/Deutsche Bank"); aus der Literatur *Adler/Düring/Schmaltz*[6] 48; *Schwab* in K. Schmidt/Lutter[2] 6.

182 LG Stuttgart AG 1994, 473, 474 re Sp.

183 *Heidel* in Heidel, Aktienrecht und Kapitalmarktrecht[3] § 256, 35a ff; früher auch Baumbach/*Hueck* AktG[13] 18; mit gleicher Tendenz *Kowalski* AG 1993, 502, 503.

184 Bericht des Abgeordneten Dr. Wilhelmi zum RegE AktG, zu BT-Drucks IV/3296 v 28.4.1965, zu §§ 247 bis 250b RegE, S 43 re Sp = Kropff (Hrsg), AktG, 1965, S 344; im gleichen Sinne S 44 li Sp/S 347, wonach die Nichtigkeit des Jahresabschlusses wegen Bewertungsmängeln „uneingeschränkt nur bei der - unter Gesichtspunkten des Gläubigerschutzes besonders bedenklichen – Überbewertung" eintritt.

185 RGZ 120, 28, 32; RGZ 120, 363, 366; RGZ 131, 141, 143; *Schlegelberger/Quassowski* AktG [1937][3], § 202, 9; näherer Überblick bei *Schulze-Osterloh* ZIP 2008, 2241, 2243 li Sp.

die Überbewertung nicht uneingeschränkt zur Nichtigkeit führt.[186] Nach den Worten des BGH muss vielmehr „eine Überbewertung dahin vorlieg[en], dass sie den Grundsätzen ordnungsgemäßer Bilanzierung widerspricht und ihrem Umfang nach nicht bedeutungslos ist".[187] Manche verstehen das dahingehend, dass Überbewertungen nur dann zur Nichtigkeit des Jahresabschlusses führen, wenn sie schwerwiegend sind und die Bilanzdarstellung wesentlich beeinträchtigen.[188] Andere formulieren vorsichtiger und wollen die Nichtigkeitssanktion **nur ausnahmsweise nicht** eintreten lassen, **wenn der Bewertungsfehler unwesentlich ist.**[189] Das trifft die Sache besser und entspricht auch besser der zitierten Formulierung des BGH. Wenn eine „nicht bedeutungslose" Überbewertung den Abschluss nichtig macht, bleibt dieser nur intakt, wenn die Überbewertung bedeutungslos ist. Die Bedeutsamkeit oder Wesentlichkeit des Mangels ist kein besonderes gesetzliches Tatbestandsmerkmal, das positiv erfüllt sein muss, wie bei der Unterbewertung und den Gliederungsfehlern, sondern die Unwesentlichkeit oder Bedeutungslosigkeit ist eine ungeschriebene Einschränkung des Gesetzes, die sich aus dem allgemeinen **Rechtsgebot der Verhältnismäßigkeit** ergibt.[190] Die bei Überbewertungen grundsätzlich verhängte Nichtigkeit des Jahresabschlusses darf im Einzelfall keine unverhältnismäßig harte Sanktion sein. In diesem Sinne bleiben bedeutungslose Überbewertungen außer Betracht.

86 Die Formulierung des BGH, dass die Überbewertung nur dann zur Nichtigkeit des Jahresabschlusses führt, wenn sie „den Grundsätzen ordnungsgemäßer Bilanzierung wider-

---

186 BGHZ 83, 341, 347; OLG Frankfurt/Main WM 2008, 986, 987 f; OLG Hamm AG 1992, 233, 234 li Sp (für GmbH); LG Frankfurt/Main AG 2002, 297; *Rölike* in Spindler/Stilz[2] 64; *Zöllner* in Kölner Komm AktG[1] 45, auch 25 (zu § 256 Abs 1 Nr 1); *Gelhausen/Heinz* in WP-Handbuch[13], Bd 1, 2006, Rdn U 227; *Hüffer* in MünchKomm AktG[2] 56; *Hüffer*[9] 25; *Schulze-Osterloh* in Baumbach/Hueck GmbHG[18] § 42a, 31 auch 24; *ders* ZIP 2008, 2241, 2242 ff; *Kropff* FS Havermann, 1995, S 321, 340; *Th Kaiser* Berichtigung und Änderung des handelsrechtlichen Jahresabschlusses, 2000, S 212 ff, 219 ff; *Geßler*, FS Goerdeler, 1987, S 127, 141; *S Tielmann* Durchsetzung ordnungsmäßiger Rechnungslegung, 2001, S 146; *Wichmann* DB 1993, 340.

187 BGHZ 83, 341, 347; fast wörtlich ebenso BGHZ 137, 378, 385 (betr GmbH).

188 OLG Frankfurt/Main WM 2008, 986, 987 f; OLG Hamm AG 1992, 233, 234 li Sp (für GmbH); LG Stuttgart DB 2001, 1025 re Sp; LG München I Der Konzern 2008, 59, 61 re Sp; *Hüffer* in MünchKomm AktG[2] 56; *Hüffer*[9] 25; *Zöllner* in Kölner Komm AktG[1] 45; *Hennrichs* ZHR 168 (2004), 383, 388; *Winnefeld* BilanzHandB[4], I Rdn 69a; *Winkeljohann/Schellhorn* in Beck'scher Bilanz-Komm[7] § 264 HGB, 57; *Priester* FS Hadding, 2004, 607, 618; *Schedlbauer* DB 1992, 2097, 2099 li Sp; *Erle* Der Bestätigungsvermerk des Abschlussprüfers, 1990, S 126, 148.

189 Eingehend *Wichmann* Steuer-Journal 2005, 29, 31; *ders* DB 1993, 340; des Weiteren *Kropff* FS Havermann, 1995, S 321, 340 (Nichtigkeit „nur bei nicht unwesentlichem Verstoß"); *Kowalski* AG 1994, 502, 503; *S Tielmann* Durchsetzung ordnungsmäßiger Rechnungslegung, 2001, S 146. Im selben Sinne die oben in Fn 187 genannte Rspr sowie LG Frankfurt NZG 2009, 149, 150 re Sp; *Zöllner* in Kölner Komm AktG[1] 45, auch 25 zu § 256 Abs 1 Nr 1; *Schulze-Osterloh* ZIP 2008, 2241, 2242 ff; *Th Kaiser* Berichtigung und Änderung des handelsrechtlichen Jahresabschlusses, 2000, S 212 ff, 219 ff; *V Weilep/J-H Weilep* BB 2006, 147, 148 f; *Wolf* StuB 2009, 909, 912; hierhin tendierend auch *Rölike* in Spindler/Stilz[2] 64.

190 *Schulze-Osterloh* ZIP 2008, 2241, 2242 f; *Th Kaiser* Berichtigung und Änderung des handelsrechtlichen Jahresabschlusses, 2000, S 219; auf den Verhältnismäßigkeitsgrundsatz abstellend auch *Winnefeld* BilanzHandB[4], I Rdn 69a; *Balthasar* Die Bestandskraft handelsrechtlicher Jahresabschlüsse S 196. Allgemein zur Bedeutung des Verhältnismäßigkeitsgrundsatzes im Bilanzrecht *Schulze-Osterloh* ZHR 166 (2000), 503, 506 f; *Claussen* FS Semler, 1993, 97, 107 ff; auch *Schwab* in K Schmidt/Lutter[2] 15.

spricht und ihrem Umfang nach nicht bedeutungslos ist" (Rdn 85), zeigt zwei Beurteilungsmaßstäbe auf, nämlich einen rechtlich wertenden („Grundsätze ordnungsgemäßer Bilanzierung") und einen quantitativen (dem „Umfang nach nicht bedeutungslos"). Ersteres verweist auf die Bedeutung der verletzten Rechtsvorschrift und macht deutlich, dass es nicht nur um Zahlenvergleiche geht, sondern um eine **rechtliche „Wertung** zur Frage der Nichtigkeit des Jahresabschlusses", wie das LG Düsseldorf zutreffend gesagt hat.[191] Bei dem **quantitativen Element** kommt es nach den Worten des BGH darauf an, ob die fragliche „Position unter [den] Umständen [des konkreten Falls] ihrem Umfang nach auf den Inhalt des Jahresabschlusses nennenswerte Auswirkungen hat."[192] Hierfür setzen Rechtsprechung und Literatur die Betragshöhe der Überbewertung ins **Verhältnis zu anderen maßgebenden Abschlussgrößen**, vor allem zur Bilanzsumme, dem Jahresergebnis und dem Bilanzgewinn.[193] Zum Teil werden sogar quantitative Richtwerte vorgeschlagen, wonach ein Bewertungsfehler die Bestandsfestigkeit des Jahresabschlusses ernsthaft in Frage stellt, wenn wichtige Abschlussgrößen oder -relationen um mehr als 5 % verändert werden, und ab 10 % könne man eigentlich kaum noch von einem unwesentlichen Fehler sprechen.[194] Eine Abweichung in Höhe von weniger als 1 % der Bilanzsumme soll dagegen grundsätzlich unwesentlich sein.[195] Und manche halten eine Überbewertung immer für wesentlich, wenn sie verschleiert, dass die Hälfte des Grundkapitals aufgezehrt oder die Gesellschaft sogar bilanziell überschuldet ist.[196] Aber das ist alles ziemlich richtungslos, weil so viele verschiedene Abschlussgrößen miteinander in Beziehung gesetzt werden.

Die **Rechtsprechung** ist mit der Nichtigkeit des Jahresabschlusses nicht leicht bei der **87**
Hand. Das OLG Hamm hat einmal einen Jahresabschluss für nichtig erachtet, der bei einer Bilanzsumme von 646 000 DM eine gebotene Rückstellung für noch ungeklärte Gewährleistungspflichten von 50 000 DM vermissen ließ, wobei dieser Fehler weit mehr als die Hälfte des ausgekehrten Gewinns ausmachte und die Gesellschaft bald darauf in Konkurs gefallen ist[197]. Und das OLG Dresden hat die Nichtigkeit des Jahresabschlusses in einem Fall festgestellt, in dem eine Verbindlichkeit von 12,8 Mio DM übergangen und eine Forderung von 48 Mio DM zu Unrecht berücksichtigt worden waren, und das bei

---

191 LG Düsseldorf AG 1989, 140, 141 re Sp.

192 BGHZ 137, 378, 385 (betr GmbH).

193 OLG Frankfurt/Main WM 2008, 986, 987 f („Kirch/Deutsche Bank"), sehr an der Bilanzsumme orientiert, gegen Maßgeblichkeit des Bilanzgewinns; kritisch hiergegen OLG Frankfurt/Main AG 2009, 542, 548 li Sp („Kirch/Deutsche Bank"), wonach bei einer Bank vor allem auf die Relation zum Jahresgewinn abzustellen sei; LG München I Der Konzern 2007, 537, 538 f (Relation sowohl zum Jahresüberschuss als auch zur Bilanzsumme sowie zum bilanziellen Eigenkapital, im Ergebnis gebilligt von OLG München WM 2008, 876, 877 f als Berufungsinstanz); LG Frankfurt/Main AG 2002, 297, 298 li Sp; *Schulze-Osterloh* ZIP 2008, 2241, 2245 (vor allem auf den Bilanzgewinn abstellend); *Schwab* in K Schmidt/Lutter[2] 16 (Bilanzgewinn, ausschüttbarer Gewinn als wichtigste Bezugsgrößen); *Schulz* in Bürgers/Körber 17 (vor allem Bilanzsumme); des Weiteren *V Weilep/J-H Weilep* BB 2006, 147, 148 f; *Zöllner* in Kölner Komm AktG[1] 25 zu § 256 Abs 1 Nr 1; auch *Haase* DB 1977, 241 re Sp (der stets den Jahresüberschuss als Vergleichsgröße heranziehen will).

194 Vgl in diesem Sinne *Winkeljohann/Schellhorn* in Beck'scher Bilanz-Komm[7] § 264 HGB, 57; auch *Hüffer*[9] 25 aE (5 % oder mehr idR wesentlich); weitere Übersicht über den Meinungsstand bei *Th Kaiser* Berichtigung und Änderung des handelsrechtlichen Jahresabschlusses, 2000, S 226 f; *V Weilep/J-H Weilep* BB 2006, 147, 148 re Sp. Vgl auch *Ossadnik* WPg 1993, 617, 618 ff.

195 *Hüffer*[9] 25.

196 *Schwab* in K Schmidt/Lutter[2] 16 aE in Anknüpfung an *Wolf* StuB 2009, 909, 913.

197 OLG Hamm AG 1992, 233, 234.

einem ausgewiesenen Bilanzgewinn von 5,8 Mio DM und einer Ausschüttungssumme von 3,2 Mio DM.[198] Das sind in der Tat keine unwesentlichen Überbewertungen. Auf der anderen Seite hat das LG Frankfurt am Main einen möglicher Weise falschen Aktivposten für unwesentlich erachtet, der sich zwar auf rund 22 % des ausgewiesenen Bilanzgewinns belief, aber nach der Berechnung des Gerichts weniger als 1 % der Bilanzsumme ausgemacht habe.[199] Und das OLG Frankfurt am Main hatte es mit einem Fall zu tun, in dem eine Bank-AG für eine – von dritter Seite behauptete – Schadensersatzverpflichtung keine Rückstellung gebildet hatte. Das Gericht hat es dahingestellt, ob eine solche Schadensersatzpflicht der Gesellschaft bestand, denn selbst wenn man dies bejahe, bewegten sich „die Beträge … – trotz ihrer beträchtlichen Höhe – … angesichts der Bilanzsumme von 840 Mrd. € im Geschäftsjahr 2004 in einem verschwindend geringen Verhältnis, nämlich deutlich unter 1/2 Prozentpunkt liegend."[200] Dem halten Kritiker entgegen, der behauptete Rückstellungsbedarf habe immerhin 2 Mrd € betragen, und das bei einem Jahresüberschuss von 880 Mio €, einem Bilanzgewinn von 925 Mio € und einer Ausschüttungssumme von 869 Mio €.[201] Und ein anderer Senat des OLG Frankfurt hat später zu demselben Fall ausgeführt, „dass selbst dann, wenn mit einer Schadensersatzverpflichtung von nur 100 Millionen Euro gerechnet werden musste, der Gewinn deutlich geschmälert und infolge dessen auch die Höhe der Dividendenzahlung beeinflusst worden wäre"; deshalb sei die Überbewertung dem Umfang nach nicht unbedeutend.[202] Zu Recht unumstritten ist demgegenüber eine Entscheidung des LG München I, wonach es lediglich eine unwesentliche Überbewertung darstellt, wenn eine große Gesellschaft mit Jahresüberschüssen von über 1 Mrd €, einer Bilanzsumme von um die 64 Mrd € und einem bilanziellen Eigenkapital von etwa 15 Mrd € gebotene Steuerrückstellungen unterlässt und hierdurch ihr Eigenkapital um 7,4 oder 17,6 Mio € zu hoch abbildet.[203]

88 Die Vielzahl der Vergleichsmaßstäbe und Berechnungen ist verwirrend. Bei der rechtlichen Beurteilung, ob eine Überbewertung so unwesentlich ist, dass sie der Gültigkeit des Jahresabschlusses nichts anhaben kann, muss man sich auf den Hauptzweck der Nichtigkeitssanktion nach § 256 Abs 5 Nr 1 besinnen, den Gläubigerschutz durch Kapitalerhaltung. Es geht um den Jahresabschluss als Ausschüttungsbemessungsgrundlage (Rdn 21 f, 47, 71 f, 82). Je mehr die Überbewertung den **Ausschüttungsspielraum** der Gesellschaft überspannt, desto eher ist der Jahresabschluss nichtig. Das ist der entscheidende Gesichtspunkt[204] und nicht so sehr, ob die Überbewertung informationell das Bild der Vermögens-, Finanz- und Ertragslage der Gesellschaft verfälscht[205] (vgl Rdn 26). Der Ausschüttungsspielraum entspricht dem Bilanzgewinn, aber darüber hinaus auch den

---

198 OLG Dresden WM 2006, 2177.

199 LG Frankfurt/Main AG 2002, 297 f (es waren aber, wenn die im Urteil angegebenen Zahlen stimmen, in Wirklichkeit über 9 %). **Kritisch** zu dieser Entscheidung *Schwab* in K Schmidt/Lutter[2] 16.

200 OLG Frankfurt/Main WM 2008, 986, 987 re Sp. Ebenso LG Frankfurt NZG 2009, 149, 150 re Sp, betr einen späteren Jahresabschluss derselben Gesellschaft.

201 *Schulze-Osterloh* ZIP 2008, 2241, 2245; ebenfalls kritisch *Schwab* in K Schmidt/Lutter[2] 16; *Rölike* in Spindler/Stilz[2] 64a.

202 OLG Frankfurt/Main AG 2009, 542, 548 li Sp („Kirch/Deutsche Bank"), wo dann aber aus anderen Gründen die Nichtigkeit des Jahresabschlusses wegen Überbewertung verneint wird.

203 LG München I Der Konzern 2007, 537, 539 li Sp; zustimmend *Schwab* in K Schmidt/Lutter[2] 16.

204 Ebenso *Schulze-Osterloh* ZIP 2008, 2241, 2243, 2245; im selben Sinne *Schwab* in K Schmidt/Lutter[2] 16. Nicht eindeutig *Rölike* in Spindler/Stilz[2] 64a.

205 **So aber** OLG Frankfurt/Main WM 2008, 986, 987 f; LG Frankfurt NZG 2009, 149, 150 re Sp; *Gelhausen/Heinz* in WP-Handbuch[13], Bd 1, 2006, Rdn U 228; *Wichmann* Steuer-Journal 2005, 29, 33 li Sp; *Wolf* StuB

Rücklagen, welche die Gesellschaft in Bilanzgewinn verwandeln und ausschütten kann (vgl Rdn 112, 122). Das Verhältnis zwischen (a) dem Betrag der Überbewertung und (b) dem Bilanzgewinn zuzüglich der freien, ausschüttungsfähigen Rücklagen ist daher die wichtigste Relation. Entsprechend verhält es sich mit einem negativen Ausschüttungsspielraum, also wenn eine Unterbilanz untertrieben dargestellt wird (vgl Rdn 86 aE); hier kommt es auf das Verhältnis zwischen der bilanziell abgebildeten und der richtiger Weise abzubildenden Unterbilanz an. Nur daneben und an zweiter Stelle spielt auch der Informationsgehalt des Abschlusses als Ganzen eine Rolle für die Beurteilung. Eine Störung der Informationsfunktion des Jahresabschlusses muss überdies besonders schwer wiegen und das Bild von der Lage der Gesellschaft erheblich beeinträchtigen, um nichtigkeitsbegründend ins Gewicht zu fallen (Rdn 26, 68, 95); das gilt auf der informationellen Ebene auch für die Überbewertung.

Eine Überbewertung kann im Lauf der Zeit an Gewicht verlieren, wenn die Gesellschaft den Bewertungsmangel **in laufender Rechnung korrigiert**, also in einem späteren Jahresabschluss für die Zukunft überwindet (vgl Rdn 27 f), und wenn bis dahin auf der Grundlage des früheren, unrichtigen Jahresabschlusses noch keine Gewinne ausgeschüttet worden sind, die bei richtiger Rechnungslegung nicht hätten ausgeschüttet werden dürfen. Die Gesellschaft nimmt etwa eine Abschreibung, die schon im Vorjahr geboten war, im Folgejahr vor. Man kommt nicht umhin, solche nachträglichen Veränderungen auch im Rahmen des § 256 zu berücksichtigen;[206] das ergibt sich aus dem Rechtsgebot der Verhältnismäßigkeit (vgl Rdn 87 aE). Da es im Privatrecht für die Frage, ob ein Rechtsgeschäft wegen Gesetzes- oder Sittenverstoßes nichtig ist, auf die Umstände im Zeitpunkt der Vornahme des Rechtsgeschäfts ankommt,[207] im vorliegenden Zusammenhang also auf die Zeit der Feststellung des Jahresabschlusses (Rdn 4), ist und bleibt die Feststellung nach § 256 Abs 5 Nr 1 nichtig. Aber das **Rechtsschutzbedürfnis** für eine Klage auf Feststellung der Nichtigkeit des Jahresabschlusses **entfällt.**[208] Die Jahresabschluss-Nichtigkeitsklage setzt zwar ebenso wie eine Anfechtungs- oder Nichtigkeitsklage gegen Hauptversammlungsbeschlüsse, der sie entlehnt ist, kein besonderes individuelles Rechtsschutzinteresse des klagenden Aktionärs oder Organmitglieds voraus, sondern knüpft die Klagebefugnis als objektives Kontrollrecht allgemein an die Aktionärs- oder 89

2009, 909, 913. Kritisch gegen diese Sichtweise *Schulze-Osterloh* ZIP 2008, 2241, 2244 f.

206 Ebenso OLG Köln ZIP 1998, 994, 996 (wo allerdings ein Kläger mit besonders üblem Leumund am Werke war); IDW RS HFA 6, Änderung von Jahres- und Konzernabschlüssen, WPg Supplement 2/2007, 77, Rdn 19; *Gelhausen/Heinz* in WP-Handbuch[13], Bd 1, 2006, Rdn U 247; grundsätzlich auch *Zöllner* FS Scherrer, 2004, S 355, 368 f. **Anders** *Hennrichs* ZHR 168 (2004), 383, 390; skeptisch *Kropff* FS Budde, 1995, 341, 358.

207 Zu § 134 BGB *Larenz/Wolf* Allgemeiner Teil des Bürgerlichen Rechts[9], 2004, § 40, 25; *Armbrüster* in MünchKomm BGB[5], 2006, § 134, 21 f; *Ellenberger* in Palandt, BGB[69], 2010, § 134, 12a. Anders *Pawlowski* Allgemeiner Teil des BGB[7], 2003, § 4 II 3c bb, Rdn 499b. Auch bei der Sittenwidrigkeitskontrolle nach § 138 BGB wird grundsätzlich auf den Zeitpunkt der Vornahme des Rechtsgeschäfts abgestellt; siehe BGH ZIP 2009, 1003, 1006 re Sp; *Flume* Allgemeiner Teil des Bürgerlichen Rechts, Bd II Das Rechtsgeschäft[4], 1992, § 18.6, S 377; offener für Ausnahmen *Larenz/Wolf* aaO, § 41, 28; *Armbrüster* aaO § 138, 137; *Ellenberger* aaO § 138, 9 f.

208 OLG Köln ZIP 1998, 994, 996 (vgl aber Fn 206); IDW RS HFA 6, Änderung von Jahres- und Konzernabschlüssen, WPg Supplement 2/2007, 77, Rdn 19; *Gelhausen/Heinz* in WP-Handbuch[13], Bd 1, 2006, Rdn U 247. **Hiergegen** *Hennrichs* ZHR 168 (2004), 383, 390; *Schwab* in K Schmidt/Lutter[2] 38; kritisch hinsichtlich des Begründungsansatzes auch *Zöllner* FS Scherrer, 2004, S 355, 368.

Organstellung (unten Rdn 222). Aber auch das erfordert ein allgemeines, objektiviertes Rechtsschutzbedürfnis. Und dieses Rechtsschutzbedürfnis entfällt, wenn die in der Überbewertung liegende Gefahr regelwidriger Ausschüttungen sich in der Vergangenheit nicht realisiert hat und für die Zukunft gebannt ist. Gleiches gilt, wenn der Bewertungsmangel auf andere Weise durch Zeitablauf überholt wird, zum Beispiel wenn der zu Unrecht nicht abgeschriebene Vermögensgegenstand später veräußert oder verbraucht ist und auch nicht mehr bilanziell fortwirkt, und noch keine Scheingewinne ausgeschüttet worden sind (vgl auch unten Rdn 237 zum Missbrauch des Klagerechts sowie Rdn 249 zum Abwarten der Heilung).

90 (3) **Einzelne Fallgestaltungen.** Ob hiernach eine Überbewertung vorliegt, die zur Nichtigkeit des Jahresabschlusses führt, ist weitgehend eine Frage des Einzelfalls. Bei der Bewertung geht es oft um **Prognosefragen**, etwa ob im Hinblick auf mögliche künftige Entwicklungen eine **Abschreibung** vorgenommen[209] oder eine **Rückstellung** gebildet werden muss (vgl schon oben Rdn 84). Ein Bewertungsfehler liegt hier nach Maßgabe des subjektiven Fehlerbegriffs nur vor, wenn die Prognose nach den Erkenntnismöglichkeiten im Zeitpunkt der Abschlusserstellung fehlerhaft war (Rdn 44 ff). Mitunter geht es bei der Abschlussnichtigkeit wegen Bewertungsfehlern auch um Verstöße gegen das **Realisationsprinzip** (§ 252 Abs 1 Nr 4 Halbs 2 HGB). Eine Überbewertung und damit ein Grund für die Nichtigkeit des Jahresabschlusses kann etwa darin liegen, dass Entgeltforderungen aus Sachverkäufen aktiviert werden, obwohl die Lieferungen erst im Folgejahr stattfinden,[210] denn nach dem Realisationsprinzip darf eine solche Forderung erst angesetzt werden, wenn der Kaufvertrag abgeschlossen und die Sache an den Käufer abgeliefert ist, so dass die Gefahr des zufälligen Untergangs (Preisgefahr) auf den Käufer übergeht. Und das LG Düsseldorf hatte einmal einen Fall zu beurteilen, in dem es um eine **langfristige Bau-Auftragsfertigung** ging. Die Gesellschaft hatte schon viele Bauteile fertig gestellt, durfte aber diese Eigenleistungen in ihrer Bilanz zum Jahresende 1976 nach damaligem Recht nicht aktivieren. Um gleichwohl zu einer Aktivierung zu kommen, wurde durch Scheingeschäfte so getan, als seien die fertigen Bauteile von Subunternehmen entgeltlich für die Gesellschaft hergestellt worden. Das Gericht hat den hierauf gestützten Jahresabschluss zu Recht für nichtig erklärt, denn ein Scheingeschäft bringt keine Rechtsfolgen hervor, und dann darf man solche angeblichen Folgen auch nicht im Jahresabschluss berücksichtigen,[211] sonst ist der Abschluss wegen Verletzung von Ansatzregeln fehlerhaft. Ebenso handelt es sich um eine Überbewertung, wenn **angebliche Steuererstattungsansprüche** der Gesellschaft aktiviert sind, die von der Finanzverwaltung bestritten sind und dem geltenden steuerrechtlichen Verständnis klar widersprechen[212] (zur Bilanzierung bestrittener Forderungen auch unten Rdn 100).

91 Eine Überbewertung liegt auch vor, wenn in der **Unternehmensgruppe** unrechtmäßig Vermögen verschoben wird und eine Gesellschaft Vermögensgegenstände aktiviert, die gar nicht ihr gehören, sondern einem anderen Gruppenunternehmen, oder wenn die Gesellschaft die Gegenstände zurückgewähren muss, aber hierfür keine Verbindlichkeit oder Rückstellung ansetzt[213] (vgl Rdn 81, 101). Ebenso handelt es sich um eine Überbewertung, wenn nicht bestehende Dividendenansprüche gegen ein anderes Unternehmen aktiviert werden, an dem die Gesellschaft beteiligt ist[214] (vgl Rdn 102). Oder die Gesellschaft ver-

---

209 BGHZ 83, 341, 348 f; RGZ 98, 112; RGZ 72, 33. Allgemein hierzu *W Müller* Liber amicorum Happ, 2006, 179, 181 ff.

210 LG Düsseldorf AG 1989, 140, 141 f.

211 LG Düsseldorf AG 1989, 140, 141.

212 LG Stuttgart DB 2001, 1025 f.

213 LG Stuttgart AG 1994, 473, 474 li Sp.

214 LG Mainz DB 1990, 2361, 2364 re Sp; auch BGHZ 65, 230, 234 ff, wo allerdings nicht § 256 Abs 5 Nr 1 als Beurteilungsmaßstab herangezogen wird, sondern Abs 1 Nr 1 (Gläubigerschutz).

lagert Verlust bringende Tätigkeiten auf ein Tochterunternehmen, unterlässt dann aber eine gebotene Abschreibung auf den Buchwert der Anteile an der Tochter.[215] Im Vertragskonzern kann eine Überbewertung auf Seiten der Muttergesellschaft auch darin liegen, dass Verlustausgleichs-Verpflichtungen gegenüber einer Tochtergesellschaft (§ 302) zu gering angesetzt sind.[216] Die Höhe einer solchen Verpflichtung entspricht dem Jahresfehlbetrag der Tochter. Hierfür kommt es nach vorwaltender Ansicht auf den Jahresabschluss dieser Gesellschaft an, wie er bei zutreffender Bilanzierung aussieht oder aussehen würde, und nicht auf einen fehlerhaften Abschluss (siehe unten Rdn 212). So können im Vertragskonzern Überbewertungen bei der Tochter auf die Mutter durchschlagen.

cc) **Unterbewertung (Abs 5 Nr 2).**

(1) **Begriff und Schutzzweck.** Eine Unterbewertung liegt nach der Legaldefinition des § 256 Abs 5 Satz 3 vor, wenn Aktivposten der Bilanz mit einem niedrigeren Wert angesetzt sind, als nach den Regeln des Bilanzrechts zulässig ist, oder wenn Passivposten (außer dem Eigenkapital) mit einem höheren Betrag als zulässig angesetzt sind. Maßgebend ist auch hier der jeweils höchste oder niedrigste Wert, der gesetzlich und unter Beachtung der von der Gesellschaft angewendeten Bewertungsmethoden zulässig ist.[217] Werden Aktivposten zu niedrig angesetzt, so erscheint das Vermögen der Gesellschaft zu gering, so dass diese **ein zu niedriges Eigenkapital ausweist.** Und wenn auf der Passivseite der Bilanz Fremdkapitalposten zu hoch angesetzt sind, erscheint das Eigenkapital ebenfalls zu gering. Es bleibt Gesellschaftsvermögen, das den Aktionären als Eigenkapitalgebern zugeordnet ist, bilanziell unberücksichtigt, oder es wird berücksichtigt, aber fälschlich als Fremdkapital den Gläubigern zugeordnet. Außerdem führen Unterbewertungen, die erstmals für das Berichtsjahr vorkommen, zu einem untertriebenen Ergebnisausweis. Einem Verstoß gegen die bilanzrechtlichen Bewertungsregeln **steht der Verstoß gegen Ansatzregeln gleich;** das gilt bei der Unterbewertung[218] ebenso wie bei der Überbewertung (oben Rdn 84, auch 77 ff). Der Jahresabschluss kann also nach dem Sinn und Zweck des § 256 Abs 5 Nr 2 auch dann wegen Unterbewertung nichtig sein, wenn eine gebotene Aktivierung ganz unterblieben ist,[219] oder wenn auf der Passivseite der Bilanz verbotener Weise Fremdkapitalposten oder ähnliche Positionen erscheinen, zum Beispiel grundlose Rückstellungen.[220] 92

Die Nichtigkeit des Jahresabschlusses wegen Unterbewertung schützt nicht spezifisch die Gesellschaftsgläubiger (Rdn 72, auch 49). Und sie schützt auch nicht oder jedenfalls nicht in erster Linie und auf sinnvolle Weise die Ausschüttungsinteressen der Aktionäre; hierfür ist vielmehr die Sonderprüfung wegen unzulässiger Unterbewertung nach §§ 258–261a der bessere Schutzbehelf (Rdn 23 f). Es geht bei der Nichtigkeit des Jahresabschlusses wegen Unterbewertung nicht so sehr um die Ausschüttungsbemessungsfunktion des Jahresabschlusses, wie bei der Überbewertung, sondern es geht vor allem um die **Informationsfunktion.** Das zeigt sich daran, dass nach § 256 Abs 5 Nr 2 die Unterbewertung nur dann zur Nichtigkeit des Jahresabschlusses führt, wenn „dadurch die Vermögens- 93

215 *Schedlbauer* DB 1992, 2097, 2102 re Sp.
216 OLG Dresden WM 2006, 2177.
217 *Adler/Düring/Schmaltz*[6] 38.
218 *Adler/Düring/Schmaltz*[6] 50; *Zöllner* in Kölner Komm AktG[1] 47; *Rölike* in Spindler/Stilz[2] 68.
219 BGHZ 137, 378, 384 f (betr phasengleiche Gewinnansprüche einer GmbH gegen ihre Tochtergesellschaft); BGHZ 124, 111, 119 (betr Schadensersatzanspruch gegen herrschendes Unternehmen); BGH NJW 1997, 196 re Sp (betr Software-Lizenzen einer GmbH); *Kropff* ZGR 1994, 628, 636. Hiervon ausgehend auch BGH ZIP 1994, 1259, 1260.
220 BGH AG 1992, 58, 59 re Sp (für GmbH).

und Ertragslage der Gesellschaft vorsätzlich unrichtig wiedergegeben oder verschleiert wird“ (Rdn 26). Der Nichtigkeitstatbestand enthält zusätzlich zur Unterbewertung noch zwei weitere Elemente, und zwar ein objektives (wesentliche Fehlinformation) und ein subjektives (Vorsatz).[221]

94 (2) **Informationelle Wesentlichkeit der Unterbewertung.** Um die Nichtigkeit des Jahresabschlusses zu begründen, darf die Fehlinformation, die von der Unterbewertung ausgeht, nicht auf den einzelnen Bilanzposten beschränkt bleiben; sie muss vielmehr auf das Gesamtbild der Lage der Gesellschaft ausstrahlen. Mit dem Begriff der „Vermögens- und Ertragslage“ der Gesellschaft, deren Abbildung durch die Unterbewertung beeinträchtigt sein muss, war beim Erlass des AktG 1965 dasjenige gemeint, was heute **Vermögens-, Finanz- und Ertragslage** heißt (§ 264 Abs 2 Satz 1 HGB); man muss daher die Finanzlage in den Tatbestand des § 256 Abs 5 Nr 2 mit einbeziehen.[222] Es genügt, wenn sich die unrichtige Wiedergabe oder Verschleierung nur entweder auf die Vermögenslage oder auf die Ertragslage bezieht[223] oder auch auf die Finanzlage, weil ein informationell tauglicher Jahresabschluss sie alle zusammen richtig abbilden muss. Bei der **unrichtigen Wiedergabe** werden Tatsachen oder Bezüge vorgespiegelt, die es nicht gibt, und damit positiv falsche Informationen erteilt. Eine **Verschleierung** liegt demgegenüber im Verschweigen vorhandener Tatsachen oder Bezüge, die dargestellt werden müssten, oder auch darin, dass diese Gehalte für einen normalen Abschlussadressaten unverständlich dargeboten werden.[224] All das geht ineinander über.

95 Mitunter heißt es, dass eine Unterbewertung den Jahresabschluss schon dann nichtig mache, wenn sie ihrem Umfang nach nicht bedeutungslos ist,[225] ähnlich wie bei der Überbewertung (oben Rdn 85). Das ist jedoch zumindest missverständlich formuliert. Es muss sich bei der Unterbewertung ähnlich wie bei den Gliederungsmängeln (Rdn 68) **positiv um Verstöße von besonderer Tragweite** handeln, so dass die Lage der Gesellschaft in wesentlichen Hinsichten anders als bei richtiger Bilanzierung erscheint, und der Jahresabschluss insgesamt wegen der Unterbewertung kein den tatsächlichen Verhältnissen entsprechendes Bild mehr vermittelt.[226] Maßgebend ist das Verhältnis der Unterbewertung zu den Schlüsselgrößen des Jahresabschlusses, wie namentlich der Bilanzsumme, dem Eigenkapital und dem Ergebnis. Feste Zahlenrelationen lassen sich nicht nennen; es kommt auf den Einzelfall an.

96 Eine Unterbewertung, die mangels hinreichender Bedeutung keine Nichtigkeit des Jahresabschlusses nach sich zieht, hat der BGH in einem Fall angenommen, in dem die Abweichung nur 4,4 % des Bilanzgewinns ausmachte.[227] Und die Münchener Gerichte haben Jahresabschlüsse durchgehen lassen, in denen die vom Kläger behauptete Unterbewertung im Verhältnis zum Jahresüberschuss weniger als 6 % betrug, im Verhältnis zur Bilanzsumme knapp 0,1 % und in Relation zum bilanziellen Eigenkapital ungefähr

---

221 Ähnlich *Rölike* in Spindler/Stilz[2] 69.

222 *Schulze-Osterloh* ZIP 2008, 2241, 2244.

223 *Adler/Düring/Schmaltz*[6] 51; *Zöllner* in Kölner Komm AktG[1] 49; *Schwab* in K Schmidt/Lutter[2] 19; *Rölike* in Spindler/Stilz[2] 70; *Schilling* in Voraufl Anm 17.

224 Ähnlich *Rölike* in Spindler/Stilz[2] 70; *Zöllner* in Kölner Komm AktG[1] 50.

225 BGHZ 137, 378, 385 (betr GmbH); *Schedlbauer* DB 1992, 2097, 2099 f; *Wichmann* Steuer-Journal 2005, 29, 33. Hierhin tendierend auch OLG München WM 2008, 876, 877 ff; LG München I Der Konzern 2007, 537, 538 re Sp als Vorinstanz (vgl aber auch Fn 226); *Rölike* in Spindler/Stilz[2] 68.

226 *Kropff* ZGR 1994, 628, 636, 638; *V Weilep/J-H Weilep* BB 2006, 147, 148 li Sp. Vgl auch LG München I Der Konzern 2007, 537, 539 li Sp („wesentliche[] Überbewertung von Passivposten“ erforderlich).

227 BGHZ 137, 378, 385 (betr GmbH); zustimmend *Schwab* in K Schmidt/Lutter[2] 17.

0,4 %.[228] Hier wäre die Nichtigkeitssanktion in der Tat unangemessen. Darüber hinaus **verliert** eine Unterbewertung ähnlich wie andere Inhaltsmängel des Jahresabschlusses **an Gewicht, wenn** der **Abschlussmangel später** in laufender Rechnung, also in einem nachfolgenden Jahresabschluss, für die Zukunft **überwunden** und hierbei klargestellt wird, dass der frühere Abschluss fehlerhaft war. Das kann einer Klage auf Feststellung der Nichtigkeit des Jahresabschlusses das Rechtsschutzbedürfnis nehmen (vgl Rdn 237, auch 89). Die Möglichkeit einer Korrektur in laufender Rechnung kann die Unterbewertung sogar von Anfang an unwesentlich machen (vgl Rdn 27).

(3) Der **Vorsatz**, von dessen Vorliegen § 256 Abs 5 Nr 2 die Nichtigkeit des Jahresabschlusses des Weiteren abhängig macht, muss sich sowohl auf die **Unterbewertung** des konkreten Bilanzpostens beziehen[229] als auch auf die unrichtige Wiedergabe oder Verschleierung der **Lage der Gesellschaft.**[230] Denn die Lage der Gesellschaft muss gerade „dadurch", nämlich durch die Unterbewertung, unrichtig wiedergegeben oder verschleiert werden, und der Vorsatz muss sich auf alle objektiven Tatbestandselemente beziehen. Der Vorsatz erfordert nach den Worten des OLG Düsseldorf, „daß die objektiv etwa vorhandene Unterbewertung nicht etwa auf eine falsche Bewertung der wirtschaftlichen Lage oder ein Mißverstehen der Bilanzierungsvorschriften zurückg[eht], sondern daß die zuständigen Organe der [Gesellschaft] sich der objektiven Unrichtigkeit der Bewertung bewußt waren und sie gleichwohl so vorgenommen haben."[231] Da die Unrichtigkeit der Bewertung und des Bildes von der Lage der Gesellschaft normative Gehalte sind, gehört zum Vorsatz auch das Bewusstsein normwidrigen Handelns.[232] Bedingter Vorsatz genügt.[233] Diejenigen, die den falschen Jahresabschluss ins Werk setzen, brauchen also dessen Mängel und die verletzten Regeln nicht im Einzelnen zu kennen, sondern es reicht aus, wenn sie die wesentlichen Zusammenhänge verstehen oder ahnen, und sich hierüber hinwegsetzen. Dagegen fehlt es am Vorsatz, wenn die Organmitglieder bei der falschen Bilanzierung auf eine frühere Rechtsprechung vertraut haben[234] oder auch auf fachkundigen externen Rat. **97**

Bei Feststellung des Jahresabschlusses durch die **Verwaltung** kann der Vorsatz auf Seiten des Vorstands oder des Aufsichtsrats vorliegen.[235] Müssen innerhalb der Organe die Beschlüsse zum Jahresabschluss einstimmig fallen, so schadet es bereits, wenn nur ein Mitglied vorsätzlich handelt.[236] Bei Mehrheitsentscheidungen genügt es, wenn Vorsatz bei den maßgeblich beteiligten Personen vorliegt, etwa dem Finanzvorstand oder dem Vorsitzenden eines Bilanzausschusses des Aufsichtsrats,[237] oder auch bei einem für das Zustandekommen der Mehrheit erforderlichen Teil der Abstimmenden. Letzteres gilt **98**

---

228 LG München I Der Konzern 2007, 537, 538 f; im Ergebnis gebilligt von OLG München WM 2008, 876, 877 f als Berufungsinstanz.

229 OLG Düsseldorf AG 1977, 195, 196 re Sp; *Adler/Düring/Schmaltz*⁶ 52.

230 Allein auf letzteres abstellend *Schwab* in K Schmidt/Lutter² 20; *Rölike* in Spindler/Stilz² 71; *Schulz* in Bürgers/Körber 18.

231 OLG Düsseldorf AG 1977, 195, 196 re Sp; zustimmend *Adler/Düring/Schmaltz*⁶ 52.

232 In diesem Sinne BGHZ 137, 378, 384 f (betr GmbH). **Anders** *Zöllner* in Kölner Komm AktG¹ 49.

233 BGHZ 124, 111, 120; BGHZ 137, 378, 385; OLG Celle AG 1984, 266, 270 re Sp; *Adler/Düring/Schmaltz*⁶ 52; *Hüffer* in MünchKomm AktG² 62; *Kropff* ZGR 1994, 628, 639.

234 BGHZ 137, 378, 384 ff; *Hüffer* in MünchKomm AktG² 62; *Schwab* in K Schmidt/Lutter² 20.

235 *Zöllner* in Kölner Komm AktG¹ 48; *Hüffer* in MünchKomm AktG² 62.

236 *Zöllner* in Kölner Komm AktG¹ 48.

237 *Hüffer* in MünchKomm AktG² 62; *Zöllner* in Kölner Komm AktG¹ 48.

ebenfalls, wenn der Jahresabschluss durch die **Hauptversammlung** festgestellt wird; oder es muss in diesem Fall schon die Vorlage der Verwaltung vorsätzlich falsch sein.[238] Die Beweislast für den Vorsatz liegt im Prozess bei demjenigen, der sich auf die Nichtigkeit des Jahresabschlusses beruft.[239] Die Gesellschaft und ihre Organe tragen aber eine sekundäre Behauptungslast, weil sie den Tatsachen näher stehen,[240] und müssen daher den vom Prozessgegner behaupteten Vorsatz substanziiert bestreiten, sonst ist ihr Gegenvortrag unbeachtlich (vgl unten Rdn 233).

99 (4) **Einzelne Fallgestaltungen.** Zur Nichtigkeit des Jahresabschlusses wegen Unterbewertung kommt es praktisch nur bei schwer wiegenden Vermögens- oder Gewinnmanipulationen nach unten.[241] Das ist auf ganz verschiedene Weisen möglich. Der Jahresabschluss kann zum Beispiel nichtig sein, wenn in den Worten des BGH „**Rückstellungen** ... ausgewiesen sind, die nach vernünftiger kaufmännischer Beurteilung nicht notwendig waren".[242] Eine Unterbewertung liegt auch dann vor, wenn **übertrieben abgeschrieben** wird, oder wenn aktivierungspflichtige Vermögensgegenstände **nicht aktiviert** werden, so dass die Anschaffungs- oder Herstellungskosten zu Unrecht das bilanzielle Vermögen und das Ergebnis mindern, oder wenn Gegenstände des Umlaufvermögens mengenmäßig nicht voll erfasst sind, oder die Anschaffungs- und Herstellungskosten durch Weglassen von Kostenbestandteilen unzulässig verkürzt ausgewiesen werden.[243]

100 Eine Nichtigkeit des Jahresabschlusses wegen Unterbewertung kann sich auch daraus ergeben, dass **Forderungen** der Gesellschaft gegen andere Personen oder Unternehmen im Jahresabschluss **nicht berücksichtigt** sind. Das betrifft vor allem die Rechtsbeziehungen der Gesellschaft zu ihren Aktionären und in der Unternehmensgruppe. Zur Nichtigkeit des Jahresabschlusses kann es etwa führen, wenn die Gesellschaft offene Einlageforderungen gegen Aktionäre hat oder auch Rückgewähransprüche (§ 62) oder Schadensersatzforderungen gegen Aktionäre, Organmitglieder oder ein herrschendes Unternehmen, aber diese Ansprüche in der Bilanz der Gesellschaft nicht erscheinen.[244] Doch hier ist in Sachen Abschlussnichtigkeit **Vorsicht** geboten.[245] Oft sind solche Ansprüche unsicher und die Sachverhalte schwer aufzuklären. Und der bilanzrechtliche Grundsatz der Vorsicht gebietet es, Ansprüche auf Schadensersatz oder Rückgewähr nur dann zu aktivieren, „wenn sie für den Kaufmann hinreichend sicher und konkretisiert sind".[246] Bestrittene Forderungen dürfen sogar nach herrschender Ansicht in der Regel erst nach

---

238 *Zöllner* in Kölner Komm AktG[1] 89; auch OLG Celle AG 1984, 266, 270 re Sp; *Schulze-Osterloh* in Baumbach/Hueck GmbHG[18] § 42a, 31.

239 Siehe die Nachw in Fn 598.

240 *Hüffer* in MünchKomm AktG[2] 62.

241 *Adler/Düring/Schmaltz*[6] 52.

242 BGH AG 1992, 58, 59 re Sp (für GmbH); in gleichem Sinne OLG Celle AG 1984, 266, 268 ff.

243 *Schedlbauer* DB 1992, 2097, 2100.

244 BGHZ 124, 111, 119; BGHZ 137, 378, 385 (betr GmbH); OLG München WM 2008, 876, 877 f sowie LG München I Der Konzern 2007, 537, 538 li Sp als Vorinstanz; OLG Köln ZIP 1993, 110, 112 f; *Adler/Düring/Schmaltz*[6] 9 ff; *Schulze-Osterloh* in Baumbach/Hueck GmbHG[18] § 42a, 24 aE, 31 aE; *Schwab* in K Schmidt/Lutter[2] 6; *Schilling* in Voraufl Anm 4; ferner *Greifenhagen* FS Ludewig, 1996, S 303, 317 ff. Im Ansatz ebenso *Kropff* ZGR 1994, 628, 636 ff; *H-P Müller* AG 1994, 410 f.

245 OLG München WM 2008, 876, 877 f sowie LG München I Der Konzern 2007, 537, 538 li Sp als Vorinstanz; *Kropff* ZGR 1994, 628, 636 ff; *Schön* JZ 1994, 684; *Adler/Düring/Schmaltz*[6] 50; *H-P Müller* AG 1994, 410 f; auch BGHZ 170, 283, 297 f, Tz 31, betr KG.

246 OLG München WM 2008, 876, 878 li Sp, auch 877; LG München I Der Konzern 2007, 537, 538 li Sp als Vorinstanz; beide in Anknüpfung an *Merkt* in Baumbach/Hopt, HGB[34], § 252, 20.

Rechtskraft eines Urteils oder nach Einigung mit dem Schuldner im Jahresabschluss berücksichtigt werden.[247] Nach diesen Maßstäben wird in den hier angesprochenen Fällen eine Nichtigkeit des Jahresabschlusses der benachteiligten Gesellschaft wegen Unterbewertung sehr oft zu verneinen sein.[248]

Eher schon können solche Vorgänge den **Jahresabschluss eines** beteiligten oder **herrschenden Unternehmens gefährden**, das gegenüber der Gesellschaft in der Schuld ist. 101
Sind hier die Einlage-, Rückgewähr- oder Schadensersatzpflichten gegenüber der benachteiligten Gesellschaft nicht passiviert und auch keine Rückstellungen hierfür gebildet, obwohl mit der Geltendmachung solcher Ansprüche zu rechnen ist, oder sind gar „gestohlene" Vermögensgegenstände angesetzt, die dem herrschenden Unternehmen gar nicht gehören, so ist das eine Überbewertung, die nach § 256 Abs 5 Nr 1 viel leichter zur Nichtigkeit des Jahresabschlusses führen kann[249] als eine Unterbewertung (vgl oben Rdn 81, 91).

Eine Unterbewertung kann schließlich auch darin liegen, dass Gewinnausschüttungs- 102
ansprüche einer Muttergesellschaft gegen ihre Tochtergesellschaft im Jahresabschluss der Mutter zu Unrecht nicht berücksichtigt sind. Zumindest im Falle einer 100 %igen Beteiligung muss nämlich die Muttergesellschaft den bei der Tochtergesellschaft erzielten und zur Ausschüttung vorgesehenen Gewinn noch für das gleiche Geschäftsjahr im Jahresabschluss ausweisen, wenn die Geschäftsjahre beider Unternehmen deckungsgleich sind, und in der Tochtergesellschaft die Feststellung des Jahresabschlusses und die Gewinnausschüttung beschlossen wurden, bevor bei der Muttergesellschaft die Prüfung des Jahresabschlusses abgeschlossen ist.[250] Wenn Gewinnausschüttungsansprüche der Muttergesellschaft entgegen diesem Gebot der **phasengleichen Gewinnaktivierung** nicht im Jahresabschluss berücksichtigt werden, kann dies den Abschluss wegen Unterbewertung nichtig machen.[251] Und wenn umgekehrt die Muttergesellschaft in ihrem Abschluss Gewinnansprüche ansetzt, ohne dass die Voraussetzungen hierfür vorliegen, ist der Abschluss wegen Überbewertung nichtig (Rdn 91). Dagegen liegt auf der Ebene der Muttergesellschaft keine Unterbewertung vor, wenn in Tochtergesellschaften Vermögen und Gewinne unrechtmäßig tesauriert werden, denn was die Tochter nicht ausschüttet, kann die Mutter in ihrem Jahresabschluss nicht ausweisen.[252]

dd) Schwebende Fusionen insbesondere

(1) **Kartellrecht.** Besondere Fragen können sich stellen, wenn die Gesellschaft ein 103
anderes Unternehmen oder eine Beteiligungen erwirbt und dieses Geschäft einer **kartellrechtlichen Zusammenschlusskontrolle** nach der Europäischen Fusionskontrollverord-

---

247 BGHZ 170, 283, 297 f, Tz 31, betr KG: streitige Erstattungsansprüche „erst nach ihrer Titulierung" aktivierungsfähig; im selben Sinne BGH WM 2009, 459, 467 re Sp; BFHE 157, 121, 123 f; LG Stuttgart DB 2001, 1025, 1026; *Merkt* in Baumbach/Hopt, HGB[34], § 252, 10.

248 *Kropff* ZGR 1994, 628, 636 ff; *Schön* JZ 1994, 684; *Adler/Düring/Schmaltz*[6] 50.

249 LG Stuttgart AG 1994, 473, 474 li Sp.

250 BGHZ 137, 378, 379 ff (betr GmbH); gebilligt von EuGH Urt vom 27.6.1996 – Rs C-234/94, Slg 1996 I, S 3133; BGHZ 170, 283, 294 f, Tz 26, betr KG. **Anders** noch BGHZ 65, 230, 234 ff (für Wahlrecht der Muttergesellschaft). Anders erst Recht BFHE 192, 339, 344 ff (GrSen) = BStBl II 2000, 632 (grundsätzlich keine phasengleiche Aktivierung von Gewinnansprüchen im Konzern; Aktivierung bei der Mutter vielmehr erst im späteren Jahr der Ausschüttung).

251 BGHZ 137, 378, 379 ff (betr GmbH); *Schwab* in K Schmidt/Lutter[2] 6.

252 BGHZ 170, 283, 294 ff, Tz 25 ff, betr KG.

nung (EG-FKVO)[253] oder nach den §§ 35 ff des deutschen GWB unterliegt. Ein solcher Zusammenschluss darf nicht vollzogen werden, solange er nicht von der Kartellbehörde freigegeben ist, oder die Fristen abgelaufen sind, innerhalb derer die Behörde den Zusammenschluss untersagen kann (Art 7 Abs 1 EG-FKVO, § 41 Abs 1 Satz 1 GWB). Gleichwohl vorgenommene Vollzugsgeschäfte sind nach § 41 Abs 1 Satz 1 GWB unwirksam, das heißt **schwebend unwirksam.**[254] Sie werden **von Anfang an wirksam,** wenn die Kartellbehörde den Zusammenschluss freigibt oder die Untersagungsfristen untätig verstreichen lässt.[255] In gleichem Sinne bestimmt Art 7 Abs 4 EG-FKVO, dass die Wirksamkeit eines voreiligen und deshalb verbotenen Vollzugsgeschäfts von einer Freigabeentscheidung der Kartellbehörde oder vom ergebnislosen Fristablauf abhängt. Auch hier ist also das Geschäft zunächst schwebend unwirksam. Die weiteren Rechtsfolgen bestimmen sich nach nationalem Recht,[256] etwa dass die Genehmigung auf den Zeitpunkt der Vornahme des Rechtsgeschäfts zurückwirkt (§ 184 Abs 1 BGB). Wenn während eines solchen Vorgangs ein **Jahresabschluss** dazwischenkommt, darf die Gesellschaft einen Unternehmens- oder Beteiligungserwerb, der noch nicht wirksam vollzogen ist, grundsätzlich nicht in ihrem Jahresabschluss abbilden. Tut sie es dennoch, und setzt sie hierbei zu Unrecht Vermögensgegenstände an, die ihr nicht gehören, so verstößt dies gegen die bilanzrechtlichen Ansatzregeln und ist eine Überbewertung, die den Jahresabschluss nichtig macht.[257] Gleiches gilt, wenn die veräußernde Gesellschaft einen Veräußerungsgewinn vorzeitig als realisiert behandelt.[258] Aber das muss nicht immer so sein.

104 Hat die erwerbende Gesellschaft einen Zusammenschluss vollzogen, für den die kartellrechtlichen Wirksamkeitsvoraussetzungen am Abschlussstichtag noch nicht vorlagen, so darf sie den Zusammenschluss in ihrem Jahresabschluss gleichwohl als geschehen und wirksam behandeln, wenn die Wirksamkeitsvoraussetzungen in dem anschließenden Zeitraum zwischen dem Abschlussstichtag und der Aufstellung oder Feststellung des Jahresabschlusses eintreten,[259] also wenn die Kartellbehörde bis dahin den Zusammenschluss freigibt oder die Untersagungsfrist ergebnislos abläuft. Denn diese Umstände **wirken** nach § 184 Abs 1 BGB auf den Zeitpunkt der Vornahme des Vollzugsgeschäfts **zurück**, und müssen daher als **wertaufhellende Tatsachen** im Jahresabschluss berücksichtigt werden. Es steht ja nunmehr bei der Erstellung des Jahresabschlusses fest, dass der Zusammenschluss am Abschlussstichtag wirksam war.

105 Selbst wenn der Zusammenschluss im Zeitpunkt, in dem der Jahresabschluss ins Werk gesetzt wird, noch nicht wirksam geworden ist, kann die Gesellschaft ausnahms-

---

[253] Verordnung (EG) Nr 139/2004 des Rates über die Kontrolle von Unternehmenszusammenschlüssen, vom 20.1.2004, ABl EG Nr L 24, S 1.

[254] *Riesenkampff/Lehr* in Loewenheim/Meessen/Riesenkampff Kartellrecht², 2009, GWB § 41, 5. Ebenso zu § 24a GWB aF BGH BB 1979, 387, 388 li Sp sowie OLG Düsseldorf AG 1977, 195, 196 li Sp und LG Düsseldorf AG 1975, 162, 163 als Vorinstanzen.

[255] *Riesenkampff/Lehr* wie oben Fn 254; OLG Düsseldorf AG 1977, 195, 196 li Sp zu § 24a GWB aF mit zustimmender Anmerkung von *Timm*, aaO S 197 f. **Anders** LG Düsseldorf AG 1976, 162, 163 re Sp. **Offen** BGH BB 1979, 387, 388 li Sp.

[256] *Ablasser-Neuhuber* in Loewenheim/Meessen/Riesenkampff Kartellrecht², 2009, FKVO Art 7, 11.

[257] Ebenso BGH BB 1979, 387, 388, wo allerdings nicht speziell auf § 256 Abs 5 abgestellt wird; OLG Düsseldorf AG 1977, 195, 196 sowie LG Düsseldorf AG 1976, 162, 164, wo auf § 256 Abs 4 (Gliederungsverstoß) abgestellt wird (vgl hierzu aber oben Rdn 64).

[258] LG Frankfurt/Main AG 2002, 297.

[259] Der maßgebende Zeitpunkt ist umstritten, siehe oben Rdn 42.

weise den Zusammenschluss nach dem Prinzip der **wirtschaftlichen Zurechnung**[260] (**§ 246 Abs 1 Satz 2 Halbsatz 2**) im Jahresabschluss als geschehen und gegeben behandeln, wenn das erworbene Unternehmen tatsächlich in das Unternehmen der erwerbenden Gesellschaft eingefügt wurde und hierdurch Fakten geschaffen sind, an denen der Jahresabschluss sinnvoller Weise nicht mehr vorbeigehen kann. So liegt es insbesondere, wenn die Gesellschaft an dem Zusammenschluss festhalten will,[261] und die begründete Aussicht besteht, dass er letzten Endes Bestand haben wird.[262] In solchen Fällen darf die erwerbende Gesellschaft das erworbene Unternehmen oder die Anteile im Jahresabschluss als Anlagevermögen ausweisen,[263] und die veräußernde Gesellschaft darf einen Veräußerungsgewinn als realisiert behandeln.[264]

(2) **Verschmelzungsrecht.** Auch bei **zivilrechtlich hängenden Verschmelzungen** kann **106** die übernehmende Gesellschaft unter bestimmten Voraussetzungen den Zusammenschluss in ihrem Jahresabschluss als geschehen behandeln. Bei der Verschmelzung (§§ 2 ff UmwG) geht das Aktiv- und Passivvermögen des übertragenden Rechtsträgers zivilrechtlich erst dann auf den übernehmenden Rechtsträger über, wenn die Verschmelzung in das Register des übernehmenden Rechtsträgers eingetragen ist (§ 20 Abs 1 UmwG). Die Registereintragung wirkt nicht zurück, sondern entfaltet nur Wirkungen für die Zukunft. Im Verschmelzungsvertrag muss jedoch ein Zeitpunkt bestimmt werden, von dem an die Handlungen des übertragenden Rechtsträgers als für Rechnung des übernehmenden Rechtsträgers vorgenommen gelten (§ 5 Abs 1 Nr 6 UmwG), und zwar, wie die Europäische Verschmelzungsrichtlinie[265] hinzufügt, speziell „unter dem Gesichtspunkt der Rechnungslegung" (Art 5 Abs 2 Buchstabe e).

Liegt dieser **Verschmelzungsstichtag** vor dem Abschlussstichtag, oder fallen beide **107** Stichtage zusammen, und wird die Verschmelzung vor der Aufstellung oder Feststellung[266] des Jahresabschlusses in das Handelsregister eingetragen, so ist die **Verschmelzung im Jahresabschluss** der übernehmenden Gesellschaft bereits **als geschehen zu berücksichtigen,** wenn die sonstigen Wirksamkeitsvoraussetzungen der Verschmelzung schon vor dem Abschlussstichtag vorlagen, also damals schon der Verschmelzungsvertrag geschlossen war, die Verschmelzungsbeschlüsse der Anteilseignerversammlungen gefasst worden waren und die möglicher Weise erforderlichen Zustimmungen einzelner Anteilseigner erteilt waren[267] (vgl oben Rdn 104 zum Kartellrecht). Denn mit der Eintra-

---

260 Vgl allgemein zur wirtschaftlichen Zurechnung im Jahresabschluss *Adler/Düring/Schmaltz*[6] § 246 HGB, 262 ff; *Knobbe-Keuk* Bilanz- und Unternehmenssteuerrecht[9], S 68 ff; *Kleindiek* in Großkomm HGB[4] § 246, 47 ff.

261 In gleichem Sinne BGH BB 1979, 387, 388 für einen besonders gelagerten Fall; ebenso mit Nachdruck OLG Düsseldorf AG 1977, 195, 196 re Sp. Sehr **zurückhaltend** dagegen LG Düsseldorf AG 1976, 162, 164.

262 Auch hierauf abstellend BGH BB 1979, 387, 388.

263 BGH BB 1979, 387, 388; OLG Düsseldorf AG 1977, 195, 196. **Anders** LG Düsseldorf AG 1976, 162, 164 re Sp (allenfalls Umlaufvermögen) mit kritischer Anmerkung von *Forster* aaO S 164 f.

264 Ausweichend und offen lassend LG Frankfurt/Main AG 2002, 297.

265 Dritte Richtlinie des Rates vom 9.10.1978 gemäß Artikel 54 Abs 3 Buchstabe g) des Vertrages betreffend die Verschmelzung von Aktiengesellschaften (78/855/EWG), ABl EG Nr L295, S 36.

266 Der maßgebende Zeitpunkt ist umstritten, siehe oben Rdn 42.

267 IDW HFA-Stellungnahme 2/1997, Zweifelsfragen der Rechnungslegung bei Verschmelzungen, Abschnitt 2, WPg 1997, 235, 236 f (die Stellungnahme ist 2000 überarbeitet worden, WPg 2000, 439, aber die Änderungen sind hier nicht einschlägig); *Adler/Düring/Schmaltz*[6] § 246 HGB, 303 f.

gung steht fest, dass die Verschmelzung Bestand hat und damit auch der Verschmelzungsstichtag.

108 Und auch wenn die Verschmelzung im Zeitpunkt, in dem der Jahresabschluss ins Werk gesetzt wird, noch nicht im Handelsregister eingetragen ist, kann sie ausnahmsweise nach den Grundsätzen über die wirtschaftliche Vermögenszurechnung (§ 246 Abs 1 Satz 2 Halbsatz 2 HGB) bereits im Jahresabschluss berücksichtigt werden, wenn die sonstigen Verschmelzungsvoraussetzungen vor dem Abschlussstichtag vorlagen, die Eintragung mit an Sicherheit grenzender Wahrscheinlichkeit in Aussicht steht, und sichergestellt ist, dass der übertragende Rechtsträger nur im Rahmen eines ordnungsmäßigen Geschäftsgangs oder mit Zustimmung der übernehmenden Gesellschaft über die Vermögensgegenstände verfügen kann.[268] Berücksichtigt dagegen die übernehmende Gesellschaft die Verschmelzungsfolgen zu Unrecht in ihrem Jahresabschluss, so verstößt sie damit gegen die bilanzrechtlichen Ansatzregeln, und der Jahresabschluss ist nach § 256 Abs 5 nichtig.

109 ee) **Branchenbezogene Sonderregeln.** Nach § 256 Abs 5 Satz 4 liegt bei Aktiengesellschaften bestimmter Geschäftszweige „ein Verstoß gegen die Bewertungsvorschriften nicht vor, soweit die Abweichung nach den für sie geltenden Vorschriften ... zulässig ist", und ebenso verhält es sich auch mit den Ansatzvorschriften (Rdn 77, 84, 92). Das gilt für Kreditinstitute und Finanzdienstleistungsinstitute,[269] Versicherungsunternehmen[270] sowie für Kapitalanlagegesellschaften, die Investmentfonds oder ähnliche Investmentvermögen verwalten.[271] Die zitierten Gesetzesworte sind in § 256 eigentlich überflüssig. Wenn die Sonderregeln zur Bilanzierung und Bewertung, die für die genannten Unternehmen gelten (vgl Rdn 70), eingehalten sind, kann der Abschluss nicht wegen Normverstoßes nichtig sein.

e) Fehlerhafte Bildung oder Auflösung von Rücklagen (Abs 1 Nr 4)

110 aa) **Begriffe, Gesetzessystematik und Schutzzwecke.** Ein festgestellter Jahresabschluss ist wegen inhaltlicher Mängel auch dann nichtig, wenn „bei seiner Feststellung die Bestimmungen des Gesetzes oder der Satzung über die Einstellung von Beträgen in Kapital- oder Gewinnrücklagen oder über die Entnahme von Beträgen aus Kapital- oder Gewinnrücklagen verletzt worden sind" (§ 256 Abs 1 Nr 4). Die **Rücklagen** umfassen auf der Passivseite der Bilanz denjenigen Teil des Eigenkapitals der Gesellschaft, der über das gezeichnete Kapital (Grundkapital) hinausgeht (§ 266 Abs 3 A II–III). Gewinnrücklagen bestehen aus einbehaltenen Gewinnen (§ 272 Abs 3 HGB). Und zu den Kapitalrücklagen gehören die Einlagen der Aktionäre, soweit diese den anteiligen Grundkapitalsbetrag der

---

268 IDW HFA-Stellungnahme 2/1997, Zweifelsfragen der Rechnungslegung bei Verschmelzungen, Abschnitt 2, WPg 1997, 235, 236 f; *Adler/Düring/Schmaltz*[6] § 246 HGB, 304.

269 Eingefügt durch das Bankbilanzrichtlinie-Gesetz von 1990, siehe oben Rdn 14.

270 Eingefügt durch das Gesetz zur Durchführung der Richtlinie des Rates der Europäischen Gemeinschaften über den Jahresabschluss und den konsolidierten Abschluss von Versicherungsunternehmen (Versicherungsbilanzrichtlinie-Gesetz – VersRiLiG), vom 24.6.1994, BGBl I, S 1377, Art 2 Nr 2.

271 Eingefügt durch das BilMoG von 2009 (oben Rdn 15), Art 5 Nr 13 (§ 256 AktG), weil Kapitalanlagegesellschaften seit dem InvestmentänderungsG vom 21.12.2007 (BGBl I 3089) keine Kreditinstitute mehr sind, aber die Besonderheiten der Bankenbilanzierung weiterhin gelten (§ 19d InvG); siehe RegE BilMoG, BT-Drucks 16/10067, Anlage 1, Begründung zu Art 5 Nr 13 (§ 256 AktG), S 105 li Sp.

übernommenen Aktien übersteigen, sowie sonstige mitgliedschaftsbezogene Eigenkapitalbeiträge (§ 272 Abs 2 HGB). Bei der Nichtigkeit des Jahresabschlusses wegen Verstoßes gegen die Rücklageregeln nach § 256 Abs 1 Nr 4 geht es um die **Einteilung des in der Bilanz ausgewiesenen Eigenkapitals**, nicht um dessen richtige Gesamthöhe. Die unzulässige Bildung stiller Reserven, die das Eigenkapital der Gesellschaft kleiner erscheinen lassen, fällt nicht unter § 256 Abs 1 Nr 4, sondern unter Abs 5 Nr 2 (Unterbewertung),[272] und der Ausweis von Scheinvermögen ist eine Überbewertung im Sinne des Abs 5 Nr 1.

Anders als im Rahmen der übrigen inhaltsbezogenen Nichtigkeitstatbestände des § 256 kann nach § 256 Abs 1 Nr 4 bei der Verletzung von Rücklageregeln nicht nur ein Gesetzesverstoß zur Nichtigkeit führen, sondern **auch die Verletzung von Satzungsregeln**. Das liegt daran, dass die gesetzlichen Bestimmungen über die Bildung und Auflösung von Rücklagen teilweise durch die Satzung abgewandelt werden können (§§ 58 Abs 1–2, 150 Abs 2–4, 173 Abs 2), wohingegen die Gesetzesregeln über den Gläubigerschutz, die Gliederung des Jahresabschlusses und die Bewertung zwingend sind (§ 23 Abs 5). Der Jahresabschluss kann also auch dann nach § 256 Abs 1 Nr 4 nichtig sein, wenn statutarisch vorgesehene Rücklagen nicht gebildet[273] oder der Satzung zuwider aufgelöst werden. **111**

Die Bestimmung des § 256 Abs 1 Nr 4 über die Nichtigkeit des Jahresabschlusses wegen Verstoßes gegen Rücklageregeln wird **gesetzessystematisch** oft als eine Spezialregelung zur Gläubigerschutznorm des § 256 Abs 1 Nr 1 angesehen.[274] Das ist jedoch in dieser Allgemeinheit nicht richtig. Es kommt auf den Schutzzweck der verletzten Rücklageregel an. Hierbei muss man zwischen den gebundenen Rücklagen und den ausschüttungsfähigen, freien Rücklagen unterscheiden.[275] In Höhe der gebundenen Rücklagen ist das Gesellschaftsvermögen gegen eine Verteilung an die Aktionäre gesperrt (§ 150 Abs 3–4); das ist ein wichtiges Element des aktienrechtlichen Gläubigerschutzes durch Kapitalerhaltung (vgl oben Rdn 21, 47). In Höhe der freien Rücklagen dagegen darf das Vermögen der Aktiengesellschaft an die Aktionäre verteilt werden, denn die Gesellschaft kann bei der Aufstellung und Feststellung des Jahresabschlusses im Rahmen der aktienrechtlichen Zusatzrechnung zur Gewinn- und Verlustrechnung (§ 158) Beträge aus freien Rücklagen entnehmen, sie als Bilanzgewinn ausweisen (§ 57 Abs 3) und der Hauptversammlung zur Ausschüttung überantworten (§ 174). **112**

Werden nun **Beträge entgegen dem Gesetz aus gebundenen Rücklagen entnommen, oder** werden Beträge **nicht in gebundene Rücklagen eingestellt**, obwohl sie dorthin gehören, so verstößt das sowohl gegen die Rücklageregeln als auch gegen den Gläubigerschutz durch Kapitalerhaltung. Die Gesellschaft vergeht sich an der Ausschüttungsbemessungsfunktion des Jahresabschlusses und schreibt sich einen Ausschüttungsspielraum zu, der ihr nicht zusteht. Die Bestimmungen des **§ 256 Abs 1 Nr 4** (Rücklagen) **und** des **§ 256 Abs 1 Nr 1** (Gläubigerschutz) **überschneiden sich** insoweit. Auch das LG Mainz **113**

---

272 Ebenso *Zöllner* in Kölner Komm AktG[1] 29; *Schwab* in K Schmidt/Lutter[2] 22; *Hüffer* in MünchKomm AktG[2] 32; *Hüffer*[9] 15.

273 **Anders** *Schwab* in K Schmidt/Lutter[2] 22 aE; dieser beruft sich auf *Brete/Thomsen* GmbHR 2008, 176, 178 zur GmbH, wo die Rechtslage jedoch anders ist.

274 *Schwab* in K Schmidt/Lutter[2] 22; *Hüffer* in MünchKomm AktG[2] 32; *Hüffer*[9] 15; *Adler/Düring/Schmaltz*[6] 34; *Zöllner* in Kölner Komm AktG[1] 12; *Schulze-Osterloh* in Baumbach/Hueck GmbHG[18] § 42a, 24; *Heidel* in Heidel, Aktienrecht und Kapitalmarktrecht[3] § 256, 19.

275 Vgl hierzu und zum Folgenden *T Bezzenberger* Das Kapital der Aktiengesellschaft, 2005, S 16 ff.

spricht in einem Fall, in dem die Gesellschaft eine gebotene ausschüttungssperrende Rücklage für Anteile an ihrem herrschenden Unternehmen nicht gebildet hatte, von einer „Nichtigkeit des Jahresabschlusses gem § 256 Abs 1 Nr 1 und 4".[276] Verstöße gegen Rücklageregeln, die zugleich den Gläubigerschutz untergraben, führen grundsätzlich immer zur Nichtigkeit des Abschlusses; lediglich unbedeutende Fehler bleiben im Wege einer ungeschriebenen Gesetzesausnahme von der Nichtigkeitssanktion ausgenommen (vgl Rdn 85 ff, 119, 121, 125).

114 Wenn demgegenüber die Gesellschaft **Beträge**, die sie eigentlich als Bilanzgewinn ausweisen müsste, **regelwidrig in Rücklagen einstellt**, so verstößt dies zwar gegen die Rücklageregeln, aber nicht gegen den Gläubigerschutz durch Kapitalerhaltung. Ebenso liegt es, wenn Beträge in gebundene, ausschüttungssperrende Rücklage eingestellt werden, die richtiger Weise in die ausschüttungsfähigen, freien Rücklagen gehören. Die Lage der Gläubiger verbessert sich hier sogar, weil mehr Vermögen in der Gesellschaft einbehalten wird und im letzteren Fall auch die Ausschüttungsschranken der Kapitalerhaltung zu hoch angesetzt werden. Die Bestimmung des § **256 Abs 1 Nr 4** ist daher in diesen Fällen keine Spezialregelung zum Gläubigerschutztatbestand des § 256 abs 1 Nr 1, sondern vielmehr ein **eigenständiger Nichtigkeitsgrund** mit eigenem Regelungsgehalt.

115 Soweit § 256 Abs 1 Nr 4 auch bei der Überdotierung von Rücklagen und namentlich von gebundenen Rücklagen die Nichtigkeit des Jahresabschlusses anordnet, schützt die Norm neben der Informationsfunktion des Jahresabschlusses (hierzu Rdn 116) das **Ausschüttungsinteresse der Aktionäre**. Diese werden ähnlich beeinträchtigt wie bei der Unterbewertung von Bilanzposten. Anders als dort steht jedoch gegen eine übertriebene Rücklagenbildung nicht die Sonderprüfung wegen unzulässiger Unterbewertung nach §§ 258 ff als Schutzbehelf zur Verfügung, so dass die Aktionäre stattdessen auf die Nichtigkeitssanktion nach § 256 Abs 1 Nr 4 angewiesen sind. Die Sonderprüfung wegen unzulässiger Unterbewertung greift allerdings nur dann, wenn Bilanzposten „nicht unwesentlich" unterbewertet sind (§§ 258 Abs 1 Nr 1, 259 Abs 2). Entsprechend setzt auch die Nichtigkeit des Jahresabschlusses wegen überzogener Rücklagenbildung einen nicht unwesentlichen Regelverstoß voraus. Es bleiben nicht lediglich im Wege einer ungeschriebenen Gesetzesausnahme unwesentliche Verstöße außer Betracht (wie beim Verstoß gegen den Gläubigerschutz, Rdn 52, 85 ff), sondern der in die falschen Rücklagen eingestellte Betrag muss für die Gewinnteilhaberechte der Aktionäre spürbar ins Gewicht fallen, um die Nichtigkeit des Jahresabschlusses zu rechtfertigen.

116 Und schließlich kann es noch Verstöße gegen Rücklageregeln geben, die weder den Gläubigerschutz durch Kapitalerhaltung noch die Ausschüttungsinteressen der Aktionäre betreffen, sondern allein die **Informationsfunktion des Jahresabschlusses**. Auch insoweit wohnt dem § 256 Abs 1 Nr 4 ein eigener Regelungsgehalt inne, der über den Gläubigerschutz nach § 256 Abs 1 Nr 1 hinausgeht. Ein solcher Verstoß liegt vor, wenn innerhalb der ausschüttungsfähigen oder innerhalb der gebundenen Rücklagen Beträge falsch eingeordnet sind. Ebenso wie andere informationelle Mängel führt dies **nur** dann zur Nichtigkeit der Abschlussfeststellung, **wenn** der **Verstoß besonders schwer** wiegt und das Bild von der Finanz- und Ertragslage der Gesellschaft wesentlich beeinträchtigt. Das ergibt sich im Wege der Analogie aus den Bestimmungen des § 256 Abs 4 über die Gliederungsmängel (vgl Rdn 68) und des § 256 Abs 5 Nr 2, betreffend die Unterbewertung von Bilanzposten (vgl Rdn 94 f, auch 26).

[276] LG Mainz DB 1990, 2361, 2364 re Sp.

117 Wenn ein Verstoß gegen Rücklageregeln (§ 256 Abs 1 Nr 4) zugleich den Gläubigerschutz (§ 256 Abs 1 Nr 1) beeinträchtigt (Rdn 113), stellt sich das Problem, dass die Nichtigkeit des Jahresabschlusses wegen eines Verstoßes gegen die Rücklageregeln bereits nach sechs Monaten heilt, wohingegen bei Verstößen gegen den Gläubigerschutz die Heilungsfrist drei Jahre beträgt (Abs 6 Satz 1). Entgegen vorwaltender Ansicht gilt hier die längere **Heilungsfrist von drei Jahren.**[277] Für den Gläubigerschutz durch Kapitalerhaltung bedeutet es keinen Unterschied, ob die Gesellschaft ihren Ausschüttungsspielraum durch eine Überbewertung von Bilanzposten übertreibt oder dadurch, dass sie die gebotene Bildung einer gebundenen Rücklage unterlässt. Und Sinn und Zweck der Nichtigkeitssanktion nach § 256 Abs 1 Nr 4 ist es nicht, bei Verstößen gegen den Gläubigerschutz die Heilung deshalb zu erleichtern, weil zugleich gegen Rücklageregeln verstoßen wird.

118 **bb) Kapitalrücklage.** Zu den gebundenen, ausschüttungssperrenden Rücklagen gehört vor allem die Kapitalrücklage, jedenfalls in den meisten ihrer Bestandteile (§ 272 Abs 2 Nr 1–3 HGB, § 150 Abs 3–4 AktG). In die Kapitalrücklage werden insbesondere die Einlageaufgelder der Aktionäre eingestellt, also der Betrag, den die Gesellschaft bei der Ausgabe von Aktien über den Nennbetrag oder den anteiligen Grundkapitalsbetrag der Aktien hinaus erlöst (§ 272 Abs 2 Nr 1 HGB). Als Kapitalrücklage sind daneben die Beträge auszuweisen, welche die Gesellschaft bei der Ausgabe von Options- oder Wandelanleihen für die Options- oder Wandelrechte erhält (§ 272 Abs 2 Nr 2 HGB), des weiteren Zuzahlungen von Aktionären gegen Gewährung von Vorzugsrechten für ihre Aktien (§ 272 Abs 2 Nr 3 HGB), und außerdem können oder müssen bei Kapitalherabsetzungen bestimmte Beträge in die Kapitalrücklage eingestellt werden, um die Verminderung des Grundkapitals auszugleichen (§ 229, §§ 230–233, § 237 Abs 5). Alle diese Bestandteile der **Kapitalrücklage** sind **gebunden,** sperren also in entsprechender Höhe das Gesellschaftsvermögen gegen eine Ausschüttung an die Aktionäre. Denn diese Kapitalrücklagen dürfen nach § 150 Abs 3–4 nur zum Verlustausgleich aufgelöst werden, und auch das zum Teil nur nachrangig nach den freien Gewinnrücklagen. Ferner sind als Kapitalrücklage „andere Zuzahlungen" von Aktionären in das Eigenkapital der Gesellschaft auszuweisen (§ 272 Abs 2 Nr 4 HGB); für diesen Teil der Kapitalrücklage gilt die Ausschüttungssperre nicht (§ 150 Abs 3–4)[278].

119 Werden Beträge, die eigentlich in die gebundenen Kapitalrücklagen nach § 272 Abs 2 Nr 1–3 gehören, regelwidrig als ausschüttungsfähige Kapitalrücklage nach § 272 Abs 2 Nr 4 ausgewiesen[279], so verstößt dies sowohl gegen die Rücklageregeln als auch gegen den **Gläubigerschutz,** und dies macht den Jahresabschluss grundsätzlich nichtig (vgl oben Rdn 113). Werden dagegen innerhalb der gebundenen Kapitalrücklagen Beträge falsch zugeordnet, so berührt dies nicht den Gläubigerschutz, sondern lediglich die **Informationsfunktion** des Jahresabschlusses und macht den Jahresabschluss nur bei wesentlicher Verfälschung nichtig (oben Rdn 116).

120 Wenn **Aktionäre Zuzahlungen in das Eigenkapital** leisten, meist weil es der Gesellschaft schlecht geht, so kann die Gesellschaft solche Zuzahlungen nach herrschender Meinung entweder erfolgsneutral in die Kapitalrücklage einstellen (§ 272 Abs 2 Nr 4),

---

[277] **Anders,** nämlich für Geltung der kurzen Heilungsfrist von sechs Monaten in allen Fällen des § 256 Abs 1 Nr 4, *Adler/Düring/Schmaltz*[6] 34; *Rölike* in Spindler/Stilz[2] 41; im gleichen Sinne *Zöllner* in Kölner Komm AktG[1] 12; *Hüffer* in MünchKomm AktG[2] 32.

[278] AllgM, auch RegE BilMoG, BT-Drucks 16/10067 v 30.7.2008, Anlage 1, Begründung zu Art 1 Nr 23 (§ 272 HGB), S 66 li Sp.

[279] Vgl zu den hier berührten Fragen BayObLG NJW-RR 2002, 1036 f.

oder sie kann die Mittel erfolgswirksam als außerordentlichen Ertrag ausweisen. Es kommt angeblich auf die Zweckbestimmung der Zuwendung an[280] oder darauf, was die Gesellschaft mit dem zuzahlenden Aktionär vereinbart, ob dieser also zum Verlustausgleich gezahlt hat, oder ob sein Beitrag wie eine Kapitaleinlage gemeint war.[281] Das ist jedoch nicht richtig; vielmehr müssen solche Beträge auf der Passivseite der Bilanz immer als Kapitalrücklage ausgewiesen werden,[282] weil es sich bei den Leistungen um Finanzierungsbeiträge handelt, die ebenso wie Einlagen aus dem Gesellschaftsverhältnis entspringen, und nicht um Erträge aus der Geschäftstätigkeit nach außen. Stellt also die Gesellschaft den Betrag nicht in die Kapitalrücklage ein, so liegt hierin ein Verstoß gegen die Rücklagenregel des § 256 Abs 1 Nr 4. Wenn man demgegenüber der herrschenden Meinung folgt, und auf die vereinbarte Zweckbestimmung mit dem zuzahlenden Aktionär abstellt, so können auch Verstöße gegen diese Zweckbestimmung zur Nichtigkeit des Jahresabschlusses nach § 256 Abs 1 Nr 4 führen.[283] Dem lässt sich nicht entgegenhalten, dass die Verletzung einer bloßen Verwendungsvereinbarung keine Abschlussnichtigkeit rechtfertige.[284] Die Vereinbarung legt das Wesen der Zuwendung als Finanzierungsbeitrag oder Ertrag fest, und wenn dies im Jahresabschluss nicht wiedergegeben wird, ist der Abschluss inhaltlich fehlerhaft. Die hier angesprochenen Verstöße machen den Jahresabschluss indessen nur dann nichtig, wenn sie das Bild wesentlich verfälschen, weil die Kapitalrücklage nach § 272 Abs 2 Nr 4 ausschüttungsfähig ist und nicht dem Gläubigerschutz dient; der Abschlussmangel betrifft daher nur die Informationsfunktion des Jahresabschlusses (vgl Rdn 116, 118 aE).

121 cc) **Gesetzliche Gewinnrücklage.** Bei den Gewinnrücklagen, den einbehaltenen Gewinnen früherer Jahre, muss man zwischen den gebundenen und den freien, ausschüttungsfähigen Rücklagen unterscheiden. Zu den gebundenen Gewinnrücklagen gehört vor allem die gesetzliche Rücklage oder besser gesetzliche Gewinnrücklage (§ 150 Abs 1–2). In diese müssen jährlich 5 % des um einen Verlustvortrag aus dem Vorjahr geminderten Jahresüberschusses eingestellt werden, bis die gesetzliche Gewinnrücklage und die gebundenen Bestandteile der Kapitalrücklage (§ 272 Abs 2 Nr 1–3 HGB) zusammen 10 % oder einen in der Satzung bestimmten höheren Teil des Grundkapitals erreichen (§ 150 Abs 2). Werden Jahresüberschuss-Beträge regelwidrig nicht in die gesetzliche Gewinnrücklage eingestellt, so verstößt dies sowohl gegen die Rücklageregeln als auch gegen den Gläubigerschutz und führt daher grundsätzlich zur Nichtigkeit des Jahresabschlusses (Rdn 113). Wird dagegen die gesetzliche Gewinnrücklage überdotiert, sind außer der Informationsfunktion des Jahresabschlusses die Ausschüttungsinteressen der Aktionäre beeinträchtigt, und die Nichtigkeit des Jahresabschlusses nach § 256 Abs 1 Nr 4 tritt nur ein, wenn der fehlgeleitete Betrag nicht unwesentlich war (vgl Rdn 115). Die gesetzliche Gewinnrücklage darf ebenso wie die Kapitalrücklage nur zum Ausgleich von Verlusten aufgelöst werden (§ 150 Abs 3–4) oder im Zuge einer Kapitalerhöhung aus Gesellschaftsmitteln in Grundkapital umgewandelt werden (§§ 207 ff). Regelwidrige Entnahmen verstoßen gegen den Gläubigerschutz und führen daher grundsätzlich zur Nichtigkeit des Jahresabschlusses.

---

[280] *Hüttemann* in Großkomm HGB[4] § 272, 41; in gleichem Sinne IDW HFA-Stellungnahme 2/1996: Zur Bilanzierung privater Zuschüsse, Tz 22, WPg 1996, 709, 712 re Sp.

[281] *Adler/Düring/Schmaltz*[6] 33; *H-P Müller* FS Heinsius, 1991, S 591, 595, 606.

[282] *Schulze-Osterloh* in Baumbach/Hueck GmbHG[18] § 42, 207 mit ausf Nw zum Meinungsstand.

[283] *Adler/Düring/Schmaltz*[6] 33; *H-P Müller* FS Heinsius, 1991, S 591, 595 f. **Anders** *Hüffer* in MünchKomm AktG[2] 34.

[284] **So aber** *Hüffer* in MünchKomm AktG[2] 34.

dd) Ausschüttungsfähige Gewinnrücklagen. Diese Rücklagen werden vom Gesetz als **„andere Gewinnrücklagen"** bezeichnet (§ 266 Abs 3 A III 4 HGB, §§ 58, 150, 158 AktG), um sie von der gebundenen gesetzlichen Gewinnrücklage zu unterscheiden. Die Verwaltungsorgane können bei der Aufstellung und Feststellung des Jahresabschlusses im Rahmen der aktienrechtlichen Zusatzrechnung zur Gewinn- und Verlustrechnung (§ 158) von Gesetzes wegen bis zur Hälfte des Jahresüberschusses in solche anderen Gewinnrücklagen einstellen und so in der Gesellschaft einbehalten (§ 58 Abs 2 Satz 1); die Satzung kann auch mehr erlauben (§ 58 Abs 2 Satz 2–3). Der restliche Jahresüberschuss muss als Bilanzgewinn ausgewiesen und der Hauptversammlung zur Verwendung unterbreitet werden. In ihrem Beschluss über die Verwendung des Bilanzgewinns (§ 174) kann die Hauptversammlung dann weitere Beträge in die freien Gewinnrücklagen einstellen (§§ 58 Abs 3 Satz 1, 174 Abs 2 Nr 3), soweit dadurch das Anrecht der Aktionäre auf Dividenden (§ 58 Abs 4) nicht übermäßig verkürzt wird (§ 254). Die freien Gewinnrücklagen können später in Bilanzgewinn verwandelt (§ 158) und an die Aktionäre ausgeschüttet werden (§ 174). Außerdem können diese Rücklagen zum Ausgleich von Jahresfehlbeträgen oder Verlustvorträgen aufgelöst werden (§ 158, auch § 150), und sie können auch von der Hauptversammlung im Zuge einer Kapitalerhöhung aus Gesellschaftsmitteln in Grundkapital umgewandelt werden (§§ 207 ff). 122

Stellen Vorstand und Aufsichtsrat bei der Feststellung des Jahresabschlusses **Beträge aus dem Jahresüberschuss in die Gewinnrücklagen** ein, obwohl die Beträge nach Gesetz oder Satzung in den Bilanzgewinn hätten einfließen müssen (§ 58 Abs 2), so führt dies nach § 256 Abs 1 Nr 4 zur Nichtigkeit des Jahresabschlusses, und zwar auch bei Verstößen gegen die Satzung.[285] Die Nichtigkeitssanktion tritt allerdings nur ein, wenn der falsch eingestellte Betrag nicht unwesentlich ist (vgl Rdn 115). Stellt dagegen erst später die Hauptversammlung im Gewinnverwendungsbeschluss zu hohe Beträge aus dem Bilanzgewinn in andere Gewinnrücklagen ein, so wird hierdurch der Jahresabschluss für das abgelaufene Geschäftsjahr nicht berührt, denn die neu gebildeten Gewinnrücklagen schlagen erst im Jahresabschluss für das Geschäftsjahr des Gewinnverwendungsbeschlusses zu Buche. Und dieser Jahresabschluss ist nicht deshalb nach § 256 Abs 1 Nr 4 nichtig, weil die Rücklagen regelwidrig gebildet worden sind.[286] Denn die Rücklagenregeln wurden nicht bei der Feststellung des Jahresabschlusses verletzt, sondern durch den vorangegangenen Gewinnverwendungsbeschluss der Hauptversammlung. Und wenn dieser nicht erfolgreich angefochten wird (§§ 243, 254), ist er gültig und auch für die Rechnungslegung maßgebend. 123

ee) Rücklage für Anteile an einer Obergesellschaft. Eine besondere gebundene Rücklage, die zu den Gewinnrücklagen gehört, ist die Rücklage für Anteile an einem herrschenden oder mit Mehrheit beteiligten Unternehmen (§ 272 Abs 4 HGB). Sie entspricht dem Betrag, mit dem die Untergesellschaft auf der Aktivseite ihrer Bilanz die Anteile an der Obergesellschaft ansetzt (§ 272 Abs 4 Satz 2 HGB). Die Rücklage muss zu Lasten ausschüttungsfähiger Gewinne oder frei verfügbarer Rücklagen gebildet werden, und sie bleibt bestehen, bis die Anteile wieder veräußert oder aus einem anderen Grunde nicht mehr aktiviert sind (§ 272 Abs 4 Satz 3–4 HGB). So lange sperrt die Rücklage das bilan- 124

---

[285] OLG Stuttgart ZIP 2003, 1981, 1982 f; *Adler/Düring/Schmaltz*[6] 33; hiervon ausgehend auch OLG Stuttgart WM 2006, 292, 295. Die Gesellschaft kann den Abschlussmangel nicht mit dem Argument beheben, dass ebensogut die Hauptversammlung in ihrem Gewinnverwendungsbeschluss die fraglichen Beträge in die Rücklagen hätte einstellen können, OLG Stuttgart ZIP 2003, 1981, 1983 li Sp.

[286] *Zöllner* in Kölner Komm AktG[1] 31.

ziell auf die Anteile an der Obergesellschaft entfallende Vermögen der Untergesellschaft gegen eine Ausschüttungn an deren Aktionäre. Das Gesetz misstraut dem Wertansatz von Anteilen an der Obergesellschaft in den Händen der Untergesellschaft. Denn soweit das Vermögen der Obergesellschaft seinerseits aus den Anteilen an der Untergesellschaft besteht, weisen Anteile an der Obergesellschaft der Untergesellschaft mittelbar nur ihr eigenes Vermögen zu, das sie ohnehin schon hat.

125 Diese Regeln über die Bildung und Erhaltung von Rücklagen für Anteile an einem herrschenden oder mit Mehrheit beteiligten Unternehmen (§ 272 Abs 4 HGB) dienen dem Gläubigerschutz. Wird eine solche Rücklage nicht gebildet, obwohl sie gebildet werden müsste, so macht dies den Jahresabschluss nichtig,[287] wenn es sich nicht um unbedeutende Rechtsverstöße handelt (Rdn 113, 117). Ebenso verhält es sich, wenn die Rücklage aufgelöst wird, bevor sie aufgelöst werden darf. Wird demgegenüber eine Rücklage für Anteile an einer Obergesellschaft ohne Grund oder überhöht gebildet, so beeinträchtigt das nicht den Gläubigerschutz, sondern das Gewinnteilhaberecht der Aktionäre, und der Jahresabschluss ist nur dann nach § 256 Abs 1 Nr 4 nichtig, wenn der Betrag nicht unwesentlich ist (vgl Rdn 115).

f) Fristablauf bei der bilanziellen Vorwegnahme von Kapitalmaßnahmen (Eingangsworte)

126 **aa) Bilanziell vorweggenommene Kapitalherabsetzung (§ 234 Abs 3).** Die Eingangsworte des § 256 verweisen auf einige andere Gesetzesbestimmungen, die eine Nichtigkeit des Jahresabschlusses in speziellen Zusammenhängen anordnen. Hierzu gehört § 234 Abs 3. Dort geht es um die **vereinfachte Kapitalherabsetzung** zum Ausgleich von Verlusten (§§ 229 ff). Eine Kapitalherabsetzung wird erst mit Eintragung des Kapitalherabsetzungsbeschlusses im Handelsregister wirksam (§§ 224, 229 Abs 3) und wirkt gesellschaftsrechtlich nicht zurück. Die Kapitalherabsetzung kann **allerdings bilanziell** zurückbezogen, das heißt schon im vorangegangenen Jahresabschluss berücksichtigt werden. Hierzu bestimmt das Gesetz:

> „§ 234 **Rückwirkung der Kapitalherabsetzung.** (1) Im Jahresabschluss für das letzte vor der Beschlussfassung über die Kapitalherabsetzung abgelaufene Geschäftsjahr können das gezeichnete Kapital sowie die Kapital- und Gewinnrücklagen in der Höhe ausgewiesen werden, in der sie nach der Kapitalherabsetzung bestehen sollen.
>
> (2) [1]In diesem Fall beschließt die Hauptversammlung über die Feststellung des Jahresabschlusses. [2]Der Beschluss soll zugleich mit dem Beschluss über die Kapitalherabsetzung gefasst werden.
>
> (3) [1]Die Beschlüsse sind nichtig, wenn der Beschluss über die Kapitalherabsetzung nicht binnen drei Monaten nach der Beschlussfassung in das Handelsregister eingetragen worden ist."

127 Die in § 234 Abs 3 Satz 1 angeordnete Beschlussnichtigkeit wird anschließend im Gesetz wiederholend in Bezug genommen, nämlich am Anfang von § 241 für den Kapitalherabsetzungsbeschluss und in den Eingangsworten des § 256 Abs 1 für die Feststellung des Jahresabschlusses.

128 **bb) Bilanziell vorweggenommene Kapitalherabsetzung und Kapitalerhöhung (§ 235 Abs 2).** Eine weitere und verwandte Sonderregel über die Nichtigkeit des Jahresabschlusses findet sich in § 235 Abs 2. Dort geht es um den Fall, dass zugleich mit der Kapital-

[287] Für Nichtigkeit des Jahresabschlusses in einem solchen Fall LG Mainz DB 1990, 2361, 2363 ff.

herabsetzung eine Wiedererhöhung des Grundkapitals beschlossen wird. Beides kann nach § 235 Abs 1 bilanziell vorweggenommen (zurückbezogen) werden. Nach § 235 Abs 2 Satz 1 sind jedoch „[s]ämtliche Beschlüsse", also die Hauptversammlungsbeschlüsse über die Kapitalherabsetzung, die Kapitalerhöhung und über die Feststellung des Jahresabschlusses, „nichtig, wenn die Beschlüsse über die Kapitalherabsetzung und die Kapitalerhöhung und die Durchführung der Erhöhung nicht binnen drei Monaten nach der Beschlussfassung in das Handelsregister eingetragen worden sind". Auch diese Nichtigkeit wird dann in den Eingangsworten des § 256 noch einmal für den Jahresabschluss in Bezug genommen und in § 241 für die Beschlüsse über die Kapitalmaßnahmen.

cc) **Unwirksamkeit der Abschlussfeststellung.** In den Fällen des § 234 Abs 3 und § 235 Abs 2 geht es streng genommen nicht um eine Nichtigkeit, sondern um eine **schwebende Unwirksamkeit** der Hauptversammlungsbeschlüsse über die Kapitalveränderungen und über die Feststellung des Jahresabschlusses.[288] Die Beschlüsse verstoßen nicht gegen Rechtsnormen, sondern ihr Wirksamwerden hängt noch vom Hinzutreten weiterer Voraussetzungen ab, nämlich der fristgemäßen Eintragung der Kapitalveränderungen im Handelsregister. Die schwebend unwirksamen Beschlüsse über die Kapitalmaßnahmen und auch über die Feststellung des Jahresabschlusses werden wirksam, wenn die Kapitalmaßnahmen innerhalb von drei Monaten eingetragen sind, und sie werden endgültig unwirksam, wenn innerhalb der Frist keine Eintragung erfolgt.[289] So wird der Zeitraum der Ungewissheit über die Wirksamkeit der Kapitalmaßnahme und ihres bilanziellen Rückbezugs zeitlich begrenzt.[290] **129**

dd) **Heilung und rechtsgeschäftliche Ausweichmöglichkeiten.** Werden die Kapitalveränderungen nicht binnen dreier Monate im Handelsregister eingetragen, so dass sie nach §§ 234 Abs 3 oder 235 Abs 2 unwirksam sind, heilt die Unwirksamkeit und die Kapitalmaßnahmen werden wirksam, wenn sie nach Ablauf der Drei-Monats-Frist doch noch in das Handelsregister eingetragen werden, und wenn dann noch einmal drei Jahre verstreichen (**§ 242 Abs 2 und 3**). Dann heilt auch der Beschluss über die Feststellung des Jahresabschlusses und damit der Abschluss als solcher.[291] Das ist zwar im Gesetz nicht eigens vorgesehen (§ 256 Abs 6), aber wenn die Kapitalveränderungen jetzt so behandelt werden, als wäre von Anfang an alles richtig verlaufen, muss das folgerichtig auch für den Jahresabschluss gelten, der die Kapitalmaßnahmen abbildet. **130**

Die Hauptversammlung kann die **Kapitalveränderungen** auch mit der Maßgabe beschließen, dass sie **unabhängig** von einem rückwirkenden Einbezug in die letzte Bilanz **gelten** sollen,[292] und dass sie auch unabhängig davon gelten sollen, ob sie in drei Monaten eingetragen werden. Wenn dann die Kapitalmaßnahmen als solche in Ordnung sind, **131**

---

[288] *Zöllner* in Kölner Komm AktG[1] 92; *Lutter* in Kölner Komm AktG[2] § 234, 19; *Rölike* in Spindler/Stilz[2] 17, 19; der Sache nach auch *Hüffer* in MünchKomm AktG[2] 13; *Hüffer*[9] 5.

[289] *Hüffer*[9] 5; *Schwab* in K Schmidt/Lutter[2] 4; ähnlich *Lutter* in Kölner Komm AktG[2] § 234, 19.

[290] *Hüffer* in MünchKomm AktG[2] 13; *Lutter* in Kölner Komm AktG[2] § 234, 17; *Rölike* in Spindler/Stilz[2] 17.

[291] *Lutter* in Kölner Komm AktG[2] § 234, 20; *Zöllner* in Kölner Komm AktG[1] 94; *Hüffer* in MünchKomm AktG[2] 13; *Caspar* Die Heilung nichtiger Beschlüsse im Kapitalgesellschaftsrecht, 1998, S 323 f; *Schwab* in K Schmidt/Lutter[2] 4; *Rölike* in Spindler/Stilz[2] 19 aE, 73; *Hüffer*[9] § 256, 5, § 234, 10, § 235, 11; *Krieger* in MünchHandB AG[3] § 61, 39; *Schilling* in Voraufl Anm 19. **Skeptisch** *Adler/Düring/Schmaltz*[6] 85.

[292] *Lutter* in Kölner Komm AktG[2] § 234, 17; *Krieger* in MünchHandB AG[3] § 61, 39.

haben sie Bestand. Der Beschluss der Hauptversammlung über die Feststellung des Jahresabschlusses ist dagegen schwebend unwirksam und wird endgültig unwirksam, wenn die Kapitalmaßnahmen nicht binnen dreier Monate eingetragen werden.[293] Eine Heilung der Abschluss-Unwirksamkeit ist auch in diesem Fall in § 256 Abs 6 nicht ausdrücklich vorgesehen, tritt aber in entsprechender Anwendung dieser Regel drei Jahre nach Offenlegung des Jahresabschlusses ein. Es handelt sich um einen Inhaltsmangel des Jahresabschlusses;[294] der Abschluss bildet eine Kapitalstruktur ab, die er nicht abbilden darf. Und dieser Mangel wiegt nicht schwerer als diejenigen inhaltlichen Abschlussmängel, bei denen § 256 Abs 6 Satz 1 die Heilung der Nichtigkeit nach Ablauf dreier Jahre anordnet (vgl Rdn 269).

2. Prüfungsmängel

132 a) **Grundsatz und Hauptfälle.** Außer wegen inhaltlicher Mängel kann ein festgestellter Jahresabschluss auch wegen Prüfungsmängeln nichtig sein. Das ist allerdings bei weitem nicht schon der Fall, wenn die Abschlussprüfung in irgendeiner Weise gegen die zahlreichen rechtlichen Anforderungen an eine solche Prüfung verstößt. Erst Recht kommt es nicht auf das Ergebnis der Prüfung an. Die Nichtigkeit des Jahresabschlusses wegen Prüfungsmängeln setzt vielmehr ganz **besonders schwere**, tatbestandlich abgegrenzte **Verstöße** voraus, die in § 256 **abschließend aufgezählt** sind. Dazu zählen vor allem die Fälle, dass beim Bestehen einer gesetzlichen (und nicht nur statutarischen[295]) Prüfungspflicht der Jahresabschluss überhaupt nicht von einem Abschlussprüfer geprüft worden ist (§ 256 Abs 1 Nr 2), oder dass der gesetzlich prüfungspflichtige Jahresabschluss von unberufenen Personen geprüft worden ist (§ 256 Abs 1 Nr 3), wobei im letzteren Fall noch einmal zwischen der fehlenden Prüferbefähigung und der fehlenden Prüferbestellung unterschieden wird. Die Abgrenzung zwischen der fehlenden Prüfung überhaupt (Nr 2) und der Prüfung durch unberufene Personen (Nr 3) ist wichtig, denn bei einer Prüfung durch unberufene Personen wird die Nichtigkeit durch Zeitablauf geheilt, und zwar schon nach sechs Monaten, wohingegen es bei Nichtigkeit wegen gänzlich fehlender Prüfung keine Heilungsmöglichkeit gibt (§ 256 Abs 6 Satz 1). Ist der Nichtigkeitstatbestand des § 256 Abs 1 Nr 3 erfüllt, so kommt Nr 2 nicht zur Geltung, weil Nr 3 die speziellere Norm ist.[296]

b) Fehlende Prüfung (Abs 1 Nr 2 Fall 1 und § 316 Abs 1 HGB)

133 aa) **Überblick und Grundgedanken.** Der Jahresabschluss ist nach § 256 Abs 1 Nr 2 Fall 1 nichtig, und zwar ohne die Möglichkeit einer Heilung (§ 256 Abs 6 Satz 1), wenn er im Falle einer gesetzlichen Prüfungspflicht nicht nach § 316 Abs 1 HGB geprüft worden ist. Die hier in Bezug genommene Bestimmung lautet:

> „**§ 316 [HGB] Pflicht zur Prüfung.** (1) [1]Der Jahresabschluss und der Lagebericht von Kapitalgesellschaften, die nicht kleine im Sinne des § 267 Abs. 1 sind, sind durch einen Abschlussprüfer zu prüfen. [2]Hat keine Prüfung stattgefunden, so kann der Jahresabschluss nicht festgestellt werden."

134 Aus dem zweiten Satz dieser Norm zieht § 256 Abs 1 Nr 2 die nahe liegende Folgerung, dass eine ohne vorhergehende Prüfung beschlossene Feststellung des Jahresab-

---

[293] *Krieger* in MünchHandB AG[3] § 61, 39.

[294] **Anders** *Balthasar* Die Bestandskraft handelsrechtlicher Jahresabschlüsse, 1999, S 203 (Verfahrensfehler).

[295] *Rölike* in Spindler/Stilz[2] 27 und allg M.

[296] *Ebke* FS Röhricht, 2005, 833, 839–842; *Adler/Düring/Schmaltz*[6] 14, 19; *Zöllner* in Kölner Komm AktG[1] 54; *Rölike* in Spindler/Stilz[2] 26; *Schilling* in Voraufl Anm 5.

schlusses nichtig ist. Das ist allemal der Fall, **wenn** eine **Prüfung** des Jahresabschlusses **schlichtweg unterblieben** ist, etwa weil die Gesellschaft sie nicht für erforderlich gehalten hat. Darüber hinaus ist der Jahresabschluss **aber auch** dann nach § 256 Abs 1 Nr 2 oder jedenfalls in entsprechender Anwendung dieser Bestimmung nichtig, **wenn** das Gebaren des Abschlussprüfers **ganz und gar unzulänglich** war, so dass es den Namen „Prüfung" nicht verdient, denn auch dann hat bei rechtlich wertender Betrachtung keine Prüfung stattgefunden.[297] Hierfür muss man bestimmte Mindestanforderungen an eine Abschlussprüfung stellen, und zwar betreffend die Prüfungshandlungen, den Prüfungsbericht und den Bestätigungs- oder Versagungsvermerk.[298]

bb) **Mindestanforderungen an die Prüfungshandlungen.** Eine Feststellung des Jahresabschlusses ist nach § 265 Abs 1 Nr 2 Fall 1 nichtig, wenn die Verrichtungen des Abschlussprüfers dermaßen unzulänglich waren, dass man sie rechtlich gesehen **nicht als Prüfungshandlungen** im Hinblick auf den Jahresabschluss **bezeichnen** kann. Eine unterlassene oder mangelhafte Prüfung bezüglich einzelner Vermögensgegenstände oder Abschlussposten oder vergleichbare Fehler der Abschlussprüfung reichen hierfür nicht aus.[299] Denn die Nichtigkeit des Jahresabschlusses ergibt sich nicht schon aus einer Verletzung der Regeln über den Gegenstand und Umfang der Prüfung (§ 317 HGB), auf die § 256 nicht verweist, sondern erst daraus, dass eine Prüfung im Rechtssinne überhaupt nicht stattgefunden hat. Von einer solchen Nicht-Prüfung kann man erst sprechen, wenn der Abschlussprüfer nicht einmal einzelne, ausgewählte und wichtige Abschlussposten mit der Buchführung abgleicht oder, wie es oft heißt, wenn der Abschlussprüfer ganze Bilanzposten oder Gruppen von Bilanzposten wie Anlagevermögen oder Umlaufvermögen oder Verbindlichkeiten aus seiner Tätigkeit ausklammert,[300] sofern diese Posten wichtig sind,[301] oder wenn jede Prüfung des Anhangs unterlassen wird.[302] Nicht zur Nichtigkeit des Jahresabschlusses führt dagegen die unterlassene Prüfung des Lageberichts, des Abhängigkeitsberichts oder des Frühwarnsystems (vgl §§ 91 Abs 2 und 313 AktG, § 317 Abs 4 HGB), weil sie alle nicht zum festgestellten Jahresabschluss gehören, auf dessen Prüfung § 256 Abs 1 Nr 2 abstellt[303] (vgl oben Rdn 31). 135

cc) **Mindestanforderungen an den Prüfungsbericht.** Ein Fehlen des Prüfungsberichts im Zeitpunkt der Abschlussfeststellung macht den Jahresabschluss ebenfalls nichtig, und 136

---

[297] In diesem Grundsatz übereinstimmend RG WPg 1970, 421 = Bankwirtschaft 1945, 26; OLG Stuttgart DB 2009, 1521, 1524 ff; OLG Hamburg AG 2002, 460, 461 re Sp; *Hüffer* in MünchKomm AktG[2] 20 ff; *Hüffer*[9] 10 ff; *Zöllner* in Kölner Komm AktG[1] 55 ff; *Rölike* in Spindler/Stilz[2] 29 ff; *Schwab* in K Schmidt/Lutter[2] 23; *Habersack* NZG 2003, 659, 660 f, 663 li Sp; *Adler/Düring/Schmaltz*[6] 16; *Ebke* FS Röhricht, 2005, 833, 839; *Heidel* in Heidel, Aktienrecht und Kapitalmarktrecht[3] § 256, 13 ff. Hiervon ausgehend auch OLG Celle AG 1961, 105 f.

[298] *Hüffer* in MünchKomm AktG[2] 20 ff; *Zöllner* in Kölner Komm AktG[1] 55 ff; *Rölike* in Spindler/Stilz[2] 29 ff; *Hüffer*[9] 10 ff; *Habersack* NZG 2003, 659, 661 f.

[299] *Hüffer*[9] 11; *Adler/Düring/Schmaltz*[6] 16. **Anders** *Heidel* in Heidel, Aktienrecht und Kapitalmarktrecht[3] § 256, 14.

[300] *Hüffer* in MünchKomm AktG[2] 22; *Hüffer*[9] 11; *Schwab* in K Schmidt/Lutter[2] 23; *Rölike* in Spindler/Stilz[2] 30; *Zöllner* in Kölner Komm AktG[1] 55; dem zuneigend auch OLG Hamburg AG 2002, 460, 461 re Sp.

[301] OLG Hamburg AG 2002, 460, 461 re Sp; *Zöllner* in Kölner Komm AktG[1] 55; *Rölike* in Spindler/Stilz[2] 30; *Schilling* in Voraufl Anm 5.

[302] *Hüffer* in MünchKomm AktG[2] 22.

[303] *Adler/Düring/Schmaltz*[6] 17; *Hüffer* in MünchKomm AktG[2] 22; *Rölike* in Spindler/Stilz[2] 27.

gleiches gilt, wenn der Bericht so unzulänglich ist, **dass er den Namen Prüfungsbericht nicht verdient.**[304] Um die Nichtigkeitsfolge nach § 256 Abs 1 Nr 2 zu vermeiden, muss der Prüfungsbericht **schriftlich** abgefasst[305] und vom Prüfer **unterzeichnet** sein (vgl § 321 Abs 1 Satz 1 HGB).[306] Eine fehlende Siegelung (§ 48 WPO) ist dagegen unschädlich.[307] Legt der Abschlussprüfer zunächst nur einen Entwurf für den Prüfungsbericht vor, so genügt es, wenn er die vorgelegte Fassung gegenüber dem Aufsichtsrat für endgültig erklärt und unterschreibt, bevor über die Feststellung des Jahresabschlusses Beschluss gefasst wird.[308] Aus dem Prüfungsbericht muss hervorgehen, dass der Abschlussprüfer den Jahresabschluss geprüft hat,[309] und dass er die Prüfung als abgeschlossen betrachtet,[310] so dass jetzt der Aufsichtsrat am Zug ist. Außerdem muss über das **Prüfungsergebnis** berichtet werden; auch das gehört zum Wesen der Prüfung (vgl § 321 Abs 1 Satz 1 HGB). Dabei genügt es im Rahmen der Nichtigkeitskontrolle, wenn der Abschlussprüfer sinngemäß erklärt, ob der Jahresabschluss den gesetzlichen Vorschriften entspricht (vgl § 321 Abs 2 Satz 1 HGB), und ob er insgesamt ein zutreffendes Bild von der Lage der Gesellschaft vermittelt (vgl § 321 Abs 2 Satz 3 HGB).[311]

137 Nicht zu den unverzichtbaren Voraussetzungen für eine wirksame Feststellung des Jahresabschlusses gehören dagegen die im Prüfungsbericht gebotene Stellungnahme des Abschlussprüfers zur Lagebeurteilung des Vorstands (vgl § 321 Abs 1 Satz 2 HGB),[312] die Redepflicht des Abschlussprüfers im Hinblick auf Regelverstöße der Unternehmensleiter oder bedrohliche Zukunftsaussichten (vgl § 321 Abs 1 Satz 3 HGB)[313] sowie die Angaben über die einzelnen Gehalte des Jahresabschlusses (vgl § 321 Abs 2 Satz 4–5 HGB)[314] sowie über Gegenstand, Art und Umfang der Prüfung und die angewandten Standards (vgl § 321 Abs 3 HGB).[315] Selbst wenn dem Aufsichtsrat bei der Feststellung des Jahresabschlusses noch kein ausführlicher Prüfungsbericht des Abschlussprüfers vorliegt, sondern nur ein **Kurzbericht,** ist der Jahresabschluss nicht nach § 256 Abs 1 Nr 2 wegen fehlender Prüfung nichtig.[316] In solchen Fällen kann jedoch ein Informationsmangel und damit ein Verfahrensfehler auf Seiten des Aufsichtsrats vorliegen, der die Beschlussfassung über die Feststellung des Jahresabschlusses nach § 256 Abs 2 nichtig macht (vgl Rdn 190, 195).

---

[304] RG WPg 1970, 421, 423 ff; *Hüffer* in MünchKomm AktG[2] 23; *Hüffer*[9] 11; *Adler/Düring/Schmaltz*[6] 17; *Zöllner* in Kölner Komm AktG[1] 56 ff; *Schilling* in Voraufl Anm 5. Hiervon ausgehend auch OLG Celle AG 1961, 105 f.

[305] RG WPg 1970, 421, 423 re Sp; OLG Stuttgart DB 2009, 1521, 1525 li Sp; *Hüffer* in MünchKomm AktG[2] 23; *Hüffer*[9] 11; *Zöllner* in Kölner Komm AktG[1] 57; *Rölike* in Spindler/Stilz[2] 31; wohl auch OLG Celle AG 1961, 105 f.

[306] OLG Stuttgart DB 2009, 1521, 1525 f; *Hüffer* in MünchKomm AktG[2] 23; *Hüffer*[9] 11; *Rölike* in Spindler/Stilz[2] 31; wohl auch RG WPg 1970, 421, 425 re Sp; OLG Celle AG 1961, 105 f.

[307] OLG Stuttgart DB 2009, 1521, 1525; *Schwab* in K Schmidt/Lutter[2] 23.

[308] OLG Stuttgart DB 2009, 1521, 1525 li Sp; *Schwab* in K Schmidt/Lutter[2] 23.

[309] RG WPg 1970, 421, 424, 425 re Sp; OLG Celle AG 1961, 105 f.

[310] RG WPg 1970, 421, 424 li Sp, 425 re Sp.

[311] Vgl OLG Celle AG 1961, 105 f; *Hüffer* in MünchKomm AktG[2] 23.

[312] *Hüffer* in MünchKomm AktG[2] 23.

[313] *Zöllner* in Kölner Komm AktG[1] 61; *Hüffer* in MünchKomm AktG[2] 23.

[314] **Anders** *Zöllner* in Kölner Komm AktG[1] 59; *Hüffer*[9] 11; auch *Hüffer* in MünchKomm AktG[2] 23.

[315] *Hüffer* in MünchKomm AktG[2] 23.

[316] RG WPg 1970, 421; OLG Celle AG 1961, 105 f; *Zöllner* in Kölner Komm AktG[1] 60; *Hüffer*[9] 11.

Der Abschlussprüfer muss seinen Prüfungsbericht dem **Aufsichtsrat vorlegen** (§ 321 Abs 5 Satz 2 HGB). Der Bericht muss also zumindest dem Aufsichtsratsvorsitzenden zugegangen sein, bevor über die Feststellung des Jahresabschlusses wirksam Beschluss gefasst werden kann.[317] Legt der Abschlussprüfer den Bericht stattdessen dem Vorstand vor (der ja nach § 321 Abs 5 Satz 2 HS 2 HGB ohnehin Gelegenheit zur Stellungnahme haben muss), und leitet der Vorstand den Prüfungsbericht sodann dem Aufsichtsrat zu, so ist dies kein Prüfungsmangel nach § 256 Abs 1 Nr 2[318] und auch kein relevanter Mangel des Feststellungsverfahrens nach § 256 Abs 2. Auch ob der Bericht den einzelnen Aufsichtsratsmitgliedern zur Kenntnis gebracht wird (§ 170 Abs 3), berührt die Gültigkeit des Jahresabschlusses unter dem Gesichtspunkt der fehlenden Prüfung (§ 256 Abs 1 Nr 2) nicht mehr.[319] Doch können Fehler in diesem Bereich zur Nichtigkeit des Jahresabschlusses wegen Verfahrensmängeln bei der Feststellung führen (§ 256 Abs 2 und hierzu Rdn 190, 195). 138

dd) **Mindestanforderungen an den Bestätigungs- oder Versagungsvermerk.** Dieser Vermerk des Abschlussprüfers fasst das Ergebnis der Prüfung zusammen (§ 322 Abs 1 Satz 1 HGB) und richtet sich auch an die Öffentlichkeit, denn er wird zusammen mit dem Jahresabschluss offen gelegt (§ 325 HGB). Auch der Vermerk gehört zu den unverzichtbaren Mindestelementen der Abschlussprüfung.[320] Er muss **schriftlich und** vom Prüfer **unterschrieben**[321] vorliegen, bevor über die Feststellung des Jahresabschlusses ein wirksamer Beschluss gefasst werden kann.[322] Der Vermerk muss allerdings in diesem Zeitpunkt noch nicht notwendig die Form eines gesondert unterzeichneten Dokuments haben; es genügt vielmehr, wenn er im Prüfungsbericht wiedergegeben und dieser unterzeichnet ist.[323] **Inhaltlich** muss der Vermerk ergeben, dass eine Abschlussprüfung stattgefunden hat, und ob daraufhin ein uneingeschränkter Bestätigungsvermerk oder ein eingeschränkter Bestätigungsvermerk erteilt wird, oder ob der Bestätigungsvermerk versagt wird (§ 322 Abs 2 Satz 1 HGB). Die vielen weiteren Anforderungen an einen ordnungsgemäßen Vermerk, die diesen fast schon zu einem kleinen Prüfungsbericht für die Öffentlichkeit machen, gehören demgegenüber nicht zu den Gültigkeitsvoraussetzungen des Jahresabschlusses im Sinne des § 256 Abs 1 Nr 2. Auch führt ein Vermerk, mit dem die Bestätigung versagt wird, nicht etwa zur Nichtigkeit der anschließenden Feststellung des Jahresabschlusses, denn auch bei einem solchen Vermerk hat die Abschlussprüfung stattgefunden.[324] Ebensowenig macht ein Widerruf des Testats den bereits festgestellten Jahresabschluss nichtig.[325] Ein Widerruf vor der Abschlussfeststellung führt dagegen dazu, dass keine Abschlussprüfung stattgefunden hat; der Jahresabschluss kann daher erst dann wirksam festgestellt werden, wenn ein neues Testat erteilt ist. 139

---

317 *Hüffer* in MünchKomm AktG[2] 23; im gleichen Sinne *Zöllner* in Kölner Komm AktG[1] 62.

318 OLG Stuttgart DB 2009, 1521, 1524 f; *Schwab* in K Schmidt/Lutter[2] 23.

319 *Hüffer* in MünchKomm AktG[2] 23; im gleichen Sinne *Zöllner* in Kölner Komm AktG[1] 62.

320 OLG Stuttgart DB 2009, 1521, 1525 re Sp sowie die nachfolgend Genannten.

321 OLG Stuttgart DB 2009, 1521, 1525 f; *Hüffer* in MünchKomm AktG[2] 25.

322 OLG Stuttgart DB 2009, 1521, 1525 f; *Zöllner* in Kölner Komm AktG[1] 63 ff; *Hüffer* in MünchKomm AktG[2] 25; *Claussen/Korth* in Kölner Komm AktG[1] § 172, 4; *Hüffer*[9] 12. **Anders** *Schilling* in Voraufl Anm 5.

323 OLG Stuttgart DB 2009, 1521, 1525 f; *Schwab* in K Schmidt/Lutter[2] 23.

324 *Zöllner* in Kölner Komm AktG[1] 65; *Schwab* in K Schmidt/Lutter[2] 24; *Rölike* in Spindler/Stilz[2] 32; *Hüffer* in MünchKomm AktG[2] 25; *Hüffer*[9] 12; *Adler/Düring/Schmaltz*[6] § 322 HGB, 34, 328; *Lutter* FS Helmrich, 1994, S 685, 690.

325 *Adler/Düring/Schmaltz*[5] § 322 HGB, 373; *Lutter* FS Helmrich, 1994, S 685, 690; *Förschle/Küster* in Beck'scher Bilanz-Komm[7] § 322 HGB, 174.

140 c) **Fehlende Prüferbefähigung (Abs 1 Nr 3 Fall 1).** Nach dieser Bestimmung ist ein festgestellter Jahresabschluss nichtig, wenn er im Falle einer gesetzlichen Prüfungspflicht von Personen geprüft worden ist, die nach § 319 Abs 1 HGB oder nach Art 25 EGHGB nicht Abschlussprüfer sind. Es geht hier um die Berufsqualifikation und den Status des Prüfers. Die erste und wichtigere der beiden Regeln lautet:

„**§ 319 [HGB] Auswahl der Abschlussprüfer** [...] (1) [1]Abschlussprüfer können Wirtschaftsprüfer und Wirtschaftsprüfungsgesellschaften sein. [2]Abschlussprüfer von Jahresabschlüssen und Lageberichten mittelgroßer Gesellschaften mit beschränkter Haftung (§ 267 Abs. 2) oder von mittelgroßen Personenhandelsgesellschaften im Sinne des § 264a Abs. 1 können auch vereidigte Buchprüfer und Buchprüfungsgesellschaften sein. [3]Die Abschlussprüfer nach den Sätzen 1 und 2 müssen über eine wirksame Bescheinigung über die Teilnahme an der Qualitätskontrolle nach § 57a der Wirtschaftsprüferordnung verfügen, es sei denn, die Wirtschaftsprüferkammer hat eine Ausnahmegenehmigung erteilt."

141 Abschlussprüfer von Aktiengesellschaften müssen also immer **Wirtschaftsprüfer** oder Wirtschaftsprüfungsgesellschaften sein (§ 319 Abs 1 Satz 1 HGB). Wirtschaftsprüfer sind Personen, die als solche öffentlich bestellt sind (§ 1 Abs 1 Satz 1 WPO),[326] und zwar von der Wirtschaftsprüferkammer durch Aushändigung einer Urkunde (§ 15 WPO). Entsprechend bedürfen Wirtschaftsprüfungsgesellschaften der Anerkennung (§ 1 Abs 3 Satz 1 WPO) durch die Wirtschaftsprüferkammer (§ 29 WPO). Eine so anerkannte Wirtschaftsprüfungsgesellschaft ist als solche zur Abschlussprüfung befähigt; die natürlichen Personen, welche die Prüfung durchführen, müssen nicht Wirtschaftsprüfer sein.[327]

142 Der Status als Wirtschaftsprüfer oder Wirtschaftsprüfungsgesellschaft und die hieraus entspringende Befähigung zum Abschlussprüfer müssen in dem **Zeitpunkt** vorliegen, **in dem die Prüfung** durch den Prüfungsbericht und den Bestätigungs- oder Versagungsvermerk **abgeschlossen wird;** sonst ist die anschließende Feststellung des Abschlusses nach § 256 Abs 1 Nr 3 Fall 1 nichtig.[328] Das gilt selbst dann, wenn das Gericht den Prüfer bestellt hat.[329] Hat ein von der Hauptversammlung gewählter Prüfer im Zeitpunkt des Wahlbeschlusses keine Prüferbefähigung, kann der Jahresabschluss auf der Grundlage einer Prüfung durch diese Person ebenfalls nicht wirksam festgestellt werden, und zwar selbst dann nicht, wenn der Gewählte die Prüferbefähigung vor Abschluss der Prüfung erwirbt. Das folgt zwar nicht aus § 256 Abs 1 Nr 3 Fall 1,[330] weil der Prüfer ja beim Abschluss der Prüfung die Befähigung hatte und sich auf dieser Grundlage seine vorangegangenen Prüfungshandlungen zu Eigen machen kann (vgl Rdn 146). Aber der vorhergehende Prüferwahlbeschluss der Hauptversammlung ist nichtig (§ 241 Nr 3) und der Gewählte deshalb im Sinne von § 256 Abs 1 Nr 3 Fall 2 nicht zum Abschlussprüfer bestellt.[331] Für eine Klage auf Feststellung der Nichtigkeit des Jahresabschlusses würde allerdings in solchen Fällen regelmäßig das Rechtsschutzbedürfnis fehlen (vgl Rdn 235 ff).

---

326 Gesetz über eine Berufsordnung der Wirtschaftsprüfer (Wirtschaftsprüferordnung – WPO), vom 24.7.1961, BGBl I, 1049, seither oft geändert, aktuelle Fassung auf der web site der Wirtschaftsprüferkammer unter http://www.wpk.de/pdf/WPO.pdf.

327 *Gelhausen/Heinz* in WP-Handbuch[13], Bd 1, 2006, Rdn U 192; *Schulz* in Bürgers/Körber 8.

328 *Zöllner* in Kölner Komm AktG[1] 77; *Heidel* in Heidel, Aktienrecht und Kapitalmarktrecht[3] § 256, 17.

329 *Adler/Düring/Schmaltz*[6] 31 aE.

330 So **aber** *Zöllner* in Kölner Komm AktG[1] 77; im selben Sinne *Gelhausen/Heinz* in WP-Handbuch[13], Bd 1, 2006, Rdn U 191; *Heidel* in Heidel, Aktienrecht und Kapitalmarktrecht[3] § 256, 17.

331 *Hoffmann-Becking* in MünchHandB AG[3] § 44, 2.

Das Bilanzrechtsreformgesetz von 2004 hat die in § 319 Abs 1 HGB vorgegebenen Anforderungen an die Abschlussprüfer-Befähigung um einen neuen Satz 3 erweitert, wonach Abschlussprüfer eine wirksame Bescheinigung über die Teilnahme an der Qualitätskontrolle nach § 57a der Wirtschaftsprüferordnung haben müssen (so genannte **„Peer Review"**), es sei denn, die Wirtschaftsprüferkammer hat eine Ausnahmegenehmigung erteilt.[332] Man wird nicht umhinkommen, dieses Erfordernis auch als **Wirksamkeitsvoraussetzung für die Feststellung des Jahresabschlusses** anzusehen.[333] Denn § 256 Abs 1 Nr 3 nimmt den ganzen § 319 Abs 1 HGB in Bezug, auch dessen Satz 3, und der Gesetzgeber des Bilanzrechtsreformgesetzes hat diesen Zusammenhang zwischen § 319 HGB und § 256 AktG gesehen.[334] Das steht allerdings im Widerspruch zur allgemeinen Tendenz der Gesetzgebung, die Gründe für die Nichtigkeit des Jahresabschlusses auszudünnen und Abschlüsse möglichst bestandsfest sein zu lassen (vgl Rdn 6 ff). **143**

Eine **Sonderregelung** im Verhältnis zu § 319 HGB trifft Art 25 EGHGB für Aktiengesellschaften, die am 31.12.1989 als **gemeinnützige Wohnungsunternehmen** anerkannt waren, und für Aktiengesellschaften, bei denen die Mehrheit der Anteile und der Stimmen **Genossenschaften** oder genossenschaftlichen Prüfungsverbänden zusteht. Auf solche Gesellschaften ist § 319 Abs 1 HGB mit der Maßgabe anzuwenden, dass sie ihre Jahresabschlüsse unter bestimmten Voraussetzungen auch von dem Prüfungsverband prüfen lassen dürfen, dem sie als Mitglied angehören. Der Jahresabschluss solcher Gesellschaften ist also nach § 256 Abs 1 Nr 3 nichtig, wenn er weder von Wirtschaftsprüfern noch vom zuständigen Prüfungsverband geprüft ist, oder wenn er vom Prüfungsverband geprüft ist, obwohl die Gesellschaft nicht zu den alten gemeinnützigen Wohnungsunternehmen oder zum Genossenschaftsbereich gehört, oder wenn der Prüfungsverband die Anforderungen des Art 25 EGHGB nicht erfüllt. **144**

d) Fehlende Prüferbestellung (Abs 1 Nr 3 Fall 2)

aa) **Überblick.** Ein festgestellter Jahresabschluss ist schließlich nach § 265 Abs 1 Nr 3 Fall 2 nichtig, „wenn er im Falle einer gesetzlichen Prüfungspflicht von Personen geprüft worden ist, die ... aus anderen Gründen als einem Verstoß gegen § 319 Abs 2, 3 oder Abs 4, § 319a Abs 1 oder § 319b Abs 1 des Handelsgesetzbuchs nicht zum Abschlussprüfer bestellt sind". Der Abschluss ist also grundsätzlich nichtig, wenn er von Personen geprüft worden ist, die nicht – wirksam – zum Abschlussprüfer bestellt sind (hierzu Rdn 146 ff). Die Nichtigkeitssanktion greift jedoch nicht ein, wenn die Prüferbestellung wegen eines Verstoßes gegen das allgemeine Gebot der Unbefangenheit des Abschlussprüfers (§ 319 Abs 2 HGB) fehlerhaft ist oder wegen Verstößen gegen spezielle gesetzliche Ausschlussgründe (§§ 319 Abs 3–4, 319a, 319b HGB), die dieses Gebot konkretisieren (näher Rdn 153 ff). **145**

---

332 BilReG (Fn 15), Art 1 Nr 23. Das Peer-Review-Erfordernis wurde früher nur von § 319 Abs 2 HGB im Zusammenhang mit den Ausschlussgründen und Tätigkeitsverboten in Bezug genommen und war damals von der Verweisung des § 256 Abs 1 Nr 3 nicht erfasst, weil sich diese nur auf § 319 Abs 1 HGB erstreckt.

333 *Schulze-Osterloh* in Baumbach/Hueck GmbHG[18] § 42a, 26; *Gelhausen/Heinz* in WP-Handbuch[13], Bd 1, 2006, Rdn U 139; *Förschle/Schmidt* in Beck'scher Bilanz-Komm[7] § 319 HGB, 92; *Schwab* in K Schmidt/Lutter[2] 25; *Rölike* in Spindler/Stilz[2] 34; *Heidel* in Heidel, Aktienrecht und Kapitalmarktrecht[3] § 256, 17.

334 RegE BilReG, BT-Drucks 15/3419 v 24.6.2004, Anlage 1, Begründung zu Art 1 Nr 23 (betr § 319 HGB), hier zu Abs 1, S 38 li Sp, auch S 36 re Sp.

bb) Abschlussnichtigkeit bei Unwirksamkeit der Prüferbestellung

146 (1) **Maßgebender Zeitpunkt für die Wirksamkeit der Prüferbestellung.** Soweit es für die Wirksamkeit der Feststellung des Jahresabschlusses auf die Wirksamkeit der Bestellung des Abschlussprüfers ankommt, muss die Bestellung spätestens in dem **Zeitpunkt** wirksam vorgenommen sein, **in dem die Prüfung abgeschlossen ist,** also wenn der Abschlussvermerk erteilt und der Prüfungsbericht dem Aufsichtsrat vorgelegt wird. Bis dahin kann die Bestellung nachgeholt werden, später nicht mehr.[335] Andere fordern dagegen eine wirksame Prüferbestellung schon von Anbeginn der Prüfung an, wenn die Abschlussnichtigkeit vermieden werden soll.[336] Das trifft jedoch nicht zu, denn mit dem Prüfungsbericht und Testat kann sich der Prüfer seine vorangegangenen Prüfungshandlungen zu Eigen machen, so wie er auch auf eine Tätigkeit von Mitarbeitern zurückgreifen kann, die nicht selbst Abschlussprüfer sind (vgl Rdn 141 f). Im Einzelnen kommt es für die Wirksamkeit der Prüferbestellung darauf an, wer die Bestellung vornimmt.

147 (2) **Bestellung des Abschlussprüfers durch die Hauptversammlung.** Die Bestellung des Abschlussprüfers erfolgt normaler Weise durch Wahlbeschluss der Hauptversammlung (§ 119 Abs 1 Nr 4 AktG, § 318 Abs 1 Satz 1 HGB). „Nicht zum Abschlussprüfer bestellt" sind also im Sinne von § 256 Abs 1 Nr 3 Personen, die nicht durch einen **wirksamen Beschluss der Hauptversammlung** gewählt worden sind. Nicht zu den Wirksamkeitsvoraussetzungen der Prüferbestellung und folglich auch nicht zu den Voraussetzungen für eine wirksame Feststellung des Jahresabschlusses gehören dagegen der Prüfungsauftrag, den der Aufsichtsrat dem Abschlussprüfer erteilt (§ 111 Abs 2 Satz 3 AktG, § 318 Abs 1 Satz 4 HGB), sowie der Prüfungsvertrag als Geschäftsbesorgungsvertrag zwischen der Gesellschaft und dem Abschlussprüfer, der mit Annahme des Prüfungsauftrags durch den Abschlussprüfer zu Stande kommt.[337]

148 Ein Hauptversammlungsbeschluss über die **Wahl des Abschlussprüfers** kann nach **§ 241** aus den dort genannten Gründen **nichtig** sein.[338] Dann ist der Prüfer nicht zum Abschlussprüfer bestellt, und nach § 256 Abs 1 Nr 3 ist dann grundsätzlich auch der festgestellte Jahresabschluss nichtig, wenn er auf der Grundlage einer Abschlussprüfung durch den nichtig gewählten Prüfer festgestellt werden sollte[339] (vgl aber auch unten Rdn 153 ff). Ein Beschluss der Hauptversammlung über die Wahl des Abschlussprüfers kann des Weiteren im Wege der **Anfechtungsklage** angegriffen werden (§ 243).[340] Hat die Klage Erfolg, so wird der Wahlbeschluss durch Urteil für nichtig erklärt (§§ 241

[335] *Adler/Düring/Schmaltz*[6] 20; *Hüffer* in MünchKomm AktG[2] 28; *Zöllner* in Kölner Komm AktG[1] 72; *Schilling* in Voraufl Anm 6; *Rölike* in Spindler/Stilz[2] 36; *Schulz* in Bürgers/Körber 7; *Forster* FS Semler, 1993, 819, 820 f.

[336] *Heidel* in Heidel, Aktienrecht und Kapitalmarktrecht[3] § 256, 17a.

[337] *Schulz* in Bürgers/Körber 7; *Rölike* in Spindler/Stilz[2] 37; *Hüffer* in MünchKomm AktG[2] 28; *Hüffer*[9] § 256, 13 und § 111, 12c aE; *Heidel* in Heidel, Aktienrecht und Kapitalmarktrecht[3] § 256, 17b; *Zöllner* in Kölner Komm AktG[1] 72; *Lutter* FS Semler, 1993, 835, 844. **Anders** *Gelhausen/Heinz* in WP-Handbuch[13], Bd 1, 2006, Rdn U 194 f.

[338] *Zöllner* in Kölner Komm AktG[1] 72; *Hüffer* in MünchKomm AktG[2] 29; *Adler/Düring/Schmaltz*[6] 29.

[339] *Zöllner* in Kölner Komm AktG[1] 72; *Hüffer* in MünchKomm AktG[2] 29; *Adler/Düring/Schmaltz*[6] 29; *Habersack* NZG 2003, 659, 663 re Sp; *Heidel* in Heidel, Aktienrecht und Kapitalmarktrecht[3] § 256, 17a; *Schilling* in Voraufl Anm 6; hiervon ausgehend auch OLG Frankfurt WM 2008, 986, 987 re Sp.

[340] *Hüffer* in MünchKomm AktG[2] 29; *Zöllner* in Kölner Komm AktG[1] 72; *Adler/Düring/Schmaltz*[6] 29; *Habersack* NZG 2003, 659, 663 re Sp; *Lutter* FS Semler, 1993, 835, 836 ff.

Nr 5, 248 Abs 1 Satz 1), und das rechtskräftige Anfechtungsurteil wirkt auf den Zeitpunkt der Beschlussfassung zurück,[341] so dass die Beschlusswirkungen rückwirkend entfallen. Der Prüfer ist also auch in diesem Fall nicht zum Abschlussprüfer bestellt, und der Jahresabschluss kann auf der Grundlage einer Prüfung durch diese Person nicht wirksam festgestellt werden,[342] und zwar selbst dann nicht, wenn die Entscheidung im Anfechtungsprozess erst nach Abschluss der Prüfung ergeht.[343] Die Hauptversammlung kann allerdings den anfechtbaren Wahlbeschluss vor Erlass eines Urteils durch einen neuen, fehlerfreien Beschluss bestätigen und so die Prüferbestellung bestandsfest machen (§ 244).[344] Der Bestätigungsbeschluss wirkt aber nur für die Zukunft[345] und hilft daher nur weiter, wenn die Prüfung noch nicht abgeschlossen ist.

Die **Möglichkeit,** einen Hauptversammlungsbeschluss über die **Wahl des Abschlussprüfers anzufechten,** ist indessen **stark eingeschränkt,** denn die Anfechtung kann „nicht auf Gründe [gestützt werden], die ein Verfahren nach § 318 Abs 3 HGB rechtfertigen" (§ 243 Abs 3 Nr 3), also ein gerichtliches Verfahren zur Ersetzung des von der Hauptversammlung gewählten Abschlussprüfers, insbesondere bei Besorgnis der Befangenheit (näher Rdn 153, 156). Als Fälle, in denen der Wahlbeschluss der Hauptversammlung anfechtbar ist, bleiben daher im Wesentlichen nur Verfahrensfehler bei der Einberufung, Durchführung und Dokumentation der Versammlung, etwa eine fehlerhafte Bekanntmachung der Tagesordnung mit den Beschlussvorschlägen für die Hauptversammlung (§ 124).[346] **149**

Selbst wenn der Hauptversammlungsbeschluss über die Wahl des Abschlussprüfers nichtig oder erfolgreich angefochten ist, und dies nach § 256 Abs 1 Nr 3 zur Nichtigkeit des festgestellten Jahresabschlusses wegen fehlender Prüferbestellung führt, **heilt der Jahresabschluss nach sechs Monaten**[347] ab der Bekanntmachung (§ 256 Abs 6 Satz 1). Wenn daher ein rechtskräftiges Anfechtungsurteil hinsichtlich der Prüferbestellung erst nach Ablauf der Heilungsfrist ergeht, kann dieses Urteil der Gültigkeit des Jahresabschlusses nichts mehr anhaben. Anders nur, wenn innerhalb der sechs Monate zugleich Klage auf Feststellung der Nichtigkeit des Jahresabschlusses erhoben wird, denn dann verlängert sich im Hinblick auf den Jahresabschluss die Heilungsfrist, bis der Jahresabschluss-Nichtigkeitsprozess beendet ist (§ 256 Abs 6 Satz 2).[348] Die Anfechtungs- oder **150**

---

341 *Hüffer* in MünchKomm AktG[2] § 256, 29 und § 248, 14 ff; *Heidel* in Heidel, Aktienrecht und Kapitalmarktrecht[3] § 256, 17a; *K Schmidt* oben § 248, 5; *Zöllner* in Kölner Komm AktG[1] § 248, 9; *Habersack* NZG 2003, 659, 660, 663 re Sp; *Lutter* FS Semler, 1993, 835, 841, 843 f; trotz Bedenken auch *Adler/Düring/Schmaltz*[6] 26 ff, 29.

342 *Habersack* NZG 2003, 659, 660 re Sp; *Zöllner* in Kölner Komm AktG[1] 72; *Hüffer* in MünchKomm AktG[2] 29; *Adler/Düring/Schmaltz*[6] 28 f; *Rölike* in Spindler/Stilz[2] 38; *Heidel* in Heidel, Aktienrecht und Kapitalmarktrecht[3] § 256, 17a; *Schulz* in Bürgers/Körber 7; *Forster* FS Semler, 1993, 819, 828; hiervon ausgehend auch OLG Frankfurt WM 2008, 986, 987 re Sp.

343 *Zöllner* in Kölner Komm AktG[1] 72; *Lutter* FS Semler, 1993, 835, 841 f; *Forster* FS Semler, 1993, 819, 828.

344 *Adler/Düring/Schmaltz*[6] 27.

345 BGHZ 157, 206, 211; *K Schmidt* oben § 244, 16 und hM; str.

346 Vgl BGHZ 153, 32, 35 ff, betr die Wahl eines Sonderprüfers.

347 *Zöllner* in Kölner Komm AktG[1] 71; *Hüffer* in MünchKomm AktG[2] 29; *Hoffmann-Becking* in MünchHandB AG[3] § 44, 2; *Adler/Düring/Schmaltz*[6] 28, 30; *Schilling* in Voraufl Anm 6; *Lutter* FS Semler, 1993, 835, 842; *Ebke* FS Röhricht, 2005, 833, 841 f, 844.

348 *Zöllner* in Kölner Komm AktG[1] 71; *Hüffer* in MünchKomm AktG[2] 29; *Adler/Düring/Schmaltz*[6] 28, 30; *Lutter* FS Semler, 1993, S 835, 842; *Rölike* in Spindler/Stilz[2] 38; *Schilling* in Voraufl Anm 6.

Nichtigkeitsklage gegen die Wahl des Abschlussprüfers ist in einem solchen Fall vorgreiflich gegenüber der Klage auf Feststellung der Nichtigkeit des Jahresabschlusses, so dass dieser Prozess nach § 148 ZPO ausgesetzt werden kann.[349]

151 Ist eine Anfechtungs- und/oder Nichtigkeitsklage gegen die Prüferbestellung anhängig, so kann es ratsam sein, **vorsorglich einen zweiten Abschlussprüfer** durch Beschluss der Hauptversammlung zu bestellen oder in analoger Anwendung von § 318 Abs 4 Satz 2 HGB gerichtlich bestellen zu lassen (Rdn 152), damit trotz eines möglichen Erfolgs der Klage gegen die Bestellung des ersten Prüfers ohne Verzögerung eine ordnungsgemäße Abschlussprüfung gewährleistet ist.[350] Der zweite Prüfer führt die Abschlussprüfung gleichzeitig mit dem ersten Prüfer und unabhängig von diesem durch, und seine Prüfung hat auch dann Bestand, wenn der erste Prüfer wegfällt.[351]

152 (3) **Bestellung des Abschlussprüfers durch das Gericht.** Statt durch die Gesellschaft kann ein Abschlussprüfer ausnahmsweise durch das Gericht bestellt werden. So namentlich, wenn dies aus einem in der Person des gewählten Prüfers liegenden Grund geboten erscheint, insbesondere wenn die Besorgnis der Befangenheit besteht oder ein Ausschlussgrund vorliegt (§ 318 Abs 3 HGB, näher unten Rdn 156 ff), oder auch wenn die Gesellschaft bis zum Ende des Geschäftsjahrs keinen Abschlussprüfer gewählt hat (§ 318 Abs 4 Satz 1 HGB) oder der gewählte Abschlussprüfer nicht oder nicht mehr zur Verfügung steht (§ 318 Abs 4 Satz 2 HGB). Wenn ein vom Gericht ernannter Prüfer den Jahresabschluss prüft, muss er durch eine **wirksame** gerichtliche Entscheidung zum Abschlussprüfer bestellt sein, und zwar bevor er den Abschlussvermerk erteilt und seinen Prüfungsbericht dem Aufsichtsrat vorlegt. Die gerichtliche Entscheidung über die Bestellung des Abschlussprüfers muss also vor diesem Zeitpunkt ergangen und in diesem Zeitpunkt wirksam sein[352] (näher unten Rdn 157 ff).

cc) Keine Abschlussnichtigkeit wegen Befangenheit des Prüfers.

153 (1) **Erfasste Fälle.** Die Regel, dass der Jahresabschluss nichtig ist, wenn die prüfende Person nicht zum Abschlussprüfer bestellt ist, wird in § 256 Abs 1 Nr 3 Fall 2 ganz erheblich eingeschränkt, nämlich dahingehend, dass der Jahresabschluss nur dann nichtig ist, wenn die prüfende Person „aus anderen Gründen als einem Verstoß gegen § 319 Abs 2, 3 oder Abs 4, § 319a Abs 1 oder § 319b Abs 1 des Handelsgesetzbuchs" nicht zum Abschlussprüfer bestellt ist. Nach der ersten der hier in Bezug genommenen Bestimmungen ist „ein Wirtschaftsprüfer ... als Abschlussprüfer ausgeschlossen, wenn Gründe, insbesondere Beziehungen geschäftlicher, finanzieller oder persönlicher Art, vorliegen, nach denen die **Besorgnis der Befangenheit** besteht" (§ 319 Abs 2 HGB).[353] Das wird dann auch auf Wirtschaftsprüfungsgesellschaften ausgedehnt und durch eine Vielzahl besonderer Ausschlussgründe konkretisiert, mit denen das Gesetz die Unabhängigkeit

---

349 *Rölike* in Spindler/Stilz[2] 38 aE; hiervon ausgehend auch OLG Frankfurt WM 2008, 986, 987 li Sp.

350 So die treffende Formulierung von *Hoffmann-Becking* in MünchHandB AG[3] § 44, 4.

351 AG Wolfsburg AG 1992, 205 f. (betr gerichtl Bestellung des zweiten Prüfers analog § 318 Abs 4 HGB); ausführlich *Lutter* FS Semler, 1993, S 835, 846 ff, 849 ff; des Weiteren *Hoffmann-Becking* in MünchHandB AG[3] § 44, 4; *Forster* FS Semler, 1993, 819, 829 f; *Adler/Düring/Schmaltz*[6] 28 aE, im Erg auch § 318 HGB, 100. Stark einschränkend *Claussen/Korth* in Kölner Komm AktG[2] § 319 HGB, 17 f.

352 OLG Düsseldorf WM 1996, 1777, 1778 f; *Adler/Düring/Schmaltz*[6] 22–24; *Zöllner* in Kölner Komm AktG[1] 74; *Hüffer* in MünchKomm AktG[2] 29; *Hüffer*[9] 13.

353 Zur Auslegung dieser Begriffe BGHZ 159, 234, 242.

und Unbefangenheit des Prüfers gewährleisten will (§§ 319 Abs 3–4, 319a Abs 1, 319b Abs 1 HGB). Zu diesen besonderen Ausschlussgründen in der Person des Abschlussprüfers zählen insbesondere Organverflechtungen mit der zu prüfenden Gesellschaft, Kapitalbeteiligungen an ihr und bestimmte Dienstleistungsverhältnisse. All diese Umstände führen nach § 256 Abs 1 Nr 3 nicht zur Nichtigkeit des Jahresabschlusses.

(2) **Geschichtlicher Rückblick.** Um zu verstehen, was mit der Regelung des § 256 **154**
Abs 1 Nr 3 gemeint ist, lohnt ein Blick auf die Gesetzesgeschichte.[354] Die Norm hatte in der ursprünglichen Fassung des **AktG von 1965** bestimmt, dass ein Jahresabschluss nichtig ist, wenn „er von Personen geprüft worden ist, die nicht zum Abschlussprüfer bestellt sind oder nach § 164 nicht Abschlussprüfer sein können." Die hier in Bezug genommene Regel des § 164 AktG aF hatte angeordnet, dass der Abschlussprüfer ein Wirtschaftsprüfer oder eine Wirtschaftsprüfungsgesellschaft sein muss (Abs 1), und dass diese nicht Abschlussprüfer sein können, wenn sie mit dem zu prüfenden Unternehmen in allzu enger Verbindung stehen (Abs 2–3), denn dann besteht die Besorgnis der Befangenheit. Auch ein Verstoß gegen diese Ausschlussgründe führte also nach damaligem Recht zur Nichtigkeit des Jahresabschlusses.[355] Das **Bilanzrichtlinien-Gesetz** (BiRiLiG) von 1985[356] hat das Wirtschaftsprüfer-Erfordernis im neuen Bilanzrecht des HGB fortgeschrieben (§ 319 Abs 1 HGB), und es hat auch die Ausschlussgründe übernommen und erweitert (§ 319 Abs 2 ff HGB). Aber ein Verstoß gegen diese Ausschlussgründe sollte nach dem Willen des Gesetzgebers nicht länger zur Nichtigkeit des Jahresabschlusses führen. § 256 Abs 1 Nr 3 AktG wurde deshalb dahingehend umformuliert, dass ein gesetzlich prüfungspflichtiger Jahresabschluss nur dann nichtig war, wenn er „von Personen geprüft worden ist, die nicht zum Abschlussprüfer bestellt sind oder nach § 319 Abs 1 [HGB] ... nicht Abschlussprüfer sind." Nur noch die gänzlich fehlende Bestellung des Abschlussprüfers oder ein Verstoß gegen das Wirtschaftsprüfer-Erfordernis sollten also fortan den Abschluss nichtig machen, nicht dagegen ein Verstoß gegen die Ausschlussgründe.[357]

Auch diese Neuregelung durch das Bilanzrichtlinien-Gesetz von 1985 hatte allerdings **155**
ihre Tücken. Denn wenn in der Person des Prüfers ein spezieller gesetzlicher Ausschlussgrund vorlag, war der **Hauptversammlungsbeschluss über die Wahl des Abschlussprüfers** nach damaliger Auffassung **nichtig** (§ 241 Nr 3)[358] **oder** zumindest wegen Gesetzesver-

---

[354] Hierzu und zum Folgenden ausführlich *Habersack* NZG 2003, 659 ff.

[355] Baumbach/*Hueck* AktG[13] 10.

[356] Gesetz zur Durchführung der Vierten, Siebenten und Achten Richtlinie des Rates der Europäischen Gemeinschaften zur Koordinierung des Gesellschaftsrechts (Bilanzrichtlinien-Gesetz), vom 19.12.1985, BGBl I, S 2355.

[357] RegE BiRiLiG, BT-Drucks 10/317 v 26.8.1983, Anlage 1, Begründung zu Art 2 Nr 43 (§ 256 AktG), S 106 re Sp, auch Begründung zu § 277 HGB-E [≈ § 319 HGB], S 96 re Sp sowie Begründung zu § 289 HGB-E [in ungefähr der Vorform von § 334 HGB], S 101 re Sp = Biener/Berneke (Hrsg) Bilanzrichtlinien-Gesetz, 1986, § 256 AktG, S 521, auch § 319 HGB, S 422, sowie § 334 HGB, S 478; Bericht des BT-Rechtsausschusses zum RegE BiRiLiG, BT-Drucks 10/4268 v 18.11.1985, zu Art 1 Nr 55 (§ 256 AktG), S 127 re Sp = Biener/Berneke (Hrsg) Bilanzrichtlinien-Gesetz, 1986, S 520.

[358] OLG Karlsruhe ZIP 1996, 229; *Hoffmann-Becking* in MünchHandB AG[2] § 44, 3; *Claussen/Korth* in Kölner Komm AktG[2] § 319 HGB, 65; *Lutter* FS Semler, 1993, S 835, 837 f; *Adler/Düring/Schmaltz*[6] 31; *Hopt/Merkt* in Baumbach/Hopt HGB[31] § 319, 2; hiervon ausgehend auch BGHZ 153, 32, 37 f; vgl des Weiteren BGHZ 118, 142, 143 ff (betr GmbH) zur Nichtigkeit des Prüfungsauftrags in solchen Fällen. Unentschieden zwischen Anfechtbarkeit und Nichtigkeit aber zwischenzeitlich BGHZ 135, 260, 261 f. Gegen Nichtigkeit des Wahlbeschlusses *Hüffer*[6] 14; *ders* in MünchKomm AktG[2] 31.

stoßes **anfechtbar** (§ 243 aF).[359] Auch in der allgemeinen Besorgnis der Befangenheit des Abschlussprüfers sah man einen Gesetzesverstoß, der zur Anfechtbarkeit des Wahlbeschlusses führte,[360] und gleiches galt, wenn der Abschlussprüfer aus anderen Gründen ungeeignet war.[361] Da ein stattgebendes Urteil im Anfechtungsprozess den Hauptversammlungsbeschluss über die Wahl des Abschlussprüfers rückwirkend auf den Zeitpunkt der Beschlussfassung für nichtig erklärt, war begrifflich gesehen der Prüfer auch in diesem Fall „nicht zum Abschlussprüfer bestellt" (vgl Rdn 148), und das hätte nach dem damaligen Wortlaut des § 256 Abs 1 Nr 3 zur Nichtigkeit des festgestellten Jahresabschlusses wegen fehlender Prüferbestellung geführt. Auf der anderen Seite hatte aber das Bilanzrichtlinien-Gesetz den § 256 Abs 1 Nr 3 mit Bedacht so formuliert, dass die gesetzlichen Ausschlussgründe in der Person des Abschlussprüfers kein unmittelbarer Grund für die Nichtigkeit des später festgestellten Jahresabschlusses sein sollten[362] (Rdn 154). Deshalb wurde schon damals in der Literatur mit guten Gründen die Ansicht vertreten, dass diese Ausschlussgründe auch nicht mittelbar und in der Weise auf die Wirksamkeit des Jahresabschlusses durchschlagen dürften, dass man den Abschlussprüfer im Sinne des § 256 Abs 1 Nr 3 als „nicht bestellt" ansah.[363] Und aus den gleichen Gründen, so hieß es weiter, dürfe auch die erfolgreiche Anfechtung der Prüferwahl wegen Besorgnis der Befangenheit nicht auf die Gültigkeit des festgestellten Jahresabschlusses durchschlagen.[364] Aber gesetzlich gesichert war das alles damals nicht.

156 (3) **Vorrang des Abschlussprüfer-Ersetzungsverfahrens.** Dieses Anliegen, Befangenheits- und Ausschlussgründe in der Person des Prüfers nicht auf die Wirksamkeit der Feststellung des Jahresabschlusses durchschlagen zu lassen, hat sich der Gesetzgeber mit dem Bilanzrechtsreformgesetz (BilReG) von 2004 (Rdn 15) zu eigen gemacht und der Bestimmung des § 256 Abs 1 Nr 3 im Wesentlichen[365] ihre heutige Fassung gegeben. Hiernach tritt die Nichtigkeit des Jahresabschlusses nicht ein, wenn der Mangel der Prüferbestellung in einem „Verstoß gegen § 319 Abs 2, 3 oder Abs 4, § 319a Abs 1 oder

---

359 Hierhin tendierend BGHZ 135, 260, 261 f, wo allerdings die Frage, ob der Wahlbeschluss nichtig oder nur anfechtbar ist, letztlich offen gelassen wird. Eher für Nichtigkeit später BGHZ 153, 32, 37 f.

360 BGHZ 153, 32, 34, 37, 40 ff (wobei das Gericht die Anfechtbarkeit des Wahlbeschlusses auch darin begründet sah, dass die Abstimmungsmehrheit unter Verletzung ihrer Treuepflicht wissentlich einen ausgeschlossenen oder befangenen oder sonstwie ungeeigneten Prüfer gewählt hat); OLG Düsseldorf NZG 2007, 235, 237; *Lutter* FS Semler, 1993, S 835, 839 f; *Habersack* NZG 2003, 659, 665 re Sp. Die Besorgnis der Befangenheit war damals noch nicht in § 319 HGB bei den Ausschlussgründen angesprochen, sondern nur im Zusammenhang mit der gerichtlichen Ersetzung des Abschlussprüfers (§ 318 Abs 3 Satz 1 HGB), die es damals schon gab, allerdings noch nicht mit verdrängendem Vorrang vor der Anfechtungs- und Nichtigkeitsklage.

361 OLG Hamburg AG 2002, 460, 462 f.

362 So auch BGHZ 118, 142, 149 f sowie die in Fn 363 f genannte Literatur.

363 *Habersack* NZG 2003, 659, 663 f mit Plädoyer für eine Gesetzesänderung S 666 f; *Hoffmann-Becking* in MünchHandB AG[2] § 44, 3; *Lutter* FS Semler, 1993, S 835, 837 f; *Claussen/Korth* in Kölner Komm AktG[2] § 319 HGB, 65; *Adler/Düring/Schmaltz*[6] 31; ebenso im Ergebnis BGHZ 118, 142, 149; *Hüffer*[6] 14; *Hüffer* in MünchKomm AktG[2] 31. **Anders** *Hense/Veltins* in Beck'scher Bilanz-Komm[5] § 319 HGB, 61.

364 *Lutter* FS Semler, 1993, S 835, 844 f; *Habersack* NZG 2003, 659, 664 ff; *Hoffmann-Becking* in MünchHandB AG[2] § 44, 3 aE; *Hüffer*[6] 13; dem zuneigend auch *Ebke* FS Röhricht, 2005, 833, 842 f.

365 Das BilMoG von 2009 (Fn 15) hat die Ausschlussgründe für den Abschlussprüfer dann noch einmal um § 319b HGB (Netzwerk) erweitert und einen Verweis auf diese Norm auch in den § 256 Abs 1 Nr 3 AktG eingefügt.

§ 319b Abs 1 des Handelsgesetzbuchs" besteht, das heißt wenn in der Person des von der Hauptversammlung gewählten Abschlussprüfers Gründe vorliegen, nach denen die Besorgnis der Befangenheit besteht (§ 319 Abs 2 HGB), oder wenn ein spezieller gesetzlicher Ausschlussgrund gegeben ist (§§ 319 Abs 3–4, 319a, 319b HGB). Diese **Befangenheits- und Ausschlussgründe** sind seit dem Bilanzrechtsreformgesetz **ausschließlich** in einem besonderen gerichtlichen Verfahren zur Auswechslung des Abschlussprüfers geltend zu machen, dem **Abschlussprüfer-Ersetzungsverfahren** (§ 318 Abs 3 HGB). Auf Gründe, die ein solches Verfahren rechtfertigen, kann seit dem Bilanzrechtsreformgesetz eine Anfechtungsklage gegen den Hauptversammlungsbeschluss über die Wahl des Abschlussprüfers nicht mehr gestützt werden (§ 243 Abs 3 Nr 3).[366] Auch eine Nichtigkeitsklage gegen den Wahlbeschluss scheidet insoweit aus,[367] weil sie denselben Streitgegenstand wie die Anfechtungsklage hat,[368] und weil nur so der Regelungsplan des Gesetzes erfüllt wird, die Rechtskontrolle der Abschlussprüfer-Wahl im Hinblick auf die persönliche Eignung und Unabhängigkeit des Prüfers allein dem Abschlussprüfer-Ersetzungsverfahren zu unterstellen und aus dem Anwendungsbereich der Beschlussmängelklage herauszunehmen.[369] Aus diesem Grunde kann eine Nichtigkeit des Wahlbeschlusses auch nicht nach § 249 Abs 1 Satz 2 auf andere Weise geltend gemacht werden.[370] Man sollte sogar den Anfechtungsausschluss auch auf Verletzungen des Auskunftsrechts in der Hauptversammlung erstrecken, die den Prüfer gewählt hat, wenn sich die begehrte Auskunft auf Umstände bezieht, die ein Prüferersetzungs-Verfahren eröffnen.[371] Zusätzlich zu alledem will § 256 Abs 1 Nr 3 noch einmal sicherstellen, dass die genannten Befangenheits- oder Ausschlussgründe in der Person des Abschlussprüfers auch ganz bestimmt nicht zur Nichtigkeit des Jahresabschlusses führen. Damit sind die praktisch wichtigsten Fehlerquellen bei der Bestellung des Abschlussprüfers ausdrücklich als Nichtigkeitsgrund für den Jahresabschluss ausgeschlossen.

(4) **Abschlussprüfer-Ersetzungsverfahren und Bestandsfestigkeit des Jahresabschlusses.** Einfach geworden ist die Bestimmung des § 256 Abs 1 Nr 3 Fall 2 über die Nichtigkeit des Jahresabschlusses wegen fehlender Prüferbestellung damit allerdings immer noch nicht, denn das Abschlussprüfer-Ersetzungsverfahren nach § 318 Abs 3 HGB kann kom- **157**

---

366 Eingefügt durch Art 4 Nr 7 BilReG (vgl oben Rdn 15).

367 *Ebke* in MünchKomm HGB² § 318, 49, 52; *Schwab* in K Schmidt/Lutter² § 249, 5 und § 256, 25; *Hüffer*⁹ § 249, 12a, auch § 256, 14; *Göz* in Bürgers/Körber § 249, 9 aE; *Förschle/Heinz* in Beck'scher Bilanz-Komm⁷, § 318 HGB, 17. **Anders** *Heidel* in Heidel, Aktienrecht und Kapitalmarktrecht² § 249, 3a. Durch Art 4 Nr 8 BilReG war § 249 Abs 1 Satz 1 dahingehend geändert worden, dass für die Beschluss-Nichtigkeitsklage die Einschränkung des § 243 Abs 3 Nr 2 [= heute Nr 3] sinngemäß galt. Diese Verweisung ist aber bald darauf aus dem § 249 Abs 1 Satz 1 wieder herausgenommen worden, nämlich durch Art 1 Nr 25 des Gesetzes zur Unternehmensintegrität und Modernisierung des Anfechtungsrechts (UMAG) vom 22.9.2005, BGBl I 2005, Nr 60, S 2802, hier Art 1 Nr 25. Offenbar handelt es sich hierbei um ein Redaktionsversehen; *Paal* DStR 2007, 2010, 2012 ff, 2015; *Ebke* in MünchKomm HGB² § 318, 52; *Hüffer*⁹ § 249, 1 aE, 12a.

368 *Hüffer*⁹ § 249, 12a; *Ebke* in MünchKomm HGB² § 318, 49. Vgl zum Streitgegenstand auch unten Rdn 225 f sowie § 257, 19.

369 *Paal* DStR 2007, 2010, 2015 f; *Ebke* in MünchKomm HGB² § 318, 49; *Schwab* in K Schmidt/Lutter² § 249, 5; *Hüffer*⁹ § 249, 12a; *Göz* in Bürgers/Körber § 249, 9 aE.

370 **Anders** *Hüffer*⁹ § 249, 12a aE, wonach eine Feststellungsklage nach § 256 ZPO möglich bleibt.

371 Im gleichen Sinne OLG München AG 2009, 121, 124 li Sp, betr die Beantwortung von Fragen nach einer möglichen Befangenheit des Abschlussprüfer-Kandidaten.

pliziert werden. Seine Einzelheiten richten sich nach dem Gesetz über das Verfahren in Familiensachen und in den Angelegenheiten der freiwilligen Gerichtsbarkeit (**FamFG**). Es handelt sich um ein unternehmensrechtliches Verfahren (§ 375 Nr 1 FamFG). Zuständig ist das Amtsgericht (§ 23a Abs 2 Nr 4 GVG) des Sitzes der Gesellschaft (§ 377 Abs 1 FamFG). Den Antrag auf gerichtliche Bestellung eines anderen Abschlussprüfers können binnen zwei Wochen nach der Prüferwahl der Vorstand, der Aufsichtsrat oder ein bestimmtes Aktionärsquorum stellen (§ 318 Abs 3 HGB). Für die Gültigkeit oder Nichtigkeit des Jahresabschlusses kommt es im Zusammenhang mit der Bestellung des Abschlussprüfers (§ 256 Abs 1 Nr 3 Fall 2) darauf an, **dass die prüfende Person beim Abschluss der Prüfung,** also wenn der Abschlussvermerk erteilt und der Prüfungsbericht erstattet werden, **wirksam zum Abschlussprüfer bestellt ist,** sei es durch Wahlbeschluss der Hauptversammlung oder durch Entscheidung des Gerichts. Dabei hat das Gericht Vorrang vor der Hauptversammlung. In der gerichtlichen Bestellung eines anderen Abschlussprüfers nach § 318 Abs 3 HGB liegt zugleich die Abberufung des alten, von der Gesellschaft gewählten Abschlussprüfers.[372] Der alte verliert sein Amt, und der neue bekommt es.

158 Wenn also trotz eines wirksamen gerichtlichen Abschlussprüfer-Ersetzungsbeschlusses der von der Gesellschaft gewählte alte Abschlussprüfer, der jetzt nicht mehr im Amt ist, den Jahresabschluss prüft, so kann der Abschluss auf dieser Grundlage nicht wirksam festgestellt werden, denn er wurde von einer Person geprüft, die nicht – nämlich nicht mehr – zum Abschlussprüfer bestellt ist (§ 256 Abs 1 Nr 3). Man kann hiergegen nicht einwenden, der gewählte Prüfer sei wegen Besorgnis der Befangenheit oder speziellen Ausschlussgründen nicht mehr zum Abschlussprüfer bestellt, also wegen Verstoßes gegen §§ 319 ff HGB, und das habe nach § 256 Abs 1 Nr 3 auf die Feststellung des Jahresabschlusses keinen Einfluss. Der gewählte Prüfer ist vielmehr deswegen nicht mehr zum Abschlussprüfer bestellt, weil ihn das Gericht abberufen hat. Deshalb kann jetzt **nur noch der neue, gerichtlich bestellte Abschlussprüfer** die Prüfung durchführen, und nur auf dieser Grundlage kann die Gesellschaft den Abschluss wirksam feststellen. Alles andere würde der Bedeutung der gerichtlichen Entscheidung nicht gerecht.

159 Es kommt bei alledem darauf an, wann die **Entscheidung des Gerichts** im Abschlussprüfer-Ersetzungsverfahren in Geltung tritt. Ein Gerichtsbeschluss im Verfahren der freiwilligen Gerichtsbarkeit wird grundsätzlich „**wirksam mit Bekanntgabe** an den Beteiligten, für den er seinem wesentlichen Inhalt nach bestimmt ist" (§ 40 Abs 1 FamFG), nicht erst mit der Rechtskraft. Rechtsmittel (Beschwerde nach § 318 Abs 3 Satz 8 HGB sowie § 402 Abs 1 FamFG und anschließend unter bestimmten Voraussetzungen Rechtsbeschwerde nach § 70 FamFG) haben also keine Suspensivwirkung (vgl aber auch Rdn 163). Der gerichtliche Beschluss über die Ersetzung des Abschlussprüfers wirkt überdies nur für die Zukunft;[373] das unterscheidet ihn vom Anfechtungsurteil und dessen Rückwirkung auf den Zeitpunkt des Hauptversammlungsbeschlusses.

160 Für die Bestellung des Abschlussprüfers und die Feststellung des Jahresabschlusses bedeutet dies: Solange über den Antrag auf gerichtliche Ersetzung des von der Hauptversammlung gewählten Abschlussprüfers noch nicht entschieden ist, oder wenn das Gericht den Antrag zurückweist, **bleibt der alte, gewählte Abschlussprüfer im Amt.** Er kann die

---

372 *Adler/Düring/Schmaltz*⁶ § 318 HGB, 378; *Hopt/Merkt* in Baumbach/Hopt, HGB³⁴ § 318, 6. Ebenso *G Bezzenberger* oben § 142, 78 zur Auswechslung von Sonderprüfern durch das Gericht.

373 *Hopt/Merkt* in Baumbach/Hopt, HGB³⁴ § 318, 10; *Heidel* in Heidel, Aktienrecht und Kapitalmarktrecht³ § 256, 17a; auch *Adler/Düring/Schmaltz*⁶ 23.

Abschlussprüfung durchführen, und die Gesellschaft kann den Abschluss auf dieser Grundlage wirksam feststellen. Hat der gewählte alte Abschlussprüfer seine Prüfung bereits abgeschlossen und den Bestätigungsvermerk erteilt, kann ein Antrag auf Ersetzung des Prüfers nicht mehr gestellt werden (§ 318 Abs 3 Satz 7 HGB). Und wenn während eines laufenden gerichtlichen Verfahrens der gewählte Abschlussprüfer die Prüfung beendet hat, ist die Hauptsache erledigt, und das Gericht kann den Prüfer jetzt nicht mehr auswechseln.[374] Es kann allerdings in dringenden Fällen durch eine einstweilige Anordnung dem gewählten Prüfer vorläufig eine weitere Tätigkeit untersagen (§§ 49 ff FamFG). Beschließt demgegenüber das Gericht vor der Beendigung der Prüfung im Abschlussprüfer-Ersetzungsverfahren, dass ein anderer Abschlussprüfer bestellt und damit der alte abberufen wird, so kann von jetzt an **nur noch der neue Abschlussprüfer** den Abschluss prüfen und damit die Grundlage für dessen Feststellung schaffen. Auch wenn die gerichtliche Entscheidung über die Auswechselung (oder Nichtauswechselung) des Abschlussprüfers sachlich unrichtig sein sollte, ist sie wirksam[375] und hat die geschilderten Konsequenzen.

Kompliziert kann es werden, wenn im Abschlussprüfer-Ersetzungsverfahren **Rechtsmittel** eingelegt werden. Wenn das Ursprungsgericht den von der Hauptversammlung gewählten Abschlussprüfer auswechselt und der gerichtlich bestellte neue Abschlussprüfer daraufhin die Prüfung aufnimmt, aber die Entscheidung des Gerichts mit der Beschwerde angegriffen wird, so kommt es für die Entscheidung des Beschwerdegerichts darauf an, ob der gerichtlich bestellte neue Abschlussprüfer seine Prüfung bereits abgeschlossen hat. Wenn nein, so kann das Beschwerdegericht die Entscheidung des Ursprungsgerichts aufheben und den Antrag auf Auswechselung des Abschlussprüfers zurückweisen. Der von der Hauptversammlung gewählte alte Abschlussprüfer rückt dann wieder in sein Amt ein und muss die Prüfung durchführen, bevor der Abschluss wirksam festgestellt werden kann. Hat dagegen der vom Ursprungsgericht bestellte neue Abschlussprüfer die Prüfung vor dem Erlass der Beschwerdeentscheidung bereits abgeschlossen, so hat sich das Abschlussprüfer-Ersetzungsverfahren in der Hauptsache erledigt, und das Beschwerdegericht muss die Beschwerde gegen die gerichtliche Bestellung des neuen Prüfers als unzulässig verwerfen,[376] wenn der Beschwerdeführer die Hauptsache nicht für erledigt erklärt. Dass es in diesem Fall mit der Prüfung des Jahresabschlusses durch den vom Ursprungsgericht bestellten neuen Abschlussprüfers bewendet, ergibt sich auch aus dem Rechtsgedanken des § 47 FamFG, wonach die Aufhebung eines ungerechtfertigten, aber wirksamen Gerichtsbeschlusses, durch den jemand die Befugnis zur Vornahme eines Rechtsgeschäfts erlangt hat, grundsätzlich keinen Einfluss auf die Wirksamkeit des zwischenzeitlich vorgenommenen Rechtsgeschäfts hat. Der Prüfungsbericht und das Testat des Abschlussprüfers stehen einem solchen Rechtsgeschäft gleich, weil sie die Grundlage für die rechtsgeschäftliche Feststellung des Jahresabschlusses legen.[377] Der Jahresabschluss, der von dem erstgerichtlich bestellten Abschlussprüfer geprüft ist, kann daher festgestellt werden.[378] Das Beschwerdegericht kann allerdings vor 161

---

374 Vgl die Nachweise unten in Fn 376, 378 und 380 zum Beschwerdeverfahren.

375 OLG Düsseldorf WM 1996, 1777, 1778 re Sp; *Zöllner* in Kölner Komm AktG[1] 74.

376 OLG Düsseldorf WM 1996, 1777, 1778 f; *Hopt/Merkt* in Baumbach/Hopt, HGB[34] § 318, 10. In **anderem** Sinne das BayObLG, vgl unten Fn 380.

377 OLG Düsseldorf WM 1996, 1777, 1778 f; *Adler/Düring/Schmaltz*[6] 24.

378 OLG Düsseldorf WM 1996, 1777, 1778 f; *Adler/Düring/Schmaltz*[6] 24; *Zöllner* in Kölner Komm AktG[1] 74; *Hüffer* in MünchKomm AktG[2] 29.

der Entscheidung durch einstweilige Anordnung bestimmen, dass die Vollziehung des angefochtenen Gerichtsbeschlusses auszusetzen ist (§ 64 Abs 3 FamFG). Dann darf der vom Ursprungsgericht bestellte neue Abschlussprüfer den Jahresabschluss nicht prüfen und testieren, solange die einstweilige Anordnung in Kraft ist.[379]

162 Dem gleichen Grundmuster folgt der umgekehrte Fall, dass das **Ursprungsgericht** den Antrag auf Auswechselung des gewählten Abschlussprüfers **zurückweist**, dieser daraufhin den Jahresabschluss prüft, aber gegen die ablehnende Entscheidung des Gerichts **Beschwerde** eingelegt wird. Hat der gewählte Abschlussprüfer im Zeitpunkt der Beschwerdeentscheidung die Prüfung noch nicht abgeschlossen, kann das Beschwerdegericht den gewählten Prüfer auswechseln, so dass die Prüfung nunmehr durch den vom Beschwerdegericht bestellten neuen Abschlussprüfer erfolgen muss und der Abschluss nur dann wirksam festgestellt werden kann. Hat dagegen der gewählte Abschlussprüfer sein Werk schon vollendet, so ist das gerichtliche Verfahren in der Hauptsache erledigt, die Beschwerde wird unzulässig,[380] und die Gesellschaft kann den Abschluss auf Grund der Prüfung durch den gewählten Prüfer wirksam feststellen.

163 Dass ein gerichtlicher Beschluss im Abschlussprüfer-Ersetzungsverfahren mit seiner Bekanntgabe wirksam wird und Rechtsmittel keine aufschiebende Wirkung haben (Rdn 159), ist allerdings nicht über alle Zweifel erhaben. Manche Gerichtsbeschlüsse im FG-Verfahren werden nämlich nicht schon mit der Bekanntgabe wirksam, sondern erst mit Eintritt der Rechtskraft. So insbesondere „[e]in Beschluss, der die Genehmigung eines Rechtsgeschäfts zum Gegenstand hat" (§ 40 Abs 2 FamFG) sowie auch „[e]in Beschluss, durch den auf Antrag die Ermächtigung oder die Zustimmung eines anderen zu einem Rechtsgeschäft ersetzt oder die Beschränkung oder Ausschließung der Berechtigung des Ehegatten ..., Geschäfte mit Wirkung für den anderen Ehegatten ... zu besorgen (§ 1357 Abs 2 Satz 1 [BGB] ...), aufgehoben wird" (§ 40 Abs 3 FamFG). **Rechtsmittel** haben hier also aufschiebende Wirkung. Soll man das auf die gerichtliche Bestellung von Abschlussprüfern entsprechend anwenden? Dafür spricht, dass der Abschlussvermerk und der Prüfungsbericht des Prüfers einen rechtsgeschäftlichen Bezug zur Feststellung des Jahresabschlusses haben (Rdn 161 aE), und dass das Prüfungsmandat insoweit mit einer Befugnis zur Besorgung von Geschäften für einen anderen vergleichbar ist. Auf der anderen Seite besteht aber bei gerichtlichen Auseinandersetzungen um die Person des Abschlussprüfers meistens ein starkes Bedürfnis nach schneller Rechtsklarheit und einem schnellen Wirksamwerden der gerichtlichen Entscheidung, weil der Abschluss zeitnah geprüft und festgestellt werden soll. Hätten Rechtsmittel aufschiebende Wirkung, so könnte die Gesellschaft eine wirksame gerichtliche Auswechselung des gewählten Abschlussprüfers so lange mit Rechtsmitteln verzögern, bis der gewählte Prüfer die Prüfung abgeschlossen hat und der Antrag auf seine gerichtliche Ersetzung ins Leere geht (vgl Rdn 160). Dies würde das Abschlussprüfer-Ersetzungsverfahren aushebeln. Man muss daher die gerichtliche Entscheidung über die Auswechselung des Abschlussprüfers schon mit ihrer Bekantgabe wirksam werden lassen (§ 40 Abs 1 FamFG und hierzu Rdn 159) und darf Rechtsmitteln keine aufschiebende Wirkung zusprechen.[381]

---

379 So andeutungsweise auch OLG Düsseldorf WM 1996, 1777, 1778 re Sp.

380 Anders BayObLG WM 1987, 1361, 1363 li Sp = BayObLGZ 1987, 297, 300, wo über eine weitere Beschwerde (heute Rechtsbeschwerde) zu entscheiden war, die dann allerdings aus anderen Gründen zurückgewiesen wurde, nämlich weil das Gericht den gewählten Abschlussprüfer nicht als befangen erachtete.

381 Ebenso *Heidel* in Heidel, Aktienrecht und Kapitalmarktrecht[3] § 256, 17a aE.

e) **Fehlende Nachtragsprüfung (Abs 1 Nr 2 und § 316 Abs 3 HGB)**

aa) **Voraussetzungen der Nichtigkeit.** Ein Jahresabschluss ist des Weiteren nach § 256 Abs 1 Nr 2 Fall 2 nichtig, wenn er nicht nach § 316 Abs 3 HGB geprüft worden ist. Dort heißt es: **164**

„**§ 316 [HGB] Pflicht zur Prüfung.** ... (3) [1]Werden der Jahresabschluss, der Konzernabschluss, der Lagebericht oder der Konzernlagebericht nach Vorlage des Prüfungsberichts geändert, so hat der Abschlussprüfer diese Unterlagen erneut zu prüfen, soweit es die Änderung erfordert. [2]Über das Ergebnis der Prüfung ist zu berichten; der Bestätigungsvermerk ist entsprechend zu ergänzen."

Diese Regel bekräftigt und ergänzt den allgemeinen Grundsatz des § 316 Abs 1 HGB, wonach der Jahresabschluss zu prüfen ist und ohne Prüfung nicht festgestellt werden kann. Dem Aufsichtsrat muss ein **vollständig durchgeprüfter** Jahresabschluss zur Feststellung vorgelegt werden.[382] Deshalb ist eine Nachtragsprüfung erforderlich, wenn spätere Veränderungen des Jahresabschlusses vom Abschlussprüfer noch nicht berücksichtigt wurden. Das gilt nicht erst für Änderungen nach Vorlage des Prüfungsberichts, wie es in § 316 Abs 3 HGB heißt, also nachdem der Abschlussprüfer den Bericht dem Aufsichtsrat vorgelegt hat. Vielmehr ist in entsprechender Anwendung des § 316 Abs 3 schon dann eine Nachtragsprüfung erforderlich, wenn der Vorstand den aufgestellten Jahresabschluss verändert, und die geänderten Inhalte nicht mehr in die Prüfung einbezogen worden sind.[383] **Zuständig** für die Nachtragsprüfung ist der für die Erstprüfung bestellte Abschlussprüfer,[384] denn die Nachtragsprüfung ist Bestandteil der Abschlussprüfung für das jeweilige Geschäftsjahr.[385] Ebenso wie bei der Erstprüfung (oben Rdn 134 ff) kann auch hier eine ganz unzulängliche Prüfung bei wertender Betrachtung einer fehlenden Prüfung gleichstehen.[386] **165**

bb) **Reichweite der Nichtigkeit.** Wenn die Gesellschaft den geänderten Jahresabschluss ohne die gebotene Nachtragsprüfung feststellt, so ist grundsätzlich der **ganze Jahresabschluss nichtig** und nicht nur die Änderung. Der Jahresabschluss tritt also nicht etwa in seiner ursprünglichen Fassung ohne die Änderungen in Geltung. Denn eine solche Fassung hat den Gesellschaftsorganen nicht zur Feststellung vorgelegen. Ebenso wie bei gänzlich fehlender Erstprüfung ist auch bei einer fehlenden Nachtragsprüfung die Nichtigkeit nicht heilbar.[387] Wenn sich allerdings die Veränderung auf einen schon festgestellten Jahresabschluss bezieht, liegt in der anschließenden Feststellung des veränderten Jahresabschlusses zugleich die Aufhebung der Feststellung des ursprünglichen Jahresabschlusses (vgl Rdn 263 f). Und da der letztere Beschlussinhalt (Aufhebung) regelmäßig nicht beschlossen sein würde, wenn die Beschließenden erkannt hätten, dass der erste Beschlussinhalt (Feststellung des geänderten Abschlusses) wegen fehlender Nachtragsprüfung nichtig ist, muss man hier in Anlehnung an die allgemeinen Regeln über zusammengesetzte Rechtsgeschäfte (§ 139 BGB) grundsätzlich vom Fortbestand und von der Gültigkeit des ursprünglichen Jahresabschlusses ausgehen. **166**

---

382 *Hüffer* in MünchKomm AktG² 26; *Zöllner* in Kölner Komm AktG¹ 70.

383 *Zöllner* in Kölner Komm AktG¹ 69; *Hüffer* in MünchKomm AktG² 26; *Hüffer*⁹ 9.

384 BGH AG 1992, 58, 59 li Sp; *Adler/Düring/Schmaltz*⁶ § 318 HGB, 60; *Th Kaiser* Berichtigung und Änderung des handelsrechtlichen Jahresabschlusses, 2000, S 312 f; *W Müller* FS Quack, 1991, 359, 371.

385 *Adler/Düring/Schmaltz*⁶ § 318 HGB, 60; *Th Kaiser* Berichtigung und Änderung des handelsrechtlichen Jahresabschlusses, 2000, S 307, 312.

386 *Hüffer* in MünchKomm AktG² 27.

387 *Zöllner* in Kölner Komm AktG¹ 69.

f) Fehlen eines rechtzeitigen Nachtragstestats (Abs 1 und § 173 Abs 3)

167 aa) **Zum Tatbestand des Abschlussmangels.** Nach den Eingangsworten des § 256 Abs 1 ist ein festgestellter Jahresabschluss auch in den Fällen des § 173 Abs 3 nichtig. Dabei geht es um Folgendes:

„**§ 173 Feststellung [des Jahresabschlusses] durch die Hauptversammlung. …**

(3) [1]Ändert die Hauptversammlung einen von einem Abschlussprüfer auf Grund gesetzlicher Verpflichtung geprüften Jahresabschluss, so werden vor der erneuten Prüfung nach § 316 Abs. 3 des Handelsgesetzbuchs von der Hauptversammlung gefasste Beschlüsse über die Feststellung des Jahresabschlusses und die Gewinnverwendung erst wirksam, wenn auf Grund der erneuten Prüfung ein hinsichtlich der Änderungen uneingeschränkter Bestätigungsvermerk erteilt worden ist. [2]Sie werden nichtig, wenn nicht binnen zwei Wochen seit der Beschlussfassung ein hinsichtlich der Änderungen uneingeschränkter Bestätigungsvermerk erteilt wird."

168 Auch hier handelt es sich um einen **Prüfungsmangel.**[388] Voraussetzung ist zunächst, dass die Gesellschaft gesetzlich prüfungspflichtig ist, die Hauptversammlung über die Feststellung des Jahresabschlusses entscheidet, und dass diese den vom Vorstand aufgestellten Jahresabschluss im Rahmen des Feststellungsbeschlusses ändert, ihn also mit geändertem Inhalt feststellt. Dazu ist die Hauptversammlung anders als der Aufsichtsrat befugt. Nach allgemeinen Regeln müssten dann aber die von der Hauptversammlung beschlossenen Änderungen des Jahresabschlusses zunächst eine Nachtragsprüfung durchlaufen (§ 316 Abs 3 HGB), und erst dann könnte eine erneute Hauptversammlung den Abschluss verbindlich feststellen (§ 256 Abs 1 Nr 2 Fall 2). Diesen gewundenen Weg will § 173 Abs 3 der Gesellschaft ersparen[389] und erlaubt es deshalb **ausnahmsweise, erst** über die **Feststellung** des Jahresabschlusses zu beschließen und ihn **dann** zu **prüfen.**

169 Die Anforderungen an die Nachtragsprüfung (§ 316 Abs 3 HGB) sind allerdings in diesem Fall durch § 173 Abs 3 verschärft.[390] Die Nachtragsprüfung muss in zwei Wochen abgeschlossen sein, was oft schon nicht einfach ist, und sie muss hinsichtlich der Änderungen mit einem uneingeschränkten Bestätigungsvermerk enden. Für die Wirksamkeit des Jahresabschlusses ist somit nicht nur die Nachtragsprüfung **erforderlich**, sondern ein **positives Ergebnis der Prüfung.** Der Vermerk, mit dem der Abschlussprüfer das Ergebnis seiner Prüfung zusammenfasst (§ 322 HGB), muss zweifelsfrei ergeben, dass die Prüfung zu keinen Einwendungen geführt hat, die eine Versagung oder auch nur eine Einschränkung des Bestätigungsvermerks rechtfertigen würden (§ 322 Abs 2 Nr 1, Abs 3 Satz 1 HGB). Gesonderte Hinweise auf Unternehmensrisiken (§ 322 Abs 2 Satz 3 HGB) und auf sonstige widrige Umstände (§ 322 Abs 3 Satz 2 HGB) schaden dagegen nicht, wenn es beim uneingeschränkten Testat verbleibt.[391] Alles in allem macht das Gesetz auf diese Weise die abändernde Feststellung des Jahresabschlusses durch die Hauptversammlung sehr schwer, denn es misstraut dem Sachverstand und dem finanziellen Verantwortungsbewusstsein der Versammlung.

170 bb) **Rechtsfolgen des Abschlussmangels.** In § 173 Abs 3 geht es genau genommen nicht um eine Nichtigkeit des Jahresabschlusses, denn der Feststellungsbeschluss der Hauptversammlung verstößt nicht gegen das Recht (vgl Rdn 4, 207). Der Feststellung fehlt vielmehr noch ein Wirksamkeitselement, nämlich das rechtzeitige Nachtragstestat. Sie ist deshalb zunächst **schwebend unwirksam,** und wird erst wirksam, wenn das Testat innerhalb der Zwei-Wochen-Frist erteilt wird, ansonsten wird die Feststellung endgültig

---

388 *Zöllner* in Kölner Komm AktG[1] 90.

389 *Hüffer* in MünchKomm AktG[2] 12; *Hüffer*[9] § 173, 7.

390 Ebenso *Zöllner* in Kölner Komm AktG[1] 90; *Adler/Düring/Schmaltz*[6] 71.

391 Vgl *Hüffer*[9] 5.

unwirksam.[392] Dann gilt das gleiche wie bei Nichtigkeit. Die Unwirksamkeit des Jahresabschlusses wegen Fehlens eines rechtzeitigen Nachtragstestats **kann nicht** nach § 256 Abs 6 durch Zeitablauf **geheilt werden,**[393] denn der Fall wird dort bei den Heilungsmöglichkeiten nicht genannt (vgl Rdn 271).

3. Verfahrensfehler bei der Feststellung des Jahresabschlusses (Abs 2–3)

a) **Überblick.** Nach § 256 Abs 2 ist ein von Vorstand und Aufsichtsrat festgestellter Jahresabschluss nichtig, wenn der **Vorstand oder der Aufsichtsrat** bei seiner Feststellung nicht ordnungsgemäß mitgewirkt hat. Die Mitwirkung dieser Organe erfolgt durch Beschlüsse. Eine nicht ordnungsgemäße Mitwirkung, die nach § 256 Abs 2 zur Nichtigkeit des Jahresabschlusses führt, liegt vor, wenn der Beschluss des betreffenden Organs nach den hierfür geltenden allgemeinen Regeln nichtig ist.[394] Da die Nichtigkeit des Jahresabschlusses wegen Inhalts- und Prüfungsmängeln bereits in § 256 Abs 1, 4 und 5 abschließend geregelt ist, kommen als Nichtigkeitsgründe im Rahmen des § 256 Abs 2 nur Verfahrensfehler bei der Beschlussfassung in Betracht.[395] Das können sowohl Verstöße gegen das **Gesetz** als auch gegen die **Satzung** sein.[396] Es muss sich um besonders gravierende Fehler handeln, denn nur sie rechtfertigen die einschneidende Sanktion der Nichtigkeit[397] (siehe auch unten Rdn 173, 175, 187). Des Weiteren ist nach § 256 Abs 3 ein von der **Hauptversammlung** festgestellter Jahresabschluss nichtig, wenn bestimmte, besonders schwere Verfahrensfehler vorliegen, die auch sonst zur Nichtigkeit von Hauptversammlungsbeschlüssen führen (vgl § 241). 171

b) Nicht ordnungsgemäße Mitwirkung des Vorstands (Abs 2 Fall 1)

aa) **Der Beitrag des Vorstands zur Feststellung des Jahresabschlusses** liegt in der Aufstellung des Abschlusses (§ 264 Abs 1 HGB), also in der **Zusammenstellung** des Zahlen- und Erläuterungswerks nach Maßgabe der Schlusssalden der Buchführung, sowie in der Vorlage der Endfassung an den Aufsichtsrat (§ 170 Abs 1 Satz 1) zum Zwecke der Feststellung. Mit der Vorlage gibt der Vorstand den Willen kund, dass dies sein abschließender Beitrag zur Gestaltung des Jahresabschlusses sein soll.[398] Der Vorstand muss, wie es in einem Urteil des OLG Karlsruhe zutreffend heißt, „**in eigener Verantwortung** einen Vorschlag für die Rechnungslegung der Gesellschaft ... unterbreiten und hierbei seinen bilanzpolitischen Vorstellungen Ausdruck ... geben".[399] Das gilt auch in der abhängigen Gesellschaft ohne Beherrschungsvertrag.[400] Allerdings berührt es die Wirksamkeit des 172

---

392 *Hüffer* in MünchKomm AktG² § 256, 12 und § 253, 4; *Claussen/Kort* in Kölner Komm AktG² § 173, 17; *Rölike* in Spindler/Stilz² 86; im gleichen Sinne *Zöllner* in Kölner Komm AktG¹ 90; *Schwab* in K Schmidt/Lutter² 4; *Hüffer*⁹ § 173, 8. Der Sache nach auch RegE AktG, BT-Drucks IV/171 v 3.2.1962, Anlage 1, Begründung zu § 161 RegE, S 187 re Sp = Kropff (Hrsg) AktG, 1965, § 173, S 281.

393 *Zöllner* in Kölner Komm AktG¹ 91, 124; *Hüffer* in MünchKomm AktG² 12; *Hüffer*⁹ 5, auch § 173, 8 aE; *Rölike* in Spindler/Stilz² 76; *Adler/Düring/Schmaltz*⁶ § 173, 37; *Heidel* in Heidel, Aktienrecht und Kapitalmarktrecht³ § 256, 39; *Caspar* Die Heilung nichtiger Beschlüsse im Kapitalgesellschaftsrecht, 1998, S 321 f; *Claussen/Kort* in Kölner Komm AktG² § 173, 17 aE.

394 *Rölike* in Spindler/Stilz² 43, 50; *Hüffer* in MünchKomm AktG² 41 (betr Aufsichtsrat).

395 *Adler/Düring/Schmaltz*⁶ 56.

396 *Rölike* in Spindler/Stilz² 43.

397 *Baumbach/Hueck* AktG¹³ 12; *Stein* Das faktische Organ, 1984, S 88 f.

398 Ebenso *Priester* FS Kropff, 1997, S 591, 600 f.

399 OLG Karlsruhe WM 1987, 533, 534 re Sp.

400 OLG Karlsruhe WM 1987, 533, 534 re Sp; im selben Sinne *Hüffer* in MünchKomm AktG² 37.

Jahresabschlusses nicht, wenn sich der Vorstand den Vorstellungen des herrschenden Unternehmens anpasst, solange nur der Vorstand, wie das OLG Karlsruhe fortfährt, „das ihm angetragene Geschäft in eigener Verantwortung ... prüf[t] (§§ 76, 93 AktG ...) und die Verantwortung für die schließlich getroffene Maßnahme ... übern[immt]".[401] Das ist für eine anschließende wirksame Feststellung des Jahresabschlusses unverzichtbar.

173 bb) **Einbeziehung aller Vorstandsmitglieder.** Die Verfahrensregeln für die Aufstellung und Vorlage des Jahresabschlusses durch den Vorstand wollen vor allem gewährleisten, dass das geschäftliche Wissen und die Zielvorstellungen aller Vorstandsmitglieder in die Rechnungslegung einfließen oder einfließen können. Nur Verfahrensverstöße, die dieses Anliegen gefährden, rechtfertigen eine Nichtigkeit des Jahresabschlusses nach § 256 Abs 2.[402]

174 Die Aufstellung und Vorlage des Jahresabschlusses obliegt zwingend dem **Vorstand in seiner Gesamtheit** und als Kollegialorgan.[403] Grundsätzlich müssen sämtliche Vorstandsmitglieder einschließlich der stellvertretenden Mitglieder einstimmig zusammenwirken, denn sie sind nach dem Gesetz nur gemeinschaftlich zur Geschäftsführung befugt (§ 77 Abs 1 Satz 1). Die Satzung oder die Geschäftsordnung des Vorstands können allerdings Abweichendes bestimmen und namentlich Mehrheitsentscheidungen vorsehen (§ 77 Abs 1 Satz 2). Das gilt auch für die Aufstellung des Jahresabschlusses.[404] Hierfür genügt eine allgemeine Mehrheitsklausel.[405] Stets müssen jedoch **alle Vorstandsmitglieder** die **Möglichkeit** haben, an der Aufstellung **informiert mitzuwirken** und hierüber mitzuentscheiden; kein Mitglied darf von der Entscheidungsfindung ausgeschlossen werden.[406] Stellen also nur einzelne Vorstandsmitglieder wie etwa der Vorsitzende oder der Finanzvorstand den Abschluss auf, so kann dieser nicht wirksam festgestellt werden, und eine gleichwohl versuchte Feststellung wäre nichtig[407] (vgl aber auch Rdn 204). Auch ein Handeln von Vorstandsmitgliedern in vertretungsberechtigter Zahl genügt nicht,[408] weil es nicht um die Vertretung der Gesellschaft nach außen geht und auch nicht um normale Geschäftsführung[409], sondern um eine besondere Aufgabe mit Gesamtverantwortung. Einzelne Vorstandsmitglieder, wie etwa ein Finanzvorstand, können zwar in eigener Regie den Abschluss fertig zusammenstellen, und sie können sogar nach Maßgabe der vorstandsinternen Aufgabenverteilung hierzu verpflichtet sein.[410] Aber an der abschlie-

---

401 OLG Karlsruhe WM 1987, 533, 534 re Sp; zustimmend *Schulz* in Bürgers/Körber 11 aE.

402 *Stein* Das faktische Organ, 1984, S 88 f.

403 Ausführlich *Fleischer* WM 2006, 2021, 2023 ff; des Weiteren *Hüffer* in MünchKomm AktG[2] 36; *Schwab* in K Schmidt/Lutter[2] 27; *Hüffer*[9] 18; *Priester* FS Kropff, 1997, 591, 596; *Zöllner* in Kölner Komm AktG[1] 79; *Düring/Schmaltz* WPg 1949, 7 re Sp.

404 OLG Karlsruhe WM 1987, 533, 536 li Sp; *Hüffer* in MünchKomm AktG[2] 36; auch *Adler/Düring/Schmaltz*[6] 62; *Zöllner* in Kölner Komm AktG[1] 79.

405 Vgl BGHZ 170, 283, 285 ff, betr die Feststellung des Jahresabschlusses einer KG durch Mehrheitsbeschluss der Gesellschafter.

406 *Rölike* in Spindler/Stilz[2] 47; *Schulz* in Bürgers/Körber 11. Im selben Sinne OLG Karlsruhe WM 1987, 533, 536 li Sp; *Hüffer* in MünchKomm AktG[2] 36; *Zöllner* in Kölner Komm AktG[1] 79; *Adler/Düring/Schmaltz*[6] 62; *Weilinger* Die Aufstellung und Feststellung des Jahresabschlusses im Handels- und Gesellschaftsrecht, 1997, Rdn 259 ff, 284 ff, 395 ff, S 135 ff, 146 ff, 193 ff.

407 *Priester* FS Kropff, 1997, 591, 603; *Hüffer*[9] 18.

408 *Priester* FS Kropff, 1997, 591, 603; *Hüffer* in MünchKomm AktG[2] 36.

409 Vgl BGHZ 170, 283, 288 f (Rn 12 ff) zur Bedeutung der Feststellung des Jahresabschlusses in der KG.

410 BGH DB 2009, 557, 558 (betr GmbH); *Weilinger* Die Aufstellung und Feststellung des Jahresabschlusses im Handels- und Gesellschaftsrecht, 1997, Rdn 259 ff, 284 ff, 395 ff, S 135 ff, 146 ff, 193 ff.

ßenden Entscheidung, ob dies der endgültige und maßgebende Jahresabschluss sein soll, müssen alle Vorstandsmitglieder teilhaben können. Auf die Mitwirkung einzelner Vorstandsmitglieder kann nur verzichtet werden, wenn diese durch längere Krankheit oder in ähnlich unabwendbarer Weise verhindert sind.[411] Sind diese grundlegenden Verfahrensanforderungen nicht eingehalten, so ist der Jahresabschluss nach § 256 Abs 2 wegen fehlerhafter Mitwirkung des Vorstands nichtig.

cc) **Entscheidung durch Beschluss; Verfahrensfehler bei der Beschlussfassung.** Die Entscheidung über die Aufstellung und Vorlage des Jahresabschlusses erfordert beim mehrgliedrigen Vorstand einen Beschluss.[412] Die formalen Anforderungen an eine Beschlussfassung des Vorstands sind allerdings gering, und namentlich können Vorstandsbeschlüsse **auch konkludent** gefasst werden,[413] weil der Vorstand schnell und beweglich handeln können muss. Nur wenn es bei der Beschlussfassung zu Verfahrensfehlern kommt, die nach allgemeinen Regeln hinreichend gewichtig sind, um eine Nichtigkeit von Vorstandsbeschlüssen zu begründen, führt dies zur Nichtigkeit des Jahresabschlusses nach § 256 Abs 2.[414] Und selbst ein gewichtiger Verfahrensmangel bei der Beschlussfassung, der lediglich die Mitwirkungsrechte einzelner Vorstandsmitglieder verletzt, kann nur von diesen Vorstandsmitgliedern geltend gemacht werden, und zwar unverzüglich, andernfalls ist die Berufung auf den Verfahrensmangel verwirkt.[415] Das gilt auch für die Feststellung des Jahresabschlusses. Die Abschluss-**Nichtigkeitsklage** nach § 256 Abs 7 Satz 1 kann in solchen Fällen **nur von dem betroffenen Vorstandsmitglied** erhoben werden, nicht dagegen von anderen Vorstandsmitgliedern oder vom Aufsichtsrat und namentlich auch nicht von Aktionären. 175

dd) **Unterbesetzter Vorstand.** Umstritten ist, ob es zur Nichtigkeit des Jahresabschlusses führt, wenn der Vorstand bei der Aufstellung des Abschlusses unterbesetzt war, also weniger Mitglieder hatte, als er nach Gesetz oder Satzung haben muss. Von Gesetzes wegen müssen Vorstände von Gesellschaften mit mehr als drei Millionen Euro Grundkapital aus mindestens zwei Personen bestehen, es sei denn die Satzung bestimmt etwas anderes (§ 76 Abs 2 Satz 2). Bleibt die Zahl der Vorstandsmitglieder dahinter zurück, ist der Vorstand unterbesetzt und **nach vorwaltender Ansicht** handlungsunfähig, soweit es um Aufgaben des Gesamtvorstands als Kollegialorgan geht.[416] Da zu diesen Aufgaben auch die Aufstellung des Jahresabschlusses gehört, folgert man, dass die Feststellung eines solchen Abschlusses mangels ordnungsgemäßer Mitwirkung des Vorstands nichtig sei.[417] Andere halten dagegen bei kollegialen Aufgaben des Gesamtvorstands auch den unterbe- 176

---

411 *Zöllner* in Kölner Komm AktG[1] 79; *Rölike* in Spindler/Stilz[2] 47; *Hüffer* in MünchKomm AktG[2] 36; *Adler/Düring/Schmaltz*[6] 62; *Priester* FS Kropff, 1997, 591, 603.

412 *Hüffer* in MünchKomm AktG[2] 36; *Hüffer*[9] 18; *Rölike* in Spindler/Stilz[2] 46; *Priester* FS Kropff, 1997, 591, 601. **Dagegen** ist nach *Adler/Düring/Schmaltz*[6] 62 eine Beschlussfassung nicht unbedingt erforderlich.

413 OLG Frankfurt AG 1986, 233 re Sp; *Hüffer*[9] § 77, 6 mwN.

414 Im selben Sinne *Rölike* in Spindler/Stilz[2] 44; *Stein* Das faktische Organ, 1984, S 88.

415 *Kort* oben § 77, 18; *Mertens/Cahn* in Kölner Komm AktG[3] § 77, 47 und hM.

416 BGHZ 149, 158, 161; BGH ZIP 2002, 216, 217 li Sp; OLG Dresden ZIP 1999, 1632, 1634 re Sp; LG Dresden AG 1999, 46 f; ausführlich LG Heilbronn AG 2000, 373, 374 (alle betr die Einberufung der Hauptversammlung und die Unterbreitung von Beschlussvorschlägen); *Möhring* NJW 1966, 1, 5 f.

417 Hierfür *Schwab* in K Schmidt/Lutter[2] 27; *Rölike* in Spindler/Stilz[2] 48; *Möhring* NJW 1966, 1, 5 f; *Schilling* in Voraufl Anm 9; ebenso im Ergebnis *Schulz* in Bürgers/Körber 11.

setzten Vorstand für handlungsfähig,[418] so dass nach dieser Betrachtung der festgestellte Jahresabschluss gültig ist.[419] Wieder andere gehen einen Mittelweg und bejahen die Handlungsfähigkeit des unterbesetzten Vorstands bei Taten ohne rechtsgeschäftliche Bedeutung, verneinen sie aber bei Rechtsgeschäften und namentlich bei Beschlüssen,[420] und da hierzu auch die Aufstellung und Vorlage des Jahresabschlusses gehört (vgl Rdn 175), gelangt man so wiederum zur **Nichtigkeit des festgestellten Jahresabschlusses.**[421]

177 Entgegen der herrschenden Ansicht sollte man den festgestellten **Jahresabschluss** für **gültig** erachten, wenn der Vorstand bei der Aufstellung gesetz- oder satzungswidrig unterbesetzt war.[422] Die Regeln über die Mindestgröße des Vorstands sollen zwar die Richtigkeit des Vorstandshandelns und auch der Rechnungslegung gewährleisten, weil mehrere Vorstandsmitglieder mehr sehen und sich untereinander kontrollieren, vor allem wenn sie gemeinsam in der Verantwortung sind.[423] Aber diese Regeln dienen vor allem dem Interesse der Aktionäre,[424] was sich daran zeigt, dass die gesetzlichen Anforderungen zur Disposition der Satzung stehen (§ 76 Abs 2 Satz 1 und 2). Die Nichtigkeit des Jahresabschlusses und einer auf dem Abschluss aufbauenden Gewinnausschüttung liegt indessen im Allgemeinen nicht im wohlverstandenen Interesse der Aktionäre; die Nichtigkeitssanktion ist vielmehr in erster Linie ein Instrument des Gläubigerschutzes (Rdn 21 ff). Die normwidrige Unterbesetzung des Vorstands kann deshalb sinnvoller Weise nur zur Folge haben, dass der Aufsichtsrat den Vorstand ergänzen muss (§ 84) oder in dringenden Fällen das Gericht auf Antrag eines Beteiligten das fehlende Vorstandsmitglied bestellt (§ 85).[425]

178 ee) **Mitwirkung fehlerhaft bestellter Vorstandsmitglieder.** Wenn an der Entscheidung des Vorstands über die Aufstellung und Vorlage des Jahresabschlusses Personen mitgewirkt haben, die nicht wirksam oder nicht mehr zu Vorstandsmitgliedern bestellt sind, so ist grundsätzlich die Mitwirkung des Vorstands nicht ordnungsgemäß und der Jahresabschluss deshalb nach § 256 Abs 2 nichtig, wenn die Vorstandsentscheidung auf den Stimmen dieser Personen beruht.[426] Nach allgemeinen Regeln werden jedoch fehlerhafte, aber tatsächlich in Vollzug gesetzte Vorstands-Organverhältnisse für die Zeit ihres tatsächlichen Bestehens als wirksam behandelt, wenn die betroffene Person mit Wissen und Willen des Aufsichtsrats wie ein Vorstandsmitglied gewaltet oder weitergewaltet hat; das fehlerhafte Organverhältnis kann dann nur für die Zukunft durch Abberufung oder Amtsniederlegung beendet werden, und zwar jederzeit von beiden Seiten.[427] Es gibt kei-

---

418 *Kort* oben § 76, 199; *Mertens/Cahn* in Kölner Komm AktG[3] § 76, 111; grundsätzlich zustimmend *Priester* FS Kropff, 1997, S 591, 597 f.

419 *Priester* FS Kropff, 1997, S 591, 603 f; *Mertens/Cahn* in Kölner Komm AktG[3] § 76, 111 aE.

420 *Hüffer*[9] § 76, 23, auch § 256, 18; *Hüffer* in MünchKomm AktG[2] 38. Im Ergebnis ähnlich *Schäfer* ZGR 2003, 147, 153 f, wonach es darauf ankomme, ob der Vorstand eine materielle Entscheidung mit Beurteilungsspielräumen treffe.

421 *Hüffer*[9] § 76, 23, auch § 256, 18; *Hüffer* in MünchKomm AktG[2] 38. Nicht eindeutig, aber hierauf hinaus laufend auch *Schäfer* ZGR 2003, 147, 153 f.

422 So auch *Priester* FS Kropff, 1997, S 591, 603 f. **Anders** die oben in Fn 417 und 421 Genannten.

423 LG Heilbronn AG 2000, 373, 374; *Priester* FS Kropff, 1997, S 591, 604.

424 Vgl *Priester* FS Kropff, 1997, S 591, 595.

425 So in der Sache auch *Priester* FS Kropff, 1997, S 591, 603 f.

426 Insoweit übereinstimmend *Zöllner* in Kölner Komm AktG[1] 82; *Schwab* in K Schmidt/Lutter[2] 27; *Spindler* in MünchKomm AktG[3] § 84, 232; *Seibt* in K Schmidt/Lutter[2] § 84, 22; auch *Adler/Düring/Schmaltz*[6] 69 für den Fall, dass der Vorstand ohne die fehlerhaft bestellten Mitglieder unterbesetzt ist.

427 BGHZ 41, 282, 288, auch 291; BGHZ 47, 341, 343; beide betr das Anstellungsverhält-

nen Grund, hiervon bei der Aufstellung des Jahresabschlusses abzuweichen. Der **Jahresabschluss** kann vielmehr auch dann **gültig** festgestellt werden, wenn er unter Mitwirkung fehlerhaft bestellter Vorstandsmitglieder aufgestellt worden ist, aber das fehlerhafte Organverhältnis bei der Aufstellung des Abschlusses in dem soeben genannten Sinne tatsächlich im Vollzug war.[428] Anders verhält es sich, wenn ein Vorstandsmitglied sein erloschenes Amt ohne Billigung des Aufsichtsrats fortführt. Dann ist das Organverhältnis nicht mehr im Vollzug, und wenn die Entscheidung des Vorstands über die Aufstellung und Vorlage des Jahresabschlusses auf dem Mitwirken dieser Person beruht, so hat der Vorstand bei der Feststellung des Jahresabschlusses nicht ordnungsgemäß mitgewirkt, und die Feststellung ist nach § 256 Abs 2 nichtig.[429]

ff) **Unterschrift, Aufstellungsfrist, Bilanzeid.** Die fehlende Unterzeichnung durch den Vorstand macht den Jahresabschluss **nicht nichtig.**[430] Nach § 245 HGB unterzeichnet werden muss vorwaltender Ansicht zu Folge erst der festgestellte Jahresabschluss.[431] Die Unterzeichnung kann so betrachtet nicht Bestandteil der Feststellung sein. Aber auch wenn man die Pflicht zur Unterzeichnung schon auf den aufgestellten Jahresabschluss bezieht (wofür gute Gründe sprechen[432]), ist die Unterzeichnung keine Voraussetzung der Aufstellung. Diese ist vielmehr mit der Entscheidung des Vorstands abgeschlossen, den Jahresabschluss dem Aufsichtsrat vorzulegen;[433] die Unterzeichnung dokumentiert dies nur zu Beweiszwecken.[434] Eine Überschreitung der in § 264 Abs 1 Satz 2–3 vorgegebenen Aufstellungsfristen begründet ebenfalls keine Nichtigkeit des Jahresabschlusses, sonst käme die Gesellschaft aus der Säumnis nie heraus. Auch das Fehlen oder die Unrichtigkeit des nach § 264 Abs 2 Satz 3 gebotenen „Bilanzeids", also der schriftlichen Versicherung der Vorstandsmitglieder, dass nach ihrem besten Wissen der Jahresabschluss richtig ist, führt nicht zur Nichtigkeit des Jahresabschlusses, weil der Bilanzeid nicht Teil des Verfahren zur Feststellung des Jahresabschlusses ist, sondern eine eigenständige Zusicherung, deren Unrichtigkeit strafrechtliche (§ 331 Nr 3a HGB) und möglicher Weise auch haftungsrechtliche Folgen nach sich ziehen kann[435]. 179

c) Nicht ordnungsgemäße Mitwirkung des Aufsichtsrats (Abs 2 Fall 2)

aa) **Die Billigung des Jahresabschlusses als Bezugspunkt.** Während die Aufstellung des Jahresabschlusses durch den Vorstand zur Geschäftsführung gehört, ist die anschließende Feststellung, das heißt Verbindlicherklärung des Jahresabschlusses, im Gesell- 180

nis von Vorstandsmitgliedern); *Stein* Das faktische Organ, 1984; *Kort* oben § 84, 82 ff, 93 ff; *Mertens/Cahn* in Kölner Komm AktG³ § 84, 30 ff; *Hüffer*⁹ § 84, 10.

428 *Stein* Das faktische Organ, 1984, S 88 ff, 129; *Kort* oben § 84, 94; *Hüffer* in MünchKomm AktG² 39; *Schwab* in K Schmidt/Lutter² 27; *Rölike* in Spindler/Stilz² 48; *Schulz* in Bürgers/Körber 11; *Hüffer*⁹ 18 aE; ähnlich *Schilling* in Voraufl Anm 9 aE. **Anders** *Spindler* in MünchKomm AktG³ § 84, 232; *Seibt* in K Schmidt/Lutter² § 84, 22.

429 *Hüffer* in MünchKomm AktG² 39 aE.

430 OLG Stuttgart DB 2009, 1521, 1522 re Sp; OLG Karlsruhe WM 1987, 533, 536 li Sp; *U Weiß* WM 2010, 1010, 1016; *Hüffer* in MünchKomm AktG² 36; *Adler/Düring/Schmaltz*⁶ 63; *Rölike* in Spindler/Stilz² 49; *Schulz* in Bürgers/Körber 11; *Zöllner* in Kölner Komm AktG¹ 79; *Priester* FS Kropff, 1997, S 591, 603.

431 BGH BB 1985, 567 re Sp (betr GmbH); OLG Stuttgart DB 2009, 1521, 1522 re Sp; *Hüffer* in Großkomm HGB⁴ § 245, 5 f und hM.

432 *U Weiß* WM 2010, 1010, 1011 ff m Nw zu weiteren, gleichlautenden Stimmen.

433 *U Weiß* WM 2010, 1010, 1015 li Sp.

434 *U Weiß* WM 2010, 1010, 1013 ff.

435 Näher hierzu *Fleischer* ZIP 2007, 97, 102 ff; *Reiner* in MünchKomm HGB² § 264, 102 ff.

schaftsrecht normaler Weise Sache der Gesellschafter.[436] In der Aktiengesellschaft ist diese Angelegenheit jedoch dem Aufsichtsrat zugewiesen. Der Aufsichtsrat bringt die Feststellung des Jahresabschlusses zu Wege, indem er den vom Vorstand aufgestellten und vorgelegten **Jahresabschluss billigt** (§§ 171 Abs 2 Satz 4, 172 Satz 1) **und dies gegenüber dem Vorstand erklärt** (§ 171 Abs 3). Das ist der rechtsgeschäftliche Beitrag des Aufsichtsrats zur Feststellung des Jahresabschlusses.

181 Die Entscheidung des Aufsichtsrats über die Billigung des Jahresabschluss ist **in ein weiter gehendes** Prüfungs-, Berichts- und Beschluss**verfahren eingebunden**. Der Aufsichtsrat muss zunächst den vom Vorstand aufgestellten und vorgelegten Jahresabschluss prüfen (§ 171 Abs 1 Satz 1). Das geschieht bei prüfungspflichtigen Gesellschaften im Anschluss an die Prüfung des Jahresabschlusses durch den Abschlussprüfer. Der Aufsichtsrat muss sodann einen schriftlichen Bericht an die Hauptversammlung über das Ergebnis seiner Prüfung aufstellen (§ 171 Abs 2 Satz 1), dabei auch seine allgemeine Überwachungstätigkeit darstellen (§ 171 Abs 2 Satz 2) und zu dem Ergebnis der Prüfung des Jahresabschlusses durch den Abschlussprüfer Stellung nehmen (§ 171 Abs 2 Satz 3). Am Ende dieses Berichts an die Hauptversammlung muss der Aufsichtsrat erklären, ob er gegen die Vorlagen des Vorstands Einwendungen erhebt, und ob er den vom Vorstand aufgestellten Jahresabschluss billigt (§ 171 Abs 2 Satz 4). Der Bericht des Aufsichtsrats an die Hauptversammlung mit der abschließenden Billigungserklärung ist anschließend dem Vorstand zuzuleiten, und zwar innerhalb eines Monats (§ 171 Abs 3 Satz 1) oder binnen einer Nachfrist von höchstens noch einmal einem Monat (§ 171 Abs 3 Satz 2); sonst gilt der Jahresabschluss als vom Aufsichtsrat nicht gebilligt (§ 171 Abs 3 Satz 3). Billigt hingegen der Aufsichtsrat den Jahresabschluss, so ist dieser festgestellt (§ 172 Satz 1).

182 Der in § 256 Abs 2 festgelegte Grund für die Nichtigkeit des Jahresabschlusses, nämlich dass „der Aufsichtsrat bei seiner **Feststellung** nicht ordnungsgemäß mitgewirkt hat", **bezieht sich ausschließlich auf die** Entscheidung (das heißt Beschlussfassung, Rdn 185) des Aufsichtsrats über die **Billigung** des Jahresabschlusses und auf die Mitteilung dieser Entscheidung an den Vorstand. Die zuvor gebotene Prüfung des Abschlusses durch den Aufsichtsrat ist nicht Bestandteil der rechtsgeschäftlich gestaltenden Billigung, so dass eine unterlassene oder mangelhafte Prüfung der Wirksamkeit des Billigungsbeschlusses und damit des Jahresabschlusses nicht entgegensteht.[437] Auch inhaltliche oder formale Mängel und sogar ein vollständiges Fehlen derjenigen Teile des Berichts an die Hauptversammlung, die über die Erklärung zur Billigung des Jahresabschlusses hinausgehen, begründen keine Nichtigkeit des Abschlusses nach § 256 Abs 2. Gleiches gilt für das Verfahren der Beschlussfassung des Aufsichtsrats über die Verabschiedung des Berichts an die Hauptversammlung und die Bekanntgabe dieser Berichtsinhalte an den Vorstand. Solange nur die Billigungserklärung als solche beschlussförmig und auch im Übrigen verfahrensrichtig zu Stande kommt und dem Vorstand zugeleitet wird, ist hierdurch der Jahresabschluss von Seiten des Aufsichtsrats korrekt festgestellt.

183 In diese Richtung deutet auch ein **BGH-Urteil** aus dem Jahr 2010. In dem zu Grunde liegenden Fall fand laut dem Urteilstatbestand „eine Sitzung des Aufsichtsrats ... statt, in der der Jahresabschluss ... gebilligt wurde."[438] Aber ein Bericht an die Hauptversammlung wurde weder damals noch in der Folgezeit durch Beschluss des Aufsichtsrats verab-

---

[436] BGHZ 170, 283, 289 f, Tz 13–14, betr KG; *Ulmer* FS Hefermehl, 1976, S 207 ff; *G Bezzenberger* in MünchHandB GesR^3, Bd 1, § 62, 74 ff.

[437] OLG Stuttgart DB 2009, 1521, 1524 li Sp.

[438] BGH WM 2010, 1502 re Sp (Tz 2).

schiedet und auch nicht, wie es geboten ist, zumindest vom Aufsichtsratsvorsitzenden unterschrieben, sondern einfach nur irgendwie der Versammlung vorgelegt.[439] Der BGH hat die Beschlüsse der anschließenden Hauptversammlung über die Entlastung der Organmitglieder und über die Wiederwahl eines Aufsichtsratsmitglieds auf die Anfechtungsklage eines Aktionärs hin zu Recht für nichtig erklärt, weil ein Bericht im Sinne des § 172 Abs 2 nicht vorlag und die verantwortlichen Organmitglieder hierdurch ihre Pflichten verletzt hatten.[440] Aber die Wirksamkeit der Abschlussfeststellung wird vom Gericht nicht in Zweifel gezogen (sie war allerdings auch nicht Gegenstand des Rechtsstreits), sondern das Urteil führt beiläufig aus, der Aufsichtsrat habe „den vorgelegten Jahresabschluss ... einstimmig mit förmlichem Beschluss gebilligt".[441] Der Jahresabschluss war also offenbar nach Ansicht des Gerichts wirksam festgestellt, sonst hätte das Urteil wohl die Nichtigkeit des Abschlusses als weiteren und gewichtigen Grund für die Pflichtverletzung der Organmitglieder und die hieraus folgende Anfechtbarkeit der Hauptversammlungsbeschlüsse ins Feld geführt (vgl unten Rdn 214).

bb) **Zuständigkeit des Gesamt-Aufsichtsrats.** Zuständig für die Feststellung des Jah- **184**
resabschlusses ist der Aufsichtsrat in seiner Gesamtheit, das Plenum. Die Entscheidung kann also **nicht** einem **Aufsichtsratsausschuss** überwiesen werden (§ 107 Abs 3 Satz 2), auch nicht dem Prüfungsausschuss (hierzu auch Rdn 193), und erst Recht nicht an einzelne Mitglieder. Bei Verstößen hiergegen ist die Feststellung des Jahresabschlusses nichtig[442] (vgl auch Rdn 204).

cc) **Entscheidung durch Beschluss.** Das Entscheidungsverfahren des Aufsichtsrats ist **185**
stärker formalisiert als dasjenige des Vorstands (§§ 108 ff). Die Entscheidung über die Feststellung des Jahresabschlusses muss wie andere Entscheidungen des Aufsichtsrats in Gestalt eines Beschlusses ergehen (§ 108 Abs 1).[443] Zur **Beschlussförmigkeit** von Aufsichtsratsentscheidungen heißt es in einem BGH-Urteil von 1964: „Nur der in einem Beschluß zum Ausdruck gekommene einheitliche Wille der abstimmenden Aufsichtsratsmitglieder stellt den Willen des Aufsichtsrats dar; was nicht in einem Beschluß seinen Niederschlag gefunden hat, kann nicht als eine Stellungnahme des Aufsichtsrats angesehen werden. ... [Das bedeutet], daß Aufsichtsratsbeschlüsse nicht stillschweigend gefaßt werden können, weil es bei stillschweigender Beschlußfassung unmöglich wäre, die für eine Abstimmung unerläßlichen Feststellungen darüber zu treffen, inwieweit Beschlußfähigkeit, Zustimmung und Ablehnung gegeben und Stimmenthaltungen vorgekommen sind. Hieran muss aus Gründen der Rechtssicherheit und wegen der Verantwortung des Aufsichtsrats festgehalten werden."[444] Das muss es in der Tat, gerade auch bei der Feststellung des Jahresabschlusses. Dies schließt allerdings eine **Auslegung** von Aufsichtsrats-

---

439 BGH WM 2010, 1502 f (Tz 2) zum Sachverhalt, 1503 f (Tz 12–14) zur fehlenden Beschlussförmigkeit, 1504 (Tz 15–18) zur fehlenden Unterzeichnung (hierzu auch Rdn 186).

440 BGH WM 2010, 1502, 1503 re Sp (Tz 12), 1504 ff (Zz 19 ff).

441 BGH WM 2010, 1502, 1506 re Sp (Tz 35), im selben Sinne 1505 li Sp (Tz 25).

442 *Adler/Düring/Schmaltz*[6] 60; *Zöllner* in Kölner Komm AktG[1] 80; *Rölike* in Spindler/Stilz[2] 45; *Schilling* in Voraufl Anm 10.

443 *Hopt/Roth* oben § 108, 1, 15 ff; *Priester* FS Kropff, 1997, S 591, 600 und allg Ansicht. Hiervon ausgehend auch BGH WM 2010, 1502 re Sp (Tz 2), 1505 li Sp (Tz 25) und 1506 re Sp (Tz 35).

444 BGHZ 41, 282, 286 (betr Anstellung eines Vorstandsmitglieds); auch schon BGHZ 10, 187, 194; bestätigend BGH ZIP 2002, 217, 217 re Sp; BGH WM 2010, 1502, 1503 f (Tz 14); des Weiteren OLG Dresden ZIP 1999, 1632, 1634 li Sp; *Hopt/Roth* oben § 108, 20 f.

beschlüssen nicht aus, und in deren Rahmen können auch Umstände jenseits des Beschlusswortlauts berücksichtigt werden.[445]

186 Der Bericht des Aufsichtsrats an die Hauptversammlung, in dem der Jahresabschluss gebilligt wird, muss zumindest vom Aufsichtsratsvorsitzenden **unterschrieben** sein.[446] Ein Verstoß hiergegen führt aber **nicht** zur **Nichtigkeit** des Jahresabschlusses nach § 256 Abs 2[447] (vgl Rdn 182 f), denn das Unterzeichnungs-Gebot betrifft nicht die Wirksamkeit der rechtsgeschäftlich gestaltenden Abschlussfeststellung, sondern soll gegenüber der Hauptversammlung dokumentieren, dass der Aufsichtsrat seine Überwachungsaufgaben erfüllt hat und die Gewähr und Verantwortung für den Bericht über sein Tun übernimmt, damit die Versammlung eine verlässliche Entscheidungsgrundlage für die hiermit zusammenhängenden Beschlussfassungen hat[448] (vgl wiederum Rdn 182 f). Auch eine fehlende oder fehlerhafte Protokollierung macht den Beschluss des Aufsichtsrats über die Billigung und Feststellung des Jahresabschlusses nicht unwirksam (§ 107 Abs 2 Satz 3).[449]

187 dd) **Verfahrensfehler und ihre Bedeutung für den Jahresabschluss.** Verstößt ein Aufsichtsratsbeschluss in gravierender Weise[450] gegen zwingende gesetzliche oder satzungsmäßige Verfahrensregeln, so ist er **nichtig,** das heißt er entfaltet von vornherein keine Rechtswirkung.[451] Das gilt auch für die Feststellung des Jahresabschlusses. Dieser ist nach § 256 Abs 2 nichtig, wenn der Beschluss des Aufsichtsrats über die Billigung des Abschlusses nichtig ist.[452] Ein Verfahrensfehler ist hier umso gravierender, je mehr er das Grundanliegen des Gesetzes beeinträchtigt, eine informierte Entscheidung des Aufsichtsrats über die Rechnungslegung zu Wege zu bringen, an der jedes Aufsichtsratsmitglied mitwirken kann. Verletzt allerdings die Beschlussfassung lediglich Verfahrensregeln, auf deren Einhaltung die Aufsichtsratsmitglieder verzichten können (zB die Frist für die Einberufung von Sitzungen, Rdn 188), so besteht ein Rechtsschutzbedürfnis nur bei den Mitgliedern des Aufsichtsrats.[453] Nur sie sind dann befugt, eine **Klage** auf Feststellung

---

445 BGH ZIP 2002, 217, 217 re Sp (betr die Festlegung der Zahl von Vorstandsmitgliedern); *Hopt/Roth* oben § 108, 22; allgemein zur Auslegungsfähigkeit von Aufsichtsratsbeschlüssen *Hoffmann-Becking* in MünchHandB AG³ § 31, 61 mwN; andeutungsweise auch BGH WM 2010, 1502, 1504 li Sp (Tz 14 aE) zur Verabschiedung des Berichts an die Hauptversammlung nach § 171 Abs 2.

446 BGH WM 2010, 1502, 1504 (Tz 15–18) m Nw zur gleich lautenden hM in der Literatur.

447 Hiervon ausgehend auch BGH WM 2010, 1502, 1505 li Sp (Tz 25) und 1506 re Sp (Tz 35).

448 Diesen letzteren Gesichtspunkt betont BGH WM 2010, 1502, 1504 f (Tz 17 ff). Allgemein zur Bedeutung des Aufsichtsratsberichts für die Entlastungsentscheidung der Hauptversammlung OLG Düsseldorf Urt v 28.2.2008 – I-6 U 197/06, juris, Rdn 55 ff.

449 Ebenso *Rölike* in Spindler/Stilz² 50.

450 So allgemein für Aufsichtsratsbeschlüsse *Hopt/Roth* oben § 108, 137, 141, 145, 147; *Hüffer*⁹ § 108, 18; auch OLG Karlsruhe WM 1996, 161, 167. Ebenso zu § 256 Abs 2 *Hüffer* in MünchKomm AktG² 41 aE.

451 BGHZ 122, 342, 346 ff, 351 ff, 354 ff; auch BGHZ 124, 111, 115, 125; BGHZ 135, 244, 247; *Hopt/Roth* oben § 108, 131 ff; *Hüffer*⁹ § 108, 18 f und hM. **Anders,** nämlich für eine entsprechende Anwendung der §§ 241 f, 243 ff auf fehlerhafte Aufsichtsratsbeschlüsse, OLG Hamburg AG 1992, 197, 198 f; OLG Hamburg WM 1982, 1090, 1095; OLG Hamburg WM 1984, 965, 967; *Schwab* Das Prozessrecht gesellschaftsinterner Streitigkeiten, 2005, S 565 ff; *Baums* ZGR 1983, 300, 305 ff; *Lemke* Der fehlerhafte Aufsichtsratsbeschluss, 1994, 94 ff, 120 f und andere.

452 *Schulz* in Bürgers/Körber 12; *Rölike* in Spindler/Stilz² 50; *Hüffer* in MünchKomm AktG² 41.

453 So allgemein zu fehlerhaften Aufsichtsratsbeschlüssen *Drygala* in K Schmidt/Lutter² § 108, 40.

der Nichtigkeit des Jahresabschlusses nach § 256 Abs 7 Satz 1 zu erheben, nicht hingegen die Aktionäre und auch nicht der Vorstand oder dessen Mitglieder. Gleiches gilt bei Verfahrensverstößen gegen eine Geschäftsordnung des Aufsichtsrats, denn der Aufsichtsrat kann im Einzelfall von der Geschäftsordnung abweichen. Ebenso wie eine Nichtigkeits-Feststellungsklage gegen sonstige Aufsichtsratsbeschlüsse (§ 256 ZPO)[454] muss in solchen Fällen die Jahresabschluss-Nichtigkeitsklage in angemessener Frist erhoben werden, sonst ist das Recht verwirkt, die Nichtigkeit des Jahresabschlusses geltend zu machen. Bei Verfahrensmängeln, die lediglich einzelne Aufsichtsratsmitglieder in verzichtbaren Mitwirkungsrechten betreffen, können sogar nur die betroffenen Aufsichtsratsmitglieder in angemessener Frist klagen (vgl Rdn 188, 190, 193 sowie oben Rdn 175 zum Vorstand).

ee) **Einzelne Verfahrensfehler.** Als Verfahrensmängel, die zur Nichtigkeit des Jahres- **188**
abschlusses führen, kommen etwa **Fehler bei der Einberufung** von Aufsichtsratssitzungen in Betracht. Jedes Aufsichtsratsmitglied muss auf zumutbare Weise Zugang zur Sitzung und zur Beschlussfassung haben. Bei gewichtigen Verstößen hiergegen sind Aufsichtsratsbeschlüsse nichtig,[455] auch Beschlüsse über die Feststellung des Jahresabschlusses.[456] Die Form- und Fristanforderungen an die Einberufung von Aufsichtsratssitzungen brauchen allerdings nicht eingehalten zu werden, wenn alle Aufsichtsratsmitglieder zu der Sitzung erscheinen und kein Aufsichtsratsmitglied der Beschlussfassung widerspricht[457] (arg § 121 Abs 6). Das gilt auch für die Feststellung des Jahresabschlusses.[458] Selbst wenn ein Aufsichtsratsmitglied zu Unrecht nicht eingeladen wurde, kann es den Beschluss nachträglich genehmigen; dann wird dieser wirksam.[459] Da die Regeln über die Einberufung von Aufsichtsratssitzungen verzichtbar sind, gelten zudem die in Rdn 187 genannten Einschränkungen: Nur die konkret betroffenen oder widersprechenden Aufsichtsratsmitglieder können die Nichtigkeit des Jahresabschlusses geltend machen und auf deren Feststellung klagen, und sie müssen dies in angemessener Frist tun, sonst sind diese Rechte verwirkt.

Ein anderer Verfahrensfehler, der zur Nichtigkeit des festgestellten Jahresabschlusses **189**
führt, ist die **fehlende Beschlussfähigkeit** des Aufsichtsrats.[460] Nach § 108 Abs 2 ist der Aufsichtsrat beschlussfähig, wenn mindestens drei Mitglieder an der Beschlussfassung teilnehmen und grundsätzlich die Hälfte der Mitglieder, aus denen er zu bestehen hat. Eine **Mitwirkung unwirksam bestellter Aufsichtsratsmitglieder** führt nach vorwiegender Ansicht zur Nichtigkeit von Aufsichtsratsbeschlüssen, wenn der Aufsichtsrat ohne die fehlerhaft bestellten Mitglieder nicht beschlussfähig ist, oder wenn nach Abzug ihrer Stimmen keine Mehrheit übrig bleibt.[461] Dann soll auch ein vom Aufsichtsrat festgestellter Jahresabschluss nach § 256 Abs 2 nichtig sein.[462] Das trifft jedoch so allgemein nicht

---

454 Hierzu *Hopt/Roth* oben § 108, 160; *Habersack* in MünchKomm AktG³ § 108, 82, 78.

455 OLG Stuttgart DB 2009, 1521, 1523; *Hopt/Roth* oben § 110, 24; *Zöllner* in Kölner Komm AktG¹ 80; *Hüffer*⁹ § 110, 5.

456 *Zöllner* in Kölner Komm AktG¹ 80; *Adler/Düring/Schmaltz*⁶ 57; *Rölike* in Spindler/Stilz² 50; *Hüffer*⁹ 19.

457 *Hopt/Roth* oben § 110, 24; *Hüffer*⁹ § 110, 5.

458 *Zöllner* in Kölner Komm AktG¹ 80; *Adler/Düring/Schmaltz*⁶ 58; *Schilling* in Voraufl Anm 10; *Hüffer*⁹ 19.

459 *Schulz* in Bürgers/Körber 12.

460 LG Karlsruhe DB 1993, 1352 li Sp; *Adler/Düring/Schmaltz*⁶ 60; *Zöllner* in Kölner Komm AktG¹ 80; *Schilling* in Voraufl Anm 10.

461 BGHZ 47, 341, 346; OLG Hamburg AG 2002, 460, 461 f (für den Fall der Beschlussunfähigkeit); *Hopt/Roth* oben § 101, 220 ff.

462 OLG Hamburg AG 2002, 460, 461 f; *Adler/Düring/Schmaltz*⁶ 64 ff; *Zöllner* in Kölner Komm AktG¹ 83; *Hüffer* in MünchKomm AktG² 44; *Rölike* in Spindler/Stilz² 51; *Schilling* in Voraufl Anm 10.

zu; vielmehr gelten die gleichen Grundsätze wie bei fehlerhaft bestellten Vorstandsmitgliedern[463] (vgl oben Rdn 178), so dass der Jahresabschlusses gültig festgestellt werden kann, so lange das fehlerhafte Organverhältnis tatsächlich in Vollzug ist. So vor allem, wenn ein Hauptversammlungsbeschluss über die Wahl von Aufsichtsratsmitgliedern später durch Anfechtungsurteil rückwirkend für nichtig erklärt wird. Erst Recht ist die bloße Anfechtbarkeit eines früheren Hauptversammlungsbeschlusses über die Wahl von Aufsichtsratsmitgliedern kein Grund für die Nichtigkeit des Jahresabschlusses.[464] Auch die Teilnahme unbefugter Personen an der Sitzung des Aufsichtsrats (vgl § 109 Abs 1 und 3) ist unschädlich, wenn sie nicht ergebniswirksam an der Abstimmung teilnehmen.[465]

190 Zur Nichtigkeit des Jahresabschlusses kann es des Weiteren führen, wenn bei seiner Feststellung in schwer wiegender Weise **Informationsrechte von Aufsichtsratsmitgliedern verletzt werden**, insbesondere das Recht jedes Aufsichtsratsmitglieds, von den Vorlagen des Vorstands und auch von den Prüfungsberichten des Abschlussprüfers Kenntnis zu nehmen (§ 170 Abs 3).[466] In diesem Zusammenhang können auch der Lagebericht, ein Abhängigkeitsbericht sowie die Konzernrechnungslegung oder ein freiwilliger IFRS/IAS-Einzelabschluss eine Rolle spielen. Sie alle sind zwar nicht Bestandteil des Jahresabschlusses und deshalb auch nicht Gegenstand seiner Feststellung oder Nichtigkeit (oben Rdn 31, 35 ff). Aber die Unterlagen müssen dem Aufsichtsrat vom Vorstand vorgelegt werden, sind vom Informationsrecht der Aufsichtsratsmitglieder mit umfasst, und werden vom Aufsichtsrat geprüft und zum Teil förmlich gebilligt (§§ 170 f, 314), und zwar meistens in engem sachlichen und zeitlichen Zusammenhang mit der Feststellung des Jahresabschlusses. Fehlen daher die genannten Unterlagen, oder sind sie mangelhaft, oder werden sie nicht allen Aufsichtsratsmitgliedern zugänglich gemacht, so kann dies auch auf das Beschlussverfahren über die Feststellung des Jahresabschlusses durchschlagen und nach § 256 Abs 2 zur Nichtigkeit des Abschlusses führen, wenn die Unterlagen für das Verständnis des festzustellenden Jahresabschlusses unverzichtbar sind und die hiernach gebotenen Informationen pflichtwidrig nicht erteilt werden.[467] Die Regeln über die Information der Aufsichtsratsmitglieder sind allerdings weitgehend verzichtbar; die Aufsichtsratsmitglieder können selbst entscheiden, mit welchen Informationen sie sich zufrieden geben. Regelverstöße können deshalb nur von denjenigen Mitgliedern in angemessener Frist geltend gemacht werden, die von dem Informationsmangel selbst betroffen sind oder der Beschlussfassung wegen des Mangels widersprechen (vgl Rdn 187).

191 Der BGH hat einmal in einem Fall, in dem die Feststellung des Jahresabschlusses aus anderen Gründen nichtig war, nämlich weil Ersatzansprüche der Gesellschaft gegen ihr

---

[463] So zur Beschlussfassung des Aufsichtsrats im Allgemeinen *Habersack* in MünchKomm AktG[3] § 101, 70; ausführlich *Schürnbrand* Organschaft im Recht der privaten Verbände, 2007, S 286 ff; im Wesentlichen zustimmend jetzt auch *Hüffer*[9] § 101, 18 (anders allerdings noch in § 256, 19). Ebenso dem Grundgedanken nach LG Frankfurt NZG 2009, 149, 151 f, betr die Kompetenz eines – möglicher Weise – fehlerhaft gewählten Aufsichtsratsmitglieds zur Leitung der Hauptversammlung.

[464] *Hüffer* in MünchKomm AktG[2] 44; *Rölike* in Spindler/Stilz[2] 51; *Hüffer*[9] 19 aE.

[465] *Zöllner* in Kölner Komm AktG[1] 81; *Adler/Düring/Schmaltz*[6] 59; *Schulz* in Bürgers/Körber 12 aE; ebenso für andere Aufsichtsratsbeschlüsse BGHZ 47, 341, 345 ff; *Hüffer*[9] § 108, 18.

[466] LG Düsseldorf AG 1995, 333 f (betr mitbestimmte GmbH).

[467] In diesem Sinne für den Prüfungsbericht und die Konzernrechnungslegung LG Düsseldorf AG 1995, 333 f (betr mitbestimmte GmbH). Vgl auch BGH AG 2008, 83, 85, betr Anfechtung eines Gewinnverwendungsbeschlusses der Hauptversammlung wegen Fehlens des Lageberichts als Informationsquelle.

herrschendes Unternehmen nicht berücksichtigt worden waren (Unterbewertung im Sinne des § 256 Abs 5 Nr 2, vgl oben Rdn 100), diese Nichtigkeit des Jahresabschlusses nach den Regeln über zusammengesetzte Rechtsgeschäfte (**§ 139 BGB**) auch auf den Beschluss des Aufsichtsrats über die Billigung des Abhängigkeitsberichts erstreckt.[468] Das darf aber **nicht** in umgekehrter Richtung dahin verstanden werden, als würde die Nichtigkeit eines Aufsichtsratsbeschlusses über die Billigung des Abhängigkeitsberichts oder des Konzernabschlusses oder anderer Elemente der Rechenschaftslegung auch den Beschluss über die Feststellung des Jahresabschlusses nichtig machen.[469] Denn der Beschluss über die Billigung des Abhängigkeitsberichts oder eines anderen Rechenschaftswerks ist nicht rechtsgeschäftlicher Bestandteil der Feststellung des Jahresabschlusses, und nach § 256 Abs 2 hängt die Gültigkeit oder Nichtigkeit des festgestellten Jahresabschlusses allein davon ab, ob der Aufsichtsrat bei „seiner" Feststellung ordnungsgemäß mitgewirkt hat. Es kommt daher immer nur auf das Verfahren der Feststellung des Jahresabschlusses als solchen an. Die Gründe für die Nichtigkeit des Jahresabschlusses sind in § 256 abschließend aufgezählt (Rdn 2); dies darf nicht durch § 139 BGB unterlaufen werden.

Das **Fehlen eines unabhängigen Finanzexperten** im Aufsichtsrat führt nicht zur Nich- **192**
tigkeit der Abschlussfeststellung.[470] Damit hat es folgende Bewandtnis: Nach § 100 Abs 5 muss in kapitalmarktorientierten Aktiengesellschaften „mindestens ein unabhängiges Mitglied des Aufsichtsrats über Sachverstand auf den Gebieten Rechnungslegung und Abschlussprüfung verfügen." Dieser unabhängige Finanzexperte (oder Bilanzexperte) soll zwar in besonderem Maße zu richtigen Entscheidungen des Aufsichtsrats in den angesprochenen Angelegenheiten beitragen. Aber er spielt verfahrensrechtlich keine Sonderrolle und hat namentlich auch im Beschlussverfahren des Aufsichtsrats über die Feststellung des Jahresabschlusses keine Sonderrechte.[471] Unabhängigkeit und Sachkunde sind keine Verfahrensregeln, sondern persönliche Merkmale eines Aufsichtsratsmitglieds und qualitative Anforderungen an den Gesamtaufsichtsrat.[472] Und hierum geht es bei der Nichtigkeitssanktion nach § 256 Abs 2 nicht, sondern nur um das Verfahren der Beschlussfassung. Das Fehlen eines unabhängigen Finanzexperten nimmt dem Aufsichtsrat auch nicht etwa die Beschlussfähigkeit, denn diese ist in § 108 Abs 2 (vgl Rdn 189) und in den Mitbestimmungsgesetzen abschließend geregelt.[473] Ein Mangel an Unabhängigkeit oder Sachkunde kann allenfalls zur Anfechtbarkeit des Hauptversammlungsbeschlusses über die Wahl des betreffenden Aufsichtsratsmitglieds führen (§ 251),[474] aber das schlägt für sich genommen nicht auf die Wirksamkeit der Aufsichtsratsbeschlüsse durch (Rdn 189).

---

468 BGHZ 124, 111, 120 ff. **Kritisch** *Kropff* ZGR 1994, 628, 640 f, 643; *Schön* JZ 1994, 684, 685; *Schwab* in K Schmidt/Lutter[2] 33; *Adler/Düring/Schmaltz*[6] 75; *Rölike* in Spindler/Stilz[2] 87; *Th Kaiser* Berichtigung und Änderung des handelsrechtlichen Jahresabschlusses, 2000, S 207; *H-P Müller* AG 1994, 410, 411 re Sp.

469 Ebenso *Rölike* in Spindler/Stilz[2] 87 sowie im Hinblick auf den Abhängigkeitsbericht *Kropff* ZGR 1994, 628, 641.

470 *Widmann* BB 2009, 2602, 2604 li Sp.

471 Vgl *Kropff* FS K Schmidt, 2009, S 1023, 1037.

472 So die treffende Formulierung von *Widmann* BB 2009, 2602, 2604 li Sp.

473 *Widmann* BB 2009, 2602, 2603 re Sp; *Kropff* FS K Schmidt, 2009, S 1023, 1035.

474 Ob sich das wirklich so verhält, ist umstritten. Bejahend *Habersack* AG 2008, 98, 106 re Sp; hiervon ausgehend auch LG München I ZIP 2010, 627 sowie als Berufungsinstanz OLG München ZIP 2010, 1082. Verneinend *Hüffer*[9] § 100, 15 mwN.

193 Hat der Aufsichtsrat nach § 107 Abs 3 aus seiner Mitte einen **Prüfungsausschuss** bestellt (wozu er nicht verpflichtet ist[475]), so führen Regelwidrigkeiten innerhalb dieses Ausschusses ebenfalls nicht nach § 256 Abs 2 zur Nichtigkeit des Jahresabschlusses. Der Prüfungsausschuss ist zwar kein eigenständiges Gesellschaftsorgan, sondern nur eine unselbständige Abteilung des Aufsichtsrats und als solche dessen Bestandteil. Aber zur Feststellung des Jahresabschlusses ist nicht der Prüfungsausschuss berufen, sondern zwingend der Gesamtaufsichtsrat (vgl § 107 Abs 3 Satz 3 und oben Rdn 184). Nur auf dessen Beschlussverfahren kommt es daher im Rahmen des § 256 Abs 2 an. Mängel bei der Einberufung und Durchführung von Sitzungen des Prüfungsausschusses sind hierfür als solche ohne Belang. Auch das Fehlen eines unabhängigen Finanzexperten, der dem Prüfungsausschuss kapitalmarktorientierter Aktiengesellschaften angehören muss (§ 107 Abs 4), ist in diesem Zusammenhang unschädlich (vgl Rdn 192). Inhaltlich aber wirkt der Prüfungsausschuss in das Beschlussverfahren des Gesamtaufsichtsrats hinein. Denn der Ausschuss muss dem Plenum über seine Arbeit berichten (§ 107 Abs 3 Satz 4) und ebenso natürlich über die hierbei gewonnenen Erkenntnisse, gerade auch im Vorfeld der Plenarentscheidung über die Feststellung des Jahresabschlusses, um diese Entscheidung vorzubereiten. Ist der Ausschussbericht ganz unzulänglich, so liegt hierin auf der Ebene des Gesamtaufsichtsrats ein Informationsmangel, der die Beschlussfassung des Plenums verfahrensfehlerhaft machen kann. Die Informationsrechte der Aufsichtsratsmitglieder sind allerdings, wie gesagt, weitgehend verzichtbar, so dass hierhin gehende Beschlussmängel nur eingeschränkt geltend gemacht werden können (Rdn 187, 190).

194 Ein Verfahrensfehler auf Seiten des Aufsichtsrats, der zur Nichtigkeit des Jahresabschlusses nach § 256 Abs 2 führt, kann schließlich auch darin liegen, dass der **Abschlussprüfer nicht hinzugezogen** wurde. In gesetzlich prüfungspflichtigen Gesellschaften hat nämlich nach § 171 Abs 1 Satz 2 der Abschlussprüfer „an den Verhandlungen des Aufsichtsrats oder des Prüfungsausschusses über [den Jahresabschluss] teilzunehmen und über die wesentlichen Ergebnisse seiner Prüfung ... zu berichten." Wurde also der Abschlussprüfer nicht schon im Prüfungsausschuss gehört, oder hat die Gesellschaft keinen solchen Ausschuss, so muss der Prüfer an den Verhandlungen des Aufsichtsratsplenums über die Prüfung und Feststellung des Jahresabschlusses teilnehmen. Das ist ein gesetzlich zwingendes und wichtiges Verfahrensgebot bei der Beschlussfassung des Aufsichtsrats über die Feststellung des Jahresabschlusses, das heißt der Aufsichtsrat muss den Prüfer hinzuziehen,[476] denn dieser ist eine unersetzbare Informationsquelle für die Prüfung und Feststellung des Jahresabschlusses durch den Aufsichtsrat.[477] Ohne die Gegenwart des Abschlussprüfers hat daher der Aufsichtsrat bei der Feststellung des Jahresabschlusses „nicht ordnungsgemäß mitgewirkt", und dies führt entgegen vorwaltender Ansicht zur Nichtigkeit des Jahresabschlusses nach § 256 Abs 2.[478]

195 Das Gebot der Teilnahme des Abschlussprüfers wirkt sich auch auf die Art und Weise der Beschlussfassung des Aufsichtsrats über die Feststellung des Jahresabschlusses aus.

---

475 Näher hierzu *Habersack* AG 2008, 98 ff; *E Vetter* ZGR 2010, 751, 757 ff.

476 *Forster* FS Sieben, 1998, 375, 376 f; *Hüffer*[9] § 171, 11a und hM. Nicht eindeutig allerdings RegE für das Gesetz zur Kontrolle und Transparenz im Unternehmensbereich (KonTraG), BT-Drucks 13/9712 vom 28.1.1998, Anlage 1, Begründung zu Art 1 Nr 23a) bb), S 22 re Sp.

477 *Neuling* AG 2002, 610, 611 ff.

478 **Anders** *Kropff* in MünchKomm AktG[2] § 171, 143; *Bischof/Oser* WPg 1998, 539, 542 f; *Forster* FS Sieben, 1998, 375, 380 f; *Velte* AG 2009, 102, 108; *Hüffer*[9] § 171, 11a aE. Ein Prüfungsmangel im Sinne von § 256 Abs 1 Nr 2 und 3 liegt dagegen nicht vor, denn die Teilnahme des Prüfers an der Bilanzsitzung gehört nicht mehr zur Abschlussprüfung; insofern zutreffend *Kropff* aaO.

Beschlüsse des Aufsichtsrats können nach allgemeinen Regeln auch ohne Sitzung gefasst werden, also etwa schriftlich, telefonisch oder unter Verwendung anderer Fernkommunikationsmittel, wenn kein Mitglied diesem Verfahren widerspricht (§ 108 Abs 4). Das kommt indessen für die Feststellung des Jahresabschlusses nur eingeschränkt in Betracht, wenn der Abschlussprüfer an den Verhandlungen des Aufsichtsrats zum Jahresabschluss teilnehmen muss (vgl Rdn 194). Eine Beschlussfassung im Umlaufverfahren oder auf vergleichbare Weise ist hier nicht zulässig, sondern es muss eine regelrechte „**Bilanzsitzung**" stattfinden,[479] bei der die Aufsichtsratsmitglieder und der Abschlussprüfer mündlich und spontan miteinander kommunizieren können. Hierfür genügt auch eine Telefon- oder Videokonferenz.[480] Andernfalls ist die Feststellung des Jahresabschlusses wegen unzulänglicher Mitwirkung des Aufsichtsrats nach § 256 Abs 2 nichtig.[481]

d) Verfahrensfehler auf Seiten der Hauptversammlung (Abs 3)

aa) **Zur Gesetzessystematik.** Hat der Aufsichtsrat den vom Vorstand aufgestellten und vorgelegten Jahresabschluss nicht gebilligt, oder haben Vorstand und Aufsichtsrat beschlossen, die Feststellung des Jahresabschlusses der **Hauptversammlung** zu überlassen, so wird der Jahresabschluss durch Beschluss der Hauptversammlung festgestellt (§ 173 Abs 1). Gleiches gilt im Stadium der Abwicklung (§ 270 Abs 2 Satz 1) und in der KGaA (§ 286 Abs 1) sowie bei der bilanziellen Vorwegnahme von Kapitalmaßnahmen (§§ 234 f und hierzu oben Rdn 126 ff). **196**

Die **allgemeinen Regeln** über die Nichtigkeit (§ 241) und Anfechtbarkeit (§ 243) von Hauptversammlungsbeschlüssen sind bei Beschlüssen der Hauptversammlung über die Feststellung des Jahresabschlusses durch die Sonderregeln der §§ 256 und 257 stark **abgewandelt.** Der Feststellungsbeschluss der Hauptversammlung ist nichtig, und nicht nur anfechtbar, wenn der Jahresabschluss an den in § 256 Abs 1, 4 und 5 abschließend aufgezählten Inhalts- und Prüfungsmängeln leidet, nicht anders als bei Feststellung des Jahresabschlusses durch die Verwaltungsorgane (vgl Rdn 4). Sonstige Inhalts- und Prüfungsmängel des Jahresabschlusses lassen dagegen die Wirksamkeit des feststellenden Hauptversammlungsbeschlusses unberührt, und sie führen insbesondere auch nicht zu dessen Anfechtbarkeit, weil nach § 257 die Anfechtung von Hauptversammlungsbeschlüssen über die Feststellung des Jahresabschlusses nicht auf Inhalts- und Prüfungsmängel gestützt werden kann (§ 257 Rdn 2–3). Auch insoweit ist § 256 abschließend (vgl Rdn 2). Darüber hinaus ist nach **§ 256 Abs 3** ein von der Hauptversammlung festgestellter Jahresabschluss nichtig, wenn er an bestimmten und ebenfalls abschließend aufgezählten **Verfahrensfehlern** bei der Beschlussfassung leidet. Diese Nichtigkeitstatbestände des § 256 Abs 3 umfassen die fehlerhafte Einberufung der Versammlung (§ 256 Abs 3 Nr 1), Beurkundungsmängel (Abs 3 Nr 2) und die gerichtliche Nichtigerklärung auf Grund erfolgreicher Anfechtungsklage (Abs 3 Nr 3). Das ist **wörtlich aus** der allgemeinen Regel des **§ 241** über die Nichtigkeit von Hauptversammlungsbeschlüssen **übernommen** (§ 241 Nr 1, 2 und 5). Hier wie dort führen nur Verstöße gegen bestimmte, ausgewählte Kerngehalte der Regeln über die Einberufung von Hauptversammlungen und die Beurkundung ihrer Beschlüsse zur Nichtigkeit. Wegen minder schwerer Verfahrens- **197**

---

[479] *Hopt/Roth* oben § 110, 71; *Neuling* AG 2002, 610, 611 f; *Rölike* in Spindler/Stilz[2] 50.

[480] *Rölike* in Spindler/Stilz[2] 50; hiervon ausgehend auch der Bericht des BT-Rechtsausschusses zum RegE für das TransPuG, BT-Drucks 14/90779 v 15.5.2002, zu Art 1 Nr 8 (§ 110 Abs 3 AktG), S 17 f. **Anders** *Hopt/Roth* oben § 110, 71; *Neuling* AG 2002, 610, 612 f.

[481] *Neuling* AG 2002, 610, 612 li Sp, 613 re Sp.

fehler, die nicht unter § 256 Abs 3 fallen, kann der Hauptversammlungsbeschluss über die Feststellung des Jahresabschlusses nach §§ 257 und 243 ebenso wie andere Hauptversammlungsbeschlüsse mit der allgemeinen Beschlussanfechtungsklage angegriffen werden (näher § 257 Rdn 4 ff).

198 bb) **Überblick über die einzelnen Nichtigkeitsgründe nach Abs 3.** Nichtig wegen **fehlerhafter Einberufung der Hauptversammlung** ist der Jahresabschluss im Falle einer Einberufung durch unbefugte Personen (§ 256 Abs 3 Nr 1 iVm § 121 Abs 2), bei fehlender Angabe von Firma und Sitz der Gesellschaft sowie Zeit und Ort der Hauptversammlung in der Einberufung (§ 256 Abs 3 Nr 1 iVm § 121 Abs 3 Satz 1) und bei fehlender öffentliche Bekanntmachung oder unterlassener briefliche Zusendung der Einberufung an alle Aktionäre (§ 256 Abs 3 Nr 1 iVm § 121 Abs 4). Nicht zur Nichtigkeit des Jahresabschlusses, sondern allenfalls zur Anfechtbarkeit des Feststellungsbeschlusses, führen dagegen Verstöße gegen die vielen weiteren Bestimmungen über die Einberufung der Hauptversammlung und die damit zusammenhängenden Mitteilungspflichten. Das gilt auch für die Pflichten nach §§ 125–127, die von § 121 Abs 4 Satz 3 für den Fall einer Einberufung der Hauptversammlung durch eingeschriebenen Brief in Bezug genommen sind.[482] Und selbst die Kernregeln über die Einberufung, deren Verletzung grundsätzlich die Beschlussnichtigkeit nach sich zieht, brauchen nicht eingehalten zu werden, wenn auf der Hauptversammlung alle Aktionäre erschienen oder vertreten sind (Vollversammlung) und kein Aktionär der Beschlussfassung widerspricht (§ 121 Abs 6); dann kann auch der Jahresabschluss gültig festgestellt werden.

199 Wegen **Beurkundungsmängeln** ist die Feststellung des Jahresabschlusses durch die Hauptversammlung nichtig, wenn bei börsennotierten Gesellschaften überhaupt keine notarielle Niederschrift über den Beschluss aufgenommen wurde (§ 256 Abs 3 Nr 2 iVm § 130 Abs 1), oder wenn in der Niederschrift die unverzichtbaren Mindestangaben fehlen oder falsch sind (§ 256 Abs 3 Nr 2 iVm § 130 Abs 2 Satz 1) oder die Niederschrift nicht vom Notar unterzeichnet ist (§ 256 Abs 3 Nr 2 iVm § 130 Abs 4). Obwohl § 256 Abs 3 Nr 2 (ebenso wie § 241 Nr 2) nur davon spricht, dass und wie der Hauptversammlungsbeschluss „beurkundet ist", kommen die hier normierten Nichtigkeitsgründe auch dann zum Tragen, wenn bei nicht börsennotierten Gesellschaften gemäß § 130 Abs 1 Satz 3 an Stelle der notariellen Beurkundung ein privatschriftliches Protokoll genügt. Der Hauptversammlungsbeschluss ist dann also nichtig, wenn ein solches Protokoll nicht aufgenommen wurde oder die Mindestangaben nicht richtig enthält oder nicht vom Vorsitzenden des Aufsichtsrats bzw vom Versammlungsleiter unterzeichnet ist.[483] Außerdem ist die Feststellung des Jahresabschlusses nach § 256 Abs 3 Nr 3 nichtig, wenn der Feststellungsbeschluss auf Anfechtungsklage durch **Urteil** rechtskräftig für nichtig erklärt worden ist; das versteht sich eigentlich von selbst. Hinsichtlich weiterer Einzelheiten zu den Jahresabschluss-Nichtigkeitsgründen des § 256 Abs 3 kann auf die Kommentierungen zu § 241 verwiesen werden.

200 cc) **Heilung.** Die Nichtigkeit des festgestellten Jahresabschlusses wegen Einberufungs- und Beurkundungsfehlern wird durch Zeitablauf **geheilt,** und zwar schon nach sechs Monaten (§ 256 Abs 6 Satz 1). Und wenn die Nichtigkeit des Feststellungsbeschlusses daher rührt, dass einzelne Aktionäre nicht oder nicht richtig durch Einschreibebrief zur Hauptversammlung eingeladen wurden (§ 256 Abs 3 Nr 1 iVm § 121 Abs 4 Satz 2), kann die Nichtigkeit auch dadurch geheilt werden, dass die nicht eingeladenen Aktionäre

482 *K Schmidt* oben § 241, 48 aE.

483 *Hüffer* in MünchKomm AktG[2] § 241, 40 ff; *G Bezzenberger* FS Schippel, 1996, 361, 364 f.

den Beschluss genehmigen (§ 242 Abs 2 Satz 4 in Anknüpfung an § 241 Nr 1, der dem § 256 Abs 3 Nr 1 gleicht).[484] Bei der erfolgreichen Beschlussanfechtung ist dagegen eine Heilung ausgeschlossen ist (§ 256 Abs 6), weil sie der Rechtskraft des Urteils widersprechen würde.[485]

4. Abgrenzung zwischen Nichtigkeit und gänzlich fehlender Feststellung des Jahresabschlusses

a) **Grundgedanken und Beurteilungsmaßstab.** In § 256 Abs 2 und Abs 3 geht es um die Fälle, in denen die Feststellung des Jahresabschlusses wegen eines Verfahrensfehlers nichtig ist und deshalb keine Wirkungen entfaltet. Es gibt aber noch eine weitere, **tiefer liegende Fehlerebene,** nämlich wenn eine Feststellung des Jahresabschlusses vollständig fehlt. Die Folgen dieser Unterscheidung reichen weit. Während nämlich die Nichtigkeit des Jahresabschlusses nach § 256 Abs 2 und 3 in sechs Monaten heilt (§ 256 Abs 6), besteht keine Möglichkeit einer **Heilung,** wenn es ganz an einer Feststellung des Jahresabschlusses fehlt.[486] Ein gar nicht vorhandenes Rechtsgeschäft kann nicht durch bloßen Zeitablauf in Wirksamkeit erwachsen. **201**

Für die **Abgrenzung** zwischen der nichtigen und der gänzlich fehlenden Feststellung des Jahresabschlusses kommt es auf den Sinn und Zweck der Regeln über die Aufstellung und Feststellung des Abschlusses an. Das Zusammenwirken von Vorstand und Aufsichtsrat und auch die Rolle der Hauptversammlung bei der Feststellung des Jahresabschlusses zielen auf innergesellschaftliche Arbeitsteilung und Kontrolle. Der Vorstand stellt den Jahresabschluss auf, weil er die Geschäftsvorfälle am besten kennt, aber die verbindliche Feststellung des Abschlusses liegt in den Händen eines anderen Gesellschaftsorgans, nämlich des Aufsichtsrats oder der Hauptversammlung, die nicht wie der Vorstand in die Geschäfte verwickelt sind. Von einer gänzlich fehlenden Feststellung des Jahresabschlusses ohne Heilungsmöglichkeit kann man daher **nur** sprechen, **wenn diese innergesellschaftliche Arbeitsteilung und Kontrolle schon vom Ansatz her nicht stattfindet,** so dass der gesetzliche Grundgedanke überhaupt nicht in Erscheinung tritt, nämlich der Gedanke des Zusammenwirkens zwischen dem Vorstand und einem anderen Gesellschaftsorgan zur Feststellung des Jahresabschlusses. **202**

b) **Wirkliche und vermeintliche Fälle gänzlich fehlender Abschlussfeststellung.** Eine Feststellung des Jahresabschlusses fehlt gänzlich und ohne Heilungsmöglichkeit, wenn Vorstand und Aufsichtsrat zur Feststellung berufen sind, aber das eine oder das andere **Organ überhaupt nicht mitgewirkt** hat.[487] Manche wollen es sogar genügen lassen, dass die Mitwirkung eines der beiden Organe nicht gültig war.[488] Das ist jedoch in dieser Allgemeinheit zumindest missverständlich. Denn eine nicht gültige Mitwirkung ist in den meisten Fällen nichts anderes als die nicht ordnungsgemäße Mitwirkung (vgl Rdn 175, **203**

---

484 Ebenso *Rölike* in Spindler/Stilz[2] 73.

485 *Hüffer* in MünchKomm AktG[2] 67; *Zöllner* in Kölner Komm AktG[1] 99, 129.

486 So im Grundsatz übereinstimmend *Hüffer* in MünchKomm AktG[2] 35, 45 f; *Hüffer*[9] 16 f, 20; *Zöllner* in Kölner Komm AktG[1] 78; *Schwab* in K Schmidt/Lutter[2] 28; *Rölike* in Spindler/Stilz[2] 44 f, 52; *Balthasar* Die Bestandskraft handelsrechtlicher Jahresabschlüsse, 1999, S 204 f. **Kritisch** *Heidel* in Heidel, Aktienrecht und Kapitalmarktrecht[3] § 256, 23.

487 *Zöllner* in Kölner Komm AktG[1] 78; *Hüffer*[9] 16; *Hüffer* in MünchKomm AktG[2] 35, 45; *Rölike* in Spindler/Stilz[2] 44 f, 52; *Schulz* in Bürgers/Körber 10. **Anders** OLG Karlsruhe WM 1987, 533, 534 re Sp (Nichtigkeit nach § 256); *Adler/Düring/Schmaltz*[6] 56 (Nichtigkeit nach § 256 Abs 2).

488 *Hüffer* in MünchKomm AktG[2] 35, 45.

187), die nach § 256 Abs 2 zur Nichtigkeit des Jahresabschlusses führt und heilbar ist (§ 256 Abs 6).

204 Die Fälle, in denen es schon begrifflich an einer Feststellung des Jahresabschlusses fehlt und deshalb auch eine Heilung nicht in Betracht kommt, werden nach den vorstehend genannten Maßstäben sehr selten sein. **In aller Regel** bewendet es mit einfacher **Nichtigkeit** (§ 256 Abs 2) **und** der Möglichkeit einer **Heilung** (Abs 6). So zum Beispiel, wenn auf Seiten des Vorstands nicht alle Mitglieder befasst waren[489] (vgl Rdn 174). Ebenso verhält es sich, wenn an Stelle des Gesamtaufsichtsrats nur ein Bilanzausschuss den Jahresabschluss billigt[490] (vgl Rdn 184). Es liegt hier nicht grundsätzlich anders, als wenn Mitglieder des Aufsichtsrats zu Unrecht von der Beschlussfassung ausgeschlossen werden; das macht den Abschluss nichtig (§ 256 Abs 2 und hierzu Rdn 188), ist aber heilbar (Abs 6). Eine Heilung kommt des Weiteren in Betracht, wenn der Aufsichtsrat über die Feststellung des Jahresabschlusses keinen ausdrücklichen und förmlichen Beschluss gefasst hat[491] (vgl Rdn 185), sofern nur der Aufsichtsrat mit dem Abschluss befasst war und der Wille zum Ausdruck gekommen ist, dass er Bestand haben soll.

205 c) **Mitwirkung eines unzuständigen Organs insbesondere.** Für eine gänzlich fehlende Feststellung des Jahresabschlusses und einen Ausschluss der Heilung sprechen sich manche auch im Falle der Mitwirkung eines unzuständigen Organs aus. So etwa, wenn der Aufsichtsrat den Jahresabschluss billigt, obwohl ausnahmsweise die Hauptversammlung zur Feststellung berufen ist.[492] Dem sollte man jedoch nicht folgen. Zuständigkeitsverstöße führen im Allgemeinen zur **Nichtigkeit** des vom unzuständigen Organ gefassten Beschlusses.[493] Es gibt keinen Grund, hiervon im vorliegenden Fall abzuweichen. Zum Teil wird zwar eingewendet, dass ein solcher nichtiger Aufsichtsratsbeschluss das korporationsrechtliche Rechtsgeschäft der Feststellung des Jahresabschlusses nicht zu Wege bringen kann.[494] Das ist für sich genommen richtig, besagt aber nichts, denn ebenso verhält es sich auch bei anderen Beschlussmängeln auf Seiten des Aufsichtsrats, die zur Nichtigkeit des Feststellungsbeschlusses führen, und dennoch ist die Nichtigkeit des Jahresabschlusses in diesen Fällen heilbar.[495] Der Aufsichtsrat ist grundsätzlich zur Feststellung des Jahresabschlusses befähigt, und die unerlässliche innergesellschaftliche Aufgabenteilung und Kontrolle (Rdn 202) hat stattgefunden. Die Feststellung des Jahres-

---

489 *Hüffer*[9] 18. **Anders** *Schwab* in K Schmidt/Lutter[2] 29 (für vollständig fehlende Feststellung des Jahresabschlusses ohne Heilungsmöglichkeit, wenn nur einzelne Vorstandsmitglieder befasst).

490 Ebenso *Zöllner* in Kölner Komm AktG[1] 80. **Anders** *Hüffer* in MünchKomm AktG[2] 45; *Hüffer*[9] 16, 19; *Schwab* in K Schmidt/Lutter[2] 30; *Schulz* in Bürgers/Körber 10; hiernach soll es schon begrifflich an einer Feststellung fehlen und die Heilung ausgeschlossen sein. Differenzierend *Rölike* in Spindler/Stilz[2] 45.

491 **Anders** *Hüffer* in MünchKomm AktG[2] 41 (fehlende Feststellung ohne Heilungsmöglichkeit).

492 *Schwab* in K Schmidt/Lutter[2] 31; *Hüffer* in MünchKomm AktG[2] 46; *Adler/Düring/Schmaltz*[6] 56; *Schulz* in Bürgers/Körber 10; *Hüffer*[9] 17; *Schilling* in Voraufl Anm 11; mit Einschränkung auch *Rölike* in Spindler/Stilz[2] 52, nämlich für den Fall, dass der Vorstand von der Feststellungs-Zuständigkeit der Hauptversammlung ausgegangen ist (vgl unten Fn 496). **Anders** zu Recht *Zöllner* in Kölner Komm AktG[1] 84 ff; *Heidel* in Heidel, Aktienrecht und Kapitalmarktrecht[3] § 256, 23.

493 Für Hauptversammlungsbeschlüsse *Zöllner* in Kölner Komm AktG[1] § 241, 117; *Hüffer* in MünchKomm AktG[2] § 241, 62 mwN. Für Aufsichtsratsbeschlüsse *Zöllner* in Kölner Komm AktG[1] 85; der Sache nach auch *Hopt/Roth* oben § 108, 151 mwN.

494 *Hüffer*[9] 17; auch *Hüffer* in MünchKomm AktG[2] 46.

495 Ebenso *Rölike* in Spindler/Stilz[2] 52.

abschlusses ist daher in den hier angesprochenen Fällen nichtig, aber die Nichtigkeit ist heilbar.[496] Manche wollen diese Abschlussnichtigkeit aus § 256 Abs 1 Nr 1 (Gläubigerschutz) herleiten und kommen so nach § 256 Abs 6 auf eine Heilungsfrist von drei Jahren.[497] Auch das ist jedoch nicht richtig, weil die aktienrechtliche Kompetenzordnung für die Feststellung des Jahresabschlusses nicht spezifisch und überwiegend dem Gläubigerschutz dient (vgl Rdn 49). Die Nichtigkeit des Jahresabschlusses ergibt sich vielmehr aus § 256 Abs 2 (nicht ordnungsgemäße, weil kompetenzwidrige Mitwirkung des Aufsichtsrats), so dass nach § 256 Abs 6 die kurze **Heilungsfrist** von sechs Monaten greift.[498]

Hat umgekehrt die **Hauptversammlung** die Feststellung des Jahresabschlusses beschlossen, obwohl sie hierfür nicht zuständig war, ist dem Wortlaut nach keiner der Nichtigkeitstatbestände des § 256 erfüllt, insbesondere und entgegen verbreiterter Ansicht[499] auch nicht § 256 Abs 1 Nr 1 (Gläubigerschutz), denn der Inhalt des Jahresabschlusses und der Gläubigerschutz haben mit der Feststellungskompetenz nichts zu tun (vgl Rdn 49, 205). Dann käme nur eine Anfechtung des Beschlusses nach § 257 in Betracht. Das widerspricht jedoch dem Grundsatz, dass kompetenzwidrige Beschlüsse von Gesellschaftsorganen von Anfang an nichtig sind (Rdn 205). Deshalb muss man in diesen Fällen auch den **Hauptversammlungsbeschluss** über die Feststellung des Jahresabschlusses als **nichtig** ansehen.[500] Hinsichtlich der Heilungsmöglichkeit und der **Heilungsfrist** muss man sich an den Wertungen des § 256 Abs 6 orientieren. Die Unzuständigkeit der Hauptversammlung ist als Feststellungsmangel nicht so schwer wiegend wie die gänzlich fehlende Abschlussprüfung (§ 256 Abs 1 Nr 2) und die gerichtliche Nichtigerklärung des Feststellungsbeschlusses der Hauptversammlung (§ 256 Abs 3 Nr 3), bei denen eine Heilung ausgeschlossen ist. Die meisten sprechen sich für eine Heilungsfrist von drei Jahren in Anlehnung an § 256 Abs 1 Nr 1 (Gläubigerschutz) aus.[501] Doch auch hiermit und mit inhaltlichen Verstößen gegen die Gliederungs- oder Bewertungsregeln (§ 256 Abs 4–5), an die sich ebenfalls die lange dreijährige Heilungsfrist knüpft, ist eine Feststellung des Jahresabschlusses durch die unzuständige Hauptversammlung nicht vergleichbar. Am ehesten lässt sich der Fall mit der Prüfung des Jahresabschlusses durch unberufene – und in diesem Sinne ebenfalls unzuständige – Personen (§ 256 Abs 1 Nr 3) und mit den Verfahrensfehlern beim Feststellungsverfahren vergleichen. Hier beträgt die Heilungsfrist **sechs Monate**. Ebenso sollte man es bei Unzuständigkeit der Hauptversammlung halten. 206

---

496 *Zöllner* in Kölner Komm AktG[1] 84; *Heidel* in Heidel, Aktienrecht und Kapitalmarktrecht[3] § 256, 23; mit Einschränkung auch *Rölike* in Spindler/Stilz[2] 52, nämlich für den Fall, dass Vorstand und Aufsichtsrat übereinstimmend, wenn auch zu Unrecht, von einer Feststellungs-Zuständigkeit des Aufsichtsrats ausgegangen sind (vgl oben Fn 494).

497 *Rölike* in Spindler/Stilz[2] 55 aE. Mit gleichem Ansatz, wenngleich einschränkend, auch *Zöllner* in Kölner Komm AktG[1] 85, der nur bei Verstoß gegen § 270 Abs 2 Satz 1 oder § 286 Abs 1 Satz 1 eine Heilungsfrist von drei Jahren in Anlehnung an § 256 Abs 1 Nr 1 annimmt.

498 Für eine grundsätzlich sechsmonatige Heilungsfrist auch *Zöllner* in Kölner Komm AktG[1] 85 f.

499 *Rölike* in Spindler/Stilz[2] 55; *Hüffer*[9] 20; *Heidel* in Heidel, Aktienrecht und Kapitalmarktrecht[3] § 256, 23. Skeptisch zu Recht *Hüffer* in MünchKomm AktG[2] 50.

500 *Zöllner* in Kölner Komm AktG[1] 88; *Hüffer* in MünchKomm AktG[2] 50; *Hüffer*[9] 20; *Rölike* in Spindler/Stilz[2] 55; *Heidel* in Heidel, Aktienrecht und Kapitalmarktrecht[3] § 256, 23. **Anders** *Schwab* in K Schmidt/Lutter[2] 32 (für vollständig fehlende Feststellung ohne Heilungsmöglichkeit).

501 *Hüffer* in MünchKomm AktG[2] 50; *Rölike* in Spindler/Stilz[2] 55; *Schulz* in Bürgers/Körber 13, 19. Für eine solche Heilungsfrist auch *Zöllner* in Kölner Komm AktG[1] 88.

III. Folgen, Geltendmachung und Überwindung der Nichtigkeit

1. Bezugspunkte und Hauptfolgen der Nichtigkeit

207 **a) Begriff und rechtsgeschäftliche Bezugspunkte der Nichtigkeit.** Nichtigkeit bedeutet, dass ein **Rechtsgeschäft** die gewollten Wirkungen wegen eines Normverstoßes bei seiner Vornahme nicht entfaltet. Bei der Feststellung des Jahresabschlusses hängen die genauen rechtsgeschäftlichen Bezugspunkte der in § 256 angeordneten Nichtigkeit davon ab, welche Gesellschaftsorgane den Jahresabschluss feststellen wollten (vgl schon Rdn 1). Erfolgt die Feststellung des Jahresabschlusses durch **Vorstand und Aufsichtsrat**, so können nichtig für sich betrachtet der Beschluss des Vorstands über die Aufstellung des Jahresabschlusses und dessen Vorlage an den Aufsichtsrat sein (§ 170 Abs 1 Satz 1, vgl oben Rdn 175) oder auch der Beschluss des Aufsichtsrats, mit dem dieser den vom Vorstand aufgestellten Jahresabschluss billigt (§§ 171 Abs 2–3, 172, vgl Rdn 187) oder auch beide Beschlüsse.[502] Die beiden Beschlüsse stehen indessen nicht nur jeder für sich allein, sondern sind aufeinander bezogen; der Vorstand ersucht den Aufsichtsrat um Billigung des Jahresabschlusses, und der Aufsichtsrat kommt dem nach. Die Feststellung des Jahresabschlusses ist so gesehen ein zusammengesetztes Feststellungsgeschäft, das im Zusammenwirken der beiden Organe vorgenommen wird. Die Nichtigkeitsfolge umfasst daher nach den zutreffenden Worten des BGH „das gesamte, zur Feststellung des Jahresabschlusses durch Vorstand und Aufsichtsrat nach § 172 AktG führende korporationsrechtliche Rechtsgeschäft, das als Rechtsgeschäft eigener Art anzusehen ist: Dazu gehören die Vorlage des Jahresabschlusses durch den Vorstand, durch die das rechtlich bedeutsame Begehren nach Billigung zum Ausdruck gebracht wird, und der darauf bezogene Billigungsbeschluss des Aufsichtsrats nebst entsprechender Erklärung nach § 171 Abs. 2 Satz 4, Abs. 3 AktG", dass der Aufsichtsrat den Jahresabschluss billigt.[503] Auch wenn bei inhaltlichen Fehlern des Jahresabschlusses nur einzelne Abschlussposten mangelhaft sind, erfasst die Nichtigkeit das Feststellungsgeschäft als Ganzes und damit den Jahresabschluss insgesamt[504] (vgl auch unten Rdn 225 zum Streitgegenstand der Jahresabschluss-Nichtigkeitsklage).

208 Beschließt ausnahmsweise die **Hauptversammlung** über die Feststellung des Jahresabschlusses (§ 173 und oben Rdn 196), so bezieht sich die Nichtigkeit nach § 256 auf den Beschluss der Hauptversammlung über die Feststellung des Jahresabschlusses.[505] Er steht

[502] BGHZ 124, 111, 116 (Nichtigkeit des Aufsichtsratsbeschlusses); *Kropff* ZGR 1994, 628, 634; *Th Kaiser* Berichtigung und Änderung des handelsrechtlichen Jahresabschlusses, 2000, S 203 f; *Schwab* in K Schmidt/Lutter² 2.

[503] BGHZ 124, 111, 116; zustimmend *Hüffer* in MünchKomm AktG² 9; *Adler/Düring/Schmaltz*⁶ 74; *Schwab* in K Schmidt/Lutter² 2; *Rölike* in Spindler/ Stilz² 15; *Heidel* in Heidel, Aktienrecht und Kapitalmarktrecht³ § 256, 6, 41a, 43; *Hüffer*⁹ 3; *Kropff* ZGR 1994, 628, 633 f; *Th Kaiser* Berichtigung und Änderung des handelsrechtlichen Jahresabschlusses, 2000, S 203 f.

[504] *Adler/Düring/Schmaltz*⁶ 74; *Hennrichs* ZHR 168 (2004), 383, 406; *Rölike* in Spindler/Stilz² 87; *Weilinger* Die Aufstellung und Feststellung des Jahresabschlusses, 1997, Rdn 1034 (zum österreichischen Recht).

[505] OLG Stuttgart ZIP 2003, 1981, 1983 li Sp; *Hüffer* in MünchKomm AktG² 9; *Schwab* in K Schmidt/Lutter² 2; *Th Kaiser* Berichtigung und Änderung des handelsrechtlichen Jahresabschlusses, 2000, S 203; *Hennrichs* ZHR 168 (2004), 383, 387; auch *Rölike* in Spindler/Stilz² 16, der allerdings begrifflich zwischen der Nichtigkeit des feststellenden Hauptversammlungsbeschlusses und der Nichtigkeit des Jahresabschlusses unterscheidet, was nicht nötig ist, denn es geht um die Nichtigkeit der Feststellung (vgl Rdn 1).

stärker für sich als ein Billigungs- und Feststellungsbeschluss des Aufsichtsrats, denn die Hauptversammlung kann anders als der Aufsichtsrat den vom Vorstand aufgestellten und vorgelegten Jahresabschluss ändern und ihn mit eigenem, selbst gesetztem Inhalt feststellen (§ 173). Außer dem Feststellungsbeschluss der Hauptversammlung kann auch der Beschluss des Vorstands über die Aufstellung des Jahresabschlusses nichtig sein, wenn der Abschluss schon damals einen inhaltlichen Nichtigkeitsmangel in sich trug, oder wenn der Vorstandsbeschluss für sich genommen verfahrensfehlerhaft war.

b) **Das Verbot von Gewinnausschüttungen als Hauptfolge der Nichtigkeit.** Die Nichtigkeit des festgestellten Jahresabschlusses bedeutet, dass die angestrebten **rechtsgeschäftlichen Wirkungen der Feststellung** wegen des Normverstoßes **nicht eintreten.** Beim Jahresabschluss bezieht sich die Feststellungswirkung, also dass der Abschluss für die Gesellschaft sowie ihre Aktionäre und Organe verbindlich wird (Rdn 1), vor allem auf den ausgewiesenen Bilanzgewinn (§ 158, vgl schon Rdn 4, 17). Er wird durch die Abschlussfeststellung der Hauptversammlung zur Verwendung überantwortet (§ 174),[506] und auf ihn konzentriert sich mit der Feststellung des Jahresabschlusses das mitgliedschaftliche Gewinnrecht der Aktionäre (§ 58 Abs 4).[507] Diese Feststellungswirkungen treten im Falle der Nichtigkeit nicht ein. Es gibt also im gesellschaftsrechtlichen Sinne keinen Bilanzgewinn, über dessen Verwendung die Hauptversammlung entscheiden könnte. Das Gesetz knüpft hieran die unvermeidliche weitere Folge, dass auch ein Beschluss der Hauptversammlung über die Verwendung des Bilanzgewinns nichtig ist, wenn er auf dem nichtigen Jahresabschluss beruht (§ 253 Abs 1 Satz 1). Die Gesellschaft kann also auf der Grundlage eines nichtigen Jahresabschlusses **keinen wirksamen Gewinnverwendungsbeschluss** fassen. Ein Gewinnverwendungsbeschluss konkretisiert das allgemeine Mitgliedschaftsrecht der Aktionäre auf Gewinnteilhabe zu schuldrechtlichen Ansprüchen auf Auszahlung der Dividenden.[508] Ist ein Gewinnverwendungsbeschluss nicht oder nicht wirksam gefasst, so haben die Aktionäre keinen Ausschüttungsanspruch, und die Gesellschaft darf ihnen nichts auszahlen. In dieser Ausschüttungssperre liegt die Hauptbedeutung der Nichtigkeit des Jahresabschlusses. Daran zeigt sich aufs Neue, dass die Nichtigkeitssanktion vor allem dem Gläubigerschutz durch Kapitalerhaltung dient (vgl Rdn 21 f). **209**

Zahlt die Gesellschaft den Aktionären Dividenden, obwohl der Jahresabschluss und folglich auch der Gewinnverwendungsbeschluss nichtig sind, so greift **§ 62 Abs 1 Satz 1:**[509] „Die Aktionäre haben der Gesellschaft Leistungen, die sie entgegen den Vorschriften dieses Gesetzes [des AktG] von ihr empfangen haben, **zurückzugewähren.**" Die Rückgewährpflicht besteht allerdings nach § 62 Abs 1 Satz 2 bei Dividendenzahlungen nur, wenn die Aktionäre „wussten oder infolge von Fahrlässigkeit nicht wussten, dass sie zum Bezuge nicht berechtigt waren", im vorliegenden Zusammenhang also, wenn der Aktionär beim Empfang der Dividende wusste oder wissen musste, dass der Jahresabschluss inhaltlich mangelhaft ist, oder nicht oder fehlerhaft geprüft wurde, oder fehlerhaft festgestellt worden ist, und dass deshalb der Gewinnverwendungsbeschluss keinen **210**

---

506 BGHZ 124, 111, 122 ff; BGHZ 124, 27, 31 f; OLG Stuttgart WM 2006, 292, 295 re Sp.

507 BGHZ 137, 378, 381 (betr GmbH); BGHZ 124, 27, 31; BGHZ 124, 111, 122 f; BGHZ 65, 230, 235 f; BGH ZIP 1994, 1259, 1260 re Sp; auch BGHZ 23, 150, 154 ff zum AktG 1937.

508 BGHZ 23, 150, 154; BGHZ 65, 230, 237, BGHZ 124, 27, 31 f; BGHZ 137, 378, 381 (GmbH); *Lutter* in Kölner Komm AktG² § 58, 97, 103; *Kropff* in MünchKomm AktG² § 174, 38; *Henze* oben § 58, 85, 92 f.

509 *Rölike* in Spindler/Stilz² 89; *Lutter* in Kölner Komm AktG² § 58, 98; *Henze* oben § 58, 93; *Bayer* in MünchKomm AktG³ § 62, 36, 61.

rechtlichen Bestand hat. Das muss im Prozess die Gesellschaft beweisen.[510] Inwieweit ein Aktionär eine Obliegenheit hat, sich über die Richtigkeit und Gültigkeit des Jahresabschlusses und des darauf beruhenden Gewinnverwendungsbeschlusses Gedanken zu machen und Informationen zu sammeln, hängt von dem konkreten Abschlussmangel[511] und vor allem vom Aktionär ab. An einen privaten Kapitalanleger, der seine Aktien von einer Depotbank verwalten lässt, sind geringere Anforderungen zu stellen als an einen geschäftserfahrenen Großaktionär oder an einen Fondsmanager[512] (vgl auch Rdn 19). Weiß der Aktionär oder verkennt er fahrlässig, dass eine Klage auf Feststellung der Nichtigkeit des Jahresabschlusses erhoben wurde, so ist er nicht gutgläubig, wenn die Klage später Erfolg hat, und dann auch die Nichtigkeit des Gewinnverwendungsbeschlusses feststeht.[513] Ob er nach Klagen Ausschau halten muss, hängt wiederum von seiner Person ab.[514] Zur **Heilung** unrechtmäßiger Gewinnausschüttungen siehe unten Rdn 260 ff, 267.

211 Das alles kann für die Aktionäre besonders gefährlich werden, wenn die Gesellschaft später in die Insolvenz gerät. Oft werden Unternehmenskrisen bilanziell verspätet nachvollzogen, und mitunter nehmen Gesellschaften noch kurz vor der Insolvenz Gewinnausschüttungen vor. Der **Insolvenzverwalter** wird dann die vorangegangenen Jahresabschlüsse sehr kritisch überprüfen, dabei vor allem nach Überbewertungen von Bilanzposten suchen und, wenn er fündig wird, eine Klage auf Feststellung des Jahresabschlusseses erheben (vgl Rdn 227), um anschließend die Aktionäre auf Rückzahlung der Dividenden in Anspruch zu nehmen.[515]

212 c) **Gewinnabführung und Verlustausgleich im Vertragskonzern.** Für die Verpflichtung des herrschenden Unternehmens gegenüber der abhängigen Gesellschaft zum Verlustausgleich im Vertragskonzern (§ 302) ist die Gültigkeit oder **Nichtigkeit des Jahresabschlusses** der abhängigen Gesellschaft nach herrschender Auffassung **ohne Bedeutung.** Der Umfang der Verlustausgleichspflicht soll sich vielmehr nach der wirklichen Ertragslage der abhängigen Gesellschaft bestimmen, so wie sie sich bei ordnungsgemäßer und in diesem Sinne richtiger Rechnungslegung darstellt oder darstellen würde.[516] Ist hiernach der Abschluss der abhängigen Gesellschaft wegen Prüfungsmängeln oder wegen eines Verfahrensfehlers der Feststellung nichtig, aber inhaltlich fehlerfrei, so ist dieser Inhalt maßgeblich. Und ein festgestellter Jahresabschluss bleibt nach dieser Sichtweise unmaßgeblich, wenn er an einem inhaltlichen und ergebnisrelevanten Fehler krankt, und zwar selbst bei Fehlern unterhalb der Nichtigkeitsschwelle. Ob Gleiches auch in umgekehrter

---

510 *Henze* oben § 62, 97; *Hense* WPg 1993, 716, 720 re Sp. Das ist durch Art 16 der Europäischen Kapitalrichtlinie von 1976 (77/91/EWG) so vorgegeben.

511 *Hense* WPg 1993, 716, 720 re Sp; *Adler/Düring/Schmaltz*[6] 78.

512 *Henze* oben § 62, 79 mwN; *Bayer* in MünchKomm AktG[3] § 62, 69; *Hense* WPg 1993, 716, 720 re Sp.

513 So für den Fall, dass eine Anfechtungsklage gegen den Gewinnverwendungsbeschluss erhoben ist, zutreffend *Cahn* in Spindler/Stilz[2] § 62, 27; für den Fall positiver Kenntnis des Aktionärs von einer solchen Klage auch *Henze* oben § 62, 79 aE; *Bayer* in MünchKomm AktG[3] § 62, 69 aE; *Fleischer* in K Schmidt/Lutter[2] § 62, 24.

514 Ebenso für den Fall, dass eine Anfechtungsklage gegen den Gewinnverwendungsbeschluss erhoben ist, *Cahn* in Spindler/Stilz[2] § 62, 27.

515 Ausführlich zum Ganzen *Bange* ZInsO 2006, 519 ff.

516 BGHZ 142, 382, 385 f; BGH NZG 2005, 481, 482 li Sp; OLG Dresden WM 2006, 2177, 2178 re Sp, 2180 li Sp; *Rölike* in Spindler/Stilz[2] 97; *Emmerich* in Emmerich/Habersack, Aktien- und GmbH-Konzernrecht[6], § 302 AktG, 29 ff; *Stephan* in K Schmidt/Lutter[2] § 302, 23; *Spindler/Klöhn* NZG 2005, 484 ff. **Anders** mit beachtlichen Gründen *Krieger* NZG 2005, 787 ff.

Richtung für den zulässigen Höchstbetrag des Gewinns gilt, den die abhängige Gesellschaft nach § 301 an das herrschende Unternehmen abzuführen hat, ist ungeklärt.[517]

d) Abschlussnichtigkeit und schuldrechtliche Gewinnteilhabe von Nichtaktionären. Mitunter versprechen Aktiengesellschaften im Rahmen schuldrechtlicher Verträge ihren Vertragspartnern Leistungen, die sich nach dem finanziellen Ergebnis der Gesellschaft bemessen.[518] So etwa bei Gewinnansprüchen stiller Gesellschafter, partiarischen Darlehen und Genussrechten oder bei Tantiemeansprüchen von Organmitgliedern und leitenden Mitarbeitern. Wie hierbei das Ergebnis zu ermitteln ist, bestimmt sich in erster Linie nach dem jeweiligen Vertrag.[519] Sehr oft gebieten die Verträge ausdrücklich oder jedenfalls nach ihrem Sinn und Zweck eine Ergebnisermittelung nach Maßgabe des Jahresabschlusses.[520] Dann muss man den Vertrag in der Regel so verstehen, dass als **Bemessungsgrundlage** für die Ergebnisteilhabe der partiarisch Berechtigten nur ein inhaltlich richtiger und, vorauf es im vorliegenden Zusammenhang ankommt, ein **gültig festgestellter Jahresabschluss** maßgebend ist,[521] weil man sich nur auf einen solchen Abschluss verlassen kann. Ist der festgestellte Jahresabschluss nach § 256 nichtig, so entstehen keine Ansprüche der partiarisch Berechtigten nach Maßgabe des Abschlusses. Der jeweilige Vertrag kann es jedoch der Gesellschaft ausdrücklich oder nach Treu und Glauben gebieten, den Berechtigten im Wege einer Abschlagszahlung denjenigen Betrag auszukehren oder zu belassen, der sich auch ohne den Abschlussfehler mit hinreichender Sicherheit ergeben würde.[522] Überzahlte Beträge sind dagegen ohne rechtlichen Grund geleistet und müssen deshalb an die Gesellschaft zurückgezahlt werden (§ 812 Abs 1 Satz 1 Fall 1 BGB).[523] Anders als bei den Aktionären (Rdn 210) entfällt diese Verpflichtung der partiarisch Berechtigten nicht, wenn sie beim Leistungsempfang gutgläubig waren, weil die bürgerlichrechtlichen Regeln über die ungerechtfertigte Bereicherung einen so weit gehenden Gutglaubensschutz nicht vorsehen,[524] sondern dem gutgläubigen Leistungsempfänger nur das Recht geben, sich auf einen späteren Wegfall der Bereicherung zu berufen (§ 818 Abs 3 BGB), wenn der Vertrag nichts anderes vorsieht.[525] 213

e) Anfechtbarkeit von Entlastungsbeschlüssen. Beschlüsse der Hauptversammlung über die Entlastung der Mitglieder von Vorstand und Aufsichtsrat (§ 120) sind anfecht- 214

---

[517] Bejahend *Stephan* in K Schmidt/Lutter² § 301, 22. **Verneinend** *Wolf* NZG 2007, 641, 643.

[518] Ausführlich hierzu und zum Folgenden *Balthasar* Die Bestandskraft handelsrechtlicher Jahresabschlüsse, 1999, S 31 f, 281–302.

[519] BGH BB 1994, 2096, 2097 (betr GmbH & Co KG); *Balthasar* Die Bestandskraft handelsrechtlicher Jahresabschlüsse, 1999, S 282 f, 292 f; *Schwab* Das Prozessrecht gesellschaftsinterner Streitigkeiten, 2005, S 430 f.

[520] *Balthasar* Die Bestandskraft handelsrechtlicher Jahresabschlüsse, 1999, S 282 f; *Frantzen* Genußscheine, 1993, S 100 ff. Hiervon ausgehend auch BGHZ 83, 341, 347; *Emmerich* in Scholz GmbHG¹⁰, § 29, 50 ff.

[521] Hiervon ausgehend BGHZ 83, 341, 347 ff; *Adler* Wpg 1949, 109, 115. Mit gleichem Ansatz *Balthasar* Die Bestandskraft handelsrechtlicher Jahresabschlüsse, 1999, S 288 f.

[522] Im gleichen Sinne BGH WM 1960, 187, 189 f zur Personengesellschaft (KG & Still).

[523] BGHZ 83, 341, 347, betr eine Gesellschaft, die später in Konkurs gefallen ist; *Adler* Wpg 1949, 109, 115 f.

[524] *Lutter* in Kölner Komm AktG², § 62, 32; *Henze* oben § 62, 67, vgl auch 82 ff; *Bayer* in MünchKomm AktG³ § 62, 62; *Adler* Wpg 1949, 109, 115 f. Ebenso für GmbH *Habersack* in Ulmer/Habersack/Winter Großkomm GmbHG § 32, 5; *Hueck/Fastrich* in Baumbach/Hueck, GmbHG¹⁹ § 32, 3. **Anders** *Balthasar* Die Bestandskraft handelsrechtlicher Jahresabschlüsse, 1999, S 295, vgl auch S 297 f.

[525] Die Maßgeblichkeit des jeweiligen Vertrages betont zu Recht *H P Westermann* in Scholz, GmbHG¹⁰ § 32, 6.

bar (§ 243 Abs 1), wenn Gegenstand der Entlastung ein Verhalten ist, das eindeutig einen schweren Gesetzes- oder Satzungsverstoß beinhaltet.[526] Ein solches **Fehlverhalten** kann auch darin liegen, dass der Vorstand oder der Aufsichtsrat oder beide zusammen einen **nichtigen Jahresabschluss** zu verantworten haben,[527] oder wenn sie der Hauptversammlung einen Jahresabschluss zur Feststellung vorlegen, der wegen seiner Mängel nicht wirksam festgestellt werden kann.[528] Denn der Jahresabschluss als Rechenschaftsbericht ist eine wesentliche Grundlage für die Entlastung.[529]

215 f) **Privat- und strafrechtliche Haftung der Abschlussverantwortlichen.** Wenn **Organmitglieder** einen nichtigen Jahresabschluss ins Werk setzen, verletzen sie ihre Rechnungslegungspflichten gegenüber der Gesellschaft (vgl Rdn 247) und haften dieser bei Verschulden auf Schadensersatz. Das gilt vor allem für die Mitglieder des Vorstands (§ 93),[530] kann aber auch Aufsichtsratsmitglieder treffen (§ 116).[531] Bei inhaltlichen Mängeln des Jahresabschlusses kann es allerdings an einem Verschulden fehlen, wenn die Gestaltung von unternehmensinternen oder externen Spezialisten für richtig erachtet und vom Abschlussprüfer gebilligt wurde, sofern dieser über die maßgebenden Umstände im Bilde war. Der zu ersetzende **Schaden** der Gesellschaft umfasst insbesondere die Kosten für eine erneute Prüfung und Feststellung des Jahresabschlusses (§ 93 Abs 2) sowie Dividenden, die trotz des nichtigen Jahresabschlusses und des ebenfalls nichtigen Gewinnverwendungsbeschlusses (§ 253) gesetzwidrig an die Aktionäre ausgeschüttet wurden und von ihnen nicht an die Gesellschaft zurückgezahlt worden sind (§ 93 Abs 3 Nr 1, 2 oder 5).[532] Außerdem haftet der **Abschlussprüfer** gegenüber der Gesellschaft und verbundenen Unternehmen (§ 323 HGB), wenn er schuldhaft Überbewertungen und Scheingewinne testiert, die anschließend ausgeschüttet werden.[533] Die Ersatzansprüche der Gesellschaft entfallen, wenn der Jahresabschluss und der hierauf beruhende Gewinnverwendungsbeschluss später durch Zeitablauf heilen, denn dann ist die Ausschüttung nicht mehr unrechtmäßig (Rdn 267).

216 Die Vorstandsmitglieder machen sich darüber hinaus nach § 331 Nr 1 HGB **strafbar**, wenn sie vorsätzlich (§ 15 StGB) die Verhältnisse der Gesellschaft im Jahresabschluss unrichtig wiedergeben oder verschleiern.[534] Und wer mit einem solchen falschen Abschluss täuschungsbedingte Vermögensverschiebungen herbeiführt oder um Kredit nachsucht, begeht einen Betrug (§ 263 StGB) oder Kreditbetrug (§ 265b StGB). Im Vorfeld der Insolvenz ist die strafrechtliche Verantwortung noch weiter verschärft (§§ 283 ff StGB). Ein strafbar unrichtiger Jahresabschluss wird in aller Regel nach § 256 nichtig

526 BGHZ 153, 47, 50 ff und Leitsatz 1; BGH WM 2009, 2085, 2088 re Sp (Tz 18); OLG München ZIP 2009, 718, 719 f; LG München I AG 2007, 417 f und h M.

527 LG Mainz DB 1990, 2361 re Sp und 2364 re Sp.

528 OLG Stuttgart ZIP 2003, 1981, 1983–1985, betr KGaA.

529 Vgl *Düring/Schmaltz* WPg 1949, 7, 9 re Sp.

530 *V Weilep/J-H Weilep* BB 2006, 147, 152 li Sp, auch 151 li Sp; *Hennrichs* ZHR 168 (2004), 383, 391; *Kropff* FS Budde, 1995, 341, 355; auch *Fleischer* WM 2006, 2021, 2025 f; *Bange* ZInsO 2006, 519, 522; *Brete/Thomsen* GmbHR 2008, 176, 182.

531 *Hennrichs* ZHR 168 (2004), 383, 391; *Bange* ZInsO 2006, 519, 522; *Kropff* FS Budde, 1995, 341, 355; *Grotheer* WM 2005, 2070, 2073 li Sp.

532 *V Weilep/J-H Weilep* BB 2006, 147, 152 li Sp, auch 151 li Sp; *Hennrichs* ZHR 168 (2004), 383, 391; *Kropff* FS Budde, 1995, 341, 355.

533 BGHZ 124, 27, betr eine Gesellschaft, die später in Konkurs gefallen ist; *Bange* ZInsO 2006, 519, 521 f.

534 Hierzu und zum Folgenden *Fleischer* WM 2006, 2021, 2025 ff; *Wolf* StuB 2009, 909, 910 ff; *V Weilep/J-H Weilep* BB 2006, 147, 152.

sein; aber Voraussetzung für die Strafbestimmungen ist das nicht, und die Nichtigkeit des Jahresabschlusses begründet auch für sich alleine keine Strafbarkeit. Die genannten Straftatbestände sind zugleich **Schutzgesetze** im Sinne des § 823 Abs 2 BGB, so dass deren Verletzung eine privatrechtliche Schadensersatzpflicht der Organmitglieder gegenüber Aktienanlegern und Gläubigern der Gesellschaft nach sich zieht.[535] Dagegen sind die materiellen Buchführungs- und Bilanzierungspflichten nach überlieferter Auffassung keine Schutzgesetze, doch hier ist vieles im Fluss.[536]

2. Die Nichtigkeit des Jahresabschlusses in der Abschlussprüfung

Die Gültigkeit oder Nichtigkeit des Jahresabschlusses gehört zum **Gegenstand der Abschlussprüfung.**[537] Die Abschlussprüfung hat sich nach § 317 Abs 1 Satz 2 HGB „darauf zu erstrecken, ob die gesetzlichen Vorschriften ... beachtet worden sind". Auch der Prüfungsbericht und der Abschlussvermerk müssen hierzu Stellung nehmen (§§ 321 Abs 2 Satz 1, 322 Abs 3 Satz 1 HGB). Die Prüfung des Jahresabschlusses ist also immer auch eine Rechtsprüfung.[538] Und hierzu gehört nicht zuletzt die Frage, ob der Abschluss als solcher überhaupt wirksam festgestellt werden und gesellschaftsrechtlich Bestand haben kann.[539] Grundsätzlich genießt zwar der Prüfer angesichts des Gebots der Wesentlichkeit und Wirtschaftlichkeit der Abschlussprüfung einen **Beurteilungs- und Ermessensspielraum,** ob er wirtschaftliche Sachverhalte und rechtliche Fragen aufgreift, und mit welchem Nachdruck und Aufwand er sie prüft.[540] Die Rechtsfrage nach der Gültigkeit oder Nichtigkeit des Jahresabschlusses als Ganzem hat jedoch so große Bedeutung, dass der Prüfer kaum umhinkommen wird, die Frage aufzugreifen, wenn es Anhaltspunkte für eine Nichtigkeit des Abschlusses gibt,[541] und gleiches gilt für die Sachverhalte, aus denen sich die Nichtigkeit ergeben kann. Bei der anschließenden Entscheidung, mit welcher Intensität der Prüfer diesen Fragen im Einzelnen nachgeht, besteht dann aber wiederum ein Ermessensspielraum.[542] Hierbei ist zu bedenken, dass der Abschlussprüfer Wirtschaftsprüfer und nicht in erster Linie Rechtsgutachter ist, und angesichts der vielen unbestimmten Rechtsbegriffe des § 256 lässt sich die Frage nach der Gültigkeit oder Nichtigkeit des Jahresabschlusses sehr oft auch nicht eindeutig beantworten.[543] **217**

Kommt der Abschlussprüfer zu dem Urteil, dass ein Gericht den Jahresabschluss im Streitfall wegen inhaltlicher Mängel für nichtig erklären würde, so muss er das im Prü- **218**

---

[535] Zu § 331 HGB *Fleischer* WM 2006, 2021, 2026 li Sp mwN. Zu §§ 283 Abs 1 Nr 5–7, 283b StGB *Schulze-Osterloh* in Baumbach/Hueck GmbHG[18] § 41, 3 mwN; *Grigoleit* Gesellschafterhaftung für interne Einflussnahme im Recht der GmbH, 2006, S 141 ff.

[536] Näher *Fleischer* WM 2006, 2021, 2026 ff.

[537] *Kropff* FS Havermann, 1995, S 321, 336 ff; *Hüffer*[9] 32; *Hüffer* in MünchKomm AktG[2] 77; *Rölike* in Spindler/Stilz[2] 88 aE. Skeptisch bis **verneinend** aber *Adler/Düring/Schmaltz*[6] § 322 HGB, 328 ff, insbesondere 332 f.

[538] *Kropff* FS Havermann, 1995, S 321, 325; ebenso der Sache nach OLG Karlsruhe ZIP 1985, 409, 411, 413 re Sp. Das ist bei *Adler/Düring/Schmaltz*[6] § 322 HGB, 328 ff nicht hinreichend betont.

[539] *Kropff* FS Havermann, 1995, S 321, 337 f. **Anders** *Grewe* in WP-Handbuch[13], Bd 1, 2006, Rdn Q 581 ff.

[540] Allgemein zum Ermessensspielraum des Prüfers IDW PS 200, Ziele und allgemeine Grundsätze der Durchführung von Abschlussprüfungen, Tz 18 ff, WPg 2000, 706, 708 f; speziell im Hinblick auf Rechtsfragen *Kropff* FS Havermann, 1995, S 321, 327 ff.

[541] *Kropff* FS Havermann, 1995, S 321, 339 f.

[542] *Kropff* FS Havermann, 1995, S 321, 340.

[543] Insoweit zutreffend *Adler/Düring/Schmaltz*[6] § 322 HGB, 332; auch *Kropff* FS Havermann, 1995, S 321, 325 f, 330 f, 340 räumt das ein.

fungsbericht offen aussprechen[544] und den **Bestätigungsvermerk versagen,**[545] und zwar unter Hinweis auf den Abschlussmangel und die daraus folgende Nichtigkeit.[546] Eine bloße Einschränkung des Bestätigungsvermerks[547] wäre verfehlt, denn sie setzt voraus, dass zu den wesentlichen Teilen des Abschlusses noch ein Positivurteil möglich ist.[548] Daran fehlt es, wenn der Jahresabschluss insgesamt nicht wirksam festgestellt werden kann. Hält der Abschlussprüfer eine Nichtigkeit des Jahresabschlusses lediglich für möglich, so muss er auch das im Prüfungsbericht aussprechen.[549] Er kann ruhig sagen, dass er sich kein abschließendes Urteil zutraut, und muss lediglich zum Ausdruck bringen, dass er die Frage aufgegriffen hat, inwieweit er ihr nachgegangen ist, und er muss die Gesichtspunkte benennen, die für und gegen eine Nichtigkeit sprechen oder sprechen könnten. Ein uneingeschränkter Bestätigungsvermerk kommt dann nur in Betracht, wenn die Möglichkeit einer Nichtigkeit sehr fern liegt und die festgestellten Mängel nicht einmal förmliche Einwendungen gegen den Abschluss rechtfertigen.[550] Sind hingegen Einwendungen zu erheben, deren Gründe möglicherweise zur Nichtigkeit des Jahresabschlusses führen, hat der Prüfer einen Ermessensspielraum, ob er den **Bestätigungsvermerk** versagt oder lediglich **einschränkt,**[551] wobei im Vermerk wiederum ein Hinweis auf die Möglichkeit der Abschlussnichtigkeit geboten ist.[552]

3. Nichtigkeit und Offenlegung des Jahresabschlusses

219 Hat der Vorstand einen Jahresabschluss beim elektronischen Bundesanzeiger zur Bekanntmachung eingereicht (§ 325 HGB), und ist die Feststellung dieses Abschlusses nach § 256 nichtig, so kann der Betreiber des elektronischen Bundesanzeigers den Abschluss nicht zurückweisen, und das Bundesamt für Justiz kann **nicht** nach § 335 HGB durch Androhung und Festsetzung von **Ordnungsgeld** die Offenlegung eines neuen, gül-

---

[544] *Kropff* FS Havermann, 1995, S 321, 340 f; *Hüffer*[9] 32. **Anders** *Schulz* in Bürgers/Körber 23.

[545] OLG Karlsruhe ZIP 1985, 409, 411 li Sp; *Kropff* FS Havermann, 1995, S 321, 342; *Schulze-Osterloh* in Baumbach/Hueck GmbHG[18] § 41, 155; *Rölike* in Spindler/Stilz[2] 88 aE; *Schwab* in K Schmidt/Lutter[2] 44; *Hüffer* in MünchKomm AktG[2] 77; *Hüffer*[9] 32. **Anders** die in Fn 547 Genannten.

[546] *Kropff* FS Havermann, 1995, S 321, 341. Einschränkend *Förschle/Küster* in Beck'scher Bilanzkomm[7] § 322 HGB, 46 („Hinweis ... möglich").

[547] Für diese Möglichkeit aber IDW PS 400, Grundsätze für die ordnungsgemäße Erteilung von Bestätigungsvermerken bei Abschlussprüfungen, Tz 55, WPg 2005, 1382, 1389 li Sp (die 2009 erfolgten Änderungen dieses Prüfungsstandards – WPg Supplement 4/2009 – sind hier nicht einschlägig); *Grewe* in WP-Handbuch[13], Bd 1, 2006, Rdn Q 581–583; *Claussen/Korth* in Kölner Komm AktG[2] § 322 HGB, 23 aE; *Förschle/Küster* in Beck'scher Bilanz-Komm[7] § 322 HGB, 45 f; auch *Adler/Düring/Schmaltz*[6] § 322 HGB, 328 ff.

[548] IDW PS 400, Grundsätze für die ordnungsgemäße Erteilung von Bestätigungsvermerken bei Abschlussprüfungen, Tz 50, WPg 2005, 1382, 1388 li Sp; *Adler/Düring/Schmaltz*[6] § 322 HGB, 227; *Claussen/Korth* in Kölner Komm AktG[2] § 322 HGB, 23.

[549] *Kropff* FS Havermann, 1995, S 321, 340 f; *Hüffer* in MünchKomm AktG[2] 77; *Hüffer*[9] 32. **Anders** *Grewe* in WP-Handbuch[13], Bd 1, 2006, Rdn Q 581–583.

[550] Weitergehend für Zulässigkeit eines uneingeschränkten Bestätigungsvermerks aber *Claussen/Korth* in Kölner Komm AktG[2] § 322 HGB, 23 aE.

[551] *Kropff* FS Havermann, 1995, S 321, 342, auch S 334, 336; *Förschle/Küster* in Beck'scher Bilanz-Komm[7] § 322 HGB, 45; ähnlich *Schulze-Osterloh* in Baumbach/Hueck GmbHG[18] § 41, 155; *Schwab* in K Schmidt/Lutter[2] 44; *Hüffer*[9] 32 aE.

[552] *Kropff* FS Havermann, 1995, S 321, 342; *Schulze-Osterloh* in Baumbach/Hueck GmbHG[18] § 41, 155. Sehr zurückhaltend dagegen *Adler/Düring/Schmaltz*[6] § 322 HGB, 332 f.

tig festgestellten Jahresabschlusses erwirken und sanktionieren.[553] Denn die Überprüfung, ob der Jahresabschluss wirksam festgestellt ist, obliegt nicht dem Betreiber des elektronischen Bundesanzeigers (arg § 329 HGB) und dem Bundesamt für Justiz. Ist jedoch die Nichtigkeit des Jahresabschlusses durch rechtskräftiges Urteil festgestellt, so steht fest, dass der Abschluss keinen Bestand hat, und dann steht dem Bundesamt der Ordnungsweg nach § 335 HGB offen.[554] Wird ein neuer und geänderter Jahresabschluss für das betreffende Geschäftsjahr aufgestellt und festgestellt, ist nach § 325 Abs 1 Satz 6 HGB „auch die Änderung" zum Zweck der Bekanntmachung beim elektronischen Bundesanzeiger einzureichen,[555] und zwar grundsätzlich der geänderte Jahresabschluss insgesamt[556] mit einem Hinweis, dass der alte Abschluss nichtig ist.

4. Die aktienrechtliche Klage auf Feststellung der Nichtigkeit des Jahresabschlusses (Abs 7)

a) **Gesetzesgrundlagen und Wesen der Jahresabschluss-Nichtigkeitsklage.** Zur Geltendmachung der Abschlussnichtigkeit stellt das Aktiengesetz eine besondere Klage zur Verfügung, die „Klage auf Feststellung der Nichtigkeit des Jahresabschlusses" wie es in § 256 Abs 6 Satz 2 heißt. Für diese Klage, so heißt es dann in § 256 Abs 7 Satz 1, „gilt § 249 sinngemäß." Dort wiederum ist bestimmt: **220**

„§ 249 **Nichtigkeitsklage.** (1) [1]Erhebt ein Aktionär, der Vorstand oder ein Mitglied des Vorstands oder des Aufsichtsrats Klage auf Feststellung der Nichtigkeit eines Hauptversammlungsbeschlusses gegen die Gesellschaft, so finden § 246 Abs 2, Abs 3 Satz 1 bis 5, Abs 4, §§ 246a, 247, 248 und 248a entsprechende Anwendung. [2]Es ist nicht ausgeschlossen, die Nichtigkeit auf andere Weise als durch Erhebung der Klage geltend zu machen. [3][...]

(2) [1]Mehrere Nichtigkeitsprozesse sind zur gleichzeitigen Verhandlung und Entscheidung zu verbinden. [2]Nichtigkeits- und Anfechtungsprozesse können verbunden werden."

Dieser Klage auf Feststellung der Nichtigkeit eines Hauptversammlungsbeschlusses ist die Klage auf Feststellung der Nichtigkeit des Jahresabschlusses nachgebildet. Indem § 256 Abs 7 Satz 1 hinsichtlich der Jahresabschluss-Nichtigkeitsklage auf die Bestimmung des § 249 über die Beschluss-Nichtigkeitsklage verweist, wird **zugleich auf eine Reihe weiterer Regeln verwiesen,** die in erster Linie für die Anfechtungsklage gegen Hauptversammlungsbeschlüsse gelten, aber kraft Verweisung in § 249 Abs 1 Satz 1 auf die Beschluss-Nichtigkeitsklage entsprechend anwendbar sind, und somit auf Grund der weiteren Verweisung in § 256 Abs 7 Satz 1 entsprechend auch für die Klage auf Feststellung der Nichtigkeit des Jahresabschlusses gelten.[557] Nicht anwendbar auf die Jahresab- **221**

---

[553] *Merkt* in Baumbach/Hopt, HGB[34], § 335, 2. Ebenso zur früheren Handelsregisterpublizität von Jahresabschlüssen und der hierauf bezogenen Bestimmung des § 335a Nr 1 HGB aF RegE BiRiLiG, BT-Drucks 10/317 v 26.8.1983, Anlage 1, Begründung zu § 284 RegE HGB, S 99 re Sp; BayObLGZ 2000, 150, 151 f; *Schwab* in K Schmidt/Lutter[2] 41; *Hüffer*[9] 33; *Mattheus/Schwab* BB 2004, 1099, 1103 f. **Anders** *Geist* DStR, 1996, 306, 309 li Sp; zum Recht vor dem BiRiLiG auch *Zöllner* in Kölner Komm AktG[1] 113 f, 120; *Barella* NJW 1952, 91 f sowie ein Großteil der dort genannten älteren Kommentarliteratur.

[554] Ebenso zur früheren Handelsregisterpublizität von Jahresabschlüssen LG Stuttgart DB 1996, 204; *Schwab* in K Schmidt/Lutter[2] 41; nicht abgeneigt *Hüffer*[9] 33. Offen gelassen in BayObLGZ 2000, 150, 152.

[555] *Rölike* in Spindler/Stilz[2] 96.

[556] Vgl allgemein zur Nachreichung von Änderungen *Ellrott/Grottel* in Beck'scher Bilanzkomm[7] § 325 HGB, 48; *Adler/Düring/Schmaltz*[6] § 325 HGB, 85 ff.

[557] *Hüffer* in MünchKomm AktG[2] 71; *Hüffer*[9] 31; *Rölike* in Spindler/Stilz[2] 80.

schluss-Nichtigkeitsklage ist allerdings § 246a (Freigabeverfahren), weil die Abschlussfeststellung nicht im Handelsregister eingetragen wird. Und die Bestimmung des § 246 Abs 3 Satz 4, wonach die mündliche Verhandlung vor Gericht nicht vor Ablauf der einmonatigen Beschluss-Anfechtungsfrist stattfindet, kann man bei der Jahresabschluss-Nichtigkeitsklage nur dann entsprechend anwenden, wenn die Hauptversammlung den Jahresabschluss festzustellen versucht hat.

222 Die aktienrechtliche Klage auf Feststellung der Nichtigkeit des Jahresabschlusses nach § 256 Abs 7 und § 249 ist ebenso wie die Beschluss-Nichtigkeitsklage eine besondere, gesellschaftsrechtlich erleichterte und verstärkte **Feststellungsklage,**[558] die gegenüber einer gewöhnlichen Feststellungsklage (§ 256 ZPO und hierzu unten Rdn 243 ff) zwei Besonderheiten aufweist. Zum einen setzt die Jahresabschluss-Nichtigkeitsklage ebenso wie die aktienrechtliche Beschlussmängelklage und im Unterschied zur gewöhnlichen Feststellungsklage kein individuelles Rechtsschutzinteresse voraus, sondern **klagebefugt ist jeder Aktionär** allein schon auf Grund seiner Mitgliedschaft.[559] Die Klage ist ähnlich wie nach den Worten des BGH die Beschlussmängelklage „als Instrument zur Kontrolle der Gesetz- und Rechtmäßigkeit des Organhandelns einer Kapitalgesellschaft ausgestaltet und in die Hände der Gesellschafter gelegt, so dass sich das Rechtsschutzinteresse für eine solche Klage bereits daraus ergibt, dass ihre Erhebung der Herbeiführung eines Gesetz und Satzung entsprechenden Rechtszustandes dient."[560]

223 Eine weitere Besonderheit der aktienrechtlichen Abschluss-Nichtigkeitsklage liegt in der erweiterten **Rechtskraftwirkung** eines Urteils, das der Klage stattgibt. Hierzu heißt es im Gesetz:

> „§ 248 **Urteilswirkung.** (1) [1]Soweit der [Hauptversammlungs-]Beschluss durch rechtskräftiges Urteil für nichtig erklärt ist, wirkt das Urteil für und gegen alle Aktionäre sowie die Mitglieder des Vorstands und des Aufsichtsrats, auch wenn sie nicht Partei sind."

224 Das bezieht sich vor allem auf die Beschlussanfechtungsklage, gilt aber aufgrund der Verweisung in § 249 Abs 1 Satz 1 auch für die Beschluss-Nichtigkeitsklage und infolge der weiteren Verweisung in § 256 Abs 7 Satz 1 ebenfalls für die Klage auf Feststellung

---

558 OLG Celle AG 1984, 266, 267 li Sp; OLG Schleswig AG 1993, 431, 432 re Sp; *Hüffer* in MünchKomm AktG² 71. Ebenso zur Beschlussnichtigkeitsklage BGHZ 164, 249, 253 („Commerzbank/Mangusta II"), wo von einer Nichtigkeitsfeststellungsklage die Rede ist; *M Schwab* Das Prozessrecht gesellschaftsinterner Streitigkeiten, 2005, S 272 ff; *Bartels* ZGR 2008, 723, 732 ff. **Anders** zur Beschlussnichtigkeitsklage *K Schmidt* oben § 249, 3 ff, 31, der den kassatorischen Aspekt des Urteils und die hierin begründete Nähe zur Beschluss-Anfechtungsklage betont und auch die Nichtigkeitsklage als Gestaltungsklage einordnet. Die Gestaltungswirkung ist hier indessen anders als bei der Anfechtungsklage keine materiellrechtliche (der Beschluss ist ja ohnehin nichtig), sondern nur eine prozessuale (erweiterte Rechtskraftwirkung); *Bartels* ZGR 2008, 723, 733 f.

559 Zur Jahresabschluss-Nichtigkeitsklage BGH NJW 1975, 241 re Sp (insoweit nicht in BGHZ 65, 230); OLG Celle AG 1984, 266, 267 f; LG Düsseldorf AG 1976, 162 li Sp; *Hüffer* in MünchKomm AktG² 72; *Adler/Düring/Schmaltz*⁶ 95; *Mattheus/Schwab* BB 2004, 1099, 1100 re Sp. Ebenso zur Beschluss-Nichtigkeitsklage OLG Düsseldorf AG 2003, 45 re Sp sowie zur Beschluss-Anfechtungsklage BGHZ 107, 296, 308; BGHZ 43, 261, 265 f; ausführlich *Pflugradt* Leistungsklagen zur Erzwingung rechtmäßigen Vorstandsverhaltens in der Aktiengesellschaft, 1990, S 65 ff, 88 ff; *Schwab* Das Prozessrecht gesellschaftsinterner Streitigkeiten, 2005, S 287 ff.

560 BGHZ 107, 296, 308 zur Beschluss-Anfechtungsklage.

der Nichtigkeit des Jahresabschlusses. Ein stattgebendes Urteil wirkt nach § 248 für und gegen alle Aktionäre und Organmitglieder. Und es wirkt darüber hinaus auch für und gegen dritte Personen, ist also für jedermann verbindlich.[561] Ein klageabweisendes Urteil wirkt hingegen nur zwischen den Prozessparteien.[562] Der Jahresabschluss kann also bis zum Ablauf der Heilungsfrist durch immer neue Klagen angegriffen werden, und es genügt, wenn nur eine von ihnen Erfolg hat.

Streitgegenstand der Jahresabschluss-Nichtigkeitsklage und somit auch maßgebend für den objektiven Umfang der Rechtskraft eines Urteils und auch eines klageabweisenden Urteils (vgl Rdn 224) sind nicht die einzelnen geltend gemachten Abschlussmängel, wie viele meinen,[563] sondern das Begehren des Klägers, die Nichtigkeit des Jahresabschlusses festgestellt zu sehen, und damit der Bestand des Abschlusses insgesamt. Das umfasst den Inhalt des Abschlusses und alle seinem Zustandekommen zu Grunde liegenden Umstände[564] und ergibt sich aus der Funktion der Nichtigkeitsklage als Instrument der Gültigkeitskontrolle. Ist die Nichtigkeitsklage einmal erhoben, so können im Verlauf des Prozesses weitere Nichtigkeitsgründe nachgeschoben werden,[565] soweit dies prozessrechtlich zulässig ist (vgl §§ 296 f ZPO). Die Fristen für die Heilung des Jahresabschlusses stehen dem nicht entgegen, wenn und weil sie sich bis zum Ende des Prozesses verlängern.[566] Werden im Prozess nur bestimmte Abschlussmängel geltend gemacht, und wird die Klage daraufhin rechtskräftig abgewiesen, so kann derselbe Kläger nicht noch einmal und gestützt auf einen anderen behaupteten Abschlussmangel auf Feststellung der Nichtigkeit des Jahresabschlusses klagen.[567] Wohl aber können andere Aktionäre eine neue Klage erheben (Rdn 224.) **225**

b) **Klageantrag und Urteilsformel.** Der **Klageantrag** muss lauten, das Gericht möge feststellen, dass der Jahresabschluss für ein bestimmtes Geschäftsjahr nichtig ist,[568] oder **226**

---

561 Zur Jahresabschluss-Nichtigkeitsklage *Adler/Düring/Schmaltz*[6] 94; *Rölike* in Spindler/Stilz[2] 80; *Heidel* in Heidel, Aktienrecht und Kapitalmarktrecht[3] § 256, 41, 42b; *Hüffer*[9] 31. Zur Beschlussmängelklage BGHZ 134, 364, 366 (GmbH); BGH WM 2009, 141, 142 (GmbH, auch betr Nichtigkeitsklage); *K. Schmidt* oben § 248, 4 und § 249, 31 mwN; vgl auch BGH WM 2009, 459, 465 li Sp, wo die „inter-omnes-Wirkung" nach § 248 Abs 1 mit derjenigen nach § 99 Abs 5 gleichgesetzt wird, der von einer Wirkung „für und gegen alle" spricht. **Kritisch** *Schwab* in K Schmidt/Lutter[2] § 248, 5 und § 249, 1 (Wirkung nur für Aktionäre und Organmitglieder).

562 Ebenso zur Beschlussmängelklage *K Schmidt* oben § 248, 17 und § 249, 32 aE; *Schwab* in K Schmidt/Lutter[2] § 248, 2; *Semler* in MünchHandB AG[3] § 41, 83; *A Hueck* Anfechtbarkeit und Nichtigkeit von Generalversammlungsbeschlüssen bei Aktiengesellschaften, 1924, S 243 f und h M.

563 So zur Jahresabschluss-Nichtigkeitsklage *Schwab* in K Schmidt/Lutter[2] 38 aE; *Mattheus/Schwab* BB 2004, 1099, 1105; ebenso zur Beschlussmängelklage *K Schmidt* oben § 246, 61; *Schwab* aaO § 246, 1 ff mwN und § 249, 2.

564 *Hennrichs* ZHR 168 (2004), 383, 406. Ebenso zur Beschlussnichtigkeits- und Anfechtungsklage BGHZ 152, 1, 4 f; LG Frankfurt/M, NZG 2004, 672, 673 re Sp; *Zöllner* in Kölner Komm AktG[1] § 246, 20, 47; *ders* in Baumbach/Hueck GmbHG[19] Anh § 47, 166 f; *Arens* Streitgegenstand und Rechtskraft im aktienrechtlichen Anfechtungsverfahren, 1960, S 50.

565 OLG Dresden WM 2006, 2177, 2189 li Sp; *Schulz* in Bürgers/Körber 20.

566 OLG Dresden und *Schulz*, je aaO.

567 Ebenso zur Beschluss-Nichtigkeitsklage BGHZ 152, 1, 6.

568 OLG Stuttgart ZIP 2003, 1981, 1983 li Sp; *Adler/Düring/Schmaltz*[6] 94; *Schwab* in K Schmidt/Lutter[2] 38; *Rölike* in Spindler/Stilz[2] 80; *Schulz* in Bürgers/Körber 13. Hiervon ausgehend auch OLG Köln ZIP 1993, 110, 111 li Sp, 112 li Sp.

dass der festgestellte Jahresabschluss nichtig ist[569] oder auch die Feststellung des Jahresabschlusses. Entsprechend muss dann ein **Urteil** gefasst werden, das der Klage stattgibt. Auch wenn der Klageantrag dahin geht, dass die Nichtigkeit des Hauptversammlungsbeschlusses oder des Aufsichtsratsbeschlusses über die Feststellung des Jahresabschlusses festgestellt werde, muss das Urteil die Nichtigkeit des (festgestellten) Jahresabschlusses aussprechen,[570] um klarzustellen, dass es sich um eine aktienrechtliche Jahresabschluss-Nichtigkeitsklage handelt, denn für diese gelten besondere Bekanntmachungs- und Meldepflichten (§ 256 Abs 7 sowie §§ 246 Abs 4, 248 Abs 1 Satz 2, 248a), und nur eine solche Klage sperrt die Heilung des Abschlussmangels (§ 256 Abs 6 Satz 2). Das Gericht muss daher nach § 139 ZPO auf die sachgerechte Antragstellung hinwirken,[571] oder es kann den Klageantrag umdeuten und sein Urteil entsprechend fassen.[572] Ebenso verhält es sich, wenn gegen einen Beschluss der Hauptversammlung über die Feststellung des Jahresabschlusses Anfechtungsklage erhoben wird, aber ein Nichtigkeitsgrund nach § 256 vorliegt; auch dann muss das Urteil aussprechen, dass die Nichtigkeit des Jahresabschlusses festgestellt wird,[573] denn Anfechtungsklage und Nichtigkeitsklage haben denselben Streitgegenstand.[574]

227 c) **Am Verfahren beteiligte Personen.** Die Klage auf Feststellung der Nichtigkeit des Jahresabschlusses kann nach § 256 Abs 7 Satz 1 in Verbindung mit § 249 Abs 1 Satz 1 von einem Aktionär, dem Vorstand oder einem Mitglied des Vorstands oder des Aufsichtsrats erhoben werden. Sie ist gegen die Gesellschaft zu richten (§ 246 Abs 2 Satz 1), die durch den Vorstand und den Aufsichtsrat vertreten wird (§ 246 Abs 2 Satz 2). Die **Aktionär**seigenschaft muss nicht schon im Zeitpunkt der Feststellung des Jahresabschlusses bestanden haben, sondern nur beim Schluss der mündlichen Verhandlung vor Gericht bestehen.[575] Da auch der **Vorstand** klagebefugt ist, kann dieser, wenn er den Jahresabschluss für nichtig hält, mit einer Klage für alle Beteiligten Klarheit schaffen.[576] Gleiches gilt für einzelne Vorstands- oder Aufsichtsratsmitglieder. Die Gesellschaft wird dann im Prozess nur durch das jeweils andere Verwaltungsorgan vertreten (§ 246 Abs 2 Satz 2 iVm §§ 249 Abs 1 Satz 1, 256 Abs 7 Satz 1). In der Insolvenz der Gesellschaft ist auch der Insolvenzverwalter klagebefugt.[577] Will daneben ein Aktionär ebenfalls die Nichtigkeit des Jahresabschlusses festgestellt sehen, kann er selber Nichtigkeitsklage erheben.

---

569 LG München I Der Konzern 2007, 537 f; *Hüffer* in MünchKomm AktG² 71; *Rölike* in Spindler/Stilz² 80; *Schulz* in Bürgers/Körber 20.

570 Ebenso im Hinblick auf den Hauptversammlungsbeschluss OLG Stuttgart ZIP 2003, 1981, 1983 li Sp; *Adler/Düring/Schmaltz*⁶ 94; *Hüffer* in MünchKomm AktG² 71. Im Hinblick auf den Aufsichtsratsbeschluss *Kropff* ZGR 1994, 628, 633 ff; *Hüffer* aaO; nicht eindeutig und eher in **andere** Richtung deutend aber BGHZ 124, 111.

571 *Hüffer* in MünchKomm AktG² 71; *Kropff* ZGR 1994, 628, 634 f. Vgl allgemein zu dieser gerichtlichen Pflicht, auf sachdienliche Klageanträge hinzuwirken, BGH WM 2009, 1155, 1156.

572 OLG Stuttgart ZIP 2003, 1981, 1983 li Sp; *Adler/Düring/Schmaltz*⁶ 94; *Rölike* in Spindler/Stilz² 80; im gleichen Sinne *Kropff* ZGR 1994, 628, 634 f. **Anders** *Hüffer* in MünchKomm AktG² 71.

573 OLG Stuttgart ZIP 2003, 1981, 1983. Ebenso die hM zum allgemeinen Beschlussmängelklagerecht, siehe unten § 257, 19.

574 OLG Stuttgart ZIP 2003, 1981, 1983.

575 OLG Celle AG 1984, 266, 267 f (betr Feststellung des Jahresabschlusses durch die Hauptversammlung); *Schulz* in Bürgers/Körber 20. Ebenso zur Beschluss-Nichtigkeitsklage OLG Stuttgart AG 2001, 315, 316 li Sp (dort auch zum Missbrauch des Klagerechts); *K Schmidt* oben § 249, 13; *Haase* DB 1977, 241, 243 re Sp.

576 *Lutter* FS Helmrich, 1994, S 685, 687, 695 ff.

577 OLG Dresden WM 2006, 2177, 2178 li Sp. Vgl zur Beschlussmängelklage *Hüffer* in MünchKomm AktG² § 245, 66; *Hüffer*⁹

228 Mehrere Kläger sind **Streitgenossen** (§§ 59 ff ZPO), und zwar notwendige Streitgenossen aus prozessualem Grunde (§ 62 Fall 1 ZPO),[578] weil ein der Klage stattgebendes Urteil Rechtskraftwirkung für und gegen alle hat[579] (Rdn 224). Die Klagen sind zur gleichzeitigen Verhandlung und Entscheidung zu verbinden (§ 249 Abs 2 Satz 1), aber jeder Kläger bleibt Herr seines eigenen Nichtigkeitsprozesses. Immerhin wirken bestimmte Prozesshandlungen eines Streitgenosssen auch zu Gunsten der anderen.[580] Wenn einer von mehreren Streitgenosssen mit seinem Vorbringen durchdringt, kommt dieser Erfolg der Nichtigkeitsklage entsprechend § 248 Abs 1 auch den übrigen Streitgenossen zu Gute, ohne dass es einer Prüfung der von ihnen (zusätzlich) gegen denselben Jahresabschluss vorgebrachten Nichtigkeitsgründe bedarf.[581]

229 Will ein Aktionär den Bestand des Jahresabschlusses verteidigen, so kann er der beklagten Gesellschaft im Prozess nach § 66 Abs 1 ZPO als **Nebenintervenient** beitreten.[582] Auch auf Seiten eines Nichtigkeitsklägers kommt eine Nebenintervention in Betracht,[583] dies allerdings nur innerhalb eines Monats nach der Bekanntmachung der Klage in den Gesellschaftsblättern (§ 246 Abs 4 Satz 2 und hierauf verweisend § 249 Abs 1 Satz 1 sowie § 256 Abs 7 Satz 1).[584] Das für eine Nebenintervention erforderliche rechtliche Interesse am Obsiegen der unterstützten Hauptpartei (§ 66 Abs 1 ZPO) ergibt sich beim Aktionär schon daraus, dass ein stattgebendes Urteil ihm gegenüber Rechtskraft entfaltet (§ 248 Abs 1 Satz 1),[585] folgt also letzten Endes schon aus der Aktionärsstellung.[586] Wegen der Rechtskraftserstreckung ist der intervenierende Aktionär nach §§ 69 und 61 ZPO streitgenössischer Nebenintervenient der unterstützten Hauptpartei.[587] Als streit-

---

§ 245, 29 und hM, wonach der Insolvenzverwalter an Stelle des Vorstands klagebefugt ist, wenn der Beschluss, gegen den sich die Anfechtungsklage richtet, Auswirkungen auf die Masse hat. Das ist bei einer Nichtigkeitsklage gegen den Jahresabschluss der Fall; ebenso OLG Dresden aaO. Nach aA sind in der Insolvenz der Vorstand und der Insolvenzverwalter nebeneinander klagebefugt; so *K Schmidt* oben § 245, 37; *Schwab* in K Schmidt/Lutter[2] § 245, 30. Auch so betrachtet kann der Verwalter die Jahresabschluss-Nichtigkeitsklage nach § 256 erheben.

578 OLG Frankfurt WM 2008, 986 re Sp; OLG Stuttgart AG 2003, 165, 166 re Sp. Ebenso zum Beschlussmängelprozess BGH WM 2009, 459, 468 re Sp; *K Schmidt* oben § 246, 29 und § 249, 26; hM.

579 BGH WM 2009, 459, 468 re Sp; OLG Stuttgart AG 2003, 165, 166 Re Sp; *K Schmidt* aaO.

580 Vgl zur Rechtsmitteleinlegung im Beschlussanfechtungsprozess BGHZ 159, 30, 34.

581 So BGH WM 2009, 459, 468 zur Beschluss-Anfechtungsklage.

582 OLG Schleswig AG 1993, 431, 432 f; OLG Frankfurt/Main AG 2002, 88, 89 li Sp; OLG Stuttgart AG 1992, 459, 460; *Lutter* FS Helmrich, 1994, S 685, 696 f; *Adler/Düring/Schmaltz*[6] 94; *Hüffer* in MünchKomm AktG[2] 72; *Hüffer*[9] 31; vgl hierzu und zum Folgenden auch *K Schmidt* oben § 246, 42–47 und § 249, 26 zur Nebenintervention im Beschlussanfechtungs- und -Nichtigkeitsprozess.

583 LG Frankfurt NZG 2009, 149, 150 li Sp. Vgl zur Nebenintervention im Beschlussmängelprozess BGHZ 172, 136; BGH WM 2009, 1572 f (auch zu den Prozesskosten); *K Schmidt* oben § 246, 46 und § 249, 26.

584 Für die Nebenintervention auf Seiten der beklagten Gesellschaft gilt diese Frist nicht entsprechend, BGH WM 2009, 1572 f.

585 Zur Beschluss-Anfechtungsklage BGHZ 172, 136, 140 und 142, Rdn 10 und 17; BGH AG 2008, 630, 631 f; beide betr Nebenintervention auf Seiten des Anfechtungsklägers; OLG Nürnberg ZIP 2009, 2470, 2471, betr Nebenintervention auf Seiten der beklagten Gesellschaft.

586 Zur Beschluss-Anfechtungsklage BGHZ 172, 136, 142, Rdn 17; BGH AG 2008, 630, 632.

587 Zum Jahresabschluss-Nichtigkeitsprozess ausführlich OLG Schleswig AG 1993, 431, 432 f (betr Nebenintervention auf Seiten der beklagten Gesellschaft); *Lutter* FS Helmrich, 1994, S 685, 696 f; des Weiteren LG München I Konzern 2007, 537, 539 re Sp (betr

genössischer Nebenintervenient kann sich der Aktionär mit seinen Prozesshandlungen in Widerspruch zur Hauptpartei setzen, selbständig Rechtsmittel einlegen und im Falle der Nebenintervention auf Seiten der beklagten Gesellschaft einem Anerkenntnis der Gesellschaft widersprechen.[588] Auch dritte Personen können der einen oder anderen Prozesspartei als Nebenintervenienten beitreten, wenn sie ein rechtliches Interesse an deren Obsiegen haben,[589] und sie können sogar streitgenössische Nebenintervenienten sein, wenn sie durch die Rechtskraft des Urteils in eigenen Rechten betroffen sind,[590] wie zum Beispiel partiarisch Berechtigte (vgl Rdn 213).

230 Wenn ein klagender Aktionär **während des Prozesses seine Aktien veräußert** oder durch Ausschluss aus der Gesellschaft (squeeze out) verliert, kann es kompliziert werden. Die Frage wird vor allem im Hinblick auf die Beschluss-Anfechtungsklage erörtert. Nach heute herrschender Ansicht bleibt hier der Aktionär entsprechend **§ 265 Abs 2 Satz 1 ZPO** nach der Veräußerung oder dem Entzug seiner Aktien klagebefugt, wenn er ein rechtliches Interesse an der Fortführung des Rechtsstreits hat.[591] Das wollen zunehmende Stimmen auch auf die Beschluss-Nichtigkeitsklage übertragen,[592] und wenn man dem folgt, muss man bei der Jahresabschluss-Nichtigkeitsklage ebenso verfahren. Richtig ist das alles aber nicht. Wer nicht mehr Miglied ist, hat keine mitgliedschaftlichen Kontrollrechte mehr. Mit der Veräußerung oder dem Verlust der Aktien fällt daher die Anfechtungsbefugnis weg[593] und ebenso die Befugnis, einen aktienrechtlichen Nichtigkeitsprozess nach § 249 oder § 256 Abs 7 Satz 1 mit Wirkung für und gegen alle zu führen. Der Kläger und ehemalige Aktionär kann seine Nichtigkeitsklage jetzt nur noch als gewöhnliche Feststellungsklage nach § 256 ZPO weiterführen,[594] also nicht mehr mit Urteilswirkung für alle, weil er nicht mehr dazugehört, sondern nur mit besonderem, individuellen Feststellungsinteresse und mit Urteilswirkung zwischen den Parteien (vgl Rdn 244 f), denn dies ist die angemessene Klageform für individuelle Rechtsschutzinteressen. Ein solches individuelles Feststellungsinteresse nach § 256 ZPO (und übrigens auch ein Prozessfortführungsinteresse im Sinne der herrschenden Meinung) wird dem ausgeschiedenen Aktionär hinsichtlich der Gültigkeit oder Nichtigkeit des Jahresabschlusses in der Regel

---

Nebenintervention auf Seiten des Nichtigkeitsklägers); *Hüffer* in MünchKomm AktG[2] 72; *Hüffer*[9] 31; *Adler/Düring/Schmaltz*[6] 94; auch OLG Frankfurt/Main AG 2002, 88, 89 li Sp. Ebenso zum Beschlussanfechtungsprozess aus neuerer Zeit BGHZ 172, 136, 139 f, Rdn 9 f; BGH WM 2009, 1572, 1573 li Sp (betr Nebenintervention auf Seiten der beklagten Gesellschaft); *K Schmidt* oben § 246, 44 und § 249, 26.

588 OLG Schleswig AG 1993, 431, 432; *Lutter* FS Helmrich, 1994, S 685, 696 f; *Hüffer* in MünchKomm AktG[2] 72. Vgl auch OLG Dresden WM 2006, 2177, wo das Berufungsverfahren gar nicht mehr von der Gesellschaft, sondern nur noch von deren Streithelfern geführt wurde.

589 *Lutter* FS Helmrich, 1994, S 685, 697 ff (für Nebenintervention auf Seiten der Gesellschaft); vgl auch *K Schmidt* oben § 246, 43 und § 249, 26.

590 Vgl *K Schmidt* oben § 246, 44 aE und § 249, 26.

591 BGHZ 169, 221, 225 ff; ebenso *Henze* HRR Aktienrecht[5] Rdn 1174; ähnlich *K Schmidt* oben § 245, 17; hierhin neigend auch OLG Stuttgart WM 2006, 292, 294. Noch **weitergehend** *Zöllner* in Kölner Komm AktG[1] 245, 32 sowie *Schwab* in K Schmidt/Lutter[2] § 245, 26 f, die § 265 ZPO ohne Einschränkung heranziehen wollen.

592 *K Schmidt* oben § 249, 15; *Schwab* in K Schmidt/Lutter[2] § 249, 4.

593 *A Hueck* Anfechtbarkeit und Nichtigkeit von Generalversammlungsbeschlüssen bei Aktiengesellschaften, 1924, S 138 f; Baumbach/*Hueck* AktG[13], § 245, 2; *Arens* Streitgegenstand und Rechtskraft im aktienrechtlichen Anfechtungsverfahren, 1960, S 93.

594 So für die Jahresabschluss-Nichtigkeitsklage OLG München ZIP 2009, 2314 f. Ebenso für die Beschluss-Nichtigkeitsklage *Hüffer*[9] § 249, 6.

fehlen. Es ergibt sich beim squeeze out auch nicht ohne Weiters aus dem Anliegen, im anschließenden Spruchverfahren eine höhere Abfindung zu erwirken, denn hierfür ist das Spruchverfahren der speziellere und daher grundsätzlich vorrangige Rechtsschutzbehelf. Anders nur, wenn die Gültigkeit oder Nichtigkeit des Jahresabschlusses einen besonderen und konkret dargelegten Einfluss auf die Höhe der Abfindung hat.[595]

d) **Darlegungs- und Beweislast.** Auch für die Jahresabschluss-Nichtigkeitsklage gilt der Grundsatz, dass jede Partei im Prozess die Darlegungs- und Beweislast für die tatsächlichen Voraussetzungen der ihr günstigen Rechtsnorm trägt. Wer also die Nichtigkeit des Jahresabschlusses gerichtlich geltend macht, muss die Tatsachen darlegen und beweisen, aus denen sich der behauptete Nichtigkeitsgrund ergibt.[596] Werden etwa Bewertungsmängel ins Feld geführt, so muss der **Kläger** die einzelnen Vermögensgegenstände, Schulden oder Rückstellungen oder sonstigen Bilanzpositionen benennen, auf die sich der angebliche Bewertungsmangel bezieht, und er muss die Tatsachen darlegen und beweisen, aus denen sich ergibt, dass diese Positionen mit einem anderen Wert hätten angesetzt werden müssen.[597] Auch soweit die Nichtigkeit des Jahresabschlusses davon abhängt, dass der Abschlussmangel ein besonders großes Gewicht hat, „wesentlich" ist, wie bei den Gliederungsmängeln (§ 256 Abs 4) und auch bei der Unterbewertung (§ 256 Abs 5 Nr 2) und zum Teil bei Verstößen gegen die Rücklageregeln (§ 256 Abs 1 Nr 4, vgl Rdn 115 f), trifft die Darlegungs- und Beweislast für die Tatsachengrundlagen den Kläger, der die Nichtigkeit des Jahresabschlusses geltend macht. Gleiches gilt für das Vorsatzerfordernis bei der Unterbewertung nach § 256 Abs 5 Nr 2.[598] Die Beweislastumkehr zu Lasten der Organmitglieder, die das Gesetz an anderer Stelle bei der Schadensersatzklage gegen Vorstandsmitglieder anordnet (§ 93 Abs 2 Satz 2), gilt bei der Jahresabschluss-Nichtigkeitsklage nicht entsprechend zu Lasten der Gesellschaft.[599] Wenn allerdings ein Abschlussmangel grundsätzlich als solcher zur Nichtigkeit des Jahresabschlusses führt und nur ausnahmsweise unbeachtlich bleibt, wenn er unwesentlich ist, wie bei der Überbewertung und anderen Verstößen gegen den Gläubigerschutz (Rdn 52, 85 ff, 113), ist die Unwesentlichkeit des Abschlussmangels eine Einwendung und prozessual gesehen eine Einrede, deren zu Grunde liegende Tatsachen die beklagte Gesellschaft darlegen und beweisen muss. 231

Das sind für klagende Aktionäre hohe Hürden, denn die Aktionäre kennen die Hintergründe des Abschlusses viel weniger als die Gesellschaft,[600] und sie haben vor allem keinen Einblick in die Buchführung. Man kann daher über prozessuale Erleichterungen zu Gunsten des Nichtigkeitsklägers nachdenken. Wenn die darlegungs- und beweisbelas- 232

---

595 OLG München ZIP 2009, 2314 f (Klage abgewiesen). Vgl aber auch BGHZ 169, 221, 228 ff, betr eine Anfechtungsklage gegen einen Hauptversammlungsbeschluss über die Zustimmung zur Veräußerung großer Unternehmensteile unter Wert; hier hat der BGH das Prozessfortführungsinteresse des klagenden Aktionärs nach einem squeeze-out bejaht.

596 So besonders nachdrücklich OLG Frankfurt AG 2007, 401, 402 li Sp; OLG München WM 2008, 876, 878 f sowie auch LG München I Konzern 2007, 537, 538 li Sp als Vorinstanz; OLG Karlsruhe WM 1987, 533, 536 li Sp; auch *Adler/Düring/Schmaltz*[6] 94; *Rölike* in Spindler/Stilz[2] 80 aE; *S Tielmann* Durchsetzung ordnungsmäßiger Rechnungslegung, 2001, S 156, auch S 80.

597 OLG München WM 2008, 876, 877, 878 re Sp.

598 BGH BB 1979, 387, 389; OLG München WM 2008, 876, 879 li Sp; OLG Düsseldorf AG 1977, 195, 196 f; *Adler/Düring/Schmaltz*[6] 52; *Hüffer* in MünchKomm AktG[2] 62; *Hüffer*[9] 27; *Schwab* in K Schmidt/Lutter[2] 20 aE; *Schulz* in Bürgers/Körber 18; *Rölike* in Spindler/Stilz[2] 71.

599 BGH BB 1979, 387, 389; OLG Düsseldorf AG 1977, 195, 196 f als Vorinstanz.

600 *S Tielmann* Durchsetzung ordnungsmäßiger Rechnungslegung, 2001, S 156.

tete Partei dem umstrittenen Geschehen wesentlich ferner steht als die Gegenpartei, sinken im Zivilprozess in manchen Konstellationen die Substanziierungsanforderungen an die belastete Partei, während umgekehrt die Anforderungen an ein Bestreiten durch den Gegner steigen,[601] und wenn diese Anforderungen nicht erfüllt werden, so ist der Gegenvortrag unbeachtlich und wirkt wie ein Zugeständnis (§ 138 Abs 3 ZPO).[602] Diese allgemeinen zivilprozessrechtlichen Überlegungen müssen jedoch bei der Jahresabschluss-Nichtigkeitsklage grundsätzlich hinter den speziellen aktienrechtlichen Schutzbehelfen des Auskunftsrechts in der Hauptversammlung (§ 131) sowie der **Sonderprüfung** (§ 142) und auch der Sonderprüfung wegen unzulässiger Unterbewertung (§ 258) zurückstehen. Klagewillige Aktionäre können und müssen in Fällen, in denen die Tatsachen nicht offen zu Tage liegen, zunächst Auskunft in der Hauptversammlung verlangen[603] oder eine Sonderprüfung durchsetzen, und wenn dies hinreichende Tatsachen ans Licht bringt, können sie Klage auf Feststellung der Nichtigkeit des Jahresabschlusses erheben.[604]

233 In besonderen Fällen kann es allerdings auch bei der Jahresabschluss-Nichtigkeitsklage Beweiserleichterungen zu Gunsten des Klägers geben. So beim **Vorsatznachweis** im Falle der Unterbewertung (siehe schon Rdn 98), denn er ist dem Sonderprüfungs- und Auskunftsverfahren kaum zugänglich. Und geht die Gesetzmäßigkeit eines Abschlusspostens aus der **Buchführung** nicht hervor, weil diese unvollständig oder fehlerhaft ist, so trägt die Gesellschaft insoweit die Darlegungs- und Beweislast für die Gesetzmäßigkeit des Abschlusses.[605] Das ändert aber nichts daran, dass für die Unrichtigkeit der Buchführung der Nichtigkeitskläger darlegungs- und beweisbelastet ist. Eine Beweislastverlagerung auf die Gesellschaft wird des Weiteren vorgeschlagen, wenn der Abschlussprüfer sein **Testat** auf Grund von Einwendungen, die unter die Nichtigkeitsgründe des § 256 fallen, einschränkt oder versagt.[606] Daran ist richtig, dass eine solche Versagung oder Einschränkung des Testats ein starkes Indiz dafür ist, dass entsprechende Abschlussmängel wirklich vorliegen. Die beklagte Gesellschaft muss sich dann schon etwas einfallen lassen, auch gegenbeweislich.

234 e) **Zeitliche Grenzen und Verhältnis zur Heilung.** Die Klage auf Feststellung der Nichtigkeit des Jahresabschlusses ist nicht fristgebunden. Doch **setzt die Möglichkeit der Heilung** des nichtigen Jahresabschlusses der Nichtigkeitsklage **zeitliche Grenzen.** Die Nichtigkeit kann nach Ablauf der Heilungsfrist nach § 256 Abs 6 nicht mehr geltend

---

[601] So zum allgemeinen Beweisrecht BGHZ 109, 139, 149; BGHZ 159, 1, 13; BGHZ 160, 308, 320; *Leipold* in Stein/Jonas, ZPO[22], 2005, § 138, 36 ff; *Jauernig* Zivilprozessrecht[29], 2007, § 50 I, S 164, auch § 43 III 2b, S 141. Im gleichen Sinne zum Gesellschaftsrecht BGH NZG 2002, 176, 178 li Sp (betr Rechtsstreit um die Abfindung eines ausgeschlossenen GmbH-Gesellschafters); mit gleichem Ansatz, doch zurückhaltend LG Bonn Der Konzern 2005, 455, 458 f (betr Konzern-Haftungsklage nach §§ 317 Abs 4, 309 Abs 4); sehr weit gehend BGHZ 71, 40, 48 f („Kali + Salz") zur Anfechtung eines Kapitalerhöhungsbeschlusses mit Bezugsrechtsausschluss (aber dort ist die Klagefrist – und damit auch die Zeit für die Sachaufklärung – viel kürzer).

[602] BGH NJW 1986, 3193, 3194; *Leipold* in Stein/Jonas, ZPO[22], 2005, § 138, 39.

[603] OLG Karlsruhe WM 1987, 533, 536 li Sp; *Rölike* in Spindler/Stilz[2] 80 aE.

[604] Ebenso zur Anfechtung eines Entlastungsbeschlusses wegen angeblich fehlerhafter Konzernrechnungslegung OLG Düsseldorf NZG 2007, 235, 236 re Sp sowie zum Klagezulassungsverfahren im Vorfeld der derivativen Haftungsklage von Aktionären *G & T Bezzenberger* oben § 148 Rdn 149 f; *Langenbucher* DStR 2005, 2083, 2090 re Sp.

[605] *Zöllner* in Kölner Komm AktG[1] 15.

[606] *Erle* Der Bestätigungsvermerk des Abschlussprüfers, 1990, S 63 f; *S Tielmann* Durchsetzung ordnungsmäßiger Rechnungslegung, 2001, S 80.

gemacht werden, das heißt sie fällt materiellrechtlich weg (Rdn 265), und eine dann noch erhobene Nichtigkeitsklage ist unbegründet. Wird dagegen die Klage auf Feststellung der Nichtigkeit des Jahresabschlusses vor Eintritt der Heilung rechtshängig, so verlängert sich die Heilungsfrist, bis über die Klage rechtskräftig entschieden ist oder sie sich auf andere Weise endgültig erledigt hat (§ 256 Abs 6 Satz 2). Gleiches gilt, wenn die Klage bei Ablauf der Heilungsfrist lediglich bei Gericht anhängig war und demnächst dem Gegner zugestellt wird (§ 167 ZPO).[607] Gibt das Gericht der Klage statt, so steht die Nichtigkeit des Jahresabschlusses fest, und der Abschluss kann nicht mehr heilen, denn das widerspräche dem Wesen der Rechtskraft (Rdn 200, 270, 274). Wird hingegen die Klage abgewiesen, tritt Heilung ein, wenn sowohl das Urteil rechtskräftig geworden als auch die Heilungsfrist verstrichen ist.[608] Entsprechendes gilt, wenn die Klage zurückgenommen oder die Erledigung der Hauptsache erklärt wird.[609] Anders als die Jahresabschluss-Nichtigkeitsklage bewirkt eine nur gegen den Gewinnverwendungsbeschluss gerichtete Beschlussmängelklage keine Verlängerung der Heilungsfrist nach § 256 Abs 6 Satz 2.[610]

f) **Ausübungsschranken des Klagerechts.** Ebenso wie eine Beschlussmängelklage kann **235**
auch die Klage auf Feststellung der Nichtigkeit des Jahresabschlusses im Einzelfall individuell **rechtsmissbräuchlich** sein (§ 242 BGB). So vor allem, wenn der Kläger mit seiner Klage das Ziel verfolgt, die beklagte Gesellschaft in grob eigennütziger Weise zu einer Leistung zu veranlassen, auf die er keinen Anspruch hat und billigerweise auch nicht erheben kann.[611] In besonders schlimmen Fällen haftet der klagende Aktionär der Gesellschaft sogar nach **§ 826 BGB** wegen vorsätzlicher sittenwidriger Schädigung auf Schadensersatz.[612] Außerdem kann das Klagerecht wie jedes Recht **verwirkt** werden (§ 242 BGB), wenn es längere Zeit nicht ausgeübt wird und die Gesellschaft darauf vertraut hat und aus besonderen Gründen darauf vertrauen durfte, dass es nicht mehr ausgeübt werde. Das setzt allerdings ein persönliches Vertrauen stiftendes Verhalten des klageberechtigten Aktionärs oder Organmitglieds voraus.

Manche sprechen darüber hinaus bei der Jahresabschluss-Nichtigkeitsklage auch **236**
dann von Rechtsmissbrauch, wenn der geltend gemachte Abschlussmangel in keinem **Verhältnis zu den Nachteilen** steht, die eine gerichtliche Feststellung der Nichtigkeit **für die Gesellschaft** mit sich bringen würde.[613] Und zum GmbH-Recht hat der BGH entschieden, dass die Treuepflicht der Gesellschafter gegenüber der Gesellschaft eine Klage gegen die Feststellung des Jahresabschlusses ausschließt, „wenn die Änderung des Jahresabschlusses zu Kosten und Belastungen der Gesellschaft und damit mittelbar auch der Gesellschafter führt, die außer Verhältnis zu dem den **Gesellschaftern** daraus erwachsenden wirtschaftlichen **Vorteil** stehen".[614] Doch hier ist im Aktienrecht Vorsicht geboten.

---

607 LG Düsseldorf AG 1989, 140 f zu § 270 Abs 3 ZPO aF, der Vorgängernorm des § 167 ZPO; auch OLG Düsseldorf AG 2003, 45, 46 re Sp; *Adler/Düring/Schmaltz*[6] 94; *Rölike* in Spindler/Stilz[2] 79; *Hüffer*[9] 30.

608 *Hüffer* in MünchKomm AktG[2] 67; *Zöllner* in Kölner Komm AktG[1] 129; *Hüffer*[9] 30 aE.

609 *Zöllner* in Kölner Komm AktG[1] 129.

610 OLG Stuttgart WM 2006, 292, 295 li Sp; *K Schmidt* oben § 253, 9 und hM.

611 Vgl zur Beschluss-Anfechtungsklage BGHZ 107, 296, 311 und Leitsatz 3 („Kochs Adler"); OLG Frankfurt WM 2009, 309, 311 re Sp; *K Schmidt* oben § 245, 47 ff; *Schwab* in K Schmidt/Lutter[2] § 245, 38 ff mwN.

612 Vgl wiederum zur Beschluss-Anfechtungsklage OLG Frankfurt WM 2009, 309 sowie als Vorinstanz LG Frankfurt/M NZG 2007, 949; LG Hamburg WM 2009, 1330.

613 OLG Köln ZIP 1998, 994, 996 li Sp; *Adler/Düring/Schmaltz*[6] 95.

614 BGH ZIP 2008, 1818, 1820 li Sp; fast wörtlich ebenso schon BGH ZIP 1998, 467, 471 re Sp („Tomberger"), in BGHZ 137, 378 nicht mit abgedruckt; beide betr An-

Die Aktiengesellschaft ist gegenüber ihren Mitgliedern stärker verselbständigt und die Treuepflicht der Anteilseigner gegenüber der Gesellschaft daher schwächer ausgeprägt als in der GmbH. Und was das Gewicht des geltend gemachten Abschlussmangels und sein Verhältnis zu den Folgen der Abschlussnichtigkeit für die Gesellschaft und ihre Aktionäre betrifft, so muss man bedenken, dass inhaltliche Mängel des Jahresabschlusses im Rahmen des § 256 schon materiellrechtlich nur dann auf die Wirksamkeit der Feststellung des Jahresabschlusses durchschlagen, wenn die Mängel hinreichendes Gewicht haben (Rdn 20, 68, 85 ff, 94 f, 113). Das gehört bereits zum Tatbestand der Nichtigkeit und nicht erst zu den Ausübungsschranken der Klagebefugnis.

237 Besonderheiten gelten indessen, wenn ein ursprünglich gewichtiger und daher nichtigkeitsbegründender Abschlussmangel nachträglich wesentlich an Gewicht verliert, insbesondere **wenn** die Gesellschaft den **Mangel** in einem späteren Abschluss, also **in laufender Rechnung für die Zukunft überwindet**[615] (vgl Rdn 27 ff). Dann ist der Jahresabschluss zwar nichtig, weil es hierfür auf den Zeitpunkt der Feststellung ankommt (Rdn 4, 89), aber das allgemeine **Rechtsschutzbedürfnis** für eine Jahresabschluss-Nichtigkeitsklage **entfällt.** Eine klageweise Geltendmachung der Nichtigkeit wäre jetzt unverhältnismäßig und würde im Widerspruch zum institutionellen Kontrollzweck der Jahresabschluss-Nichtigkeitsklage stehen (Rdn 89), so dass die Klage in diesen Fällen missbräuchlich erhoben oder weiterverfolgt wird. Ein solcher institutioneller **Missbrauch** des Klagerechts **macht** die **Klage** auf Feststellung der Nichtigkeit des Jahresabschlusses **unzulässig** (und nicht unbegründet), weil das Recht zur Erhebung der Nichtigkeitsklage kein materielles Gestaltungsrecht ist, sondern eine prozessuale Befugnis, die materiellrechtlich schon vorgegebene Nichtigkeit feststellen zu lassen.[616] Bei missbräuchlichen Klagen fehlt das Rechtsschutzbedürfnis als allgemeine Prozessvoraussetzung.[617]

238 g) **Verhältnis zur Sonderprüfung wegen unzulässiger Unterbewertung.** Die Klage auf Feststellung der Nichtigkeit des Jahresabschlusses (§§ 256 Abs 7 Satz 1, 249 Abs 1) überschneidet sich in ihren Voraussetzungen mit der Sonderprüfung wegen unzulässiger Unterbewertung (§§ 258 ff), soweit es um die verbotene Unterbewertung von Bilanzposten im Jahresabschluss geht. Die Nichtigkeitsklage greift allerdings nur bei vorsätzlich irreführender Unterbewertung (§ 256 Abs 5 Satz 1 Nr 2), wohingegen für die Sonderprüfung eine nicht unwesentliche Unterbewertung genügt (§ 258 Abs 1 Nr 1). Auch die Rechtsschutzziele sind anders. Die Sonderprüfung lässt den festgestellten Jahresabschluss unberührt, und die Unterbewertung wird erst in einem späteren Abschluss behoben (§ 261). Eine **Sonderprüfung** wegen unzulässiger Unterbewertung kann daher **nur** beantragt, angeordnet und durchgeführt werden, **solange** die **Nichtigkeit** des Jahresabschlusses **nicht** durch rechtskräftiges Urteil **festgestellt** worden ist.[618] Ansonsten schließen die

---

fechtungsklagen gegen Beschlüsse der GmbH-Gesellschafterversammlung über die Feststellung des Jahresabschlusses.

615 So auch im Fall OLG Köln ZIP 1998, 994.

616 OLG Stutttgart AG 2003, 165 f. Ebenso zur Beschluss-Nichtigkeitsklage nach § 249 OLG Frankfurt AG 1991, 208 re Sp; OLG Stutttgart AG 2001, 315, 316 re Sp; *Schwab* in K Schmidt/Lutter[2] § 249, 5. Dagegen ist eine missbräuchliche Beschluss-Anfechtungsklage nach hM unbegründet, weil das Anfechtungsrecht ein materielles Gestaltungsrecht sei; BGH AG 1992, 448, 449; *Zöllner* in Kölner Komm AktG[1] § 245, 89; *Hüffer*[9] § 245 26 mwN; anders *K Schmidt* oben § 245, 75; *Schwab* in K Schmidt/Lutter[2] § 245, 48 und einige andere. Überblick zu den hier angesprochenen Fragen bei *G & T Bezzenberger* oben § 148, 23–26.

617 OLG Frankfurt AG 1991, 208 re Sp.

618 *Hüffer* in MünchKomm AktG[2] 73 aE, auch § 258, 65; *Zöllner* in Kölner Komm AktG[1] 116; *Hüffer*[9] 31 aE; *Schilling* in Voraufl Anm 22.

beiden Verfahren einander nicht aus.[619] Einer Klage auf Feststellung der Abschlussnichtigkeit steht es nicht entgegen, dass schon eine Sonderprüfung läuft oder stattgefunden hat. Haben allerdings die Aktionäre durch die Sonderprüfung nachträglich erhalten, was ihnen gebührt, kann das den ursprünglichen, nichtigkeitsbegründenden Abschlussmangel unwesentlich machen, so dass das allgemeine Rechtsschutzbedürfnis für die Nichtigkeitsklage entfällt (vgl Rdn 237). Umgekehrt steht es der Sonderprüfung nicht entgegen, dass bereits eine Abschlussnichtigkeitsklage erhoben ist. Wird indessen die Nichtigkeit des Jahresabschlusses durch Urteil rechtskräftig festgestellt, so verliert die Sonderprüfung ihre Grundlage und wird gegenstandslos. Das mit der Sonderprüfung befasste Gericht kann daher nach § 21 FamFG das Verfahren bis zur Entscheidung über die Nichtigkeitsklage aussetzen.[620]

h) **Meldepflichten (Abs 7 Satz 2) und Verhältnis zur Enforcement-Prüfung.** Die aktienrechtliche Jahresabschluss-**Nichtigkeitsklage hat Vorrang vor einer Enforcement-Prüfung**, das heißt vor der Prüfung des Jahresabschlusses und des zugehörigen Lageberichts börsennotierter Gesellschaften durch die Prüfstelle für Rechnungslegung oder die Bundesanstalt für Finanzdienstleistungsaufsicht. Nach § 342b Abs 3 Satz 1 HGB und § 37o Abs 2 Satz 1 WpHG findet eine solche Enforcement-Prüfung nicht statt, „solange eine Klage auf Nichtigkeit gemäß § 256 Abs 7 [AktG] anhängig ist."[621] Diesen Gedanken greift § 256 Abs 7 Satz 2 auf und gebietet es bei börsennotierten Gesellschaften dem Prozessgericht, „der Bundesanstalt für Finanzdienstleistungsaufsicht den Eingang einer Klage auf Feststellung der Nichtigkeit [des Jahresabschlusses] sowie jede rechtskräftige Entscheidung über diese Klage mitzuteilen". Die Enforcement-Stellen bleiben dann während der Dauer des Nichtigkeitsprozesses ruhig; so wird der Vorrang der Jahresabschluss-Nichtigkeitsklage vor der Enforcement-Prüfung gewährleistet.[622] **239**

Die Mitteilung obliegt allein dem **Gericht erster Instanz**, und zwar auch hinsichtlich der Verfahrensbeendigung in einer höheren Instanz, weil das Eingangsgericht hiervon Kenntnis erlangt.[623] Die Bundesanstalt gibt die vom Prozessgericht empfangenen Mitteilungen an die Prüfstelle für Rechnungslegung weiter, wenn diese eine Prüfung des von der Mitteilung betroffenen Unternehmens beabsichtigt oder eingeleitet hat (§ 37p Abs 3 WpHG). Um den Vorrang der Nichtigkeitsklage zu sichern, muss das Gericht der Bundesanstalt für Finanzdienstleistungsaufsicht außer einer rechtskräftigen Entscheidung auch andere Ereignisse melden, die den Nichtigkeitsprozess beenden, wie etwa eine Klagerücknahme[624] oder ein Vergleich. Das alles gilt nur für die aktienrechtliche Jahresabschluss-Nichtigkeitsklage nach § 256 Abs 7, nicht für eine allgemeine Feststellungsklage nach § 256 ZPO oder für sonstige Klagen.[625] **240**

Der Vorrang der Jahresabschluss-Nichtigkeitsklage vor der Enforcement-Prüfung soll die Gefahr divergierender Entscheidungen abwenden.[626] Eine Enforcement-Prüfung der **241**

---

[619] *Rölike* in Spindler/Stilz[2] 84; *Zöllner* in Kölner Komm AktG[1] 116; *Schilling* in Voraufl Anm 22; *Hüffer*[9] 31 aE.

[620] Ebenso zum alten FG-Recht *Zöllner* in Kölner Komm AktG[1] 116; *Schilling* in Voraufl Anm 22.

[621] Diese Bestimmungen und auch der § 256 Abs 7 Satz 2 sind 2004 durch das Bilanzkontrollgesetz (BilKoG) eingefügt worden (Rdn 15).

[622] RegE BilKoG, BT-Drucks 15/3421 v 24.6.2004, Anlage 1, Begründung zu Art 5 Nr 2 (§ 142 AktG) und Nr 3 (§ 256 AktG), S 21 re Sp.

[623] *Rölike* in Spindler/Stilz[2] 82.

[624] Ebenso *Rölike* in Spindler/Stilz[2] 82. **Anders** *Heidel* in Heidel, Aktienrecht und Kapitalmarktrecht[3] § 256, 41b.

[625] *Schulz* in Bürgers/Körber 22.

[626] RegE BilKoG, BT-Drucks 15/3421 v 24.6.2004, Anlage 1, Begründung zu Art 1 Nr 2 (§ 342b HGB), S 14 re Sp; IDW-Stellungnahme zum RefE für das BilKoG, WPg 2004, 138, 140 li Sp; *Hennrichs* ZHR 168

Rechnungslegung börsennotierter Unternehmen ist zwar nicht auf Nichtigkeitsgründe beschränkt, sondern bezieht sich allgemein darauf, ob Verstöße gegen Rechnungslegungsvorschriften vorliegen.[627] Doch Streitgegenstand der Nichtigkeitsklage sind nicht einzelnen Abschlussmängel, sondern der Bestand des Abschlusses als Ganzen (Rdn 225). Es wäre nicht sinnvoll, im Enforcement-Verfahren einen Jahresabschluss zu überprüfen, dessen Nichtigkeit möglicher Weise ohnehin festgestellt wird, so dass der Abschluss durch einen neuen und oftmals anderen Abschluss ersetzt werden muss (vgl Rdn 254 ff). Die **Nichtigkeitsklage sperrt** daher die **Enforcement-Prüfung** nicht nur hinsichtlich der klageweise bemängelten Posten, sondern **insgesamt.**[628] Selbst ein schon eingeleitetes Enforcement-Verfahren muss ausgesetzt werden, wenn eine Abschluss-Nichtigkeitsklage erhoben wird,[629] und gleiches gilt für ein gerichtliches Beschwerdeverfahren, das nach § 37u WpHG auf dem Enforcement-Verfahren aufbaut.[630] Nach dem Ende des Nichtigkeitsprozesses kann ein angelaufenes Enforcement- oder Beschwerdeverfahren weitergeführt werden; man muss also nicht von neuem beginnen.[631]

242 Ein rechtskräftiges **Urteil**, das die Nichtigkeit des Jahresabschlusses feststellt, **bindet** durch seine erweiterte Rechtskraftwirkung (Rdn 223 f) auch die Enforcement-Stellen; das gilt allerdings nur für die Nichtigkeits-Feststellung als solche, nicht für die Urteilsgründe.[632] An ein klageabweisendes Urteil im Nichtigkeitsprozess sind die Enforcement-Stellen dagegen nicht gebunden.[633] Auch wenn Nichtigkeitsgründe durch Zeitablauf geheilt sind, können sie im Enforcement-Verfahren durch die Prüfstelle für Rechnungslegung oder die Bundesanstalt für Finanzdienstleistungsaufsicht weiterhin geltend gemacht werden.[634] Der Abschlussmangel bleibt ja bestehen, und nur die gesellschaftsrechtliche Folge der Nichtigkeit entfällt (Rdn 265), aber um die geht es im Enforcement-Verfahren nicht. Umgekehrt ist eine Nichtigkeitsklage theoretisch auch noch möglich, wenn bereits eine Enforcement-Prüfung läuft oder stattgefunden hat, ja selbst dann noch, wenn die Prüfung zu dem Ergebnis gekommen ist, dass der Abschluss nicht fehlerhaft ist.[635] Das Gericht, das über die Nichtigkeitsklage entscheidet, ist an die Ergebnisse der Enforcement-Prüfung nicht gebunden,[636] weil die Aktionäre, die im Nichtigkeitsprozess

---

(2004), 383, 404 ff; *Rölike* in Spindler/Stilz[2] 85.

627 *Hennrichs* ZHR 168 (2004), 383, 403 f.

628 *Heidel* in Heidel, Aktienrecht und Kapitalmarktrecht[3] § 256, 42a; *Hennrichs* ZHR 168 (2004), 383, 406; *Mock* DB 2005, 987, 990 li Sp. **Anders** *Mattheus/Schwab* BB 2004, 1099, 1104 ff.

629 *Hennrichs* ZHR 168 (2004), 383, 406; *Mattheus/Schwab* BB 2004, 1099, 1104 re Sp, 1106 re Sp; *Rölike* in Spindler/Stilz[2] 85; *Heidel* in Heidel, Aktienrecht und Kapitalmarktrecht[3] § 256, 42a.

630 *Mattheus/Schwab* BB 2004, 1099, 1104 re Sp; *Rölike* in Spindler/Stilz[2] 85.

631 *Schulz* in Bürgers/Körber 21; *W Müller* ZHR 168 (2005), 414, 416.

632 *Hüffer*[9] 31a; *Gelhausen/Hönsch* AG 2005, 511, 517 li Sp.

633 *Rölike* in Spindler/Stilz[2] 85; *Ellrott/Grottel* in Beck'scher Bilanz-Komm[7] § 342b HGB, 34. Zu sehr einschränkend *Hennrichs* ZHR 168 (2004), 383, 406 sowie *Schulz* in Bürgers/Körber 21 (Enforcement-Verfahren nur noch betr Fehler unterhalb der Nichtigkeitsschwelle).

634 *Hennrichs* ZHR 168 (2004), 383, 408; *Mock* DB 2005, 987, 990 re. Sp; *Rölike* in Spindler/Stilz[2] 85 aE; *Schulz* in Bürgers/Körber 19 aE.

635 *Hennrichs* ZHR 168 (2004), 383, 407.

636 *Hirte/Mock* in Kölner Komm WpHG, § 37q, 29 ff; *Hennrichs* ZHR 168 (2004), 383, 407; *Mock* DB 2005, 987, 988 ff; *Rölike* in Spindler/Stilz[2] 85; *Heidel* in Heidel, Aktienrecht und Kapitalmarktrecht[3] § 256, 42b; *Hönsch* in Assmann/Schneider, WpHG[5] § 37q, 4. **Anders** *Mattheus/Schwab* BB 2004, 1099, 1106 für den Fall, dass im Enforcement-Verfahren ein Fehler des Jahresabschlusses festgestellt wird.

ihre Stimme erheben können, sich am Enforcement-Verfahren nicht beteiligen konnten.[637] Die Enforcement-Prüfung verhindert auch nicht den Ablauf der Frist für eine Heilung des Jahresabschlusses.[638]

5. Allgemeine Feststellungsklage (§ 256 ZPO)

a) **Grundsätzliche Möglichkeit.** Im Zusammenhang mit der Klage auf Feststellung der Nichtigkeit von Hauptversammlungsbeschlüssen heißt es in **§ 249 Abs 1 Satz 2**: „Es ist nicht ausgeschlossen, die Nichtigkeit auf andere Weise als durch Erhebung der Klage geltend zu machen", also auf andere Weise als durch Erhebung der aktienrechtlichen Beschlussnichtigkeitsklage nach § 249 Abs 1 Satz 1. Entsprechend verhält es sich bei der aktienrechtlichen Klage auf Feststellung der Nichtigkeit des Jahresabschlusses, weil § 256 Abs 7 Satz 1 auf den ganzen § 249 verweist.[639] Die Nichtigkeit des Jahresabschlusses kann namentlich zum Gegenstand einer gewöhnlichen Feststellungsklage nach **§ 256 ZPO** gemacht werden.[640] Gemäß dieser Bestimmung kann „auf Feststellung des Bestehens oder Nichtbestehens eines Rechtsverhältnisses ... Klage erhoben werden, wenn der Kläger ein rechtliches Interesse daran hat, dass das Rechtsverhältnis ... durch richterliche Entscheidung alsbald festgestellt werde." 243

b) **Klagebefugnis und Feststellungsinteresse.** Ein Feststellungsinteresse im Sinne des §§ 256 ZPO besteht nur dann, wenn das Rechtsschutzbegehren des Klägers nicht durch weitergehende oder speziellere Rechtsbehelfe verwirklicht werden kann.[641] Eine allgemeine Feststellungsklage, mit der die Nichtigkeit des Jahresabschlusses einer Aktiengesellschaft festgestellt werden soll, kann daher nur von denjenigen Personen erhoben werden, denen die besondere aktienrechtliche Jahresabschluss-Nichtigkeitsklage nach §§ 256 Abs 7 Satz 1 und 249 Abs 1 Satz 1 verschlossen ist,[642] also nicht von den Aktionären, dem Vorstand sowie den Mitgliedern des Vorstands oder des Aufsichtsrats. Insoweit **geht** die **aktienrechtliche Nichtigkeitsklage** der allgemeinen Feststellungsklage **vor**. Ein Rechtsverhältnis gestaltet der festgestellte Jahresabschluss zwar grundsätzlich nur innerhalb der Gesellschaft. Aber im Rahmen des § 256 ZPO muss das streitige Rechtsverhältnis nicht notwendig zwischen den Prozessparteien bestehen; es genügt vielmehr, dass es für die Rechtsbeziehungen der Parteien von Bedeutung ist und der Kläger ein rechtliches Interesse an einer richterlichen Klärung hat.[643] Als Feststellungskläger hinsichtlich der Nichtigkeit des Jahresabschlusses kommen hiernach etwa stille Gesellschafter in Betracht,[644] oder der Treugeber, für den ein Aktionär treuhänderisch Aktien hält.[645] Auch Gläubiger 244

---

637 *Hirte/Mock* in Kölner Komm WpHG, § 37q, 29; *Mock* DB 2005, 987, 988.

638 *Heidel* in Heidel, Aktienrecht und Kapitalmarktrecht³ § 256, 42c.

639 *Lutter* FS Helmrich, 1994, S 685, 688 f, 703. Im Ergebnis auch *Zöllner* in Kölner Komm AktG¹ 112.

640 *Hüffer* in MünchKomm AktG² 73; *Hüffer*⁹ 31; *Rölike* in Spindler/Stilz² 81; *Zöllner* in Kölner Komm AktG¹ 111; *Adler/Düring/Schmaltz*⁶ 94.

641 *H Roth* in Stein/Jonas, ZPO²², § 256, 59 mwN.

642 Vgl *Hüffer* in MünchKomm AktG² 73; *Hüffer*⁹ 31; *Adler/Düring/Schmaltz*⁶ 94; *Zöllner* in Kölner Komm AktG¹ 111. Wie im Text BGH WM 2009, 141, 142 (GmbH) zum Verhältnis zwischen gesellschaftsrechtlicher Beschlussmängelklage und der auf den Beschluss bezogenen Nichtigkeits-Feststellungsklage eines Dritten nach § 256 ZPO.

643 BGHZ 164, 249, 255; BGHZ 165, 192, 196; *H Roth* in Stein/Jonas, ZPO²², 2008, § 256, 33 mwN; *Bartels* ZGR 2008, 723, 738 ff, 768 f.

644 *Zöllner* in Kölner Komm AktG¹ 111; *Schulze-Osterloh* in Baumbach/Hueck GmbHG¹⁸ § 42a, 32.

645 BGH WM 2009, 141, 142 (GmbH), betr Klage nach § 256 ZPO auf Feststellung der Nichtigkeit eines Beschlusses der Gesellschafterversammlung.

der Gesellschaft können ein schützenswertes Interesse an der Feststellung der Nichtigkeit des Jahresabschlusses haben, wenn der behauptete Fehler des Abschlusses oder seiner Feststellung sich nachteilig auf den Bestand oder die Höhe ihrer Forderungen auswirkt oder auswirken kann, wie vor allem bei den Gläubigern ergebnisabhängiger Ansprüche[646] (vgl Rdn 213). Ein Feststellungsinteresse fehlt solchen Personen allerdings in der Regel, soweit sie ihre Ansprüche im Wege einer Leistungsklage gegen die Gesellschaft verfolgen können;[647] die Gültigkeit oder Nichtigkeit des Jahresabschlusses kann und muss dann als Vorfrage im Leistungsprozess untersucht werden. Zur Erhebung einer allgemeinen Feststellungsklage gegen den Jahresabschluss einer Tochter-AG können des Weiteren Minderheitsgesellschafter einer Konzernmutter befugt sein, wenn sie vorbringen, dass in der Tochter Konzerngewinne unrechtmäßig tesauriert oder ausgewiesen werden.[648] Jahresabschluss-Nichtigkeitsklagen von Aktionären und allgemeine Nichtigkeits-Feststellungsklagen dritter Personen können verbunden werden; die Kläger sind dann einfache Streitgenossen.[649]

245 c) **Wirkungen der Klage und des Urteils.** Das rechtskräftige **Urteil** auf die allgemeine Feststellungsklage nach § 256 ZPO **wirkt nur zwischen den Parteien.** Das gilt auch dann, wenn auf diesem Wege auf Feststellung der Nichtigkeit des Jahresabschlusses geklagt wird.[650] Eine solche **Klage verhindert auch nicht** nach § 256 Abs 6 Satz 2 AktG den Ablauf der Frist für die **Heilung** des Jahresabschlusses;[651] diese Wirkung ist vielmehr der besonderen, gesellschaftsrechtlich verstärkten Nichtigkeitsklage nach §§ 249 und 256 Abs 7 Satz 1 vorbehalten. Ist allerdings die Abschlussnichtigkeit auf Grund einer allgemeinen Feststellungsklage vor Eintritt der Heilung durch rechtskräftiges Urteil zwischen den Parteien festgestellt, so kann die Gesellschaft dem Kläger die spätere Heilung nicht mehr entgegenhalten, denn das würde dem Wesen der Rechtskraft widersprechen.

6. Geltendmachung der Nichtigkeit auf sonstige Weisen

246 Die Nichtigkeit des Jahresabschlusses kann schließlich auch auf weitere Weisen gerichtlich oder außergerichtlich geltend gemacht werden (§§ 256 Abs 7 Satz 1, 249 Abs 1 Satz 2, vgl schon Rdn 243). So etwa von Aktionären im Rahmen einer **Beschlussmängelklage gegen den Gewinnverwendungsbeschluss** der Hauptversammlung,[652] solange dieser und der zu Grunde liegende Jahresabschluss noch nicht geheilt sind,[653] oder im Wege der

---

646 *Schulze-Osterloh* in Baumbach/Hueck GmbHG[18] § 42a, 32; *Frantzen* Genussscheine, 1993, S 223. Weitergehend *Zöllner* in Kölner Komm AktG[1] 111 (Gläubiger grundsätzlich nach § 256 ZPO klagebefugt).

647 Zur weitgehenden Subsidiarität der allgemeinen Feststellungsklage gegenüber der Leistungsklage *H Roth* in Stein/Jonas, ZPO[22], 2008, § 256, 59, 64 ff mwN.

648 Hierhin neigend auch BGHZ 170, 283, 297, Tz 29, betr KG.

649 Ebenso BGH WM 2009, 141, 142 li Sp (GmbH) zum Verhältnis zwischen gesellschaftsrechtlicher Beschlussmängelklage und allgemeiner Klage auf Feststellung der Nichtigkeit von Beschlüssen der Gesellschafterversammlung.

650 *Hüffer* in MünchKomm AktG[2] 73; *Hüffer*[9] 31; *Adler/Düring/Schmaltz*[6] 94; *Rölike* in Spindler/Stilz[2] 81; *Heidel* in Heidel, Aktienrecht und Kapitalmarktrecht[3] § 256, 41; *Kowalski* AG 1993, 502, 504 li Sp. **Anders** *Zöllner* in Kölner Komm AktG[1] 111 aE.

651 *Adler/Düring/Schmaltz*[6] 88; *Rölike* in Spindler/Stilz[2] 81; *Kowalski* AG 1994, 502, 504 li Sp.

652 OLG Frankfurt WM 2009, 542, 546 f („Kirch/Deutsche Bank"); OLG Frankfurt WM 2008, 986, 987 f; OLG Frankfurt AG 2007, 401 f; vgl auch OLG Stuttgart WM 2006, 292, 295.

653 OLG Stuttgart WM 2006, 292, 295 re Sp.

Anfechtungsklage gegen einen Hauptversammlungsbeschluss über die **Entlastung** von Organmitgliedern, denn wer einen nichtigen Jahresabschluss zu verantworten hat, verdient in der Regel keine Entlastung (vgl Rdn 214). Auch kann die Gesellschaft die Nichtigkeit des Jahresabschlusses und des Gewinnverwendungsbeschlusses als Einwendung gegen **Gewinnauszahlungs**ansprüche von Aktionären ins Feld führen.[654] Eine solche Geltendmachung der Nichtigkeit verhindert allerdings nicht den Ablauf der Frist für die Heilung des Jahresabschlusses nach § 256 Abs 6.[655]

7. Überwindung der Nichtigkeit

a) **Pflichtenlage und Entscheidungsspielräume.** Die Aktiengesellschaft ist den Aktionären gegenüber gesellschaftsrechtlich verpflichtet, einen bestandsfesten, das heißt verbindlich festgestellten Jahresabschluss ins Werk zu setzen.[656] Und die Verwaltungsorgane sind gegenüber der Gesellschaft verpflichtet, hierauf hinzuwirken[657] (arg § 91 Abs 1 AktG und § 42a GmbHG). Ist die Feststellung des Jahresabschlusses nichtig, so sind diese gesellschaftsrechtlichen Pflichten nicht erfüllt und müssen nach wie vor erfüllt werden.[658] Das kann grundsätzlich auf zwei Weisen geschehen: Man kann (1) für das betroffene Geschäftsjahr **aufs Neue einen Jahresabschluss feststellen** und hierbei den früheren Nichtigkeitsgrund vermeiden; so werden inhaltliche Abschlussmängel rückwärts gerichtet an der Fehlerquelle beseitigt. **Oder** man kann (2) die **Heilung** des nichtigen Jahresabschlusses nach § 256 Abs 6 **abwarten** und gegebenen Falls inhaltliche Mängel des Abschlusses, soweit sie noch fortwirken, in laufender Rechnung nachträglich korrigieren, also im letzten noch nicht festgestellten Jahresabschluss (vgl schon oben Rdn 27 f). **247**

Die **erneute Aufstellung und Feststellung** des Jahresabschlusses ist der geradlinigste und oft auch der sicherste Weg zur Überwindung der Nichtigkeit. Die Neuvornahme beseitigt nicht nur die Nichtigkeitsfolge, sondern auch den zu Grunde liegenden Fehler, und zwar an seiner Entstehungsquelle. Die Gesellschaftsorgane sind bei nichtigen Jahresabschlüssen zur erneuten Feststellung auch dann berechtigt und gegebenen Falls (Rdn 249) sogar verpflichtet, wenn niemand Klage auf Feststellung der Nichtigkeit des Jahresabschlusses erhebt[659] oder die Nichtigkeit anderweitig geltend macht. Auf der anderen Seite ist die Neuvornahme des Jahresabschlusses für die Gesellschaft oft ein sehr aufwendiges Unterfangen,[660] vor allem wenn der Jahresabschluss erneut geprüft werden **248**

---

[654] *Zöllner* in Kölner Komm AktG[1] 112; *Hüffer* in MünchKomm AktG[2] § 256, 73 und § 253, 12; *Adler/Düring/Schmaltz*[6] 95; *Heidel* in Heidel, Aktienrecht und Kapitalmarktrecht[3] § 256, 42.

[655] BGH NJW 1975, 241 re Sp (insoweit nicht in BGHZ 65, 230); OLG Stuttgart WM 2006, 292, 295 re Sp (betr isolierte Anfechtung des Gewinnverwendungsbeschlusses); *Zöllner* in Kölner Komm AktG[1] 112, 130.

[656] Vgl *Zöllner* in Kölner Komm AktG[1] 117.

[657] *Lutter* FS Helmrich, 1994, S 685, 689, 694; *Kropff* WPg 2000, 1137, 1141; *Caspar* Die Heilung nichtiger Beschlüsse im Kapitalgesellschaftsrecht, 1998, S 319; *W Müller* Liber amicorum Happ, 2006, 179, 187; *Düring/Schmaltz* WPg 1949, 7; ähnlich *Barz* FS Schilling, 1973, S 127, 132; *W Müller* FS Quack, 1991, S 359, 368.

[658] IDW RS HFA 6, Änderung von Jahres- und Konzernabschlüssen, WPg Supplement 2/2007, 77, Rdn 15; *Geist* DStR, 306, 307. Zur Pflicht der Verwaltung *Lutter* FS Helmrich, 1994, S 685, 689, 694; auch *W Müller* FS Quack, 1991, S 359, 362, 368; *Mock* DB 2005, 987, 989; BGH WM 1960, 187, 189 re Sp zur Personengesellschaft. Zur Verpflichtung der Gesellschaft gegenüber den Aktionären *Zöllner* in Kölner Komm AktG[1] 117, auch 100; *Schwab* in K Schmidt/Lutter[2] 41; *Hennrichs* ZHR 168 (2004), 383, 390.

[659] *Lutter* FS Helmrich, 1994, S 685, 688 f.

[660] *Adler/Düring/Schmaltz*[6] 93 aE; *Lutter* FS Helmrich, 1994, S 685, 690; *Kowalski* AG 1993, 502, 505.

muss, oder wenn mehrere aufeinander folgende Abschlüsse betroffen sind, und vor allem auch dann, wenn zwischenzeitlich schon Gewinne ausgeschüttet worden sind. Eine Rückabwicklung nichtiger Gewinnausschüttungen ist oft fruchtlos, weil gutgläubige Aktionäre ihre Dividenden behalten dürfen (§ 62 Abs 1 Satz 2 und hierzu Rdn 210), und sie ist in vielen Fällen überdies sinnlos, wenn die Gesellschaft die Ausschüttung auch bei richtiger Rechnungslegung hätte vornehmen dürfen. Man kann oft auch nicht sicher sagen, ob ein Gericht im Streitfall den Jahresabschluss für nichtig erachten wird.

249 Zwischen der Neuvornahme des Jahresabschlusses und dem Abwarten der Heilung haben daher die Gesellschaftsorgane grundsätzlich einen **Ermessensspielraum**,[661] den sie im wohlverstandenen Interesse der Gesellschaft ausfüllen müssen. Es kommt darauf an, ob der Aufwand und die sonstigen Nachteile einer erneuten Abschlussfeststellung in Anbetracht des zu behebenden Fehlers und seiner voraussichtlichen Folgen gerechtfertigt sind. **Auch** das Abwarten der **Heilung ist** ein **gesetzeskonform**er Lösungsweg.[662] Er kommt vor allem in Betracht, wenn die Nichtigkeit des festgestellten Jahresabschlusses nach § 256 Abs 6 Satz 1 schon nach sechs Monaten heilt, also bei Verfahrensfehlern und manchen Prüfungsmängeln[663] sowie beim Verstoß gegen Rücklageregeln. Die voraussichtlichen Folgen des Fehlers wiegen hier wegen der kurzen Heilungsfrist meist gering, ja diese ist geradezu eine Einladung des Gesetzes, die Heilung abzuwarten. Aber **auch bei inhaltlichen Mängeln** des Jahresabschlusses, die erst in drei Jahren heilen, kann ein Abwarten der Heilung im Einzelfall besser für die Gesellschaft sein und sich daher empfehlen.[664] Abschlussmängel verlieren im Lauf der Zeit immer mehr an

---

661 BayObLGZ 2000, 150, 152; IDW RS HFA 6, Änderung von Jahres- und Konzernabschlüssen, WPg Supplement 2/2007, 77, Rdn 8, 16; *Zöllner* in Kölner Komm AktG[1] 118; *Adler/Düring/Schmaltz*[6] § 256, 90 und § 172, 44 ff; *Schön* in FS 50 Jahre BGH, Bd II, 2000, S 153, 163; *Kowalski* AG 1993, 502, 504 f; *Kropff* in FS Budde, 1995, S 341, 356 f, 359; *Lutter* FS Helmrich, 1994, S 685, 691. **Einschränkend** *Hüffer* in MünchKomm AktG[2] 78; *Schwab* in K Schmidt/Lutter[2] 36; *Hüffer*[9] 33; *Th Kaiser* Berichtigung und Änderung des handelsrechtlichen Jahresabschlusses, 2000, S 242 ff; *Caspar* Die Heilung nichtiger Beschlüsse im Kapitalgesellschaftsrecht, 1998, S 319 f; vgl bei Fn 663; auch *Balthasar* Die Bestandskraft handelsrechtlicher Jahresabschlüsse, 1999, S 219 ff (nur wenn „eine erneute Aufstellung und Feststellung von vornherein sinnlos wäre, weil dies länger dauern würde als der Eintritt der Heilung", S 222); im selben Sinne *Rölike* in Spindler/Stilz[2] 90. Grundsätzlich **gegen** ein Abwarten der Heilung *Geist* DStR 1996, 306, 307 ff; *Barz* FS Schilling, 1973, 127, 132; skeptisch auch S *Tielmann* Durchsetzung ordnungsmäßiger Rechnungslegung, 2001, S 155.

662 IDW RS HFA 6, Änderung von Jahres- und Konzernabschlüssen, WPg Supplement 2/2007, 77, Rdn 15 ff, auch Rdn 8; *Hüffer* in MünchKomm AktG[2] 78; *Kropff* FS Budde, 1995, S 341, 356 f; *Adler/Düring/Schmaltz*[6] § 256, 90 und § 172, 38 ff; *Rölike* in Spindler/Stilz[2] 90; *Mock* DB 2005, 987, 989; im gleichen Sinne BayObLGZ 2000, 150, 152. **Skeptisch** aber *Schwab*, *Geist*, *Barz* und *Tielmann* (wie Fn 661).

663 Nach manchen Autoren kommt ein Abwarten grundsätzlich nur in diesen Fällen in Betracht; so *Schwab* in K Schmidt/Lutter[2] 36 (nur bei fehlerhafter Bestellung des Abschlussprüfers und bei formellen Fehlern der organinternen Willensbildung); *Hüffer* in MünchKomm AktG[2] 78; *Th Kaiser* Berichtigung und Änderung des handelsrechtlichen Jahresabschlusses, 2000, S 242 ff; *Hennrichs* ZHR 168 (2004), 383, 389 f; *Caspar* Die Heilung nichtiger Beschlüsse im Kapitalgesellschaftsrecht, 1998, S 319 f.

664 IDW RS HFA 6, Änderung von Jahres- und Konzernabschlüssen, WPg Supplement 2/2007, 77, Rdn 16 ff; *Adler/Düring/Schmaltz*[6] § 172, 38 ff. Zweifelnd *Hüffer* in MünchKomm AktG[2] 78 (vgl Fn 663). **Ablehnend** *Th Kaiser* Berichtigung und Änderung des handelsrechtlichen Jahresabschlusses, 2000, S 242 ff; *Hennrichs* ZHR 168 (2004), 383, 389 f; *Schwab* in K Schmidt/Lutter[2] 36.

Gewicht.[665] Viele Mängel erledigen sich sogar mit Zeitablauf. Es wird zum Beispiel eine Rückstellung für einen drohenden Verlust nicht gebildet, und der Jahresabschluss ist deshalb nach § 256 Abs 5 Nr 1 wegen Überbewertung nichtig (Rdn 84). In einem folgenden Geschäftsjahr tritt dann aber der Verlust ein, und er wird im Jahresabschluss für dieses Geschäftsjahr zutreffend abgebildet. Dann ist die Rechnungslegung für die Zukunft wieder im Lot. Ebenso liegt es, wenn die Gesellschaft im nachfolgenden Jahresabschluss die Rückstellung bildet. Auch eine solche **Korrektur** früherer Abschlussmängel **in laufender Rechnung**, also in einem späteren Abschluss, kann als Grund dafür ins Gewicht fallen, die Sache auf sich beruhen zu lassen,[666] solange auf der Grundlage des früheren, nichtigen Jahresabschlusses noch keine Ausschüttungen stattgefunden haben, die bei richtiger Bilanzierung nicht hätten geschehen dürfen (vgl Rdn 28, 89). Die Heilung des nichtigen Jahresabschlusses führt überdies viel unproblematischer und eindeutiger als eine Neuvornahme (Rdn 260 ff) dazu, dass ein zwischenzeitlich gefasster **Gewinnverwendungsbeschluss** ebenfalls geheilt und gültig wird (§ 253 Abs 1 Satz 2). Das ist wünschenswert, wenn die Ausschüttung auch bei materiell richtiger Bilanzierung möglich gewesen wäre. Ist allerdings die Nichtigkeit des Jahresabschlusses durch **rechtskräftiges Gerichtsurteil** festgestellt, so kommt eine Heilung nicht in Betracht, und dann bleibt nur der Weg einer Neuvornahme des Abschlusses.[667]

b) Erneute Feststellung des Jahresabschlusses

aa) Meinungsstand und Grundgedanke

(1) **Neuvornahme des gesamten Jahresabschlusses.** Ein nichtiger Jahresabschluss ist nach vorwaltender Ansicht im Rechtssinne gar nicht vorhanden; er ist kein Jahresabschluss im Sinne der §§ 242 ff HGB,[668] sondern ein Nicht-Abschluss.[669] Wenn also die Gesellschaft nachträglich für das betreffende Geschäftsjahr einen Jahresabschluss wirksam ins Werk setzen will, ist dies nach herrschender Auffassung keine Berichtigung des vorliegenden, nichtigen Abschlusses, sondern es wird **erstmals ein Jahresabschluss** für das Geschäftsjahr **aufgestellt und** anschließend **festgestellt.**[670] Dabei können natürlich fehlerfreie Inhalte des nichtigen Jahresabschlusses übernommen werden. Die Neuaufstellung muss aber nach überlieferter Ansicht keineswegs auf die punktuelle Berichtigung der Fehler beschränkt bleiben, die zur Nichtigkeit des Jahresabschlusses geführt haben. Vielmehr stehen sämtliche Abschlusspositionen erneut zur Disposition,[671] das heißt es kön- 250

[665] *Kowalski* AG 1994, 502, 505 li Sp. **Anders** *Geist* DStR 1996, 306 308 li Sp.

[666] IDW RS HFA 6, Änderung von Jahres- und Konzernabschlüssen, WPg Supplement 2/2007, 77, Rdn 8, 16 ff; *Adler/Düring/Schmaltz*[6] § 172, 40. **Ablehnend** *Hennrichs* ZHR 168 (2004), 383, 390.

[667] *Kowalski* AG 1994, 502, 504 li Sp; *Mattheus/Schwab* BB 2004, 1099, 1102 li Sp; *Adler/Düring/Schmaltz*[6] § 172, 38. **Anders** *Zöllner* in Kölner Komm AktG[1] 119.

[668] *W Müller* FS Quack, 1991, S 359, 362, 369; *Hennrichs* ZHR 168 (2004), 383, 410.

[669] *W Müller* FS Quack, 1991, S 359, 362; *Kropff* in MünchKomm AktG[2] § 172, 48.

[670] IDW RS HFA 6, Änderung von Jahres- und Konzernabschlüssen, WPg Supplement 2/2007, 77, Rdn 8; *Adler/Düring/Schmaltz*[6] § 256, 84, 90 und § 172, 36 f; *W Müller* FS Quack, 1991, S 359, 363, 368 f; *Kropff* in MünchKomm AktG[2] § 172, 48; *Ellrott/Schubert* in Beck'scher Bilanz-Komm[7] § 253 HGB, 806; *H-P Müller* FS Budde, 1995, S 431, 432; *Prinz* FS W Müller, 2001, S 687, 691; *Barz* FS Schilling, 1973, S 127, 132; *Geist* DStR 1996, 306, 307 li Sp.

[671] *Kropff* FS Budde, 1995, S 341, 347 f; *Adler/Düring/Schmaltz*[6] § 172, 37; *Schulze-Osterloh* in Baumbach/Hueck GmbHG[18] § 42, 567; *K Schmidt* in Scholz, GmbHG[9] § 46, 22.

nen alle Ansatz- und Bewertungswahlrechte und sonstige bilanzpolitische Entscheidungsspielräume neu ausgeschöpft werden,[672] und hierbei sind auch neue, wertaufhellende Erkenntnisse (vgl Rdn 42) zu berücksichtigen.[673]

251 (2) **Punktuelle Fehlerkorrektur.** Dieser herrschenden Ansicht wird zum Teil entgegengehalten, sie unterscheide nicht hinreichend zwischen der öffentlich-rechtlichen Kaufmannspflicht zur Aufstellung eines Jahresabschlusses und der gesellschaftsrechtlichen Feststellung des Abschlusses (vgl Rdn 25). Die Nichtigkeit des festgestellten Jahresabschlusses nach § 256 sei eine privatrechtliche Sanktion und betreffe daher nur die privatrechtliche, gesellschaftsrechtliche Seite. Selbst wenn der Abschluss privatrechtlich nichtig sei, habe die öffentlich-rechtlich gebotene Aufstellung des Jahresabschlusses stattgefunden. Sei der Abschluss inhaltlich fehlerhaft, so folge daraus auf der öffentlich-rechtlichen Ebene lediglich, dass die einzelnen Fehler punktuell berichtigt werden müssen.[674] Und was den Zeitpunkt betreffe, bis zu dem neue, wertaufhellende Umstände bei der Fehlerkorrektur berücksichtigt werden dürfen, so ende dieser **Wertaufhellungszeitraum** mit dem Tag der erstmaligen Aufstellung des Jahresabschlusses. Der Vorstand müsse sich also gedanklich in jene frühere Zeit zurückversetzen und dürfe nachfolgende Erkenntnisse nicht mehr verwerten.[675]

252 Diese Lehre von der punktuellen Fehlerkorrektur ist von den verständlichen Zielen geleitet, den Korrekturaufwand einzugrenzen, und sie will die Jahresabschlüsse untereinander dadurch vergleichbar machen, dass diese aus möglichst gleichem Zeitabstand zum Abschlussstichtag erstellt werden. Aber die zu Grunde gelegte Rechtsauffassung, dass der Wertaufhellungszeitraum mit der Aufstellung des Jahresabschlusses ende, **hat sich nicht durchgesetzt;** die meisten wollen diesen Zeitraum bis zur anschließenden Feststellung erstrecken (Rdn 42). Und man kann vor allem bei inhaltlichen Abschlussmängeln auch nicht sagen, dass trotz der gesellschaftsrechtlichen Nichtigkeit des festgestellten Jahresabschlusses die öffentlich-rechtliche Kaufmannspflicht zur Aufstellung des Jahresabschlusses erfüllt sei.[676] Der Jahresabschluss ist kein Nebeneinander von Einzelpunkten, sondern ein zusammengefügtes Ganzes, und gerade wenn man den Regeln über den Inhalt des Jahresabschlusses eine öffentlich-rechtliche Dimension zuspricht (Rdn 25), kann ein Abschluss, der diese Regeln schwer wiegend verletzt, die öffentlich-rechtliche Pflicht zur Rechnungslegung nicht erfüllen.

253 (3) **Differenzierung nach der Art des Nichtigkeitsgrundes.** Die Lehre von der lediglich punktuellen Fehlerkorrektur nichtiger Jahresabschlüsse ist nach alledem in ihren weit greifenden und starren Folgerungen nicht richtig. Aber auch die vorwaltende Ansicht (Rdn 250) darf nicht dahin verstanden werden, dass die Reparatur einer nichtigen Feststellung des Jahresabschlusses immer auf eine inhaltliche Neugestaltung des

---

672 *Kropff* FS Budde, 1995, S 341, 347 f; *Claussen/Korth* in Kölner Komm AktG² § 172, 21; im Grundsatz auch *Rölike* in Spindler/Stilz² 91 f.

673 *Adler/Düring/Schmaltz*⁶ 92; *Weirich* WPg 1976, 625, 626.

674 *Th Kaiser* Berichtigung und Änderung des handelsrechtlichen Jahresabschlusses, 2000, S 230 ff, 322 ff; *Küting/Kaiser* WPg 2000, 577, 593 ff. **Kritisch** hiergegen *Kropff* in MünchKomm AktG² § 172, 48.

675 *Th Kaiser* Berichtigung und Änderung des handelsrechtlichen Jahresabschlusses, 2000, S 235 ff, 323 f; *Küting/Kaiser* WPg 2000, 577, 594 f, 596 re Sp; auch *Rölike* in Spindler/Stilz² 91.

676 *Kropff* in MünchKomm AktG² § 172, 48 **gegen** *Th Kaiser* und *Küting/Kaiser* je aaO (Fn 674).

Abschlusses hinauslaufe. Man muss vielmehr bei der erneuten Feststellung des Jahresabschlusses danach unterscheiden, ob die vorangegangene Feststellung wegen Inhaltsmängeln oder Prüfungsmängeln oder wegen Verfahrensfehlern nichtig ist.[677]

bb) Überwindung der verschiedenen Nichtigkeitsgründe

(1) **Überwindung von Inhaltsmängeln.** Ist der Jahresabschluss wegen inhaltlicher Mängel nichtig, so erweist sich das überlieferte Verlangen nach einer **Gesamt-Neuvornahme** des Abschlusses (Rdn 250) im Grundsatz als richtig. Man kann den Bereich möglicher Korrekturen nicht von vornherein auf eine nur punktuelle Berichtigung der einzelnen Fehler beschränken. Um eine Nichtigkeit des Jahresabschlusses nach sich zu ziehen, müssen Inhaltsmängel schon schwer wiegen. Und ein sinnvoller Jahresabschluss ist kein bloßes Nebeneinander von Einzelposten, sondern ein abgestimmtes Gesamtgefüge, dessen Posten auf einander bezogen sind. Es soll ein zutreffendes Gesamtbild der Vermögens-, Finanz- und Ertragslage der Gesellschaft vermittelt werden (§ 264 Abs 2 Satz 1 HGB), eine übergreifende Idee zum Ausdruck kommen. Wenn wichtige Inhalte des Abschlusses wegbrechen, muss man daher das Gesamtwerk neu durchdenken und wenn erforderlich neu gestalten. Das hindert die bilanzierungspflichtigen Personen natürlich nicht daran, die fehlerfreien Inhalte des nichtigen Abschlusses in das neue Gesamtbild zu übernehmen, und wenn diese Inhalte überwiegen, kann man sich auch mit **punktuellen Korrekturen** begnügen. 254

Die Gesellschaftsorgane müssen somit im Falle der Nichtigkeit des Jahresabschlusses wegen Inhaltsmängeln in der Tat erstmals einen Jahresabschluss für das betreffende Geschäftsjahr aufstellen (§§ 242, 264 Abs 1 HGB), und zwar einen inhaltlich ordnungsmäßigen Abschluss, und sie müssen diesen Jahresabschluss anschließend wirksam feststellen. Die befassten Gesellschaftsorgane erstellen damit **im Rechtssinne einen neuen Abschluss.** Die einschränkenden Regeln über die Änderung wirksam festgestellter Jahresabschlüsse („Bilanzänderung“, siehe unten Rdn 263 f) gelten hierfür nicht. Alle Ansatz- und Bewertungswahlrechte und andere bilanzpolitischen Entscheidungsspielräume können neu ausgeschöpft werden,[678] denn der Vorstand muss die Möglichkeit haben, die Grundgedanken neu zu formulieren und hierbei die vielen Teilinhalte des Jahresabschlusses neu aufeinander zu beziehen. Auch der Wertaufhellungszeitraum ist noch offen. Ob **neue wertaufhellende Erkenntnisse** nur bis zum Zeitpunkt der Aufstellung des Jahresabschlusses durch den Vorstand zu berücksichtigen sind oder auch noch bis zur späteren Feststellung, ist zwar umstritten (Rdn 42), spielt aber in diesem Zusammenhang meistens keine entscheidende Rolle. Wichtig ist vielmehr, dass der Jahresabschluss insgesamt neu ins Werk gesetzt wird, und hierbei auch ein neuer Erkenntnis-Zeitraum maßgebend ist. Wenn man den Wertaufhellungszeitraum mit der Aufstellung des Jahresabschlusses enden lassen will, kann sich dies sinnvoller Weise nur auf die erneute Aufstellung beziehen, weil die vorangegangene Aufstellung des nichtigen Abschlusses fehlerhaft und deshalb nicht maßgebend war. Und wenn man mit der überwiegenden Auffassung den Wertaufhellungszeitraum bis zur Feststellung des Jahresabschlusses erstreckt, kann dies nur die erneute Feststellung sein, weil die frühere, nichtige Feststellung des Jahresabschlusses keine Wirkungen entfaltet hat. 255

---

[677] Ebenso im Ansatz *Rölike* in Spindler/Stilz[2] 91.

[678] Siehe die Nw oben in Fn 672.

256 Wird der nichtige Jahresabschluss mit verändertem Inhalt neu aufgestellt, genügt nach verbreiteter Ansicht eine Nachtragsprüfung, die sich auf die Änderungen beschränkt (§ 316 Abs 3 HGB).[679] Nach anderer Ansicht muss grundsätzlich der Jahresabschluss insgesamt **neu geprüft** werden.[680] Das ist vom Ansatz her richtig. Die Nachtragsprüfung greift Platz, wenn „der Jahresabschluss ... geändert" wird (§ 316 Abs 3 HGB). Das ist beim inhaltlich nichtigen Jahresabschluss nicht der Fall, denn hier wird erstmals ein Abschluss für das betreffende Geschäftsjahr aufgestellt (Rdn 250, 255). Die hieran anknüpfende Prüfung ist eine Fortsetzung der Abschlussprüfung.[681] Der Abschlussprüfer muss einen neuen Prüfungsbericht erstellen sowie ein neues Testat erteilen und hierfür den Jahresabschluss als Ganzes noch einmal in den Blick nehmen.[682] Soweit allerdings die Abschlussinhalte gleich geblieben und nach wie vor richtig sind, kann der Prüfer seinen früheren Bericht wiederholen oder in Bezug nehmen; dann müssen nur noch die neu gestalteten Positionen vertieft geprüft und im Bericht ergänzend erörtert werden; insofern gelten die Grundsätze für die Nachtragsprüfung entsprechend.[683] Zuständig für die Prüfung ist der **Abschlussprüfer**, der **für das betreffende Geschäftsjahr** bestellt war und auch den ursprünglichen, nichtigen Jahresabschluss geprüft hat,[684] denn die Tätigkeit des Prüfers erstreckt sich auf die Rechnungslegung für ein bestimmtes Geschäftsjahr (§ 318 Abs 1 Satz 3 HGB). Eine Neuwahl des Abschlussprüfers ist daher nicht erforderlich.[685] Allerdings kann der Umstand, dass der Abschlussprüfer die Mängel des früheren Jahresabschlusses nicht erkannt hat, je nach den Umständen des Einzelfalls ein gerichtliches Abschlussprüfer-Ersetzungsverfahren nach § 318 Abs 3 HGB rechtfertigen.[686]

257 (2) **Überwindung von Prüfungsmängeln.** Ist der Jahresabschluss wegen Prüfungsmängeln nichtig, so wird hierdurch die vorgeschaltete Aufstellung des Abschlusses nicht notwendig erschüttert. Die Nichtigkeit des Jahresabschlusses hat vielmehr für sich genommen nur zur Folge, dass die fehlenden oder fehlerhaften **Prüfungsmaßnahmen nachgeholt** werden müssen, bevor der Abschluss wirksam festgestellt werden kann.[687] Eine solche Prüfung kann dann natürlich zu der Erkenntnis führen, dass der Abschluss inhaltlich fehlerhaft ist und daher berichtigt werden muss. Und auch wenn das nicht der Fall ist, kann der Vorstand den Jahresabschluss aus freien Stücken ändern und Wahlrechte oder Ermessensspielräume neu ausschöpfen, denn solange der Abschluss nicht wirksam festgestellt ist, kann er noch geändert werden (Rdn 263). Aber all dies sind nur mögliche Begleiterscheinungen der Abschlussnichtigkeit wegen Prüfungsmängeln; von alleine hat diese nicht zur Folge, dass der Jahresabschluss verändert oder neu aufgestellt werden muss.

---

679 IDW RS HFA 6, Änderung von Jahres- und Konzernabschlüssen, WPg Supplement 2/2007, 77, Rdn 8, auch Rdn 31; *S Tielmann* Durchsetzung ordnungsmäßiger Rechnungslegung, 2001, S 152. Einschränkend *H P Müller* FS Budde, 1995, 431, 441.

680 *Adler/Düring/Schmaltz*[6] 92.

681 *Adler/Düring/Schmaltz*[6] 92.

682 Zu den Einzelheiten *Adler/Düring/Schmaltz*[6] 92.

683 Im gleichen Sinne *Adler/Düring/Schmaltz*[6] 92; auch *H P Müller* FS Budde, 1995, 431, 441.

684 *Adler/Düring/Schmaltz*[6] § 318, 61, auch § 256 AktG, 92; *Rölike* in Spindler/Stilz[2] 93; *Zöllner* in Kölner Komm AktG[1] 135; *S Tielmann* Durchsetzung ordnungsmäßiger Rechnungslegung, 2001, S 152. **Anders** *Kowalski* AG 1994, 502, 506 f. Offen gelassen von OLG Dresden NZG 2010, 396 re Sp.

685 **Anders** *Kowalski* aaO.

686 *Rölike* in Spindler/Stilz[2] 93; insoweit zutreffend auch *Kowalski* AG 1994, 502, 506 re Sp.

687 *Adler/Düring/Schmaltz*[6] 91; *Zöllner* in Kölner Komm AktG[1] 135; *S Tielmann* Durchsetzung ordnungsmäßiger Rechnungslegung, 2001, S 151.

(3) **Überwindung von Verfahrensfehlern.** Wenn der Jahresabschluss wegen Verfahrensfehlern bei der Feststellung nichtig ist, müssen die Gesellschaftsorgane dafür sorgen, dass die **Feststellung nunmehr ordnungsgemäß** zu Stande kommt.[688] Für die erneute Feststellung des Jahresabschlusses sind nach §§ 170–172 grundsätzlich **Vorstand und Aufsichtsrat zuständig.** Auch wenn die ursprüngliche Feststellung des Jahresabschlusses wegen eines Verfahrensfehlers auf Seiten des Aufsichtsrats nichtig ist, fällt die Feststellungszuständigkeit jetzt nicht etwa an die Hauptversammlung. Zwar stellt nach dem Gesetz die Hauptversammlung den Jahresabschluss fest, wenn der Aufsichtsrat den Abschluss nicht gebilligt hat (§ 173 Abs 1 Satz 1), und das hat er im hier angesprochenen Fall nicht wirksam getan. Aber eine unwirksame Billigung des Jahresabschlusses durch den Aufsichtsrat ist ihrer Willens- und Zielrichtung nach keine Missbilligung.[689] Außerdem könnten sich schlimme verfahrensmäßige Verwickelungen ergeben, wenn man die Feststellungskompetenz in solchen Fällen der Hauptversammlung zufallen lassen würde.[690] Vorstand und Aufsichtsrat sind selbst dann für die erneute Feststellung des Jahresabschlusses zuständig, wenn zu dessen Feststellung ursprünglich nach § 173 Abs 1 Satz 1 die Hauptversammlung berufen war,[691] denn die Entscheidungen der Verwaltungsorgane, durch welche die Feststellungskompetenz der Versammlung begründet wurde, bezogen sich nur auf jenes konkret anstehende Feststellungsgeschäft. Auch die gesetzliche Bindung der Verwaltungsorgane an ihre Erklärungen zum Jahresabschluss, die mit Einberufung der Hauptversammlung eintritt (§ 175 Abs 4), bestand nur für die konkret einberufene Versammlung.[692] Soll die Hauptversammlung auch über die erneute Feststellung des Jahresabschlusses entscheiden, muss deren Zuständigkeit aufs Neue nach § 173 Abs 1 Satz 1 begründet werden.[693] **258**

Ist die Feststellung des Jahresabschlusses durch Vorstand und Aufsichtsrat schon an Verfahrensfehlern bei der Aufstellung des Abschlusses durch den **Vorstand** gescheitert, so muss der Vorstand noch einmal und in einem korrekten Verfahren den Jahresabschluss aufstellen und dem Aufsichtsrat zur Prüfung und billigenden Feststellung vorlegen. Hierbei kann der Abschluss inhaltlich geändert werden, aber notwendig ist das nicht. Wenn die ursprünglich versuchte Feststellung des Jahresabschlusses nur an Verfahrensfehlern des **Aufsichtsrats** gescheitert ist, muss nach überwiegender Meinung der Vorstand ebenfalls an der erneuten Feststellung des Jahresabschlusses mitwirken.[694] Es müsse das gesamte zusammengesetzte, korporationsrechtliche Rechtsgeschäft der Feststellung (§§ 170–172 und oben Rdn 207) neu und wirksam vorgenommen werden.[695] Zur Begründung heißt es, der Vorstand sei an die ursprüngliche Aufstellung nach dem Scheitern des Feststellungsverfahrens nicht mehr gebunden, weil das damit verfolgte Feststellungsziel nicht mehr erreicht werden könne.[696] Dieser Gedanke ist zwar richtig, aber er muss nicht immer Platz greifen, sondern dringt nur dann durch, wenn seit dem ursprünglichen Feststellungsversuch längere Zeit verstrichen ist. Hat der Aufsichtsrat den vom Vorstand aufgestellten Jahresabschluss gestern durch einen nichtigen Beschluss festzustel- **259**

---

688 *Adler/Düring/Schmaltz*[6] 91; *Rölike* in Spindler/Stilz[2] 91; *S Tielmann* Durchsetzung ordnungsmäßiger Rechnungslegung, 2001, S 151.

689 *Zöllner* in Kölner Komm AktG[1] 103.

690 Vgl den Fall BGHZ 23, 150.

691 *Zöllner* in Kölner Komm AktG[1] 134; *Hüffer* in MünchKomm AktG[2] 79; *Rölike* in Spindler/Stilz[2] 92; *Hüffer*[9] 33.

692 *Hüffer* in MünchKomm AktG[2] 79; *Hüffer*[9] 33.

693 *Zöllner* in Kölner Komm AktG[1] 134.

694 *Hüffer* in MünchKomm AktG[2] 79; *Hüffer*[9] 33; *Zöllner* in Kölner Komm AktG[1] 134. **Anders** *Adler/Düring/Schmaltz*[6] § 172, 91.

695 *Rölike* in Spindler/Stilz[2] 91; im gleichen Sinne *Hüffer* in MünchKomm AktG[2] 79.

696 *Hüffer* in MünchKomm AktG[2] 79.

len versucht, und wird heute ein neuer, wirksamer Feststellungsbeschluss des Aufsichtsrats gefasst, so gibt es keinen Grund, auch den Vorstand noch einmal in die Sache hineinzuziehen. Die Zeitgrenze, bis zu welcher der Aufsichtsrat seine Beschlussfassung ohne erneute Mitwirkung des Vorstands nachholen kann, ergibt sich aus § 171 Abs 3. Danach muss der Aufsichtsrat seinen Bericht, in dem er den Jahresabschluss billigt, normalerweise innerhalb eines Monats dem Vorstand zuleiten, und spätestens muss das innerhalb einer weiteren Frist von noch einmal einem Monat geschehen. Innerhalb dieser Fristen kann der Aufsichtsrat auch einen unwirksamen Feststellungsbeschluss ohne Mitwirkung des Vorstands neu fassen.

260 cc) **Wirkung für zwischenzeitliche Gewinnausschüttungen.** Die erneute Feststellung des Jahresabschlusses wirkt für sich alleine genommen nur für die Zukunft.[697] Das wirft Probleme auf, wenn zwischenzeitlich auf Grund des nichtigen Jahresabschlusses schon Dividenden ausgeschüttet worden sind. Denn der Gewinnverwendungsbeschluss der Hauptversammlung war ebenfalls nichtig (§ 253 Abs 1 Satz 1) und die Dividendenzahlung deshalb gesetzwidrig. Sinnvoller Weise müssen jedoch die auf dem nichtigen Jahresabschluss beruhenden **vergangenen Gewinnausschüttungen Bestand haben**, wenn und soweit sie nach Maßgabe des neu festgestellten Jahresabschlusses gesetzmäßig sind.[698] So vor allem, wenn der Abschluss nur wegen Prüfungs- oder Verfahrensfehlern nichtig war und dann mit demselben Inhalt neu und wirksam festgestellt wird. Gleiches muss aber auch gelten, wenn der Abschluss mit inhaltlichen Veränderungen neu festgestellt wird, und immer noch einen Bilanzgewinn ausweist, der die Gewinnausschüttung abdeckt.

261 Die Bestandsfestigkeit zwischenzeitlicher Gewinnausschüttungen lässt sich mit einer entsprechenden Anwendung der Regeln über die fehlerfreie **Bestätigung** anfechtbarer Hauptversammlungsbeschlüsse begründen (§ 244).[699] Dort müssen bereits vollzogene Maßnahmen nicht rückgängig gemacht werden.[700] Der Gedanke lässt sich auch auf das Verhältnis zwischen der Feststellung des Jahresabschlusses und der Gewinnausschüttung übertragen. In dem Gewinnverwendungsbeschluss der Hauptversammlung und in der Auszahlung der Dividende liegt der Sache nach ein Vollzug der ursprünglichen und nichtigen Beschlüsse der Gesellschaftsorgane über die Feststellung des Jahresabschlusses. Und diese fehlerhafte Abschlussfeststellung wird gleichsam durch die erneute Feststellung des Jahresabschlusses fehlerfrei bestätigt, soweit sich der ursprüngliche nichtige und der neue wirksame Jahresabschluss hinsichtlich des Ausschüttungsspielraums decken.

262 Man kann aber die Bestandsfestigkeit zwischenzeitlicher Gewinnausschüttungen in den hier angesprochenen Fällen auch mit einem Erst-Recht-Schluss aus den Regeln über die **Heilung** nichtiger Jahresabschlüsse und Gewinnverwendungsbeschlüsse begründen. Nach Ablauf bestimmter Zeiten kann die Nichtigkeit des Jahresabschlusses und des hierauf beruhenden Gewinnverwendungsbeschlusses nicht mehr geltend gemacht werden (§ 256 Abs 6, § 253 Abs 1 Satz 2), und dann dürfen die Aktionäre ihre Dividenden behalten (Rdn 267). Was hier für die passive Heilung durch bloßen Zeitverlauf bestimmt ist, muss für die aktive und tugendhaftere Neuvornahme des Jahresabschlusses erst Recht gelten, wenn und soweit auch der neue Abschluss die Ausschüttung hergibt. Aus praktischer Sicht empfiehlt es sich darüber hinaus, dass die Hauptversammlung vorsorglich einen **erneuten Gewinnverwendungsbeschluss** für das betreffende Geschäftsjahr fasst, nachdem der Jahresabschluss neu und wirksam festgestellt ist. Bei der Beschlussfassung

---

[697] *Hüffer* in MünchKomm AktG^2 78.

[698] Ebenso *Kropff* FS Budde, 1995, S 341, 356. **Anders** *Kowalski* AG 1994, 502, 507 re Sp.

[699] *Kropff* FS Budde, 1995, S 341, 356.

[700] BGHZ 157, 206, 211, betr eine Kapitalherabsetzung.

kann auf den ursprünglichen Gewinnverwendungsbeschluss und das Verfahren seines Zustandekommens Bezug genommen werden.[701] Haben die Aktionäre schon auf Grund des ursprünglichen Gewinnverwendungsbeschlusses Dividenden erhalten, die sie wegen Gutgläubigkeit behalten dürfen (§ 62 Abs 1 Satz 2), bekommen sie jetzt natürlich nicht noch einmal Dividenden für dasselbe Geschäftsjahr; der Bilanzgewinn ist ja insoweit schon ausgeschüttet. Und was die bösgläubigen Aktionäre betrifft, die ihre Dividenden zurückzahlen müssen (§ 62 Abs 1 Satz 1), so kann die Gesellschaft ihre Rückgewährforderung nach dem erneuten Gewinnverwendungsbeschluss gegen neu begründete Dividendenansprüche dieser Aktionäre aufrechnen.

dd) Berichtigung und Änderung des Jahresabschlusses unterhalb der Nichtigkeitsschwelle.

(1) **Allgemeine Zulässigkeitsgrenzen.** Auch wenn keine Nichtigkeitsgründe vorliegen, **263** oder wenn sie geheilt sind, können Jahresabschlüsse abgeändert werden. Ist der Abschluss noch nicht festgestellt, hat der Vorstand hier freie Hand,[702] solange das Prüfungs- und Feststellungsverfahren nicht unverhältnismäßig in die Länge gezogen wird. Aber selbst wenn ein Jahresabschluss bereits festgestellt ist, können Vorstand und Aufsichtsrat innerhalb gewisser Grenzen die **Feststellung** einvernehmlich **aufheben und** einen fehlerhaften **Jahresabschluss** berichtigen oder sogar einen fehlerfreien Abschluss **ändern** und den Abschluss mit diesem berichtigten oder geänderten Inhalt neu feststellen. Wo die **Zulässigkeitsgrenzen** im Einzelnen verlaufen, ist **nicht eindeutig geklärt.** Vereinfachend kann man sagen, dass Abänderungen des festgestellten Jahresabschlusses einen sachlichen Grund erfordern, der bei einem inhaltlichen Mangel des Abschlusses grundsätzlich immer vorliegt, und bei mangelfreien Abschlüssen einem gewichtigen wirtschaftlichen Anliegen entspringen muss,[703] und zwar um so mehr, je weiter der Jahresabschluss über den engen Kreis von Vorstand und Aufsichtsrat in den Rechts- und Geschäftsverkehr hinauswirkt.[704] Ergebnisverkürzende Berichtigungen oder Änderungen eines festgestellten Jahresabschlusses können außerdem nicht in bereits entstandene Forderungsrechte der Aktionäre auf Dividenden eingreifen.[705]

---

[701] Vgl *Habersack/Schürnbrand* FS Hadding, 2004, S 391, 407 f.

[702] OLG Stuttgart DB 2009, 1521, 1522 f; IDW RS HFA 6, Änderung von Jahres- und Konzernabschlüssen, WPg Supplement 2/2007, 77, Rdn 3 f; *Adler/Düring/Schmaltz*[6] § 172, 32 f mwN.

[703] Ausführlich zu den hier berührten Fragen IDW RS HFA 6, Änderung von Jahres- und Konzernabschlüssen, WPg Supplement 2/2007, 77 ff; *Th Kaiser* Berichtigung und Änderung des handelsrechtlichen Jahresabschlusses, 2000; *Balthasar* Die Bestandskraft handelsrechtlicher Jahresabschlüsse, 1999; *Küting/Ranker* WPg 2005, 1, 4 ff; des Weiteren BGHZ 23, 150 (zum AktG 1937, sehr restriktiv); *Adler/Düring/Schmaltz*[6] § 172 AktG, 34 f, 43 ff; *Kropff* in MünchKomm AktG[2] § 172, 56 ff; *Claussen/Korth* in Kölner Komm AktG[2] § 172, 17 ff; *Adler* WPg 1949, 109; *W Müller* FS Quack, 1991, S 359; *Küting/Kaiser* WPg 2000, 577; *Ellrott/Schubert* in Beck'scher Bilanz-Komm[7] § 253 HGB, 800 ff; *Prinz* FS W Müller, 2001, 687; *Hennrichs* ZHR 168 (2004), 383, 393 ff, auch 410, 411, 413; *Barz* FS Schilling, 1973, S 127 ff; *H-P Müller* FS Budde, 1995, S 431, 433 ff. Grundsätzlich **gegen** eine Änderung des Jahresabschlusses nach der Feststellung *Brönner* oben § 172, 22 und § 175, 26.

[704] *Claussen/Korth* in Kölner Komm AktG[2] § 172, 18 ff; auch *W Müller* FS Quack, 1991, S 359, 364; *Barz* FS Schilling, 1973, S 127, 129 f, aber auch 137, 141.

[705] IDW RS HFA 6, Änderung von Jahres- und Konzernabschlüssen, WPg Supplement 2/2007, 77, Rdn 10; *Adler/Düring/Schmaltz*[6] § 172 AktG, 63 mwN; *Schön* FS 50 Jahre BGH, Bd II, 2000, 153, 164 f; *Barz* FS Schilling, 1973, S 127, 130 f, 136, 139. Vgl auch BGHZ 23, 150, 152 ff zum AktG 1937.

264 (2) **Rechtslage bei Gesetzesverstößen.** Setzen sich die Gesellschaftsorgane durch die Feststellung eines neuen, abgeänderten Abschlusses zu Unrecht über die Bindungswirkung eines schon zuvor wirksam festgestellten Jahresabschlusses hinweg, so ist **der alte Jahresabschluss** damit gleichwohl **aufgehoben und** die **Feststellung des neuen Abschlusses wirksam.** Die Neufeststellung ist zwar fehlerhaft,[706] aber es liegt keiner der in § 256 abschließend aufgezählten Nichtigkeitsgründe vor. Es handelt sich nicht um einen Verfahrensfehler auf Seiten der Verwaltungsorgane (§ 256 Abs 2)[707] oder der Hauptversammlung (§§ 257 Abs 1 Satz 1, 243),[708] sondern der Art nach um einen Inhaltsmangel.[709] Der neue Jahresabschluss setzt sich zu Unrecht über den Inhalt des alten hinweg. Als inhaltlicher Nichtigkeitsgrund kommt hier nur § 256 Abs 1 Nr 1 (Gläubigerschutz) in Betracht. Und dieser Tatbestand ist nicht erfüllt,[710] denn die Zulässigkeitsschranken für die Berichtigung und Änderung von Jahresabschlüssen schützen nicht spezifisch die Gesellschaftsgläubiger, sondern sichern die Bestandsfestigkeit der Rechnungslegung im Interesse aller Abschlussadressaten (vgl oben Rdn 49). Alles in allem hat daher bei einer unzulässigen Änderung des festgestellten Jahresabschlusses der geändert festgestellte Jahresabschluss Bestand. Und wenn die Hauptversammlung den Jahresabschluss neu feststellt, kann der Beschluss auch nicht angefochten werden, weil eine Anfechtung wegen Inhaltsmängeln ausgeschlossen ist (§ 257 Abs 1 Satz 2 und dort Rdn 2).

c) Heilung der Nichtigkeit durch Zeitablauf

265 aa) **Begriff, Zweck und Wirkung der Heilung.** Die Nichtigkeit eines Jahresabschlusses kann nach § 256 Abs 6 Satz 1 in den meisten Fällen nicht mehr geltend gemacht werden, wenn seit der Offenlegung des Abschlusses bestimmte Fristen verstrichen sind. Damit will der Gesetzgeber „die nachteiligen Auswirkungen verhindern, die sich für die Gesellschaft ergeben können, wenn nach Jahr und Tag die Nichtigkeit des Jahresabschlusses festgestellt wird … [weil] … **eine zeitlich unbeschränkte Geltendmachung der Nichtigkeitsgründe** bei Bilanzfeststellungsbeschlüssen **im Interesse der Rechtssicherheit schwer erträglich** ist."[711] Ebenso wie die Nichtigkeit umfasst auch die Heilung das gesamte zur Feststellung des Jahresabschlusses führende korporationsrechtliche Rechtsgeschäft von Vorstand und Aufsichtsrat (vgl oben Rdn 207) oder den Feststellungsbeschluss der Hauptversammlung[712] (vgl Rdn 208). Insbesondere auch ein Aufsichtsratsbeschluss über die Billigung des Abschlusses wird also geheilt.[713] Die Heilung besteht im nachträglichen, **materiell-rechtlichen Wegfall der Nichtigkeit.**[714] Der Mangel des Jahresabschlusses oder seiner Feststellung, der zur Nichtigkeit geführt hat, bleibt zwar

---

[706] Insoweit zutr *H-P Müller* FS Budde, 1995, S 431, 439 ff.

[707] Ebenso *Lutter* FS Helmrich, 1994, S 685, 701; mit gleicher Tendenz *W Müller* FS Quack, 1991, S 359, 372.

[708] So aber *Kropff* in MünchKomm AktG² § 172, 83; *W Müller* FS Quack, 1991, S 359, 372. Wie hier dagegen *Lutter* FS Helmrich, 1994, S 685, 701; ähnlich *H-P Müller* FS Budde, 1995, S 431, 440 ff.

[709] Mit gleichem Ansatz *H-P Müller* FS Budde, 1995, S 431, 440 ff.

[710] Anders *H-P Müller* FS Budde, 1995, S 431, 443; dem zuneigend auch *Adler/Düring/Schmaltz*⁶ 12.

[711] RegE AktG, BT-Drucks IV/171 v 3.2.1962, Anlage 1, Begründung zu § 243 RegE, S 205 li Sp (Zitate), hierauf verweisend die Begründung zu § 247 RegE, S 206 re Sp = Kropff (Hrsg) AktG, 1965, § 256, S 347.

[712] *Kropff* ZGR 1994, 628, 635; *Rölike* in Spindler/Stilz² 75.

[713] *Kropff* aaO.

[714] *Schwab* in K Schmidt/Lutter² 37; *Rölike* in Spindler/Stilz² 74; *Hüffer* in MünchKomm AktG² 64, 68; *Hüffer*⁹ 28; *Schulz* in Bürgers/Körber 19; *Zöllner* in Kölner Komm AktG¹ 131; *Caspar* Die Heilung nichtiger Beschlüsse im Kapitalgesellschaftsrecht, 1998, S 314; *Ebke* FS Röhricht, 2005, 883,

bestehen,[715] aber die rechtlichen Folgen der Nichtigkeit greifen nicht mehr, sondern der **Jahresabschluss ist nunmehr** für die Gesellschaft und ihre Aktionäre und Organe **verbindlich,**[716] nicht anders als ein wirksam festgestellter Jahresabschluss. Gerade auch eine inhaltliche Unrichtigkeit des Jahresabschlusses wird jetzt also durch das Aktienrecht hingenommen.[717] Eine Enforcement-Prüfung (Rdn 239 ff) wird dagegen durch die Heilung der Nichtigkeit nicht ausgeschlossen.[718]

Mit der Heilung ist auch die aktienrechtliche **Pflicht der Organmitglieder und der Gesellschaft erfüllt,** einen bestandsfesten Jahresabschluss zu Wege zu bringen[719] (vgl Rdn 247). Der Jahresabschluss kann zwar auch noch nach Eintritt der Heilung wegen inhaltlicher Fehler aufgehoben und durch einen fehlerfreien Abschluss ersetzt werden,[720] soweit dies nach allgemeinen Regeln zulässig ist (vgl Rdn 263 f). Aber die Gesellschaft und ihre Organe sind hierzu jetzt nicht mehr verpflichtet.[721] Es genügt vielmehr, wenn der Mangel, soweit er noch fortwirkt, im letzten offenen Jahresabschluss vermieden und auf diese Weise in laufender Rechnung korrigiert wird[722] (vgl Rdn 27). 266

Die Heilung erfolgt nicht nur mit Wirkung für die Zeit nach dem Ablauf der Heilungsfrist,[723] sondern auch **rückwirkend für die Vergangenheit**[724] ab dem Zeitpunkt der ursprünglich versuchten Feststellung des Jahresabschlusses. Auch für diese Zeit kann die Nichtigkeit nicht mehr geltend gemacht werden. Insbesondere kann auch die Nichtigkeit eines **Gewinnverwendungsbeschlusses** (Rdn 4, 209 f), soweit sie auf der Nichtigkeit des Jahresabschlusses beruht, nach § 253 Abs 1 Satz 2 nicht mehr geltend gemacht werden, wenn die Feststellung des zu Grunde liegenden Jahresabschlusses nach § 256 Abs 6 **durch Zeitablauf geheilt** ist. Dann kann die Gesellschaft auch den Rückgewähranspruch nach § 62 Abs 1 (Rdn 210) nicht mehr geltend machen,[725] das heißt der Anspruch entfällt,[726] weil die Ausschüttung nicht mehr im Widerspruch zum Gesetz steht. 267

bb) Fälle und Fristen der Heilung. Nicht alle Nichtigkeitsgründe können geheilt werden, und bei den heilbaren sind die Fristen unterschiedlich. Bei Verfahrensfehlern und 268

845; *V Weilep/J-H Weilep* BB 2006, 147, 149 f; *Schilling* in Voraufl Anm 19; abschwächend *W Müller* FS Quack, 1991, S 359, 369.

715 *Kropff* FS Budde, 1995, S 341, 349; *Hennrichs* ZHR 168 (2004), 383, 389.

716 *Zöllner* in Kölner Komm AktG¹ 131; *Schulz* in Bürgers/Körber 19; *Hüffer*⁹ 28; *Hüffer* in MünchKomm AktG² 64, 68; *Schilling* in Voraufl Anm 19; *Hennrichs* ZHR 168 (2004), 383, 389.

717 So die treffende Formulierung in IDW RS HFA 6, Änderung von Jahres- und Konzernabschlüssen, WPg Supplement 2/2007, 77, Rdn 15; zustimmend *Hennrichs* ZHR 168 (2004), 383, 389.

718 Siehe Fn 634.

719 *Rölike* in Spindler/Stilz² 74; *Caspar* Die Heilung nichtiger Beschlüsse im Kapitalgesellschaftsrecht, 1998, S 314; *Brete/Thomsen* GmbHR 2008, 176, 180 re Sp.

720 *Adler/Düring/Schmaltz*⁶ 89; *W Müller* FS Quack, 1991, S 359, 369; *H-P Müller* FS Budde, 1995, S 431, 432 f. *Hüffer*⁹ § 172, 10.

721 IDW RS HFA 6, Änderung von Jahres- und Konzernabschlüssen, WPg Supplement 2/2007, 77, Rdn 8, 15; *Claussen/Korth* in Kölner Komm AktG² § 172, 21; *V Weilep/J-H Weilep* BB 2006, 147, 149 f; *Ellrott/Schubert* in Beck'scher Bilanz-Komm⁷ § 253 HGB, 806; *Küting/Ranker* WPg 2005, 1, 10 re Sp; *Weirich* WPg 1976, 625, 626 re Sp.

722 IDW RS HFA 6, Änderung von Jahres- und Konzernabschlüssen, WPg Supplement 2/2007, 77, Rdn 8, 15; *Ellrott/Schubert* in Beck'scher Bilanz-Komm⁷ § 253 HGB, 806.

723 **So aber** *Zöllner* in Kölner Komm AktG¹ 131.

724 *Hüffer* in MünchKomm AktG² 64, 68; *Schwab* in K Schmidt/Lutter² 37; *Ebke* FS Röhricht, 2005, 883, 845; *Rölike* in Spindler/Stilz² 74; *Caspar* Die Heilung nichtiger Beschlüsse im Kapitalgesellschaftsrecht, 1998, S 314. **Anders** *Zöllner* in Kölner Komm AktG¹ 131 (ex nunc).

725 *Bayer* in MünchKomm AktG³ § 62, 36; *Lutter* in Kölner Komm AktG² § 62, 18.

726 *Hüffer*⁹ § 62, 7.

manchen Prüfungs- und Inhaltsfehlern beträgt die Heilungsfrist **sechs Monate.** So bei den folgenden Nichtigkeitstatbeständen:

- § 256 Abs 1 Nr 3 Prüfung durch unberufene Personen (vgl Rdn 132, 150);
- § 256 Abs 1 Nr 4 fehlerhafte Bildung oder Auflösung von Rücklagen (vgl Rdn 65, 117);
- § 256 Abs 2 nicht ordnungsgemäße Mitwirkung von Vorstand oder Aufsichtsrat (vgl Rdn 175, 187);
- § 256 Abs 3 Nr 1 fehlerhafte Einberufung der Hauptversammlung, die den Jahresabschluss feststellen sollte (vgl auch Rdn 200);
- § 256 Abs 3 Nr 2 fehlende Beurkundung des Feststellungsbeschlusses der Hauptversammlung.

269 **Drei Jahre** beträgt die Heilungsfrist bei den meisten Inhaltsmängeln des Jahresabschlusses. Hierzu gehören:

- § 256 Abs 1 Nr 1 Verletzung Gläubiger schützender Vorschriften (vgl auch Rdn 117);
- § 256 Abs 4 wesentliche Gliederungsmängel (vgl Rdn 65, 117);
- § 256 Abs 5 Verstöße gegen Bewertungsvorschriften.

270 **Nicht heilbar** sind von den gesetzlich genannten Nichtigkeitsgründen:

- § 256 Abs 1 Nr 2 fehlende Prüfung überhaupt;
- § 256 Abs 3 Nr 3 rechtskräftige Nichtigerklärung des Beschlusses der Hauptversammlung über die Feststellung des Jahresabschlusses (vgl Rdn 200).

271 cc) **Heilungsfragen bei fehlender oder unwirksamer Feststellung.** Wie sich gezeigt hat, kann es **Fälle** geben, **in denen** eine **Feststellung des Jahresabschlusses vollständig fehlt** (Rdn 201 ff). Dann gibt es keine Heilungsmöglichkeit nach § 256 Abs 6, denn ein nicht vorhandenes Rechtsgeschäft kann anders als ein fehlerhaftes Rechtsgeschäft nicht durch bloßen Zeitablauf in Wirksamkeit erwachsen. Außerdem kann es vorkommen, dass die Feststellung des Jahresabschlusses nicht wegen eines Normverstoßes nichtig ist, sondern zunächst **schwebend unwirksam** war, weil noch ein Wirksamkeitselement fehlte, und dieses fehlende Element auch später nicht hinzukommt, so dass der Jahresabschluss **endgültig unwirksam** wird. Zu diesen Unwirksamkeitsfällen gehört das **Fehlen eines rechtzeitigen Nachtragstestats** im Falle der abändernden Feststellung des Jahresabschlusses durch die Hauptversammlung (§ 256 Abs 1 Eingangsworte und § 173 Abs 3). Der Fall wird von § 256 Abs 6 Satz 1 bei der Aufzählung heilbarer Nichtigkeitsgründe nicht genannt und ist in der Tat nicht heilbar (Rdn 170). Zwei weitere Fälle, in denen der Jahresabschluss zunächst schwebend unwirksam ist und später endgültig unwirksam werden kann, sind die **bilanziell zurückbezogenen Kapitalveränderungen**, (§ 256 Abs 1 Eingangsworte und §§ 234 Abs 3, 235 Abs 2). Auch hier ist die Möglichkeit einer Heilung für den festgestellten Jahresabschluss in § 256 Abs 6 nicht ausdrücklich vorgesehen. Doch können die fehlerhaften Kapitalveränderungsbeschlüsse durch Eintragung im Handelsregister und Ablauf dreier Jahre geheilt werden (§ 242 Abs 2–3), und dann heilt auch der Beschluss über die Feststellung des Jahresabschlusses und damit der Abschluss als solcher (Rdn 130 f, dort auch zur Heilung in den Fällen, in denen lediglich die Feststellung des Jahresabschlusses unwirksam ist). Auch bei Feststellung des Jahresabschlusses durch ein unzuständiges Gesellschaftsorgan ist die Nichtigkeit heilbar (Rdn 205 f).

272 dd) **Berechnung der Heilungsfristen.** Nach § 256 Abs 6 Satz 1 heilt ein nichtiger Jahresabschluss, „wenn **seit der Bekanntmachung** nach § 325 Abs 2 [HGB] ... sechs Monate ... [oder] drei Jahre verstrichen sind.“ Das verweist auf die Bestimmungen, wonach Kapitalgesellschaften den Jahresabschluss beim elektronischen Bundesanzeiger einreichen

(§ 325 Abs 1 HGB) und bekannt machen lassen müssen (§ 325 Abs 2 HGB). Daneben sind noch weitere Unterlagen offen zu legen, doch hierauf kommt es für die Heilungsfrist nicht an,[727] weil sich die Heilung ebenso wie die Feststellung (vgl Rdn 30 ff) nur auf den Jahresabschluss bezieht. Auch zusätzliche Bekanntmachungen des Jahresabschlusses in satzungsmäßig bestimmten weiteren Gesellschaftsblättern (§ 25 Satz 2) sind für den Beginn der Heilungsfrist unerheblich,[728] ebenso die Einstellung des Abschlusses in das Unternehmensregister nach § 8b HGB.

Der Lauf der **Heilungsfrist beginnt** nach § 187 Abs 1 BGB mit dem Tag, der auf die Bekanntmachung im elektronischen Bundesanzeiger folgt.[729] Bekanntmachung bedeutet, dass der Jahresabschluss im elektronischen Bundesanzeiger über das Internet eingesehen werden kann. Das Veröffentlichungsdatum ist im elektronischen Bundesanzeiger bei den einzelnen Informationen vermerkt. Die Heilungsfrist endet nach § 188 Abs 2 Fall 1 BGB mit dem Ablauf desjenigen Tages des letzten Monats, der durch seine Zahl dem Tag entspricht, an dem der Jahresabschluss bekannt gemacht worden ist.[730] Ist zum **Beispiel** die Bekanntmachung am 10.6.2010 erfolgt, so endet die sechsmonatige Heilungsfrist am 10.12.2010, und die Dreijahresfrist endet am 10.6.2013, jeweils um 24 Uhr. Eine **Wiedereinsetzung** in den vorigen Stand **nach §§ 233 ff ZPO** kommt **nicht** in Betracht, weil die Heilung ein materieller Rechtsvorgang ist (Rdn 265) und es sich daher bei der Heilungsfrist nicht um eine prozessuale, sondern um eine materiell-rechtliche Frist handelt.[731] **273**

Wird vor Ablauf der Heilungsfrist eine **Klage** gegen die Gesellschaft auf Feststellung der Nichtigkeit des Jahresabschlusses rechtshängig, so verlängert sich nach § 256 Abs 6 Satz 2 die Frist, bis über die Klage rechtskräftig entschieden ist oder sie sich auf andere Weise endgültig erledigt hat (vgl schon Rdn 234). Eine bloße Anhängigkeit der Klage bei Gericht genügt, wenn die Zustellung an die Gesellschaft demnächst erfolgt (§ 167 ZPO, Rdn 234). Zur Fristverlängerung führt nur die aktienrechtliche Jahresabschluss-Nichtigkeitsklage nach § 256 Abs 7 Satz 1 und § 249; eine Geltendmachung der Abschlussnichtigkeit auf andere Weisen und insbesondere durch eine allgemeine Feststellungsklage nach § 256 ZPO hält die Heilung nicht auf (Rdn 245, auch 234, 242 aE, 246). Der Prozess über die Nichtigkeit des Jahresabschlusses **hemmt nicht** den Lauf der Heilungsfrist, **sondern verhindert nur den Fristablauf.**[732] Beginnt also die dreijährige Heilungsfrist am 10.6.2010, und kommt 2012 eine Klage dazwischen, über die noch im selben Jahr rechtskräftig entschieden wird, so endet die Heilungsfrist ganz normal mit Ablauf des 10.6.2013. Anders dagegen, wenn die Klage an diesem letzteren Tag noch rechtshängig ist; dann tritt die Heilung erst mit rechtskräftiger Klageabweisung oder sonstiger Erledigung des Rechtsstreits ein. Das wirft die Frage auf, ob für den Ablauf der Heilungsfrist die Bestimmung des § 193 BGB entsprechend gilt.[733] Ist hiernach innerhalb einer Frist eine Willenserklärung abzugeben oder eine Leistung zu bewirken, und fällt der letzte Tag **274**

---

727 **Anders** *Hüffer* in MünchKomm AktG[2] 65.

728 *Adler/Düring/Schmaltz*[6] 86; *Hüffer* in MünchKomm AktG[2] 66; *Hüffer*[9] 30; *Schulz* in Bürgers/Körber 19; *Zöllner* in Kölner Komm AktG[1] 128.

729 *Rölike* in Spindler/Stilz[2] 78. Im gleichen Sinne zur früheren Handelsregister-Publizität von Jahresabschlüssen *Zöllner* in Kölner Komm AktG[1] 128; *Hüffer* in MünchKomm AktG[2] 66; *Adler/Düring/Schmaltz*[6] 84; *Brete/Thomsen* GmbHR 2008, 176, 181 re Sp.

730 *Hüffer*[9] 30; *Brete/Thomsen* GmbHR 2008, 176, 181 re Sp.

731 *Hüffer* in MünchKomm AktG[2] 66.

732 So die treffende Formulierung von *Rölike* in Spindler/Stilz[2] 79.

733 Dagegen *Rölike* in Spindler/Stilz[2] 78; *Hüffer*[9] 30 und § 242, 3; ebenso zu § 242 OLG Düsseldorf AG 2003, 45 f; *Zöllner* in Kölner Komm AktG[1] § 242, 33. Dafür *Schwab* in K Schmidt/Lutter[2] 35 und § 242, 6; *Heidel* in Heidel, Aktienrecht und Kapitalmarktrecht[3] § 256, 40; früher auch *Hüf-*

der Frist auf einen Sonntag, Feiertag oder Sonnabend, so tritt an die Stelle eines solchen Tages der nächste Werktag. Man kann zwar die Erhebung der Abschluss-Nichtigkeitsklage einer Willenserklärung gleichstellen. Doch geht es im Rahmen des § 256 nicht in erster Linie um die Frist zur Klageerhebung, sondern um die Heilung des Jahresabschlusses als solche.[734] **§ 193 BGB** ist deshalb **nicht entsprechend anwendbar.**

8. Bedeutung der Nichtigkeit für die Folgeabschlüsse

275 a) **Problemstellung.** Ob und wie sich die Nichtigkeit eines Jahresabschlusses auf die Jahresabschlüsse der folgenden Geschäftsjahre auswirkt, gehört zu den schwierigsten Fragen im Rahmen des § 256. Es kommt als Erstes darauf an, ob der Fehler, der zur Nichtigkeit des früheren Abschlusses geführt hat, in dem späteren Abschluss wiederholt wird. Wenn ja, so ist auch der spätere Jahresabschluss nichtig, und zwar aus sich heraus, ohne dass es hierfür auf den früheren Abschluss ankommt.[735] Als **Beispiel** stelle man sich vor, dass ein Vermögensgegenstand bislang zutreffend mit 100 zu Buche stand, und der beizulegende Zeitwert im Geschäftsjahr 01 auf 60 sinkt. Dann muss der Vermögensgegenstand entsprechend abgeschrieben werden und darf in der Bilanz zum 31.12.2001 nur noch mit 60 angesetzt werden (§ 253 Abs 3 oder 4 HGB). Wird er stattdessen weiter mit 100 angesetzt, so ist der Jahresabschluss für das Geschäftsjahr 01 wegen Überbewertung nichtig (§ 256 Abs 5 Nr 1). Wenn nun der Jahresabschluss für das folgende Geschäftsjahr 02 den Vermögensgegenstand mit dem gleichen überhöhten Wert von 100 ausweist, so ist auch dieser Abschluss wegen Überbewertung nichtig. Wie aber verhält es sich, wenn der frühere Nichtigkeitsmangel in dem späteren Abschluss nicht wiederholt wird, also im Beispielsfall der Vermögensgegenstand in der Bilanz zum 31.12.2002 mit dem zutreffenden Wert von 60 erscheint oder auch gar nicht mehr, weil er verbraucht ist oder veräußert wurde, und der Jahresabschluss 02 auch sonst im Ergebnis richtig ist?

276 b) **Meinungsstand.** Zu den hier berührten Fragen hat der **Bundesgerichtshof** in einem Urteil von 1996 Stellung genommen. In jenem Fall hatte das Berufungsgericht den Jahresabschluss einer GmbH wegen Unterbewertung für nichtig erachtet (§ 256 Abs 5 Nr 2), weil Software-Lizenzen nicht aktiviert worden waren. Das Berufungsgericht hatte aber anscheinend den konkreten Jahresabschluss, um den es ging, und die zu Grunde liegenden Tatsachen gar nicht genau gewürdigt, sondern auf frühere Abschlüsse verwiesen, in denen die Lizenzen nicht erfasst worden waren, und zwar angeblich zu Unrecht. Dem ist der BGH entgegengetreten und hat ausgeführt, die **Nichtigkeit eines Jahresabschlusses habe „keine Auswirkungen" auf die Abschlüsse späterer Jahre.** Sie „beträfe allein die Jahre, in denen die ... GmbH ... Softwarelizenzen erworben hat, erstreckte sich aber mit Rücksicht auf den abschließenden Charakter der Nichtigkeitsvorschrift nicht auf die nachfolgenden Abschlüsse".[736]

---

fer in MünchKomm AktG[2] § 256, 66 und § 242, 7; ebenso zu § 242 *Casper* Die Heilung nichtiger Beschlüsse, 1998, S 120 f; *K Schmidt* oben § 242, 11.

734 OLG Düsseldorf AG 2003, 45, 46.

735 OLG Köln ZIP 1998, 994, 996 li Sp; *Zöllner* in Kölner Komm AktG[1] 107; *ders* FS Scherrer, 2004, S 355, 360; *Adler/Düring/Schmaltz*[6] 81 f; *Schwab* in K Schmidt/Lutter[2] 42; *Hüffer* in MünchKomm AktG[2] 81 f; *Hüffer*[9] 34; *Kropff* FS Budde, 1995, S 341 f; *Schulze-Osterloh* in Baumbach/Hueck GmbHG[18] § 42a, 33; *Schilling* in Voraufl Anm 3; *S Tielmann* Durchsetzung ordnungsmäßiger Rechnungslegung, 2001, S 141.

736 BGH NJW 1997, 196 f.

277 Dass die Nichtigkeit eines früheren Jahresabschlusses sich nicht in dem Sinne auf nachfolgende Abschlüsse „erstreckt", dass sie als solche zur Nichtigkeit der Folgeabschlüsse führen würde, ist heute weithin anerkannt.[737] Aber der weitergehende Satz des BGH, dass die Nichtigkeit eines Jahresabschlusses überhaupt „keine Auswirkungen" auf die Abschlüsse späterer Jahre habe, stößt in der Literatur überwiegend auf **Skepsis**. Die Vorbehalte speisen sich aus der Bestimmung des **§ 252 Abs 1 Nr 1 HGB**, wo es heißt, „[d]ie Wertansätze in der Eröffnungsbilanz des Geschäftsjahrs müssen mit denen der Schlussbilanz des vorhergegangenen Geschäftsjahrs übereinstimmen." Gemeint ist damit, dass die Wertansätze in der Schlussbilanz des abgelaufenen Geschäftsjahrs im folgenden Geschäftsjahr eins zu eins als Saldenvorträge auf den Bestandskonten der Buchführung wiederkehren müssen.[738] Das ist der **Grundsatz der Bilanzverknüpfung**, die oft auch als Bilanzidentität bezeichnet wird[739] oder als formelle Bilanzkontinuität[740] und im Steuerrecht auch als Bilanzzusammenhang.[741]

278 Dieses Gebot der Bilanzverknüpfung wird oft dahin verstanden, dass jeder Jahresabschluss auf einen bestandsfesten, also wirksam festgestellten Vorjahresabschluss aufbauen müsse.[742] Wenn es hieran fehlt, weil der frühere Jahresabschluss nichtig ist, sei deshalb allein der spätere Abschluss zwar nicht ebenfalls nichtig.[743] Aber er könne auch nicht rechtswirksam festgestellt werden, denn er baue nicht auf einem gültigen Vorabschluss auf und habe insofern keine feste Grundlage. Der Folgeabschluss **sei daher wegen Durchbrechung der Bilanzverknüpfung schwebend unwirksam** und könne erst wirksam werden, wenn für das Vorjahr ein wirksamer Jahresabschluss zustande komme,[744] und zwar unter Wahrung der zahlenmäßigen Bilanzverknüpfung.[745] Das könne durch Neuvornahme des früheren Abschlusses geschehen oder durch dessen Heilung. Kommt es hierzu, werde auch der Folgeabschluss wirksam, wenn aber nicht, sei dieser endgültig unwirksam.[746]

279 Die schwebende und dann möglicher Weise sogar endgültige Unwirksamkeit des Folgeabschlusses soll selbst dann eintreten, wenn der frühere Jahresabschluss nicht wegen in-

[737] OLG Köln ZIP 1998, 994, 996 li Sp; *Hüffer* in MünchKomm AktG[2] 81; *Hüffer*[9] 34; *Zöllner* in Kölner Komm AktG[1] 106; *Adler/Düring/Schmaltz*[6] 76 f; *Schwab* in K Schmidt/Lutter[2] 42; *Rölicke* in Spindler/Stilz[2] 94; *Schilling* in Voraufl Anm 3; *Kropff* FS Budde, 1995, S 341, 342; *Hense* Wpg 1993, 716, 717; *Kowalski* AG 1994, 502, 507 re Sp; *Haase* DB 1977, 241, 242 re Sp. **Anders** Baumbach/*Hueck* AktG[13] § 248, 4. Nicht eindeutig RGZ 64, 258, 259 f; RGZ 98, 112, 114; RGZ 120, 28, 31, 35; vgl hierzu *Zöllner* FS Scherrer, 2004, S 355, 357 f.

[738] *Adler/Düring/Schmaltz*[6] § 252 HGB, 11 mwN; *Zöllner* FS Scherrer, 2004, 355, 362.

[739] *Adler/Düring/Schmaltz*[6] § 252 HGB, 9 ff sowie § 256 AktG, 76; *Großfeld/Luttermann* Bilanzrecht[4] Rdn 326 f; 428 ff; *Hüffer* in MünchKomm AktG[2] 82; *Hense* Wpg 1993, 716, 717 ff.

[740] *Kropff* FS Budde, 1995, S 341 ff.

[741] *Heinicke* in L Schmidt EStG[29] § 4, 695 ff.

[742] *Kropff* FS Budde, 1995, S 341, 342 ff; *Zöllner* in Kölner Komm AktG[1] 109; auch *ders* FS Scherrer, 2004, S 355, 360 ff; *Schwab* in K Schmidt/Lutter[2] 42; *Rölike* in Spindler/Stilz[2] 95.

[743] *Kropff* FS Budde, 1995, S 341, 348 f; *Zöllner* in Kölner Komm AktG[1] 109; *ders* FS Scherrer, 2004, S 355, 360 ff; *Rölike* in Spindler/Stilz[2] 95; *Hüffer*[9] 34. Vgl aber auch oben Fn 737 aE.

[744] *Zöllner* FS Scherrer, 2004, S 355, 365 f; *ders* in Kölner Komm AktG[1] 109; *Kropff* FS Budde, 1995, S 348 ff; *Hüffer* in MünchKomm AktG[2] 82; *Schulze-Osterloh* in Baumbach/Hueck GmbHG[18] §42a, 33; *Schwab* in K Schmidt/Lutter[2] 42; *Rölike* in Spindler/Stilz[2] 95; *Hüffer*[9] 34; *Geist* DStR 1996, 306, 309 li Sp.

[745] *Rölike* in Spindler/Stilz[2] 95. Vgl auch unten Rdn 280.

[746] *Kropff* FS Budde, 1995, S 341, 348 ff; *Zöllner* in Kölner Komm AktG[1] 109; zustimmend *Hüffer* in MünchKomm AktG[2] 82; *Hüffer*[9] 34; für den Fall der Heilung auch *Rölike* in Spindler/Stilz[2] 95.

haltlicher Mängel nichtig ist, sondern nur wegen Prüfungsmängeln oder Verfahrensfehlern, denn auch hier fehle bis zur Heilung oder gültigen Neuvornahme des früheren Abschlusses ein bestandsfester, wirksam festgestellter Vorjahresabschluss als Grundlage.[747] In gleicher Weise wie der erste auf den nichtigen Jahresabschluss folgende Abschluss sollen **auch alle später nachfolgenden Abschlüsse schwebend unwirksam** sein.[748] Und ebenso wie die Jahresabschlüsse erfasse die schwebende Unwirksamkeit auch die hierauf beruhenden Gewinnverwendungsbeschlüsse,[749] das heißt die Aktionäre könnten auf der Grundlage dieser Beschlüsse keine Auszahlung verlangen,[750] und die Gesellschaft dürfe ihnen nichts zahlen,[751] wobei zum Teil Ausnahmen für den Fall vorgeschlagen werden, dass der ausgeschüttete Betrag auch im Falle einer Berichtigung des Jahresabschlusses mit hinreichender Sicherheit ausschüttungsfähig wäre.[752]

280 Die Möglichkeit, dass der Folgeabschluss durch gültige Neuvornahme oder Heilung des Vorjahresabschlusses wirksam wird, soll allerdings **nur** bestehen, **wenn** hierbei die **Bilanzverknüpfung** des Folgeabschlusses mit dem Vorjahresabschluss **zahlenmäßig gewahrt** wird. Ist das nicht der Fall, etwa weil der Vorjahresabschluss mit inhaltlichen Änderungen neu festgestellt wird, die von der Eröffnungsbuchung des Folgejahres abweichen, so soll dieser Verstoß gegen die Bilanzverknüpfung zur Nichtigkeit oder endgültigen Unwirksamkeit des Folgeabschlusses führen,[753] und gleiches soll dann auch für den hierauf beruhenden Gewinnverwendungsbeschluss gelten.[754]

281 Nach **anderer Auffassung** sollen dagegen die Nichtigkeit des Vorjahresabschlusses und auch Verstöße gegen das Gebot der Bilanzverknüpfung **weder** zur **Nichtigkeit noch** zu einer **schwebenden Unwirksamkeit der Folgeabschlüsse** führen.[755] Dass der Jahresabschluss für eine frühere Rechnungsperiode nichtig ist, hindere die Gesellschaft nicht, einen hieran anschließenden Abschluss wirksam festzustellen und auf dessen Grundlage einen Gewinnverwendungsbeschluss zu fassen. Die Gesellschaft müsse lediglich fortwirkende Fehler im letzten noch nicht festgestellten Jahresabschluss vermeiden, das heißt in laufender Rechnung korrigieren, und sie müsse auch die Folgen, die sich aus der Nichtigkeit des früheren Jahresabschlusses ergeben, im letzten noch offenen Jahresabschluss ergebniswirksam berücksichtigen, wie zum Beispiel steuerliche Mehrbelastungen oder Entlastungen oder auch Rückforderungsansprüche auf unrechtmäßig ausgezahlte Dividenden.[756]

282 c) **Keine Nichtigkeit oder schwebende Unwirksamkeit des Folgeabschlusses.** Die zuletzt skizzierte Mindermeinung löst die Probleme besser als die herrschende Auffassung, der zu Folge die Nichtigkeit des Vorjahresabschlusses regelmäßig auch den Folgeabschluss in Mitleidenschaft ziehen soll. Wenn der Vorjahresabschluss nichtig ist, so führt

---

747 *Zöllner* FS Scherrer, 2004, S 355, 366; *ders* in Kölner Komm AktG[1] 109; *Kropff* FS Budde, 1995, S 341, 347 f.

748 *Kropff* FS Budde, 1995, S 341, 350.

749 *Zöllner* FS Scherrer, 2004, S 355, 369 ff; *Kropff* FS Budde, 1995, S 341, 353.

750 *Zöllner* FS Scherrer, 2004, S 355, 370; *Kropff* FS Budde, 1995, S 341, 353.

751 *Kropff* FS Budde, 1995, S 341, 354 f.

752 *Zöllner* FS Scherrer, 2004, S 355, 371 ff. **Anders** *Kropff* FS Budde, 1995, S 341, 354 f.

753 *Zöllner* FS Scherrer, 2004, S 355, 365 f, auch 360 f; *ders* in Kölner Komm AktG[1] 108 f, 26; *Adler/Düring/Schmaltz*[6] 76 aE, 80; *Schilling* in Voraufl Anm 3; *Hense* Wpg 1993, 716, 718 re Sp, auch 719 li Sp, 722 re Sp; *Haase* DB 1977, 241, 242 re Sp; wohl auch *Kropff* FS Budde, 1995, S 341, 344 ff, insbesondere 349 f, 352, 355.

754 *Zöllner* FS Scherrer, 2004, S 355, 369 f, 371.

755 *W Müller* ZHR 168 (2005), 414, 423 ff.

756 *W Müller* ZHR 168 (2005), 414, 424 ff. „Bei unwesentlichen Differenzen" zustimmend *Hüffer*[9] 34.

dies für sich alleine nicht zur Nichtigkeit des Folgeabschlusses. Insoweit besteht heute zu Recht nahezu Einigkeit.[757] Die möglichen Gründe, aus denen ein Jahresabschluss nichtig sein kann, sind **in § 256 Abs 1–5** abschließend aufgezählt, und die **Nichtigkeit des Vorjahresabschlusses** ist dort **nicht genannt.**[758] Es würde auch dem Sinn und Zweck der gesetzlichen Heilungsmöglichkeiten widersprechen, die Nichtigkeit des Vorabschlusses auf den Folgeabschluss zu erstrecken. Denn die Heilungsfrist für den Folgeabschluss würde dann später beginnen und daher länger laufen als die Heilungsfrist für den Vorjahresabschluss, und so könnte die Nichtigkeit des Vorjahresabschlusses auf dem Umweg über die Folgeabschlüsse länger geltend gemacht werden, als die sechs Monate oder drei Jahre, die das Gesetz als Rahmen vorgibt.[759] Die Gesellschaft käme aus dem Dilemma nicht mehr heraus.

Auch aus dem Grundsatz der **Bilanzverknüpfung** (§ 252 Abs 1 Nr 1 HGB) lässt sich **283**
keine Nichtigkeit des Folgeabschlusses herleiten. Die Bilanzverknüpfung macht den Jahresabschluss zweischneidig in dem Sinne, dass sich die Vorteile und Nachteile einer höheren oder niedrigen Bewertung im folgenden Geschäftsjahr auf entgegengesetzte Weise auswirken.[760] Die Bilanzverknüpfung will „sicherstellen, dass Erträge und Aufwendungen und die damit verbundenen Gewinne nicht erfolgsneutral in Eröffnungsbuchungen untergehen und den Aktionären vorenthalten oder umgekehrt doppelt gutgebracht werden."[761] Vielmehr soll der Erfolg der Gesellschaft zumindest über einen längeren Zeitraum hinweg zutreffend abgebildet werden,[762] auch wenn es mit der periodengenauen Zuordnung dieses Gesamterfolgs vielleicht nicht immer zum Besten steht.[763] Das setzt nicht voraus, dass der Vorjahresabschluss rechtsverbindlich festgestellt worden ist. Es geht zudem in § 256 nicht um die Rechtswirksamkeit der Eröffnungsbuchung, sondern um die Rechtswirksamkeit der Abschlussfeststellung für das Folgejahr. Zwar ist einem nichtigen Vorjahresabschluss inhaltlich nicht zu trauen, und Fehler dieses Abschlusses können sich leicht in den Folgeabschlüssen fortsetzen. Das sind dann aber Angelegenheiten, die allein im Hinblick auf den Folgeabschluss untersucht werden müssen.

Die Nichtigkeit des Vorjahresabschlusses führt entgegen vorwaltender Ansicht **auch** **284**
nicht zu einer schwebenden **Unwirksamkeit** nachfolgender Abschlüsse.[764] Zwar ließen sich so die Heilungsprobleme (Rdn 282) in den Griff bekommen, denn wenn der nichtige Vorjahresabschluss heilt, könnte nach dieser Betrachtungsweise auch der Folgeabschluss wirksam werden.[765] Aber man darf **nicht** unter dem Deckbegriff der schwebenden Unwirksamkeit **zusätzliche Wirksamkeitshindernisse** für den Jahresabschluss **konstruieren,** die im Rahmen des § 256 nicht vorgesehen sind.

---

757 Siehe die Nw in Fn 737.

758 BGH NJW 1997, 196 f; OLG Köln ZIP 1998, 994, 996 li Sp; *Zöllner* in Kölner Komm AktG[1] 106; *Hüffer* in MünchKomm AktG[2] 81; *Adler/Düring/Schmaltz*[6] 76; *Kropff* FS Budde, 1995, S 341, 342; *Rölike* in Spindler/Stilz[2] 94; *Schilling* in Voraufl Anm 3.

759 Vgl *Kropff* FS Budde, 1995, S 341, 348 f; *Hüffer* in MünchKomm AktG[2] 82; auch *Zöllner* FS Scherrer, 2004, S 355, 363.

760 RFH RStBl 1930, 344 re Sp; *Großfeld/Luttermann* Bilanzrecht[4], 2005, Rdn 428 ff.

761 *W Müller* ZHR 168 (2005), 414, 425. Im selben Sinne *Kropff* FS Budde, 1995, S 341, 343 f.

762 *Großfeld/Luttermann* Bilanzrecht[4], 2005, Rdn 428 ff; *Adler/Düring/Schmaltz*[6] § 242 Rdn 9.

763 *Großfeld/Luttermann* Bilanzrecht[4], 2005, Rdn 430.

764 *W Müller* ZHR 168 (2005), 414, 424 ff. **Anders** die oben in Fn 744 ff Genannten.

765 *Kropff* FS Budde, 1995, S 341, 349; *Schwab* in K Schmidt/Lutter[2] 42; *Rölike* in Spindler/Stilz[2] 95; vgl auch *Hüffer* in MünchKomm AktG[2] 82 sowie die oben in Fn 746 Genannten.

285 Wenn allerdings auf Grund des nichtigen Vorjahresabschlusses im Folgejahr **Gewinn** ausgeschüttet wird, ist der Gewinnverwendungsbeschluss nichtig (§ 253 Abs 1 Satz 1), und bösgläubige Aktionäre müssen ihre Dividenden zurückzahlen (§ 62 Abs 1). Stellt die Gesellschaft diese Rückgewähransprüche nicht in die Bilanz des Folgejahrs ein, obwohl ihre Geltendmachung geboten ist und Erfolg verspricht, so ist das Gesellschaftsvermögen unterbewertet (vgl Rdn 100). Eine solche Unterbewertung führt nach § 256 Abs 5 Nr 2 zur Nichtigkeit des Folgeabschlusses, wenn hierdurch die Lage der Gesellschaft vorsätzlich unrichtig wiedergegeben oder verschleiert wird (Rdn 94 ff). Das hängt aber nicht unmittelbar mit der der Nichtigkeit des Vorjahresabschlusses zusammen und auch nicht mit der Bilanzverknüpfung.

d) Bereinigung früherer Inhaltsmängel im Folgeabschluss

286 **aa) Fallgestaltungen und Lösungsalternativen.** Das alles entbindet die Gesellschaft natürlich nicht von der Notwendigkeit, inhaltliche Fehler, die zur Nichtigkeit eines früheren Jahresabschlusses geführt haben, wieder zu beheben. Hierzu noch einmal das **Beispiel** von der Gesellschaft mit dem Vermögensgegenstand, dessen Wert im Geschäftsjahr 01 auf 60 gesunken ist, aber in der Bilanz 01 noch mit 100 ausgewiesen wurde, so dass der Jahresabschluss 01 wegen Überbewertung nichtig ist (Rdn 275). Will die Gesellschaft einen gültigen Jahresabschluss 02 zu Wege bringen, darf sie den Vermögensgegenstand in der Bilanz 02 nur mit 60 ansetzen; so viel steht fest. Wie aber kommt sie hierbei von dem früheren, überhöhten Wertansatz wieder herunter?

287 **Der gradlinigste Weg** geht dahin, an Stelle des nichtigen Jahresabschlusses 01 einen **neuen und fehlerfreien Jahresabschluss** für dieses Geschäftsjahr **festzustellen,** in dessen Bilanz der Wert des Vermögensgegenstands zutreffend mit 60 angesetzt ist, und diesen Wertansatz in die Eröffnungsbuchung für das anschließende Geschäftsjahr 02 zu übernehmen.[766] Dann ist gegen keinen der beiden Jahresabschlüsse etwas einzuwenden, und auch das Gebot der Bilanzverknüpfung ist gewahrt. Die Gesellschaft muss aber diesen Weg nicht unbedingt gehen, sondern kann je nach Sachlage auch den nichtigen Jahresabschlusses 01 stehen lassen und dessen Heilung abwarten (vgl Rdn 247 ff). In diesem Fall gibt es zwei Wege, um den unzulässig überhöhten Wertansatz im Folgeabschluss 02 zu bereinigen. Die Gesellschaft kann den Fehler in laufender Rechnung korrigieren, oder sie kann in Ausnahmefällen auch eine originäre, von der Vorjahresbilanz abgekoppelte Eröffnungsbuchung vornehmen.

288 **bb) Korrektur in laufender Rechnung.** Eine Korrektur von Vorjahresfehlern in laufender Rechnung des Folgejahrs würde im Beispielsfall bedeuten, dass die Gesellschaft den überhöhten Vorjahreswertansatz von 100 in die Eröffnungsbuchung für das **folgende Geschäftsjahr** übernimmt, und dann den Wertansatz des Vermögensgegenstands in diesem Geschäftsjahr **ergebnismindernd** auf den zutreffenden Betrag von 60 abschreibt.[767] Die Gesellschaft nimmt also die eigentlich schon im Vorjahr gebotene Abschreibung erst im Folgejahr vor. Das Gesamtergebnis der beiden Geschäftsjahre ist dann zutreffend abgebildet und die Bilanzverknüpfung gewahrt. Das Ergebnis ist allerdings unzutreffend auf die einzelnen Geschäftsjahre verteilt; für das Vorjahr sind 40 zu viel als Ergebnis ausgewiesen und für das Folgejahr 40 zu wenig. Das widerspricht dem Gebot des periodengerechten Gewinnausweises (§ 252 Abs 1 Nr 5, erfüllt aber im Hinblick auf den Folgeabschluss

---

[766] *Kropff* FS Budde, 1995, S 341, 355; *Zöllner* FS Scherrer, 2004, S 355, 367.

[767] So offenbar geschehen und gerichtlich nicht beanstandet im Fall OLG Köln ZIP 1998, 994, 996 li Sp.

keinen Nichtigkeitstatbestand nach § 256.[768] Die Periodenabgrenzung dient nicht im Sinne des § 256 Abs 1 Nr 1 ausschließlich oder überwiegend dem Gläubigerschutz (vgl Rdn 49, 289). Und auch ein Bewertungsfehler nach § 256 Abs 5 liegt nicht vor. Der Wertansatz für das Folgejahr ist zwar falsch ermittelt, aber das Ergebnis ist richtig. Die Gesellschaft muss allerdings den Abschreibungsaufwand als periodenfremd kenntlich machen.[769]

cc) **Abweichende Eröffnungsbuchung.** Eine andere denkbare Möglichkeit, wie inhaltliche Mängel und namentlich Bewertungsmängel des Vorjahresabschlusses im Folgeabschluss bereinigt werden können, besteht darin, dass die Gesellschaft im Folgejahr im Hinblick auf den Vermögensgegenstand eine originäre, vom Vorjahresabschluss abweichende Eröffnungsbuchung vornimmt. Im Beispielsfall erscheint dann der Vermögensgegenstand in der Bilanz 01 mit 100 (was zu viel war), aber in der Eröffnungsbuchung und in der Bilanz 02 nur mit 60 (was richtig ist). Parallel hierzu müssen dann in der Eröffnungsbuchung 02 auch Rücklage- oder Ergebnisvortragskonten herabgesetzt werden. Das weicht vom Grundsatz der Bilanzverknüpfung ab und ist daher **nach herrschender Auffassung handelsrechtlich unzulässig,**[770] fällt **aber** ebenfalls **nicht** unter den enumerativen Katalog der **Nichtigkeit**sgründe nach § 256. Die Bilanzverknüpfung schützt nicht nach § 256 Abs 1 Nr 1 spezifisch die Gesellschaftsgläubiger,[771] sondern dient ganz allgemein der zutreffenden Ermittlung und Abbildung des Ergebnisses. Der Grundsatz der Bilanzverknüpfung gehört nach der Gesetzesüberschrift vor § 252 HGB zu den „Bewertungsvorschriften". Und wegen Verstoßes gegen Bewertungsvorschriften ist ein Jahresabschluss nach § 256 Abs 5 AktG nur dann nichtig, wenn Bilanzposten überbewertet oder vorsätzlich irreführend unterbewertet sind. Das ist hier nicht der Fall. **289**

Abweichungen von den allgemeinen Bewertungsgrundsätzen und auch vom Grundsatz der Bilanzverknüpfung sind sogar **in begründeten Ausnahmefällen erlaubt** (§ 252 Abs 2 HGB). Wenn die Gesellschaft ein berechtigtes Interesse hat, den Weg über eine abweichende Eröffnungsbuchung zu gehen, darf das Recht ihr diesen Weg nicht verbauen.[772] Eine originäre Anfangsbuchung darf allerdings **nicht ergebnisneutral** erfolgen,[773] denn sonst würde das Gesamtergebnis der beiden betroffenen Geschäftsjahre falsch abgebildet. Im Beispielsfall würde der Abschreibungsaufwand in keinem der beiden Jahre ausgewiesen. Originäre Anfangsbuchungen müssen aber nicht notwendig ergebnisneutral sein. Die Gesellschaft kann und muss vielmehr den Unterschiedsbetrag zwischen dem überhöhten Bilanzausweis im Vorjahr und der zahlenmäßig richtigen ori- **290**

---

768 OLG Köln ZIP 1998, 994, 996 li Sp; *Adler/Düring/Schmaltz*[6] 80, auch 93; *Kropff* FS Budde, 1995, S 341, 358.

769 *Adler/Düring/Schmaltz*[6] 93. Ebenso für die Korrektur von Abschlussfehlern unterhalb der Nichtigkeitsschwelle *Th Kaiser* Berichtigung und Änderung des handelsrechtlichen Jahresabschlusses, 2000, S 322.

770 IDW RS HFA 6, Änderung von Jahres- und Konzernabschlüssen, WPg Supplement 2/2007, 77, Rdn 27; *Adler/Düring/Schmaltz*[6] § 252 HGB, 12, 20; *Kropff* FS Budde, 1995, S 341, 345 f, 358. **Anders** *Hense* Wpg 1993, 716, 718 f, allerdings nur für den Fall, dass dann der Vorjahresabschluss entsprechend neu ins Werk gesetzt wird.

771 *W Müller* ZHR 168 (2005), 414, 424. **Anders** *Kropff* FS Budde, 1995, S 341, 343 ff; *Adler/Düring/Schmaltz*[6] 76; *Schwab* in K Schmidt/Lutter[2] 7; *Zöllner* in Kölner Komm AktG[1] 26 (zweifelnd aber *ders* FS Scherrer, 2004, 355, 360 f); *Rölike* in Spindler/Stilz[2] 95; hiervon ausgehend auch *Hense* Wpg 1993, 716, 718 re Sp.

772 Im gleichen Sinne *Schulz* in Bürgers/Körber 24; *Schedlbauer* DB 1992, 2097, 2103 re Sp; ähnlich, doch im Ergebnis stark einschränkend *Hense* Wpg 1993, 716, 718 re Sp (vgl oben Fn 770 aE). **Anders** *Adler/Düring/Schmaltz*[6] § 252 HGB, 20; *Kropff* FS Budde, 1995, S 341, 345 f.

773 Insoweit zutreffend *Kropff* FS Budde, 1995, S 341, 346.

ginären Eröffnungsbuchung im Folgejahr in der Gewinn- und Verlustrechnung für das Folgejahr ergebnismindernd erfassen und dies als periodenfremd kenntlich machen. Sehr häufig werden indessen die Fälle nicht sein, in denen so etwas einen Sinn ergibt und daher ausnahmsweise zulässig ist.

291 e) **Ergebnisse.** Die Nichtigkeit des Jahresabschlusses hat nach den zutreffenden Worten des BGH „keine Auswirkungen" auf die Abschlüsse späterer Jahre (Rdn 276), das heißt keine unmittelbaren Auswirkungen auf deren Gültigkeit. Der Folgeabschluss ist nicht nichtig, und er ist entgegen herrschender Auffassung auch nicht schwebend unwirksam. Wird der nichtige Vorjahresabschluss nicht neu ins Werk gesetzt, so sind Fehler des Vorjahresabschlusses im Folgeabschluss zu bereinigen. Dies muss grundsätzlich durch eine Korrektur in laufender Rechnung geschehen und berührt die Wirksamkeit des Folgeabschlusses nicht. In Ausnahmefällen sollte man auch eine originäre Eröffnungsbuchung gelten lassen, die allerdings ergebniswirksam sein muss. So kommt die Gesellschaft von den Fehlern der Vergangenheit wieder los.

IV. Rechtspolitische Bewertung der Norm

292 Die Regeln des § 256 über die Nichtigkeit des festgestellten Jahresabschlusses muten fast gespenstisch an. Alle scheuen ihre Auswirkungen, gerade auch der Gesetzgeber, der die Nichtigkeitsgründe seit Jahrzehnten immer mehr eingrenzt, so als wolle er die Geister bändigen, die sein eigenes Werk hervorbringt (vgl Rdn 6 ff). Da fragt man sich schon, **was das Ganze eigentlich noch soll**, und weshalb der Sprengsatz der Nichtigkeit des Jahresabschlusses überhaupt in das Gesetz eingefügt worden ist.

293 Dass ein festgestellter Jahresabschluss nichtig sein kann (§ 256), folgt im deutschen Aktienrecht daraus, dass die Gesellschaftsorgane den Jahresabschluss durch **Beschlüsse** feststellen, denn Beschlüsse sind **Rechtsgeschäfte**, die nichtig sein können. Die Beschlussförmigkeit und überhaupt die rechtsgeschäftliche Betrachtungsweise hängen mit den Zuständigkeiten und dem **Verfahren** der Gewinnermittlung und Gewinnverwendung in der Aktiengesellschaft zusammen. Alle drei Gesellschaftsorgane müssen hieran in Deutschland abgestimmt mitwirken (vgl Rdn 17). Hätte man dagegen nur ein einziges Gesellschaftsorgan, das Rechnung legt und ausschüttet, wie im amerikanischen Rechtskreis der board of directors, gäbe es viel weniger Anlass, von einer Feststellung des Jahresabschlusses als Rechtsgeschäft zu sprechen, und nach dessen Wirksamkeit oder Unwirksamkeit zu fragen. Man könnte die Folgen von Regelverstößen direkter und spezifischer fassen, etwa dass die Aktionäre unrechtmäßig ausgewiesene und ausgeschüttete Dividenden erstatten müssen, wenn sie bösgläubig waren, und dass die directors der Gesellschaft auf Schadensersatz haften.[774]

294 Die Nichtigkeit des Jahresabschlusses und eines hierauf fußenden Gewinnverwendungsbeschlusses ergeben im Kern einen **Sinn**, soweit es um die Ausschüttungsbemessungsfunktion des Jahresabschlusses und um den **Gläubigerschutz** durch Kapitalerhaltung geht (§ 57 und hierzu oben Rdn 21 f, 29, 47, 53). Das sind die Fälle der Nichtigkeit des Jahresabschlusses wegen Überbewertung von Bilanzposten (§ 256 Abs 5 Nr 1) oder wegen

[774] Vgl zum US-Recht *Eisenberg* Corporations and other Business Organizations – Cases and Materials[9], 2005, Chapter XIII Section 6, S 1251 (Liability of Directors for Improper Dividends) und Section 7, S 1252 ff (Liability of Shareholders for Improper Dividends).

sonstiger Verstöße gegen Gläubiger schützende Vorschriften (§ 256 Abs 1 Nr 1), auch gegen Gläubiger schützende Rücklageregeln (§ 256 Abs 1 Nr 4, Rdn 112 ff). Es dürfen keine Scheingewinne an die Aktionäre ausgeschüttet werden. Über diesen notwendigen Kernbereich des Gläubigerschutzes geht die Nichtigkeit des Jahresabschlusses allerdings hinaus,[775] denn sie sperrt Gewinnausschüttungen auch insoweit, als diese bei richtiger Rechnungslegung zulässig wären. Das kann Probleme bereiten (Rdn 260 ff). Aber im Großen und Ganzen rechtfertigt der Gläubigerschutz die Nichtigkeit des Jahresabschlusses.

Zum Schutz von Ausschüttungsinteressen der Aktionäre ist demgegenüber die Nichtigkeit des Jahresabschlusses und der Gewinnausschüttung **keine sinnvolle Sanktion.** **295** Wenn die Gesellschaft ihren Ausschüttungsspielraum im Jahresabschluss unzulässig verkürzt, insbesondere durch eine Unterbewertung von Bilanzposten (§ 256 Abs 5 Nr 2), und deshalb die Aktionäre möglicher Weise zu wenig Dividenden bekommen, ist dies kein Grund, der Ausschüttung die Geltungsgrundlage zu entziehen und den Aktionären die Dividenden vorzuenthalten oder wieder wegzunehmen. Der angemessene Schutzbehelf ist hier vielmehr die Sonderprüfung wegen unzulässiger Unterbewertung (§§ 258–261a und oben Rdn 23 f, 93).

Und gerade auch soweit es um die **Informationsfunktion** des Jahresabschlusses geht, **296** hat die Nichtigkeit als Sanktion einen zweifelhaften Wert (Rdn 26). Das betrifft den Verstoß gegen Gliederungsvorschriften (§ 256 Abs 4), manche Verstöße gegen die Rücklageregeln (§ 256 Abs 1 Nr 4, Rdn 116, 119 f) und auch die Unterbewertung von Bilanzposten (§ 256 Abs 5 Nr 2, Rdn 26, 93). Hier werden zwei Ebenen miteinander verwoben, die sich stark voneinander unterscheiden und deshalb besser entkoppelt geregelt werden sollten, nämlich die informationelle Ebene (Informationsfunktion) und die rechtsgeschäftliche Geltungsebene (Ausschüttungsbemessungsfunktion) des Jahresabschlusses. Statt den Jahresabschluss einfach zu zerschlagen, sollte das Gesetz den Aktionären **besser** ein Recht zur **Sonderprüfung** geben, gleichsam ein privatrechtliches und innergesellschaftliches Enforcement-Verfahren (vgl Rdn 239 ff).

Die Bestimmung des § 256 und die in Deutschland verwurzelte Vorstellung von der **297** Feststellung des Jahresabschlusses als Rechtsgeschäft haben aber außer der Nichtigkeit des Jahresabschlusses noch eine andere und wesentliche Seite. Das komplementäre Gegenstück zur Nichtigkeit ist nämlich die **Bestandsfestigkeit.** Wenn keiner der in § 256 abschließend aufgezählten Nichtigkeitsgründe vorliegt, können der Jahresabschluss und ein hierauf fußender Gewinnausschüttungsbeschluss gesellschaftsrechtlich nicht angegriffen werden. Hierin liegt letzten Endes der **Sinn und Zweck des § 256.** Festgestellte Jahresabschlüsse sollen möglichst bestandsfest und verlässlich sein.

§ 257
Anfechtung der Feststellung des Jahresabschlusses durch die Hauptversammlung

(1) Die Feststellung des Jahresabschlusses durch die Hauptversammlung kann nach § 243 angefochten werden. Die Anfechtung kann jedoch nicht darauf gestützt werden, dass der Inhalt des Jahresabschlusses gegen Gesetz oder Satzung verstößt.

[775] Vgl zum GmbH-Recht *Claussen* FS Semler, 1993, 97, 101 ff.

(2) Für die Anfechtung gelten die §§ 244 bis 246, 247 bis 248a. Die Anfechtungsfrist beginnt auch dann mit der Beschlussfassung, wenn der Jahresabschluss nach § 316 Abs. 3 des Handelsgesetzbuchs erneut zu prüfen ist.

Übersicht

Schrifttum: Siehe bei § 256

I. Grundlagen

1. Inhalt, Systematik und Zweck der Regelung

1 § 257 **betrifft** die **Ausnahmefälle,** in denen der Jahresabschluss nicht vom Vorstand und Aufsichtsrat festgestellt wird, sondern durch die **Hauptversammlung.** Das ist der Fall, wenn Vorstand und Aufsichtsrat es so beschließen oder wenn der Aufsichtsrat den Jahresabschluss nicht billigt (§ 173), und ebenso verhält es sich beim bilanziellen Rückbezug von Kapitalveränderungen (§§ 234 Abs 2, 235), im Abwicklungsstadium (§ 270 Abs 2) und in der Kommanditgesellschaft auf Aktien (§ 286 Abs 1). Hauptversammlungsbeschlüsse können im Allgemeinen „wegen Verletzung des Gesetzes oder der Satzung durch Klage angefochten werden" (§ 243 Abs 1), und außerdem wegen Strebens nach unrechtmäßigen Sondervorteilen (§ 243 Abs 2). Das gilt grundsätzlich auch für Beschlüsse über die Feststellung des Jahresabschlusses, wie § 257 Abs 1 Satz 1 und Abs 2 Satz 1 klarstellen. Allerdings kommen hier Besonderheiten der Abschlussfeststellung zum Tragen und vor allem auch Einschränkungen. Insbesondere kann ein Beschluss der Hauptversammlung über die Feststellung des Jahresabschlusses nur wegen Verfahrensfehlern und rechtswidrigen Beschlusszwecken angefochten werden. Das ist der Kerngehalt des § 257.

2. Ausschluss der Anfechtung wegen Inhaltsmängeln (Abs 1 Satz 2)

2 Wollte man es bei der Feststellung des Jahresabschlusses durch die Hauptversammlung mit den allgemeinen Regeln über die Anfechtung von Hauptversammlungsbeschlüssen bewenden lassen, so würde grundsätzlich jede Gesetzesverletzung und namentlich jeder inhaltliche Mangel des Jahresabschlusses zur Anfechtbarkeit des Feststellungsbeschlusses führen, denn wenn der Jahresabschluss gesetzwidrig ist, verstößt auch ein

Beschluss, der diesen Abschluss feststellt, gegen das Gesetz. Einer so weit gehenden Anfechtung schiebt **§ 257 Abs 1 Satz 2** jedoch einen Riegel vor und **schließt** bei Hauptversammlungsbeschlüssen über die Feststellung des Jahresabschlusses **inhaltliche Mängel** des Abschlusses **als Anfechtungsgrund** ausdrücklich **aus.** Die Folgen inhaltlicher Abschlussmängel werden vielmehr ausschließlich und einheitlich nach § 256 beurteilt. Liegt einer der dort abschließend aufgezählten Mängel vor, so ist die Feststellung des Jahresabschlusses nichtig und die Nichtigkeitsklage gegeben; ansonsten lassen Inhaltsmängel die Feststellung unberührt. Es gibt also **auf der Inhaltsebene nur gültige oder nichtige Beschlüsse** über die Feststellung des Jahresabschlusses und keine dazwischen liegende Anfechtbarkeit (siehe auch § 256 Rdn 4, 197). Auf diese Weise schützt das Gesetz den Bestand festgestellter Jahresabschlüsse und stiftet Rechtsklarheit und -sicherheit.[1]

3. Ausschluss der Anfechtung wegen Prüfungsmängeln

Als Anfechtungsgründe **ausgeschlossen** sind bei Hauptversammlungsbeschlüssen über die Feststellung des Jahresabschlusses in entsprechender Anwendung des § 257 Abs 1 Satz 2 auch Prüfungsmängel. Zwar ließe sich geltend machen, dass ein Hauptversammlungsbeschluss, der einen prüfungspflichtigen, aber nicht oder unzulänglich geprüften Jahresabschluss feststellen will, gegen das Gesetz verstößt und folglich nach allgemeinen Regeln zumindest anfechtbar wäre (§§ 257 Abs 1 Satz 1, 243 Abs 1) und bei schweren Verstößen sogar nach § 241 Nr 3 wegen Verstoßes gegen das öffentliche Interesse nichtig. Eine so weit gehende Anfechtbarkeit und Nichtigkeit stünde jedoch in einem Wertungswiderspruch zu § 256 Abs 1 Nr 2–3, wo die Prüfungsmängel, die der Gültigkeit des Jahresabschlusses entgegenstehen, abschließend aufgezählt sind. Man muss daher auch die Folgen von Prüfungsmängeln für die Wirksamkeit des Jahresabschlusses abschließend nach § 256 beurteilen und solche Mängel als Anfechtungsgrund ausschließen. 3

II. Anfechtungsgründe (Abs 1 Satz 1)

1. Allgemeine Verfahrensfehler

a) **Beschlussverfahren der Hauptversammlung.** Ein Beschluss der Hauptversammlung über die Feststellung des Jahresabschlusses kann somit nach § 243 Abs 1 und § 257 Abs 1 Satz 1 **im Wesentlichen nur wegen Verfahrensfehlern** angefochten werden[2] (daneben aber auch wegen rechtswidriger Beschlusszwecke, siehe Rdn 14). Maßgebend sind die allgemeinen Verfahrensregeln für Hauptversammlungsbeschlüsse.[3] Besonders schwere Einberufungs- und Beurkundungsmängel führen bereits zur Nichtigkeit des Feststellungsbeschlusses und damit des Jahresabschlusses (§ 256 Abs 3 Nr 1–2 und dort Rdn 197 ff). Auch wenn die Hauptversammlung über die Feststellung des Jahresabschlusses beschließt, 4

---

[1] *Rölike* in Spindler/Stilz[2] 1 f; *Heidel* in Heidel, Aktienrecht und Kapitalmarktrecht[3] § 257, 1; *Hüffer*[9] 2.

[2] *Adler/Düring/Schmaltz*[6] 1; *Rölike* in Spindler/Stilz[2] 14; ähnlich *Hüffer* in MünchKomm AktG[2] 4 ff; *Zöllner* in Kölner Komm AktG[1] 1, 7; *Hüffer*[9] 3 f; *Geßler* FS Goerdeler, 1987, S 127, 144. Im gleichen Sinne der Bericht des Abgeordneten Dr. Wilhelmi zum RegE AktG, zu BT-Drucks IV/3296 v 28.4.1965, zu §§ 247 bis 250b RegE, S 43 li Sp = Kropff (Hrsg), AktG, 1965, S 343 („... kann aber mit der Anfechtung ... nur ein Mangel der Beschlussfassung geltend gemacht werden").

[3] *Schwab* in K Schmidt/Lutter[2] 2; *Hüffer* in MünchKomm AktG[2] 5; *Adler/Düring/Schmaltz*[6] 4; *Hüffer*[9] 3; *Zöllner* in Kölner Komm AktG[1] 2 aE. Ausführlich zum Ganzen *K Schmidt* oben § 243, 21 ff.

ohne hierzu berufen zu sein, ist ein solcher kompetenzwidriger Hauptversammlungsbeschluss nach allgemeinen Regeln nichtig, und dann ist der festgestellte Jahresabschluss ebenfalls nichtig (§ 256 Rdn 206).

5 Als Verfahrensfehler, die den Hauptversammlungsbeschluss über die Feststellung des Jahresabschlusses lediglich anfechtbar machen, kommen etwa sonstige, weniger schwer wiegende Fehler bei der **Einberufung** der Hauptversammlung in Betracht,[4] wie zum Beispiel die Nichteinhaltung der Einberufungsfrist (§ 123 Abs 1) oder Mängel bei der Bekanntmachung der Vorschläge zur Beschlussfassung (§ 124 Abs 3–4). Anfechtungsgründe können des Weiteren eine Verletzung des **Teilnahmerechts** sein[5] oder andere Verfahrensverstöße bei der Versammlungsleitung, Aussprache und Abstimmung, etwa wenn Aktionäre vom Stimmrecht ausgeschlossen sind, aber ihre Stimmen trotzdem mitgezählt werden.[6]

6 b) **Informationsmängel.** Anfechtungsgrund ist auch die **Nichterfüllung eines berechtigten Auskunftsverlangens** (§ 131).[7] Das Auskunftsrecht in der Hauptversammlung ist sogar bei der Beschlussfassung über die Feststellung des Jahresabschlusses erheblich erweitert (§ 131 Abs 3). Die Aktionäre können hier etwa auch Auskunft über stille Reserven verlangen (§ 131 Abs 3 Nr 3) oder über die Bilanzierungs- und Bewertungsmethoden, auch soweit ansonsten deren Angabe im Anhang zum Jahresabschluss ausreichen würde (§ 131 Abs 3 Nr 4). Wenn also der Jahresabschluss inhaltlich fehlerhaft ist, und der Vorstand auf Nachfrage leugnet oder verschleiert, riskiert er die Anfechtung. **So können inhaltliche Mängel** des Jahresabschlusses, die als solche kein Anfechtungsgrund sind (Rdn 2), verfahrensmäßig **über Eck** doch wieder auf die Wirksamkeit der Abschlussfeststellung **durchschlagen.**[8] Die Einleitung eines Auskunftserzwingungsverfahrens nach § 132 ist für die Anfechtung nicht Voraussetzung.[9] Ein solches Verfahren schließt die Anfechtung aber auch nicht aus.[10] Und die Entscheidung im Auskunftserzwingungsverfahren ist für den Anfechtungsprozess nicht bindend,[11] denn in jenem Verfahren geht es nur um den individuellen Auskunftsanspruch des Antrag stellenden Aktionärs, im Anfechtungsprozess dagegen um die objektive Rechtskontrolle mit Wirkung für und gegen alle.[12] Der Anfechtungsprozess kann allerdings nach § 148 ZPO bis zur Entscheidung im Auskunftserzwingungsverfahren ausgesetzt werden.[13]

---

4 *Zöllner* in Kölner Komm AktG[1] 8; *Hüffer* in MünchKomm AktG[2] 5; *Adler/Düring/Schmaltz*[6] 3; *Rölike* in Spindler/Stilz[2] 9; *Heidel* in Heidel, Aktienrecht und Kapitalmarktrecht[3] § 257, 6 (mit Auflistung); *Hüffer*[9] 3.

5 *Zöllner* in Kölner Komm AktG[1] 8; *Adler/Düring/Schmaltz*[6] 4.

6 OLG Stuttgart AG 1992, 459, 460 li Sp.

7 *Hüffer* in MünchKomm AktG[2] 6; *Rölike* in Spindler/Stilz[2] 9; *Hüffer*[9] 3; *Zöllner* in Kölner Komm AktG[1] 8; *Adler/Düring/Schmaltz*[6] 4.

8 Ebenso *Adler/Düring/Schmaltz*[6] 5.

9 *Hüffer*[9] 3. Ebenso zu § 243 BGHZ 86, 1, 3 ff = NJW 1983, 878 (betr Anfechtung von Entlastungsbeschlüssen und einer Prüferwahl); *K Schmidt* oben § 243, 34; *Hüffer* in MünchKomm AktG[2] § 243, 115; *Schwab* in K Schmidt/Lutter[2] § 243, 9 mit Nachweisen auch zur teilweise vertretenen Gegenansicht.

10 In diesem Sinne *Hüffer* in MünchKomm AktG[2] § 243, 114.

11 BGH WM 2009, 2085, 2089 li Sp (Tz 22); LG Frankenthal AG 1989, 253, 255 re Sp; *Schwab* in K Schmidt/Lutter[2] § 243, 9; *Hüffer* in MünchKomm AktG[2] § 243, 115; *Hüffer*[9] § 132, 2. **Anders** OLG Stuttgart AG 1992, 459 li Sp (zu § 257); *K Schmidt* oben § 243, 34.

12 So die treffende Formulierung von *Schwab* in K Schmidt/Lutter[2] § 243, 9.

13 *K Schmidt* oben § 243, 34; *Hüffer* in MünchKomm AktG[2] § 243, 115; *Hüffer*[9] § 132, 2. Eher in **anderem** Sinne LG Frankenthal AG 1989, 253, 255 re Sp (jedenfalls keine Pflicht zur Aussetzung).

c) **Relevanz des Verfahrensfehlers.** Voraussetzung für die Anfechtbarkeit eines Hauptversammlungsbeschlusses über die Feststellung des Jahresabschlusses ist ebenso wie bei anderen Hauptversammlungsbeschlüssen die Relevanz des Verfahrensfehlers.[14] Sie liegt insbesondere vor, wenn der Verfahrensfehler für das Ergebnis der Beschlussfassung ursächlich (kausal) geworden ist, wie zum Beispiel bei falscher Stimmenauszählung. Darüber hinaus ist ein Verfahrensfehler aber auch schon dann anfechtungsrelevant, wenn er mitgliedschaftliche Teilhaberechte der Aktionäre verletzt, und wenn die Einhaltung der verletzten Verfahrensregeln aus Sicht eines vernünftigen Aktionärs für die Beschlussfassung wichtig ist, so dass die Verletzung dieser Regel nach deren **Schutzzweck** die Anfechtbarkeit rechtfertigt.[15] Oder wie es im Gesetz hinsichtlich der Beeinträchtigung von Informationsrechten der Aktionäre heißt: „wenn ein objektiv urteilender Aktionär die Erteilung der Information als wesentliche Voraussetzung für die sachgerechte Wahrnehmung seiner Teilnahme- und Mitgliedschaftsrechte angesehen hätte" (§ 243 Abs 4 Satz 1).[16] Dieser Relevanzmaßstab lässt sich vom Grundgedanken her auch auf die Einhaltung anderer Verfahrensregeln übertragen.[17] Wenn ein objektiv urteilender Aktionär die Einhaltung einer Verfahrensregel als wesentliche Voraussetzung für die sachgerechte Wahrnehmung seiner Teilnahme- und Mitgliedschaftsrechte ansieht, macht die Verletzung der Verfahrensregel den Beschluss anfechtbar. Das gilt auch für die Feststellung des Jahresabschlusses. 7

2. Besondere Verfahrensfehler mit Bezug zum Jahresabschluss

a) **Ab Einberufung der Hauptversammlung.** Für Beschlüsse der Hauptversammlung über die Feststellung des Jahresabschlusses gelten zusätzlich zu den allgemeinen Regeln spezielle Verfahrensanforderungen, die einen besonderen Bezug zum Jahresabschluss und seiner Feststellung haben. Ab der Einberufung einer ordentlichen Hauptversammlung müssen der Jahresabschluss, der Lagebericht und weitere Unterlagen im Geschäftsraum der Gesellschaft zur Einsicht für die Aktionäre **ausliegen,** und auf Verlangen ist jedem Aktionär eine **Abschrift** zu erteilen (§ 175 Abs 2 Satz 1–2), wenn diese Dokumente nicht für denselben Zeitraum über die Internetseite der Gesellschaft **zugänglich** sind (§ 175 Abs 2 Satz 4). Letzteres ist bei börsennotierten Gesellschaften Pflicht (§ 124a Nr 3). All das gilt gerade auch für die Hauptversammlung, die den Jahresabschluss feststellen soll (§ 175 Abs 3 Satz 1). 8

Ein Verstoß gegen diese Regeln führt nach §§ 243 Abs 1 und 257 Abs 1 Satz 1 zur Anfechtbarkeit des Feststellungsbeschlusses,[18] wenn der Verfahrensfehler relevant ist[19] 9

---

14 *Rölike* in Spindler/Stilz² 10; *Hüffer* in MünchKomm AktG² 5; *Hüffer*⁹ 3. Insoweit veraltet *Adler/Düring/Schmaltz*⁶ 2.

15 Vgl zu § 243 Abs 1 BGHZ 160, 385, 392; BGHZ 153, 32, 36 f; BGHZ 149, 158, 164 f; BGH WM 2010, 1502, 1504 re Sp (Tz 20); KG WM 2009, 412, 415; *K Schmidt* oben § 243, 21 ff; *Schwab* in K Schmidt/Lutter² § 243, 35; *Hüffer*⁹ § 243, 12 ff.

16 Ausführlich hierzu *Noack/Zetzsche* ZHR 170 (2006), 218 ff.

17 *Schwab* in K Schmidt/Lutter² § 243, 35. Vgl auch BGHZ 149, 158, 164 f, betr Beschlussvorschlag nach § 124 Abs 3 Satz 1; OLG München ZIP 2009, 718, 720, betr Anfechtung von Entlastungsbeschlüssen wegen fehlender Entsprechungserklärung nach § 161 zum DCGK.

18 *Zöllner* in Kölner Komm AktG¹ 9; *Hüffer* in MünchKomm AktG² 7; *Schwab* in K Schmidt/Lutter² 2 f; *Rölike* in Spindler/Stilz² 12; *Hüffer*⁹ 4; *Adler/Düring/Schmaltz*⁶ 8; *Schulz* in Bürgers/Körber 3; *Schilling* in Voraufl Anm 3; auch schon *A Hueck* Anfechtbarkeit und Nichtigkeit von Generalversammlungsbeschlüssen bei Aktiengesellschaften, 1924, S 109.

19 *Hüffer* in MünchKomm AktG² 7; *Hüffer*⁹ 4 aE; auch *Rölike* in Spindler/Stilz² 12.

(vgl Rdn 7). Soweit es um die Erteilung von Abschriften geht, hat allerdings die Gesellschaft ihre Pflicht mit der Absendung erfüllt; das Risiko des Zugangs trägt der Aktionär.[20] In diesen Zusammenhängen kann auch der **Lagebericht** eine Rolle spielen. Er ist zwar nicht Bestandteil des festzustellenden Jahresabschlusses, bildet aber oft eine wichtige Informationsquelle für die Entscheidung über dessen Feststellung. Wenn daher der Lagebericht den Aktionären nicht zugänglich gemacht wird oder fehlerhaft ist, und damit wesentliche Informationen den Aktionären vorenthalten oder verfälscht werden, macht dies den Feststellungsbeschluss anfechtbar[21]. Entsprechendes gilt für einen fehlenden oder fehlerhaften Konzernabschluss[22] sowie für andere Elemente der Rechenschaftslegung, wenn diese für die Beurteilung des Jahresabschlusses wesentlich sind (vgl § 256 Rdn 190).

10 b) **Auf der Hauptversammlung.** Der Vorstand muss die genannten **Unterlagen**, also insbesondere wiederum den Jahresabschluss und den Lagebericht, des Weiteren **der Versammlung zugänglich machen** (§ 176 Abs 1 Satz 1), das heißt die Dokumente müssen auf der Versammlung in Papierform ausgelegt werden oder für die Versammlungsteilnehmer elektronisch (z B über bereitgestellte Monitore) abrufbar sein.[23] Auch ein Verstoß hiergegen führt zur Anfechtbarkeit des Hauptversammlungsbeschlusses über die Feststellung des Jahresabschlusses,[24] wenn er relevant ist[25] (§ 243 Abs 4 Satz 1).

11 Zu Beginn der Verhandlung „soll" der Vorstand außerdem seine Vorlagen erläutern (§ 176 Abs 1 Satz 2) und hierbei (außer bei Kreditinstituten) auch zu einem Jahresfehlbetrag oder einem Verlust Stellung nehmen, der das Jahresergebnis wesentlich beeinträchtigt hat (§ 176 Abs 1 Satz 3–4). Darüber hinaus soll der Vorsitzende des Aufsichtsrats den Bericht des Aufsichtsrats gegenüber der Versammlung erläutern (§ 176 Abs 1 Satz 2). Eine **Verletzung** dieser **Erläuterungspflichten** führt nach überwiegender Ansicht nicht zur Anfechtbarkeit des Feststellungsbeschlusses,[26] weil die Pflicht im Gesetz nur als Sollvorschrift formuliert ist.[27] Das ist in der Begründung zu vereinfacht, denn Sollvorschriften sind verbindliche Rechtsregeln, von denen nur aus besonderen Gründen abgewichen werden darf.[28] Den Aktionären ist es jedoch möglich und grundsätzlich auch

---

[20] *Hüffer* in MünchKomm AktG[2] 7; *Zöllner* in Kölner Komm AktG[1] 9.

[21] *Zöllner* in Kölner Komm AktG[1] 12 f; *Schulz* in Bürgers/Körber 3; *Hüffer*[9] 6; *Heidel* in Heidel, Aktienrecht und Kapitalmarktrecht[3] § 257, 4; vgl in diesem Sinne auch BGH AG 2008, 83, 85, betr Anfechtbarkeit eines Gewinnverwendungsbeschlusses wegen Fehlens des Lageberichts als Informationsquelle. **Anders** *Rölike* in Spindler/Stilz[2] 14.

[22] *Heidel* in Heidel, Aktienrecht und Kapitalmarktrecht[3] § 257, 6; einschränkend *Adler/Düring/Schmaltz*[6] § 257, 5, vgl auch § 256, 1 aE.

[23] RegE ARUG, BT-Drucks 16/11642 v 21.1.2009, Anlage 1, Begründung zu Art 1 Nr 5a bb (betr § 52 Abs 2 Satz 4), S 25 li Sp, sowie hierauf Bezug nehmend Begründung zu Art 1 Nr 23 (betr § 176), S 35 re Sp; vgl zum Gehalt dieser Informationspflichten auch OLG Stuttgart DB 2009, 1521, 1527.

[24] OLG Stuttgart DB 2009, 1521, 1527; *Zöllner* in Kölner Komm AktG[1] 10; *Hüffer* in MünchKomm AktG[2] 8; *Schwab* in K Schmidt/ Lutter[2] 2 f; *Rölike* in Spindler/ Stilz[2] 12; *Hüffer*[9] 4 sowie § 176, 6; *Schulz* in Bürgers/Körber 3; *Adler/Düring/Schmaltz*[6] 8 und § 176, 24; *Schilling* in Voraufl Anm 3. Dem zuneigend auch BGHZ 157, 206, 212 f.

[25] OLG Stuttgart DB 2009, 1521, 1527; *Hüffer* in MünchKomm AktG[2] 7; *Hüffer*[9] 4 aE; auch *Rölike* in Spindler/Stilz[2] 12.

[26] *Adler/Düring/Schmaltz*[6] 8 und § 176, 25; *Hüffer* in MünchKomm AktG[2] 8; *Rölike* in Spindler/Stilz[2] 13; *Hüffer*[9] 4 sowie § 176, 6; *Schulz* in Bürgers/Körber 3. **Anders** *Zöllner* in Kölner Komm AktG[1] 10; *Schwab* in K Schmidt/Lutter[2] 3.

[27] *Adler/Düring/Schmaltz*[6] 8; *Rölike* in Spindler/Stilz[2] 13.

[28] *Schwab* in K Schmidt/Lutter[2] 3.

zumutbar, die Erläuterung in der Versammlung anzumahnen, bevor über die Feststellung des Jahresabschlusses Beschluss gefasst wird. Tun sie das nicht, so besteht kein Rechtsschutzinteresse daran, den Beschluss anschließend wegen fehlender Erläuterung anzufechten, und eine Anfechtungsklage wäre abzuweisen. Die herrschende Auffassung ist daher im Ergebnis richtig.

Eine Anfechtung des Beschlusses der Hauptversammlung über die Feststellung des Jahresabschlusses kann auch nicht darauf gestützt werden, dass der nach § 171 Abs 2 gebotene **Bericht des Aufsichtsrats** fehlt oder fehlerhaft ist oder entgegen § 175 Abs 2 und § 176 Abs 1 nicht vor und während der Versammlung für die Aktionäre zugänglich ist. Das folgt aus der Bestimmung des § 171 Abs 3. Hiernach gilt der Jahresabschluss als vom Aufsichtsrat nicht gebilligt, wenn der Bericht des Aufsichtsrats, der sich hierzu erklären muss, nicht rechtzeitig dem Vorstand zugeht. Dann fällt die Feststellungskompetenz an die Hauptversammlung (§ 173 Abs 1), und diese muss notfalls auch ohne den Bericht entscheiden können, sonst könnte der Jahresabschluss in solchen Fällen überhaupt nicht sicher festgestellt werden.[29] **12**

Stellt die Hauptversammlung den Jahresabschluss fest, und ist der Jahresabschluss von einem Abschlussprüfer zu prüfen, so hat der **Abschlussprüfer an den Verhandlungen** über die Feststellung des Jahresabschlusses **teilzunehmen** (§ 176 Abs 2). Ein Verstoß hiergegen führt zur Anfechtbarkeit des Feststellungsbeschlusses.[30] Das gilt vor allem dann, wenn die Aktionäre Vorschläge zur Änderung des Jahresabschlusses machen, die eine nachträgliche Prüfung gebieten würden, oder wenn eine Stellungnahme des Abschlussprüfers gewünscht wird.[31] Aber auch sonst ist ein Verstoß gegen das Teilnahmegebot als Verfahrensmangel grundsätzlich relevant, und der Feststellungsbeschluss ist deshalb anfechtbar,[32] denn die Abwesenheit des Prüfers ist geeignet, die Äußerung solcher möglicher Weise berechtigten Wünsche von vornherein zu unterdrücken.[33] **13**

3. Rechtswidrige Beschlusszwecke

Ein Hauptversammlungsbeschluss über die Feststellung des Jahresabschlusses kann schließlich auch wegen seiner Motivation und Zielsetzung **anfechtbar** sein, das heißt bei Verletzung mitgliedschaftlicher Treuepflichten oder wegen eines Missbrauchs mitgliedschaftlicher Stimmrechtmacht (§ 243 Abs 1) oder bei der Verfolgung unzulässiger Sondervorteile (§ 243 Abs 2).[34] Die Anfechtung ist hier nicht nach § 257 Abs 1 Satz 2 ausgeschlossen, weil der Normverstoß nicht im Inhalt des Jahresabschlusses liegt, sondern in **14**

---

[29] OLG Düsseldorf Urt v 22.2.2008 – I-6 U 197/06, juris, Rdn 81; *Kropff* in MünchKomm AktG[2] § 171, 179.

[30] *Hüffer* in MünchKomm AktG[2] 9; *Hüffer*[9] 4 und § 176, 10; *Schwab* in K Schmidt/Lutter[2] 2 f; *Rölike* in Spindler/Stilz[2] 12; *Schulz* in Bürgers/Körber 3; im Grundsatz auch *Zöllner* in Kölner Komm AktG[1] 11; *Adler/Düring/Schmaltz*[6] 9. Vgl auch oben § 256 Rdn 194 f zur Teilnahme des Abschlussprüfers an der Bilanzsitzung des Aufsichtsrats.

[31] Insoweit zutreffend *Zöllner* in Kölner Komm AktG[1] 11; ihm folgend *Adler/Düring/Schmaltz*[6] 9.

[32] *Hüffer* in MünchKomm AktG[2] 9. **Anders** *Zöllner* in Kölner Komm AktG[1] 11.

[33] *Hüffer* in MünchKomm AktG[2] 9.

[34] *Zöllner* in Kölner Komm AktG[1] 6; *Hüffer* in MünchKomm AktG[2] 10; *Schwab* in K Schmidt/Lutter[2] 4; *Schulz* in Bürgers/Körber 2; *Hüffer*[9] 5; *Schilling* in Voraufl Anm 2; auch *Adler/Düring/Schmaltz*[6] 7. Nicht abgeneigt OLG Stuttgart AG 1992, 459 f. **Anders** *Rölike* in Spindler/Stilz[2] 14. Vgl zur Anfechtung treuwidriger Hauptversammlungsbeschlüsse im Allgemeinen *K Schmidt* oben § 243, 45 ff; *Göz* in Bürgers/Körber § 243, 10 ff.

dem Anliegen, das mit seiner Feststellung verfolgt wird.[35] So etwa wenn ein Mehrheitsaktionär unter Ausnutzung von Ansatz- und Bewertungsspielräumen stets die unterste Grenze der Bewertung wählt,[36] und dies aus besonderen Gründen des Einzelfalls missbräuchlich oder treuwidrig ist.

III. Anfechtungsklage (Abs 2)

1. Begriff und Wirkung

15 Anfechtbarkeit bedeutet bei Beschlüssen der Hauptversammlung über die Feststellung des Jahresabschlusses ebenso wie bei anderen Hauptversammlungsbeschlüssen, dass der normwidrige Beschluss nicht automatisch nichtig, sondern vielmehr gültig ist, aber innerhalb einer Frist von einem Monat durch **Gestaltungsklage** angegriffen und dann vom Gericht durch **Gestaltungsurteil** mit Wirkung für und gegen alle für nichtig erklärt werden kann.[37] Das Urteil führt mit seiner Rechtskraft zur Nichtigkeit des Feststellungsbeschlusses der Hauptversammlung (§ 248) und damit zur Nichtigkeit des festgestellten Jahresabschlusses nach § 256 Abs 3 Nr 3. Die Auswirkungen der Nichtigkeit ergeben sich dann aus § 256 (siehe dort Rdn 207 ff). Eine **Heilung** kommt **nicht** in Betracht, denn sie würde dem Wesen der Rechtskraft widersprechen (§ 256 Abs 6 Satz 1 und dort Rdn 200). Wird dagegen eine Anfechtungsklage nicht fristgerecht erhoben oder abgewiesen, bleiben der Feststellungsbeschluss und der Jahresabschluss wirksam.

2. Geltung der allgemeinen Regeln

16 Nach § 257 Abs 2 Satz 1 gelten für die Anfechtung eines Beschlusses der Hauptversammlung über die Feststellung des Jahresabschlusses die **allgemeinen Regeln** über die Anfechtung von Hauptversammlungsbeschlüssen (§§ 244–246, 247–248a). Das hat klarstellende Bedeutung,[38] und betrifft die Möglichkeit einer Bestätigung anfechtbarer Beschlüsse (§ 244), die Anfechtungsbefugnis (§ 245), die Anfechtungsfrist von einem Monat ab der Beschlussfassung (§ 246 Abs 1, auch unten Rdn 18 f), die Gesellschaft als Beklagte und deren grundsätzliche Vertretung durch Vorstand und Aufsichtsrat (§ 246 Abs 2, vgl auch oben § 256 Rdn 227), die gerichtliche Zuständigkeit und das gerichtliche Verfahren (§ 246 Abs 3), die Pflicht des Vorstands zur Bekanntmachung der Klageerhebung und des Termins zur mündlichen Verhandlung (§ 246 Abs 4 Satz 1), die zeitlich eingeschränkte Möglichkeit zur Nebenintervention von Aktionären auf Seiten des Anfechtungsklägers (§ 246 Abs 4 Satz 2, vgl auch oben § 256 Rdn 229), den Streitwert (§ 247), die erweiterte Wirkung des stattgebenden Urteils (§ 248) und bei börsennotierten Gesellschaften auch die Bekanntmachung der Prozessbeendigung (§ 248a).[39] Mehrere Anfechtungsklagen sind zur gleichzeitigen Verhandlung und Entscheidung zu verbin-

---

35 *Zöllner* in Kölner Komm AktG[1] 6; *Adler/Düring/Schmaltz*[6] 7 aE. Vgl auch *Schwab* in K Schmidt/Lutter[2] 4 („Umstände [d]es Zustandekommens").

36 *Zöllner* in Kölner Komm AktG[1] 6; *Adler/Düring/Schmaltz*[6] 7; *Schwab* in K Schmidt/Lutter[2] 4.

37 *Heidel* in Heidel, Aktienrecht und Kapitalmarktrecht[3] § 257, 1; *Hüffer*[9] 1; *Rölike* in Spindler/Stilz[2] 17; auch *Schwab* in K Schmidt/Lutter[2] 5 („gewöhnliche Anfechtungsklage").

38 *Hüffer* in MünchKomm AktG[2] 12; *Zöllner* in Kölner Komm AktG[1] 14; *Schwab* in K Schmidt/Lutter[2] 5.

39 Ausführlich zum Ganzen *K Schmidt* oben zu §§ 244 ff; *Rölike* in Spindler/Stilz[2] 15.

den (§ 246 Abs 3 Satz 3); Anfechtungsprozesse und Jahresabschluss-Nichtigkeitsprozesse können verbunden werden (§ 249 Abs 2 Satz 2 iVm § 256 Abs 7 Satz 1) und sollen es auch.[40]

3. Anfechtungsklage und Enforcement-Prüfung

Die Anfechtungsklage gegen einen Beschluss der Hauptversammlung über die Fest- **17** stellung des Jahresabschlusses sperrt bei börsennotierten Gesellschaften die Möglichkeit einer Prüfung des Jahresabschlusses durch die Prüfstelle für Rechnungslegung und die Bundesanstalt für Finanzdienstleistungsaufsicht (Enforcement-Prüfung). Eine solche Prüfung findet nach § 342b Abs 3 Satz 1 HGB und § 37o Abs 2 Satz 1 WpHG nicht statt, solange eine Klage auf Feststellung der Nichtigkeit des Jahresabschlusses anhängig ist. Die Abschluss-Nichtigkeitsklage hat **Vorrang vor der Enforcement-Prüfung** (näher § 256 Rdn 239 ff). Entsprechendes gilt auch für die Anfechtungsklage gegen einen Beschluss der Hauptversammlung über die Feststellung des Jahresabschlusses, denn beide Klagen haben denselben Streitgegenstand (unten Rdn 19 und § 256 Rdn 225 f). Ebenso wie nach § 256 Abs 7 Satz 2 bei der Jahresabschluss-Nichtigkeitsklage muss daher das Prozessgericht auch im Falle der Anfechtungsklage der Bundesanstalt den Eingang der Klage sowie die Beendigung des Prozesses melden (vgl § 256 Rdn 239 ff).

4. Anfechtungsfrist bei Nachtragsprüfung (Abs 2 Satz 2)

a) **Fristbeginn mit Beschlussfassung, nicht erst mit Nachtragstestat.** Nach allgemei- **18** nen Regeln muss die Anfechtungsklage innerhalb eines Monats nach der Beschlussfassung erhoben werden (§ 246 Abs 1 und § 257 Abs 2 Satz 1), und die Anfechtungsfrist beginnt mit dem auf die Beschlussfassung folgenden Tag (§ 187 Abs 1 BGB). Beispiel: Wenn die Hauptversammlung am 21.6. stattfindet, beginnt die Anfechtungsfrist am 22.6. (§ 187 Abs 1 BGB) und endet mit Ablauf des 21.7. (§ 188 Abs 2 BGB). Das gilt nach § 257 Abs 2 Satz 2 auch dann, wenn der Abschluss nach § 316 Abs 3 HGB erneut zu prüfen ist. Dahinter steht folgende Überlegung: Ändert die Gesellschaft einen von einem Abschlussprüfer auf Grund gesetzlicher Verpflichtung geprüften Jahresabschluss, so muss nach § 316 Abs 3 HGB der Abschlussprüfer den Jahresabschluss erneut prüfen, soweit es die Änderung erfordert; über das Ergebnis dieser Nachtragsprüfung ist zu berichten, und der Bestätigungsvermerk ist entsprechend zu ergänzen (vgl § 256 Rdn 164 f). Erfolgt die **Änderung des Jahresabschlusses** im Rahmen seiner Feststellung **durch die Hauptversammlung,** sind der Feststellungsbeschluss und ein hierauf aufbauender Gewinnverwendungsbeschluss zunächst schwebend unwirksam und werden nur wirksam, wenn auf Grund der Nachtragsprüfung binnen zwei Wochen seit der Beschlussfassung ein hinsichtlich der Änderung uneingeschränkter Bestätigungsvermerk erteilt wird, ansonsten werden die Beschlüsse mit Ablauf der Frist endgültig unwirksam (§§ 173 Abs 3, 256 Abs 1 und hierzu oben § 256 Rdn 167 ff). Man könnte daran denken, in diesem Fall die Anfechtungsfrist erst mit dem Wirksamwerden der Beschlüsse oder jedenfalls nach Ablauf der Zwei-Wochen-Frist für das Nachtragstestat beginnen zu lassen, denn vorher kann der Kläger den Bestand der Beschlüsse nicht sicher abschätzen.[41] Aber das Gesetz will es anders und lässt die Anfechtungsfrist auch in diesen Fällen ohne Rücksicht auf die Nachtragsprüfung mit der Beschlussfassung beginnen (§ 257 Abs 2 Satz 2 und ebenso

[40] *Hüffer*[9] 1; vgl auch *Zöllner* in Kölner Komm AktG[1] 6 (muss); *Rölike* in Spindler/Stilz[2] 15 (kann).

[41] Vgl *Zöllner* in Kölner Komm AktG[1] 15.

für den Gewinnverwendungsbeschluss § 254 Abs 2 Satz 2), oder genauer mit dem ersten Tag, der auf die Hauptversammlung folgt (§ 246 Abs 1 AktG, § 187 Abs 1 BGB).[42]

19 b) **Bedeutung für die Klageerhebung.** Die gesetzliche Regelung hat den Vorteil der Rechtsklarheit, denn der Zeitpunkt der Beschlussfassung steht eindeutig fest. Aber der Kläger weiß in den ersten zwei Wochen der Anfechtungsfrist nicht, ob der Beschluss der Hauptversammlung über die Feststellung des Jahresabschlusses lediglich wegen des Verfahrensfehlers anfechtbar oder vielleicht sogar wegen Fehlens eines rechtzeitigen Nachtragstestats endgültig unwirksam ist. Manche raten daher, erst nach diesen zwei Wochen Klage zu erheben.[43] Aber das ist nicht nötig, wenn zumindest ein Anfechtungsgrund vorliegt. Will der Kläger alle Möglichkeiten abdecken, kann er **sowohl Anfechtungsklage** gegen den Hauptversammlungsbeschluss **als auch Klage auf Feststellung der Unwirksamkeit** (oder auch der Nichtigkeit) des Jahresabschlusses erheben. Beide Klageanträge verfolgen dasselbe materielle Ziel und haben denselben Streitgegenstand, nämlich die Wirksamkeitskontrolle des von der Hauptversammlung festgestellten Jahresabschlusses (vgl § 256 Rdn 225 f); sie stehen daher zueinander nicht in einem Eventualverhältnis,[44] und Prozesskostennachteile sind mit dem Nebeneinander der Klageanträge nicht verbunden. Auch wenn der Klageantrag nur von der Anfechtung spricht,[45] aber ein Nichtigkeitsgrund vorliegt, muss das Gericht im Urteil die Nichtigkeit des Jahresabschlusses feststellen,[46] und ebenso verhält es sich mit der Unwirksamkeit. Umgekehrt muss das Gericht einen Hauptversammlungsbeschluss über die Feststellung des Jahresabschlusses durch Anfechtungsurteil für nichtig erklären, wenn der Klageantrag auf Feststellung der Unwirksamkeit (oder Nichtigkeit) des Jahresabschlusses gerichtet ist, aber nur ein Anfechtungsgrund vorliegt und die sonstigen Anfechtungsvoraussetzungen gegeben sind.

---

42 *Rölike* in Spindler/Stilz[2] 16; *Hüffer*[9] 8.

43 *Zöllner* in Kölner Komm AktG[1] 15; *Hüffer* in MünchKomm AktG[2] 13; *Schilling* in Voraufl Anm 4.

44 OLG Stuttgart ZIP 2003, 1981, 1983 li Sp. Ebenso zum Verhältnis von Beschluss-Anfechtungsklage und Beschluss-Nichtigkeitsklage RegE für das Gesetz zur Unternehmensintegrität und Modernisierung des Anfechtungsrechts (UMAG), BT-Drucks 15/5092 v 14.3.2005, Anlage 1, Begründung zu Art 1 Nr 25 (betr § 249), S 30 li Sp; BGHZ 160, 253, 256; BGHZ 134, 364, 366 und h M.

45 **Hiergegen** *Zöllner* in Kölner Komm AktG[1] 15.

46 OLG Stuttgart ZIP 2003, 1981, 1983. Ebenso zum Verhältnis von Beschluss-Anfechtungsklage und Beschluss-Nichtigkeitsklage RegE für das Gesetz zur Unternehmensintegrität und Modernisierung des Anfechtungsrechts (UMAG), BT-Drucks 15/5092, Anlage 1, Begr zu Art 1 Nr 25, S 30 li Sp (betr § 249 AktG).

FSC
www.fsc.org
MIX
Papier | Fördert gute Waldnutzung
FSC® C083411

Kolibri 360 GmbH
Ferdinand-Jühlke-Straße 7
99095 Erfurt, Deutschland
produktsicherheit@kolibri360.de